Transtorno Bipolar

Diagnóstico e Tratamento

Transtorno Bipolar
Diagnóstico e Tratamento

Editores
Ângela Marisa de Aquino Miranda Scippa
Flávio Kapczinski

Atheneu
Rio de Janeiro – São Paulo
2023

EDITORA ATHENEU

São Paulo — Rua Maria Paula, 123 – 18º andar
Tel.: (11) 2858-8750
E-mail: atheneu@atheneu.com.br

Rio de Janeiro — Rua Bambina, 74
Tel.: (21) 3094-1295
E-mail: atheneu@atheneu.com.br

CAPA: Vinícius Soares
PRODUÇÃO EDITORIAL: EBK Projetos Editoriais – Elke Braga Kropotoff

CIP-BRASIL. CATALOGAÇÃO NA PUBLICAÇÃO
SINDICATO NACIONAL DOS EDITORES DE LIVROS, RJ

T696

Transtorno bipolar : diagnóstico e tratamento / editores Ângela Marisa de Aquino Miranda Scippa, Flávio Kapczinski. - 1. ed. - Rio de Janeiro : Atheneu, 2023.
: il. ; 24 cm.

Inclui bibliografia e índice
ISBN 978-65-5586-679-7

1. Saúde mental. 2. Transtorno bipolar - Diagnóstico. 3. Transtorno bipolar - Tratamento. I. Scippa, Angela Marisa de Aquino Miranda. II. Kapczinski, Flávio.

23-82055 CDD: 616.895
CDU: 616.895

Gabriela Faray Ferreira Lopes - Bibliotecária - CRB-7/6643
18/01/2023 24/01/2023

SCIPPA AMAM, KAPCZINSKI F.
Transtorno Bipolar – Diagnóstico e Tratamento

OS EDITORES

Ângela Marisa de Aquino Miranda Scippa

Professora Titular do Departamento de Neurociências e Saúde Mental da Faculdade de Medicina da Bahia da Universidade Federal da Bahia (DNCSM-FMB-UFBA). Professora Permanente do Programa de Pós-graduação em Medicina e Saúde (PPgMS-UFBA). Coordenadora do Centro de Estudos de Transtornos de Humor e Ansiedade (CETHA--UFBA). Coordenadora da Liga Acadêmica de Ciências (LAC-FMB-UFBA). Membro da Academia de Medicina da Bahia.

Flávio Kapczinski

Psiquiatra pela Universidade Federal do Rio Grande do Sul (UFRGS). Doutorado em Psiquiatria pela University of London, Reino Unido e Pós-doutorado na McGill University, Canadá. Membro da Academia Brasileira de Ciências e da Academia Sul-Rio-Grandense de Medicina. Professor Titular do Departamento de Psiquiatria e Medicina Legal da UFRGS. Professor Emérito da McMaster University.

COLABORADORES

Adriane Ribeiro Rosa

Professora Adjunta no Departamento de Farmacologia do Instituto de Ciências Básicas da Saúde da Universidade Federal do Rio Grande do Sul (UFRGS) e do Programa de Pós-graduação em Psiquiatria e Farmacologia da UFRGS. Doutora em Ciências Médicas pela UFRGS.

Amaury Cantilino

Psiquiatra. Doutor em Neuropsiquiatria e Ciências do Comportamento pela Universidade Federal de Pernambuco (UFPE). Vice-coordenador da Comissão de Estudos e Pesquisas em Saúde Mental da Mulher da Associação Brasileira de Psiquiatria (2017-2022). Ex-Professor Associado do Centro de Ciências Médicas da UFPE.

Ana Paula Francisco

Psiquiatra pela Universidade Federal de Ciências da Saúde de Porto Alegre (UFCSPA). Psiquiatra da Infância e da Adolescência pelo Hospital de Clínicas de Porto Alegre (HCPA). Participação por três anos da equipe de avaliação no Programa de Crianças e Adolescentes com Transtorno Bipolar (ProCAB) do HCPA. *Fellowship* em TDAH pela McMaster University, Canadá. Doutorado em Psiquiatria e Ciências do Comportamento pela Universidade Federal do Rio Grande do Sul (UFRGS).

André Carvalho Caribé de Araújo Pinho

Preceptor da Residência de Psiquiatria do Hospital Universitário Professor Edgar Santos da Universidade Federal da Bahia (HUPES-UFBA). Professor Adjunto da Escola Bahiana de Medicina e Saúde Pública (EBMSP). Médico pela EBMSP. Psiquiatra pela UFBA. Mestre e Doutor em Neurociências pela UFBA.

André Comiran Tonon

Médico pela Universidade Federal do Rio Grande do Sul (UFRGS). PhD em Psiquiatria e Ciências do Comportamento pela UFRGS. Residente de Psiquiatria no Hospital de Clínicas de Porto Alegre (HCPA). Pós-doutorando e Assistente de pesquisa no Laboratório de Cronobiologia e Sono do Hospital de Clínicas de Porto Alegre. *Alumni and Research Assistant* no SCOPE: The Health Humanities Learning Lab na University of Toronto, Canadá.

Ângela Marisa de Aquino Miranda Scippa

Professora Titular do Departamento de Neurociências e Saúde Mental da Faculdade de Medicina da Bahia da Universidade Federal da Bahia (DNCSM-FMB-UFBA). Professora Permanente do Programa de Pós-graduação em Medicina e Saúde (PPgMS-UFBA). Coordenadora do Centro de Estudos de Transtornos de Humor e Ansiedade (CETHA-UFBA). Coordenadora da Liga Acadêmica de Ciências (LAC-FMB-UFBA). Membro da Academia de Medicina da Bahia.

Benicio Noronha Frey

Professor at the Department of Psychiatry and Behavioural Neurosciences at McMaster University, Canadá. *Academic Head* do Mood Disorders Program, McMaster University and *Medical Director* of the Women's Health Concerns Clinic at St. Joseph's Healthcare.

Bianca Pfaffenseller

Biomédica. Mestre e Doutora em Bioquímica pela Universidade Federal do Rio Grande do Sul (UFRGS). Pós-doutorado na UFRGS e na McMaster University, Canadá.

Bianca Wollenhaupt de Aguiar

Research Laboratory Manager do Centre for Clinical Neurosciences da McMaster University, Canadá. Biomédica. Mestre em Ciências Médicas e Doutora em Bioquímica pelo Programa de Pós-graduação em Ciências Biológicas: Bioquímica da Universidade Federal do Rio Grande do Sul (UFRGS). Pós-doutorado no Laboratório de Psiquiatria Molecular do Hospital de Clínicas de Porto Alegre (HCPA) e no Department of Psychiatry and Behavioural Neurosciences da McMaster University, Canadá.

Carolina Goldman Bergmann

Assistant Professor do Department of Psychiatry and Behavioural Neurosciences da McMaster University, Canadá. Médica pela Universidade Federal de Pelotas (UFPel). Psiquiatra e Mestre em Medicina pela Pontifícia Universidade Católica do Rio Grande do Sul (PUCRS). *Fellowship* Clínico em TDAH em adultos na McMaster University, Canadá.

Caroline Dalallana

Psiquiatra. Mestranda do Programa de Pós-graduação em Medicina em Saúde (PPgMS) da Universidade Federal da Bahia (UFBA). Pesquisadora do Centro de Estudos de Transtornos de Humor e Ansiedade (CETHA-UFBA).

Claudio Gaspar

Médico Psiquiatra da Infância e Adolescência pela Universidade Federal de São Paulo (Unifesp). Supervisor do DICA – Ambulatório de Desenvolvimento Integral de Crianças e Adolescentes do Departamento de Psiquiatria da Escola Paulista de Medicina da Universidade Federal de São Paulo (EPM-Unifesp).

Eduardo César Queiroz Gonçalves

Médico Psiquiatra pelo Hospital de Base do Distrito Federal e Psicogeriatra pelo Instituto de Psiquiatria do Hospital das Clínicas da Faculdade de Medicina da Universidade Federal de São Paulo (IPq-HCFMUSP). Colaborador do Grupo PROTER – Programa Terceira Idade – IPq-HCFMUSP.

Eduardo Pondé de Sena

Graduação em Medicina pela Faculdade de Medicina da Universidade Federal da Bahia (UFBA). Residência médica em Psiquiatria no Hospital Juliano Moreira, Salvador, Bahia. Mestrado e Doutorado em Medicina e Saúde pela UFBA. Professor Associado de Farmacologia e Coordenador do Programa de Pós-graduação Interdisciplinar e Multidisciplinar em Processos Interativos de Órgãos e Sistemas, do Instituto de Ciências da Saúde da UFBA.

Fabiana Nery

Médica Psiquiatra. Mestrado e Doutorado em Medicina e Saúde pela Universidade Federal da Bahia (UFBA). Professora Adjunta do Departamento de Neurociências e Saúde Mental da Faculdade de Medicina da UFBA. Pesquisadora do Centro de Estudos dos Transtornos de Humor e Ansiedade (CETHA-UFBA).

Fabiano Alves Gomes

Médico Psiquiatra. Mestre e Doutor em Psiquiatria. *Assistant Professor* do Department of Psychiatry and Behavioural Neurosciences, McMaster University, Canadá.

Flávio Kapczinski

Psiquiatra pela Universidade Federal do Rio Grande do Sul (UFRGS). Doutorado em Psiquiatria pela University of London, Reino Unido e Pós-doutorado na McGill University, Canadá. Membro da Academia Brasileira de Ciências e da Academia Sul-Rio-Grandense de Medicina. Professor Titular do Departamento de Psiquiatria e Medicina Legal da UFRGS. Professor Emérito da McMaster University.

Gabriel Rodrigo Fries

Assistant Professor da University of Texas Health Science Center at Houston, EUA. Graduação em Biomedicina pela Universidade Federal do Rio Grande do Sul (UFRGS). Mestrado e Doutorado em Bioquímica pela UFRGS. *Research fellowship* no Max Planck Institute of Psychiatry, Alemanha. Pós-doutorado na University of Texas Health Science Center at Houston, EUA.

Gabriela Léda Rêgo de Amorim

Psicóloga. Mestre e Doutoranda do Programa de Pós-graduação em Medicina e Saúde da Universidade Federal da Bahia (PPgMS-UFBA). Especialista em Terapia Cognitivo-comportamental e Pós-graduada em Cuidados Paliativos. Colaboradora do Centro de Estudos em Transtornos de Humor e Ansiedade (CETHA-UFBA). Psicóloga Hospitalar e Pesquisadora do Hospital Cárdio Pulmonar, Bahia.

Heydrich Lopes Virgulino de Medeiros

Psiquiatra pela Universidade Federal da Bahia (UFBA). Mestre e Doutor em Neuropsiquiatria e Ciências do Comportamento pela Universidade Federal de Pernambuco (UFPE). Professor Adjunto da Universidade Federal da Paraíba (UFPB).

Ives Cavalcante Passos

Professor de Psiquiatria da Faculdade de Medicina da Universidade Federal do Rio Grande do Sul (UFRGS). Pós-doutor pela University of Texas Health Science Center at Houston (UTHealth), EUA. Coordenador do Programa de Residência Médica em Psiquiatria do Hospital de Clínicas de Porto Alegre (HCPA). Coordenador do Programa de Transtorno Bipolar do HCPA/UFRGS.

João Vitor Rezende Fonseca

Acadêmico de Medicina da Faculdade de Medicina da Bahia da Universidade Federal da Bahia (FMB-UFBA). Membro da Liga Acadêmica de Medicina da FMB-UFBA.

José Alberto Del Porto

Professor Titular do Departamento de Psiquiatria da Escola Paulista de Medicina da Universidade Federal de São Paulo (EPM-Unifesp). Graduação e Especialização pela Unifesp. Mestrado e Doutorado em Psicobiologia pela Unifesp. Pós-doutorado pela University of Illinois, Chicago, EUA.

Juliana Socorro Casqueiro

Psiquiatra pela Universidade Federal da Bahia (UFBA). Mestranda do Programa de Pós-graduação em Medicina e Saúde da Universidade Federal da Bahia (PPgMS--UFBA). Professora de Psiquiatria da Escola Bahiana de Medicina e Saúde Pública (EBMSP). Colaboradora do Centro de Estudos em Transtornos de Humor e Ansiedade (CETHA-UFBA).

Katia Regina Oddone Del Porto

Mestrado em Psiquiatria pela Escola Paulista de Medicina da Universidade Federal de São Paulo (EPM-Unifesp).

Kyara Rodrigues de Aguiar

Psicóloga. Formação em Terapia Cognitivo-comportamental pelo Centro de Estudos Luís Guedes e pelo Instituto de Neurociências e Terapias Cognitivas. Mestre e Doutoranda em Psiquiatria e Ciências do Comportamento pela Universidade Federal do Rio Grande do Sul (UFRGS). Pesquisadora no Laboratório de Psiquiatria Molecular do Hospital de Clínicas de Porto Alegre (HCPA).

Lauro Estivalete Marchionatti

Psiquiatra. Graduação em Medicina pela Universidade Federal do Rio Grande do Sul (UFRGS). Residência em Psiquiatria pelo Hospital de Clínicas de Porto Alegre (HCPA). Doutorando em Psiquiatria e Ciências do Comportamento pela UFRGS. Pesquisador Associado do Child Mind Institute, Nova York, EUA.

Lucas de Castro Quarantini

Psiquiatra. Coordenador do Laboratório de Neuropsicofarmacologia, Serviço de Psiquiatria do Hospital Universitário Professor Edgard Santos da Universidade Federal da Bahia (UFBA). Professor do Programa de Pós-graduação em Medicina e Saúde e de Psiquiatria da Faculdade de Medicina da Bahia da Universidade Federal da Bahia (FMB-UFBA).

Luiz Fernando de Almeida Lima e Silva

Psiquiatra. Mestre em Ciências Médicas pela Universidade Estadual de Campinas (Unicamp), São Paulo. Pesquisador do Laboratório de Neurociências do Instituto de Psiquiatria do Hospital das Clínicas da Faculdade de Medicina da Universidade de São Paulo (IPq-HCFMUSP). Coordenador do Serviço de Psiquiatria Geriátrica e Neuropsiquiatria do Hospital de Clínicas da Unicamp (2011-2021).

Maria Paz Hidalgo

Professora Titular do Departamento de Psiquiatria e Medicina Legal da Universidade Federal do Rio Grande do Sul (UFRGS). Coordenadora do Laboratório de Cronobiologia e Sono do Hospital de Clínicas de Porto Alegre (HCPA/UFRGS).

Mariana de Alencar Fontes

Psiquiatra. Pesquisadora do Laboratório de Neuropsicofarmacologia, Serviço de Psiquiatria do Hospital Universitário Professor Edgard Santos da Universidade Federal da Bahia (UFBA).

Orestes Vicente Forlenza

Psiquiatra. Professor Livre-docente pela Faculdade de Medicina da Universidade de São Paulo (FMUSP). Professor Associado do Departamento de Psiquiatria da FMUSP.

Paula Mendonça Studart Bottó

Mestra e Doutora em Medicina e Saúde pelo Programa de Pós-graduação de Medicina e Saúde da Universidade Federal da Bahia (PPgMS-UFBA). Pesquisadora do Centro de Estudos de Transtornos de Humor e Ansiedade (CETHA-UFBA). Especialista em Terapia Cognitivo-comportamental pela Faculdades Integradas de Taquara (FACCAT) e Neuropsicologia pela UFBA.

Raíza Alves-Pereira

Médica. Pesquisadora do Laboratório de Neuropsicofarmacologia, Serviço de Psiquiatria do Hospital Universitário Professor Edgard Santos da Universidade Federal da Bahia (UFBA).

Ricardo Henrique-Araújo

Psiquiatra pela Universidade Federal da Bahia (UFBA). Mestre e Doutor em Processos Interativos dos Órgãos e Sistemas pela UFBA. Especialista em Dependência Química pela Unidade de Pesquisa em Álcool e Drogas (UNIAD) da Universidade Federal de São Paulo (Unifesp). Coordenador da Residência Médica em Psiquiatria e Professor na Faculdade de Medicina Nova Esperança, João Pessoa, Paraíba. Psiquiatra no Hospital Universitário Lauro Wanderley da Universidade Federal da Paraíba (UFPB) e no Complexo Hospitalar de Doenças Infectocontagiosas Clementino Fraga (Secretaria Estadual de Saúde, Paraíba – SES/PB).

Rodolfo Braga Ladeira

Psicogeriatra. Mestre e Doutorando pelo Departamento de Psiquiatria da Faculdade de Medicina da Universidade de São Paulo (FMUSP). Pesquisador do Laboratório de Neurociências do Instituto de Psiquiatria do Hospital das Clínicas (LIM-27, IPq--HCFMUSP). Preceptor voluntário no ambulatório didático de Psicogeriatria do LIM-27.

Rodrigo da Silva Dias

Psiquiatra. Doutor em Psiquiatria pelo Programa de Pós-graduação do Instituto de Psiquiatria do Hospital das Clínicas da Faculdade de Medicina da Universidade de São Paulo (IPq-HCFMUSP). Professor Voluntário do Programa de Pesquisa em Transtorno Bipolar (PROMAN) e Programa de Inovação (Inova-IPq) do Instituto de Psiquiatria da Faculdade de Medicina da Universidade de São Paulo. *Founder* e CEO da Healthtech – DM Health.

Santiago Mozart Fernandes

Médico. Pesquisador do Centro de Estudos de Transtornos de Humor e Ansiedade (CETHA) da Universidade Federal da Bahia (UFBA).

Severino Bezerra Filho

Médico Psiquiatra. Mestrado e Doutorado em Medicina e Saúde pela Universidade Federal da Bahia (UFBA). Pesquisador do Centro de Estudos de Transtornos de Humor e Ansiedade da Universidade Federal da Bahia (CETHA-UFBA).

Sheila Cavalcante Caetano

Médica Psiquiatra da Infância e Adolescência. Professora Adjunta do Departamento de Psiquiatria da Escola Paulista de Medicina da Universidade Federal de São Paulo (EPM-Unifesp). Professora Adjunta do Departamento de Psiquiatria da Unifesp. Coordenadora do Programa DICA – Desenvolvimento Integral de Crianças e Adolescentes da EPM-Unifesp.

Taiane de Azevedo Cardoso

Psicóloga, Mestre e Doutora em Saúde e Comportamento pela Universidade Católica de Pelotas (UCPel), com período sanduíche na University of Texas Health Science Center, Houston, EUA. Pós-doutorado na Universidade Federal do Rio Grande do Sul (UFRGS) e na UCPel. Pós-doutoranda no Department of Psychiatry and Behavioural Neurosciences da McMaster University, Canadá.

Thais Barbosa de Oliveira

Acadêmica de Medicina da Faculdade de Medicina da Bahia da Universidade Federal da Bahia (FMB-UFBA). Membro da Liga Acadêmica de Ciências (LAC) da UFBA.

DEDICATÓRIA

Dedicamos este livro aos pacientes que sofrem de transtorno bipolar e a seus familiares.

PREFÁCIO

É um prazer especial prefaciar *Transtorno Bipolar – Diagnóstico e Tratamento*, organizado pelos Professores Ângela Marisa de Aquino Miranda Scippa e Flávio Kapczinski. O transtorno (*do humor ou afetivo*) bipolar (*maníaco-depressivo*) é um dos poucos transtornos mentais e do comportamento que resistiu e se manteve tão íntegro e consistente apesar das flutuações em sua abrangência conceitual nos últimos tempos. Entre as principais razões para a atual saliência nosológica desse quadro, encontram-se: o renascimento da Psiquiatria como especialidade médica nos Estados Unidos, desde 1970, com significativo investimento em pesquisas financiadas por organismos públicos e privados; o desenvolvimento de tratamentos eficazes para prevenção secundária da mania, da depressão e dos estados mistos; a comprovação da efetividade diferencial dos sais de lítio, tanto nas fases agudas quanto na prevenção de recaídas e riscos, como o suicídio; o advento das comunicações instantâneas e o incremento da colaboração científica entre centros outrora isolados ou distantes; a cristalização de grupos para estudo, pesquisa e atendimento, os quais precederam e levaram à constituição de entidades, como a Sociedade Internacional para o Transtorno Bipolar (ISBD – do inglês, International Society for Bipolar Disorders), com suas conferências e encontros; a criação e a circulação de revistas especializadas, como *Journal of Affective Disorders* e *Bipolar Disorder;* a interação de pacientes, familiares, amigos e profissionais de Saúde em associações de apoio, como a Associação Brasileira de Familiares, Amigos e Portadores de Transtornos Afetivos (ABRATA) e a Associação dos Usuários de Estabilizadores do Humor, Familiares e Amigos (Stabilitas), no Brasil; os investimentos em Pesquisa e Desenvolvimento (P&D) na indústria farmacêutica, atualmente em recesso e "entressafra", aguardando descobertas de novos alvos terapêuticos; e, não menos importante, a qualidade e a credibilidade dos profissionais que passaram a se dedicar integralmente a essa afecção humana.

Em março de 2005, Kapczinski, Scippa e muitos dos autores deste livro reuniram-se em Porto Alegre com o então presidente da ISBD, Lakshmi Yatham, para discutir a criação de uma "*rede brasileira para pesquisa em transtorno bipolar*". Pouco tempo depois, foi constituída a Associação Brasileira de Transtorno Bipolar (ABTB), inicialmente como um capítulo da ISBD e logo como uma entidade autônoma e muito ativa. A ABTB passou a organizar eventos e a congregar profissionais das principais instituições universitárias de quase todas as regiões do país e seus parceiros (brasileiros e estrangeiros), aqui e no exterior.

Graças a todo o investimento material e humano nas últimas décadas, o atendimento a pacientes com transtorno bipolar pode, atualmente, ser predominantemente ambulatorial, com esporádicas e breves internações hospitalares em casos de crises, promovendo remissão completa e sem qualquer disfunção. Entretanto, para que isso continue sendo possível, abrangente e irrestrito, os sistemas públicos de saúde mental requerem adequação em seu modelo assistencial a fim de que possam oferecer acesso imediato a serviços qualificados, e permanente atualização. Somado a isso, é fundamental investir na prevenção primária, a partir dos fatores de vulnerabilidade e precipitação já identificados, como o uso de substâncias psicoativas lícitas e ilícitas, além da busca intensiva de outros componentes causais do transtorno bipolar.

Este livro é fruto do trabalho e da dedicação de uma geração de destacados especialistas brasileiros e seus colaboradores no Brasil e no exterior. Ele nos apresenta informações atualizadas, fidedignas e úteis para a atividade clínica em toda a sua complexidade e indica caminhos para solucionar os problemas que nos desafiam há milênios. Faço votos de que os leitores se inspirem e continuem com a tarefa de cuidar e prevenir o sofrimento de uma parcela significativa da população. Parabéns aos organizadores, aos autores e à Editora Atheneu por esta importante contribuição.

Valentim Gentil Filho
Professor Emérito da Faculdade de Medicina da Universidade de São Paulo (FMUSP) e Professor Sênior do Departamento de Psiquiatria da FMUSP.

APRESENTAÇÃO

Vivemos um momento em que as informações se propagam com grande velocidade, sendo divulgadas, muitas vezes, sem o rigor adequado da Medicina Baseada em Evidências, portanto, este livro objetiva transmitir informações atualizadas sobre os vários aspectos do transtorno bipolar. Para tanto, os autores convidados, ao longo dos capítulos desta obra, escreveram sobre temas que fazem parte de suas respectivas linhas de pesquisa e de suas atuações na prática clínica, unindo assim conhecimento teórico-científico e prática clínica. A prevalência das formas clássicas do transtorno bipolar no Brasil é estimada em 1,1%, porém, se consideramos as formas subsindrômicas, essa estimativa alcança 2,1%. Doença de caráter crônico e com recorrências frequentes, o transtorno bipolar pode ser classificado em vários tipos que abrangem desde formas leves, pouco sintomáticas e bem controladas, até formas graves com perda significativa da cognição e, consequentemente, da funcionalidade. Os portadores desse transtorno apresentam cinco vezes mais chances de evoluírem para quadros demenciais. Além disso, entre as doenças mentais, é a que apresenta a mais alta taxa de comportamento suicida. Ademais, é importante ressaltar que o sofrimento mental ocasionado pelas crises de mania, de hipomania e de depressão nos pacientes acometidos também repercute negativamente na saúde mental dos familiares/cuidadores. Diante desse cenário, para que haja controle adequado da patologia, os primeiros passos para evitar uma evolução desfavorável são o reconhecimento e o tratamento precoces.

Desejamos a todos uma boa leitura e que os conhecimentos aqui cuidadosamente abordados pelos autores contribuam para melhorar a qualidade de vida dos portadores do transtorno bipolar e de seus familiares. Gostaríamos de acrescentar que, em face do preconceito social ainda vigente, é essencial o trabalho de conscientização dos pacientes, alertando-os de que: **"eles não são bipolares, mas portadores do transtorno bipolar".**

Ângela Marisa de Aquino Miranda Scippa
Flávio Kapczinski

SUMÁRIO

Transtorno Bipolar: História e Classificação Atual

1

José Alberto Del Porto
Katia Regina Oddone Del Porto

◊ Introdução

Os termos "mania" e "melancolia" remontam a vários séculos antes de Cristo.[1] Entre os antigos, Aretaeus da Capadócia, médico que viveu em Alexandria no século I depois de Cristo, escreveu os principais textos sobre o conceito unitário dos quadros de mania e melancolia, e antecipou o conceito dos estados mistos.[2]

Aretaeus foi o mais proeminente representante dos "ecléticos", distinguindo-se pela acurácia de suas descrições clínicas, de acordo com Angst[3] e Marneros.[4] O médico foi o primeiro a estabelecer explicitamente a conexão entre mania e melancolia, considerando-as aspectos diferentes da mesma doença. No capítulo V de seu livro *Sobre a etiologia e sintomatologia das doenças crônicas* (citado por Angst e Marneros),[3,4] escreveu Aretaeus: "Eu acredito que a melancolia seja o início, e, como tal, parte da mania, mais do que a evolução para outra doença". Mais explicitamente, escreveu: "Em muitos pacientes melancólicos, a tristeza é convertida em alegria; e então os pacientes desenvolvem o que se conhece como mania".

É interessante notar que Aretaeus[3,4] fazia distinção entre melancolia (atribuída a causas biológicas) e estados de tristeza (causados por influências ambientais e, atualmente, conhecidas como "depressões reativas").

Na metade do século XIX, na França, Falret e Baillarger (de acordo com Sedler, em 1983),[5] de maneira independente, descreveram formas alternantes de mania e depressão, designadas como *folie circulaire* pelo primeiro e *folie à double forme* pelo segundo. Em 1854, Falret escreveu o estudo intitulado Memoire sur la folie circulaire, forme de maladie mentale caracterisée par la reproduction successive et regulière de l'état maniaque, de l'état melancolique, et d'un intervalle lucide plus ou moins prolongué (Memória sobre a loucura circular, forma de doença mental caracterizada pela reprodução sucessiva e regular do estado maníaco, do estado melancólico e de um intervalo lúcido mais ou menos prolongado).[6] Esse estudo foi traduzido para o inglês, com comentários, por Sedler,[5] no American Journal of Psychiatry, sob o título Falret's discovery: the origin of the concept of bipolar affective illness; o que permite ao leitor atual fácil acesso ao texto de Falret. Baillarger leu seu estudo sobre a "loucura de dupla forma" (*folie à double forme*) diante da Academia de Medicina (francesa), em 1854, três meses depois da comunicação original de Falret, mas antes da publicação do trabalho descrito anteriormente.

Para Berrios,[7] a questão da precedência não parece ser importante, uma vez que outros autores, na França, tais como Billod (*folie à double phase*) e Legrand du Saulle (*folie alterne*) estavam também trabalhando sobre o mesmo tema. O conceito introduzido por Falret,[6] de fato, difere daquele de Baillager, pois considera os "intervalos lúcidos" entre as fases. Assim, mesmo as fases maníacas e as depressivas separadas por longos períodos ainda estariam dentro do seu conceito. Ao contrário, Baillarger não considerou esses intervalos, mas apenas as fases que se sucediam consecutivamente.

Kahlbaum deu suporte a Falret, em oposição a Baillager, lembrando que as ideias de Griesinger, publicadas em 1845, influenciaram Falret. Griesinger escreveu que a mudança da melancolia para a mania seria "comum".[4]

No entanto, ainda ao fim do século XIX e apesar das contribuições já citadas, muitos clínicos ainda continuavam a considerar que a mania e a melancolia eram entidades distintas, e com curso deteriorante.[8]

Foi Kraepelin quem consolidou a importância dos conceitos discutidos anteriormente aqui, separando as psicoses em dois grandes grupos: demência precoce e insanidade maníaco-depressiva. É desnecessário citar que as modernas classificações (DSMs, CID-11, entre outras) se baseiam ainda, em grande parte, nos conceitos kraepelinianos.

Até o final da década de 1890, Kraepelin dividia os estados maníacos e depressivos em numerosos e complexos subtipos. Na sexta edição do seu Tratado, em 1899,[9] Kraepelin adotou o ponto de vista unitário, propondo que a insanidade maníaco-depressiva abarcaria os estados depressivos, a mania simples e a insanidade circular.

Por volta de 1913, ano da publicação da oitava edição do seu Tratado,[a] Kraepelin incluiu em seu conceito de *insanidade maníaco-depressiva* praticamente todas as formas de melancolia (exceto algumas formas da melancolia involutiva) e de mania.

Kraepelin[9] enfatizou as características que diferenciariam a insanidade maníaco-depressiva da demência precoce, são elas: o curso periódico ou episódico, o prognóstico mais favorável e a história familiar homóloga.

Em um período relativamente curto de tempo, as ideias de Kraepelin ganharam ampla aceitação, contribuindo para a relativa unificação conceitual da psiquiatria europeia.[6]

As ideias extremamente valiosas introduzidas por Kraepelin trouxeram o modelo médico estabelecido por meio da observação clínica (em que se registra a sintomatologia e sua evolução ao longo do tempo) ao campo da Psiquiatria. Cumpre citar que o psiquiatra não excluía os fatores psicológicos e sociais de suas observações; ao contrário

[a] Ver a tradução para o inglês publicada em 1919.

disso, ele os valorizava como poucos no seu tempo o fizeram. Ademais, a partir de suas viagens pelo mundo, ele contribuiu com suas observações na psiquiatria transcultural.

Kraepelin também incluiu as formas leves da doença em seu conceito de insanidade maníaco-depressiva, aquelas que chegavam aos limites do temperamento; lançou, então, a semente do que seria depois considerado o *espectro bipolar.*[8]

Uma das mais importantes contribuições de Kraepelin[9] e de seu discípulo Weigandt (1899) foi o conceito de estados mistos maníaco-depressivos. De fato, a pedra angular para a formação do conceito unitário da doença maníaco-depressiva foi o reconhecimento dos estados mistos.[9]

Os estados mistos já haviam sido mencionados por outros autores, no entanto nenhum deles haviam dado a importância que Kraepelin e Weigandt lhes deram. Griesinger escreveu que, durante a transição de um estado para outro, "um conglomerado de sintomas maníacos poderia ocorrer".[4] Wernicke,[10] em seu *Tratado de Psiquiatria*, traduzido para o espanhol por Outes e Tabasso (1996), dedicou um capítulo às psicoses compostas. Nesse capítulo, Wernicke incluiu a "melancolia agitada", na qual há intensa ansiedade, pressão para falar e fuga de ideias. A melancolia agitada, nessa conceitualização, combinaria elementos depressivos e maníacos.

De acordo com Salvatore *et al.*,[11] o trabalho de Weigandt provavelmente influenciou Kraepelin em sua formulação de um modelo unitário da insanidade maníaco-depressiva; no entanto, esse é um tópico controverso, desde que Weigandt era discípulo de Kraepelin, e é provável que ambos tivessem trabalhado juntos na formulação dos estados mistos. De qualquer maneira, Kraepelin menciona Weigandt no seu capítulo sobre os estados mistos.[9] Salvatore[11] traduziu a monografia escrita por Weigandt para o italiano, que foi posteriormente publicada em inglês, com seus comentários. Weigandt remontou à tradição platônico-aristotélica ao dividir a atividade psíquica nos domínios do afeto, pensamento e atividade (motora). A mesma divisão é encontrada no manual de Kraepelin: emoção, volição e intelecto.

Nos estados maníacos "puros", os três domínios são alterados no mesmo sentido: exaltação dos afetos (euforia), volição e aceleração motora (com hiperatividade). Na depressão "pura", observam-se tristeza (no plano do afeto), abulia (no plano da vontade) e inibição psicomotora. Nos estados mistos, alternativamente, haveria alterações em diferentes sentidos, considerando-se os domínios do afeto, da vontade e da atividade motora. Assim, p. ex., na "depressão agitada", haveria humor triste, hiperatividade e inibição do pensamento. Na "depressão com fuga-de-ideias", haveria humor triste, aumento da atividade e aceleração dos pensamentos. Na "mania ansiosa ou depressiva", haveria tristeza, hiperatividade e aceleração do pensamento.

Embora o conceito de estados mistos tenha sido bem aceito pela maioria dos seus contemporâneos, Kraepelin sofreu críticas conceituais por parte de Jaspers, que considerava uma simplificação a divisão das esferas afetiva, volitiva e intelectual. Afirmou Jaspers: "O procedimento é ambíguo desde que as conexões de sentido são abordadas como componentes objetivos da vida psíquica (capazes assim de serem divididos e mecanicamente combinados)".[12] Schneider[13] foi ainda mais enfático: "Nós não mais acreditamos em estados mistos. O que pode dar a aparência de estados mistos consiste na alteração de um estado para outro, de forma que simplesmente podemos chamá-los de ciclotimia[b]".

Por outro lado, Leonhard,[14] discípulo de Kleist, não apenas aceitava como enfatizava a importância das características mistas: "...o rápido curso de todas essas variações não pode ser avaliado como expressão de fases distintas, mas mostra o potencial da doença exibir características do polo oposto".

Nos Estados Unidos, quando se renovou o interesse pela acurácia diagnóstica, na década de 1970, reapareceu a importância dos textos de Kraepelin, incluindo aqueles sobre os estados mistos.

McElroy *et al.*[15] propuseram uma definição operacional para a "mania ou hipomania disfórica": episódio maníaco ou hipomaníaco com três ou mais sintomas depressivos.

Na Itália, Perugi *et al.*,[16] trabalhando em conjunto com o grupo de San Diego (Akiskal)[17] incluíram o item "perplexidade" na definição dos estados mistos (característica similar àquela encontrada na *bouffée delirant* da literatura francesa).

De acordo com Marneros,[4] Hagop Akiskal deu importante contribuição aos estados mistos ao sugerir que eles pudessem emergir quando um episódio afetivo se manifestasse sobre um temperamento da polaridade oposta (p. ex., um episódio depressivo em pessoa com temperamento hipertímico; ou um episódio maníaco em pessoa com temperamento depressivo). Em estudo realizado na França, Hantouche *et al.*,[18] realizaram uma pesquisa com mulheres, segundo a qual o temperamento contribuiu para a gênese de mania disfórica, alinhando-se com a hipótese de Akiskal.

Um dos tópicos que permanece controverso na área dos transtornos do humor é a distinção entre a depressão unipolar e a depressão bipolar. Goodwin e Jamison[8] sumarizam as características que as diferenciam: idade de início (unipolar > bipolar); número de episódios (bipolar > unipolar); duração dos ciclos (unipolar > bipolar); retardo psicomotor (bipolar > unipolar); tempo total de sono (bipolar > unipolar); início no puerpério (bipolar > unipolar); ansiedade (unipolar > bipolar); e queixas físicas (unipolar > bipolar). Essas características não são, todavia, absolutas, e nem patognomônicas, devendo ser consideradas como indícios de probabilidade. A depressão unipolar é mais prevalente em mulheres, enquanto a depressão bipolar (pelo menos a bipolar tipo 1) é igualmente distribuída entre os sexos.

---

[b] Ciclotimia era o termo genérico que Schneider empregava para designar os estados maníaco-depressivos.

À medida que o chamado "espectro bipolar" se expandiu, a extensão das depressões unipolares se reduziu; no entanto, a polêmica relativa à extensão do "espectro bipolar" tem gerado embates entre os seus proponentes[2] e aqueles que adotam o conceito mais estrito de "bipolaridade".[19]

Questões como as fronteiras entre a doença maníaco-depressiva e a esquizofrenia; a distinção entre a depressão uni e bipolar; e a questão relativa à posição nosológica das chamadas psicoses cicloides (Kleist e Leonhard) ainda permanecem polêmicas e bastante controversas.

◊ Controvérsias sobre os estados mistos

Os estados mistos, depois da descrição por Weigandt e Kraepelin, tiveram sua importância minimizada por muitos, até sua "redescoberta" pelo *Research Diagnostic Criteria*[20] e, posteriormente, pelo DSM III.[21] De acordo com o DSM III, o estado misto foi conceituado como uma combinação de critérios completos para o polo maníaco da doença com um determinado número de critérios do polo depressivo, e pertenceria exclusivamente ao transtorno bipolar (TB) tipo 1. De acordo com Faedda *et al.*,[22] as mais notáveis "vítimas" desses critérios foram estados depressivos mistos, em especial a "depressão com fuga-de-ideias" e a "depressão agitada".[23-25]

O DSM-5, segundo Koukopoulos *et al.*,[23-25] crítico acerbo dessa classificação, continuou "errado" no que tange ao conceito de estados mistos, assim como seu predecessor, o DSM IV.[25] O DSM-5 traz o conceito de estado misto como um "especificador", e não como uma categoria à parte, sendo possível aplicar esse "especificador" a estados maníacos, hipomaníacos e depressivos, tanto do TB tipos 1 e 2, quanto do transtorno depressivo maior.[22] Koukopoulos escreveu que o DSM-5 permaneceu ignorando as principais características dos estados mistos, porque estariam presentes em ambos os polos. Esse fato justamente ocorre por serem o núcleo dos estados mistos (p. ex., agitação em estados depressivos). A exclusão de sintomas comuns a ambos os polos (irritabilidade, agitação, distraibilidade) reduz em aproximadamente 50% o diagnóstico dos estados mistos, segundo Faedda *et al.*[22]

Os critérios de Benazzi e Koukopoulos[24] para a "depressão agitada" como estado misto incluem: falar muito (*talkativeness*), fuga de ideias, aumento da atividade dirigida a metas, comportamentos de risco (incluindo, por vezes, a hipersexualidade), redução da necessidade de sono, distraibilidade e grandiosidade, além do humor depressivo de base. Faedda *et al.*[22] estimam que os sintomas hipomaníacos na chamada "depressão maior" cheguem a um quarto dos pacientes. Esses sintomas aumentam o risco de suicídio, e, muitas vezes, se associam ao temperamento hipertímico de base. Ainda de acordo com os autores citados,[22] os antidepressivos agravam esses estados mistos e aumentam o risco de suicídio; os antipsicóticos (em particular, os atípicos) são úteis para o tratamento, em conjução com estabilizadores do humor.

◊ O transtorno bipolar no DSM-5 e na CID-11

Em Psiquiatria, a adoção de critérios operacionais para o diagnóstico, a partir do DSM III, inegavelmente aumentou sua "confiabilidade", criando uma linguagem comum. Muitas críticas, no entanto, se fazem tanto em relação ao DSM quanto à CID, uma vez que essas classificações são apenas sindrômicas e carecem de embasamento nas neurociências, que ainda não dispõem, na verdade, de marcadores biológicos válidos e aplicáveis para a absoluta maioria das condições psiquiátricas.[26] O *Research Domain Criteria* (RDoC) é um projeto que, ao contrário, parte da busca de marcadores com base nas neurociências para estudar dimensões que vão da normalidade aos quadros psicopatológicos; seus resultados, no entanto, ainda estão em estágios incipientes.[27]

O DSM-5 mantém, como o DSM III e o DSM IV, a requisição de um certo número de critérios, de inclusão e de exclusão, para cada diagnóstico. A CID-11 oferece uma abordagem mais descritiva, e permite ao clínico avaliar se o paciente se enquadra em determinada categoria diagnóstica. O DSM é mais adequado para pesquisa, enquanto a CID se ajusta mais à forma de pensar dos clínicos.[26]

A CID-11 inclui o TB dentro dos transtornos do humor, da mesma forma que a CID-10, enquanto o DSM-5 coloca o TB em um capítulo à parte, ou seja, em categoria à parte.[26] A mudança mais significativa em relação à CID-10 talvez seja o fato de a CID-10 requerer dois ou mais episódios de exaltação do humor, enquanto a CID-11 baixou o limiar para um (ou mais) episódio(s) maníaco(s) ou misto(s) para fazer o diagnóstico de TB tipo 1. Um episódio maníaco, agora, não é mais uma condição diagnóstica independente, como o era na CID-10.[26] Adicionalmente, a CID-11 requer a duração de, pelo menos, uma semana para a mania. Os episódios mistos são definidos pela CID-11 como a rápida alternância ou a mescla de sintomas maníacos e depressivos, com duração mínima de 2 semanas ao contrário do DSM-5, que os descreve como um "especificador". A ciclagem rápida é definida com base na frequência dos episódios, requerendo no mínimo quatro episódios nos últimos 12 meses, como já era requerido nas edições anteriores.[26]

Na CID-11, as diretrizes diagnósticas para a mania aludem a euforia, irritabilidade ou expansividade, junto com o aumento da atividade ou aumento subjetivo da energia, além dos outros sintomas maníacos caraterísticos, sem especificar o número de sintomas. O requerimento do aumento da atividade ou da energia constitui-se em uma importante mudança, alinhando-se em conformidade com a hipótese de alterações bifásicas na geração da energia mitocondrial como possível núcleo da biologia do TB.[28]

Enquanto a CID-10 descrevia a hipomania e o TB tipo 2 na categoria "outros transtornos afetivos", a CID-11 alinha-se com o DSM-5 ao descrever o TB tipo 2 como um diagnóstico com igual *status* ao do TB tipo 1.[26] Há controvérsia a respeito da duração mínima da hipomania, portanto definiu-se a duração como "pelo menos vários dias".[26]

A CID-11 permite ainda o uso de "qualificadores" para refinar a descrição dos episódios, incluindo: ansiedade proeminente, padrão sazonal, melancolia (para os episódios depressivos) e ciclagem rápida. Não há, no entanto, menção à polaridade dominante, o que poderia ter implicações práticas quanto à escolha da terapêutica.[26]

De um modo geral, a harmonização da CID-11 com o DSM-5 avançou, o que é bastante importante, pois promove a uniformização da linguagem e o entendimento entre os psiquiatras e os pesquisadores.

REFERÊNCIAS BIBLIOGRÁFICAS

1. Marneros A. Handbuch der unipolaren und bipolaren Erkrankungen. Stuttgart: Thieme; 1999.
2. Akiskal HS. The prevalent clinical spectrum of bipolar disorders: beyond DSM-IV. J Clin Psychopharmacol. 1996;16(2 Suppl 1):4S-14S.
3. Angst J. The course of affective disorders. Psychopathology. 1986;19(Suppl 2):47-52.
4. Marneros A. Origin and development of concepts of bipolar mixed states. J Affect Disord. 2001;67(1-3):229-240.
5. Sedler M. Falret's discovery: the origin of the concept of bipolar affective illness. Translated by M. J. Sedler and Eric C. Dessain. Am J Psychiatry. 1983;140(9):1127-1133.
6. Falret JP. Mémoire sur la folie circulaire, forme de maladie mentale caracterisée par la reproduction sucessive et régulière de l'état maniaque, de l'état mélancholique, et d'un intervale lucide plus ou moins prolongué. Bull lAcad Méd. 1854;19:384-415.
7. Berrios GE. The history of mental symptoms: descriptive psychopathology since the nineteenth century. Cambridge, UK: Cambridge University Press; 1996.
8. Goodwin F, Jamison K. Manic-depressive Illness. Oxford: Oxford University Press; 1990.
9. Kraepelin E. Dementia praecox and manic-depressive insanity. Reed 1989, New York, NY: The classics of psychiatry and behavioural sciences library; 1919.
10. Wernicke C. Tratado de psiquiatría. Tradução de Outes DL, Tabasso JV. Buenos Aires, Argentina: Polemus Editorial; 1996.
11. Salvatore P, Baldessarini RJ, Centorrino F, Egli S, Albert M, Gerhard A et al. Weigandt's on the mixed states of manic-depressive insanity: a translation and commentary on its significance in the evolution of the concept of bipolar disorder. Harv Rev Psychiatry. 2002;10(5):255-275.
12. Jaspers K. General psychopathology. Translated by Hoenig J, Hamilton MW. Baltimore (Md): Johns Hopkins University Press; 1997.
13. Schneider K. Clinical psychopathology. Translated by Hamilton MW, Anderson EW. New York, NY: The Classics of Psychiatry and Behavioural Sciences Library; 1993.

14. Leonhard K. The Classification of endogenous psychoses. Translated by Berman R. New York, NY: John Wiley and Sons; 1979.
15. McElroy SL, Keck PE Jr, Pope HG, Hudson JI, Faedda GL, Swann AC. Clinical and research implications of the diagnosis of dysphoric or mixed mania or hypomania. Am J Psychiatry. 1992;149(12):1633-1644.
16. Perugi G, Akiskal HS, Micheli C, Toni C, Madaro D. Clinical characterization of depressive mixed state in bipolar-I patients: Pisa-San Diego collaboration. J Affect Disord. 2001;67(1-3):105-114.
17. Akiskal HS. Delineating irritable and hyperthymic variants of the cyclothymic temperament. J Personal Disord. 1992;6(3):326-342.
18. Hantouche EG, Allillaire JP, Bourgeois JM, Azorin JM, Sechter D, Chatenêt-Duchêne L et al. The feasibility of dysphoric mania in the French EPIMAN study. J Affect Disord. 2001;67(1-3):97-103.
19. Soares JC, Gershon S. The diagnostic boundaries of bipolar disorder. Bipolar Disord. 2000;2(1):1-2. Comment on: Bipolar Disord.2000;2(1):3-7.
20. Spitzer RL, Endicott J, Robins E. Research diagnostic criteria: rationale and reliability. Arch Gen Psychiatry. 1978;35(6):773-782.
21. American Psychiatric Association 1980 Diagnostic and Statistical Manual of Mental Disorders Third Edition (DSM III) APA Publishing Washington DC.
22. Faedda GL, Marangoni C, Reginaldi D. Depressive mixed states: A reappraisal of Koukopoulos' criteria. J Affect Disord. 2015;176:18-23.
23. Koukopoulos A, Sani G. DSM-5 criteria for depression with mixed features: a farewell to mixed depression. Acta Psychiatr Scand. 2014;129(1):4-16.
24. Benazzi F, Koukopoulos A, Akiskal HS. Toward a validation of a new definition of agitated depression as a bipolar mixed state (mixed depression). Eur Psychiatry. 2004 ;19(2):85-90.
25. Koukopoulos A, Sani G, Ghaemi SN. Mixed features of depression: why DSM-5 is wrong (and so was DSM-IV). Br J Psychiatry. 2013;203(1):3-5.
26. Stein DJ, Szatmari P, Gaebel W, Berk M, Vieta E, Maj M et al. Mental, behavioral and neurodevelopmental disorders in the ICD-11: an international perspective on key changes and controversies. BMC Med. 2020;18(1):21-24.
27. Cuthbert BN, Insel TR. Toward the future of psychiatric diagnosis: the seven pillars of RDoC. BMC Med. 2013;11:126.
28. Morris G, Walder K, McGee SL, Dean OM, Tye SJ, Maes M, Berk M. A model of the mitochondrial basis of bipolar disorder. Neurosci Biobehav Rev. 2017;74(Pt A)1:20.

Transtorno Bipolar e as Comorbidades Médicas Gerais | 2

Eduardo César Queiroz Gonçalves
Fabiano Alves Gomes

◊ Introdução

De acordo com Fenn *et al.*, pessoas com doenças psiquiátricas têm risco aumentado de pior funcionalidade, piores indicadores de qualidade de vida e condições médicas associadas, com isso esses pacientes apresentam uma taxa de mortalidade maior em relação à população geral.[1] Dentre os principais grupos de doenças mentais, o transtorno bipolar, p. ex., aumenta em duas vezes o risco de mortalidade em comparação à população livre dessas doenças, ficando atrás apenas do grupo de transtornos psicóticos, e à frente dos grupos de transtornos depressivos e ansiosos.[2]

Define-se comorbidade como a presença de duas ou mais entidades clínicas em um mesmo paciente.[3] Contudo, é sempre necessária a diferenciação de doenças clínicas que se apresentam como quadros semelhantes ao transtorno bipolar, considerando-se suas variadas fases, e que poderiam ser diagnosticadas como transtorno bipolar devido a outra condição médica, conforme o DSM-5. Nesses casos, a identificação e o tratamento adequado da doença de base resultam na remissão do quadro de humor.

O transtorno bipolar é uma doença crônica, de seguimento longitudinal, com probabilidades de recorrência dos episódios ao longo da vida. O início dos sintomas se dá mais comumente no início da idade adulta, sendo pouco frequente (menos de 5%) ocorrer o primeiro episódio após os 60 anos.[4] O psiquiatra deverá estar habilitado para reconhecer doenças clínicas associadas ao próprio tratamento do transtorno bipolar, já que esses pacientes apresentam maior risco de desenvolvê-las, e identificar as doenças associadas ao envelhecimento. É possível, ainda, que a própria fisiopatologia do transtorno bipolar leve a um envelhecimento acelerado e a um aumento da incidência das doenças clínicas, devido aos fenômenos de sobrecarga alostática e neuroprogressão.[5] O foco terapêutico na estabilização do humor pode levar ao subdiagnóstico e subtratamento de doenças clínicas associadas.

◊ Principais comorbidades associadas ao transtorno bipolar

As condições médicas que coexistem com esse transtorno de humor estão em sua maior parte associadas ao próprio tratamento da doença, embora também possam estar diretamente associadas aos episódios depressivos ou maníacos/hipomaníacos.[6]

Comorbidades clínicas são comuns em pacientes com transtorno bipolar, apresentando-se com uma média de 3 a 4 condições de saúde associadas, adicionando-se a tendência ao aumento com o avanço da idade. Os grupos de doenças mais comuns são: síndrome metabólica (até 50%), hipertensão (45% a 49%), doença cardiovascular (9% a 49%), problemas respiratórios (4% a 15%), artrite (16% a 21%), alterações endócrinas (17% a 22%), e doenças atópicas, como rinite alérgica e asma (6% a 20%).[7] Frequentemente não é possível definir se a doença clínica decorre diretamente dos efeitos colaterais do tratamento com psicofármacos, de algum mecanismo fisiopatológico inerente ao paciente e seu estilo de vida, ou de uma interação entre os fatores.

Apesar de poderem estar presentes mesmo em pacientes jovens, as comorbidades médicas gerais tendem a ter maior incidência com a idade. Um estudo brasileiro com 94 pacientes diagnosticados com transtorno bipolar tipo 1 em acompanhamento ambulatorial, com média de idade de 50 anos, encontrou a hipertensão arterial sistêmica como a comorbidade clínica mais frequente, presente em quase 30% da amostra, seguida por dislipidemia (22,3%), hipotireoidismo (19,1%) e diabetes melito (17%).[8]

Mesmo fazendo parte do grupo de transtornos de humor, os pacientes bipolares apresentam uma carga maior de doenças clínicas em comparação com os que sofrem com depressão unipolar. Além disso, eles são pacientes que quase em sua totalidade recebem prescrição para tratamento com lítio, anticonvulsivantes ou antipsicóticos atípicos, que sabidamente aumentam o risco de hipotireoidismo, ganho de peso e diabetes.[9] Essa carga aumentada de doenças clínicas nesses pacientes resulta em polifarmácia e redução na expectativa de vida em uma média de 10 anos.[4]

Doenças metabólicas

Obesidade e sobrepeso

O ganho de peso é um problema frequente em pacientes bipolares, mesmo para aqueles que não têm prescrição de medicações sabidamente associadas a alterações de apetite.[10] Esse problema pode ser um fator associado à doença e que implica em pior funcionalidade.[1] A obesidade é definida como um excesso de tecido gorduroso em relação à massa magra corporal, e caracteriza um complicador para o tratamento desses pacientes.[11]

Pacientes com transtorno bipolar podem ter maior dificuldade em equilibrar um padrão alimentar adequado e prática de exercícios, o que pode predispor ao ganho de peso. Por outro lado, indivíduos obesos podem apresentar alterações do eixo hipotálamo-hipófise-adrenal, com aumento de secreção de leptina e outros hormônios liberados pelo tecido adiposo, que podem afetar a modulação normal do humor.[11]

Não existe uma medida perfeita que avalie sobrepeso e obesidade, uma vez que a interação entre massa corporal e distribuição de gordura pode variar de acordo com etnia e genética. O índice de massa corporal (IMC), calculado pela divisão do peso em quilos (kg) pela altura em metros (m), elevada ao quadrado — kg/m^2 —, é um bom indicador devido a sua praticidade, porém, pode ser menos preciso em pessoas mais idosas por causa da perda de massa magra e diminuição do peso. O IMC considerado normal para o idoso varia de > 22 a < 27 kg/m^2, devido ao maior risco de sarcopenia.[12]

Um estudo brasileiro com 255 pacientes ambulatoriais com transtorno bipolar encontrou uma prevalência de 33,7% de sobrepeso e de 31,4% de obesidade na amostra. Esse mesmo estudo detectou uma chance quase 2 vezes maior de tentativas de suicídio nos pacientes bipolares obesos. A obesidade também se associou a transtornos por uso de álcool e transtornos de ansiedade comórbidos.[13]

Diabetes

Estudos apontam que pacientes com transtorno bipolar têm um risco até 3 vezes maior de apresentar diabetes melito tipo 2, quando comparados à população sem doenças psiquiátricas.[14]

Há vários possíveis caminhos para explicar a associação entre essas doenças, p. ex., fatores comportamentais, sociodemográficos e biológicos (resumidos na Figura 2.1).[15] Portanto, a avaliação dos pacientes deve abordar a prática de atividades físicas, o padrão de alimentação, as comorbidades com transtornos alimentares, o tabagismo, as doenças tireoidianas, além de medidas de peso e IMC.[15]

O uso de medicações também pode contribuir para essa associação; lítio e ácido valproico sabidamente induzem ganho de peso, podendo levar a alterações no metabolismo da glicose, e antipsicóticos atípicos se associam diretamente ao aparecimento de síndrome metabólica. No entanto, diabetes também é frequentemente encontrada em pessoas com transtorno bipolar mesmo antes do advento dos antipsicóticos de segunda geração, bem como em pacientes virgens de tratamento.[14]

O diagnóstico de diabetes se dá pela confirmação laboratorial a partir de resultados alterados de glicemia, podendo ser considerados os níveis da glicemia em jejum, do teste oral de tolerância à glicose (TOTG) ou da hemoglobina glicada. Para confirmação do diagnóstico, é necessária a repetição do exame, dispensado apenas caso o paciente apresente sintomas inequívocos de hiperglicemia: poliúria, polidipsia, polifagia e emagrecimento. Os critérios diagnósticos estão resumidos na Tabela 2.1.[16]

A presença de diabetes melito tipo 2 concomitante ao transtorno bipolar está associada a uma maior morbidade, pior resposta ao tratamento, maior cronicidade da doença e disfuncionalidade, além de contribuir para a alta mortalidade cardiovascular. Alterações cerebrais como menor volume hipocampal e redução de substância cinzen-

Figura 2.1

Fatores comuns ao transtorno bipolar e diabetes melito.

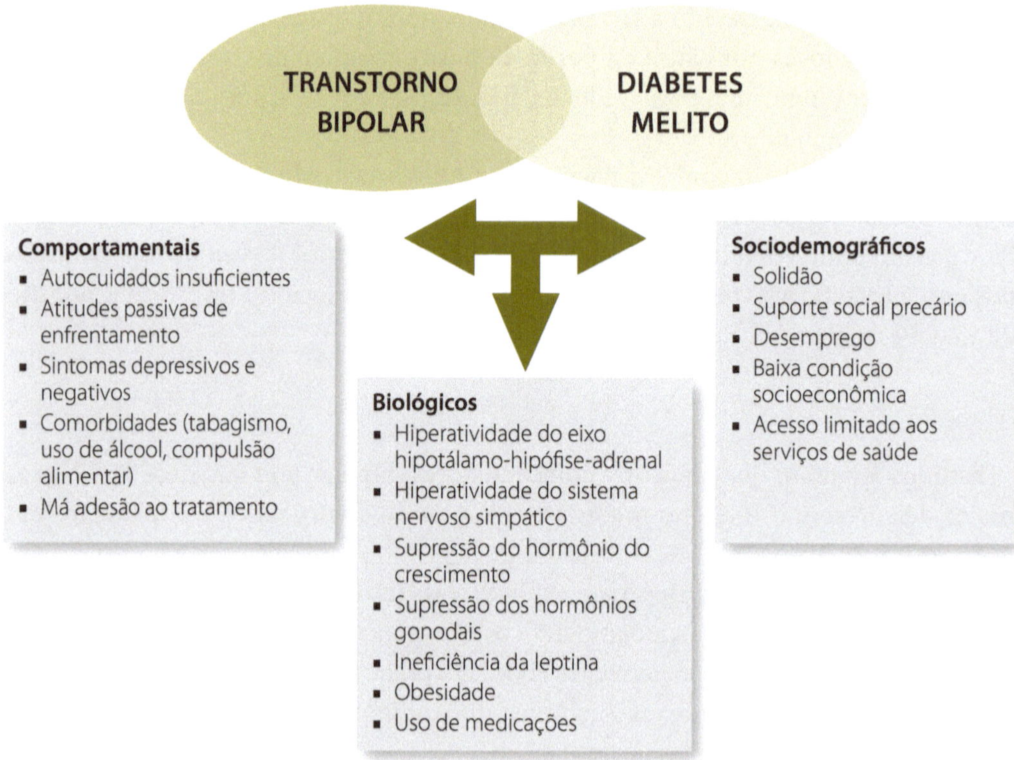

Fonte: Adaptada de McIntyre, 2005.[15]

Tabela 2.1

Critérios laboratoriais para diagnóstico de pré-diabetes e diabetes melito (DM).

	Glicose em jejum (mg/dL)	Glicose ao acaso (mg/dL)	Hemoglobina glicada (HbA1c%)	Observações
Normoglicemia	< 100	—	< 5,7	OMS emprega valor de 110 mg/dL para normalidade de glicose em jejum
Pré-diabetes (ou risco aumentado para DM)	≥ 100 e < 126	—	≥ 5,7 e < 6,5	Positividade de qualquer dos parâmetros confirma pré-diabetes
Diabetes estabelecido	≥ 126	≥ 200 com sintomas inequívocos de hiperglicemia	≥ 6,5	Método de HbA1c deve ser o padronizado. Na ausência de sintomas de hiperglicemia, é necessário confirmar o diagnóstico pela repetição dos testes

Fonte: Adaptada de Diretrizes DM, 2019-2020.[16]

ta também se associam a essa comorbidade.[17] Tanto a resistência insulínica quanto o próprio diagnóstico de diabetes melito tipo 2 estão também associados à probabilidade de pior resposta ao uso de lítio.[18]

Síndrome metabólica

A crescente associação encontrada entre obesidade e risco aumentado para eventos cardiovasculares, câncer e maior mortalidade levou à criação do termo "síndrome metabólica", para definir indivíduos nesse grupo de risco. A presença dessa síndrome se dá por uma base fisiopatólogica comum envolvendo resistência à insulina, dislipidemia, hipertensão e obesidade central, possivelmente orquestrada por este último componente.[16] A Tabela 2.2 apresenta os critérios diagnósticos definidos pelas principais organizações mundiais sobre o tema.[3]

Tabela 2.2

Definição de síndrome metabólica.

NCEP-ATP III (painel americano)
1. Três ou mais das seguintes condições: a. Obesidade central: circunferência abdominal > 102 cm (homens) e > 88 cm (mulheres) b. Trigliceridemia > 150 mg/dL c. Níveis de HDL < 40 mg/dL (homens) e < 50 mg/dL (mulheres) d. Pressão arterial > 130/85 mmHg e. Glicemia de jejum > 110 mg/dL (recentemente alterado para > 100 mg/dL)
Federação Internacional de Diabetes (IDF)
1. Obesidade central: circunferência abdominal > 94 cm (homens europeus) ou > 88 cm (mulheres europeias) 2. Duas ou mais das seguintes condições: a. Trigliceridemia > 150 mg/dL ou tratamento específico para essa anormalidade lipídica b. Níveis sanguíneos de HDL < 40 mg/dL (homens) ou < 50 mg/dL (mulheres), ou tratamento específico para essa anormalidade lipídica c. Pressão sistólica > 130 mmHg ou pressão diastólica > 85 mmHg, ou tratamento específico para hipertensão previamente diagnosticada d. Glicemia de jejum > 100 mg/dL, ou diagnóstico prévio de DM tipo 2
Organização Mundial da Saúde (OMS)
1. Alteração da regulação da glicose (tolerância alterada à glicose ou à glicemia de jejum alterada) ou DM e/ou resistência à insulina 2. Duas ou mais das seguintes condições: a. Pressão arterial ≥ 160/90 mmHg b. Trigliceridemia ≥ 150 mg/dL e/ou nível de HDL < 35 mg/dL (homens) e < 39 mg/dL (mulheres) c. Obesidade central (índice cintura/quadril > 0,90 para homens e > 0,85 para mulheres) ou índice de massa corporal (IMC) > 30 kg/m^2 d. Microalbuminúria (taxa de excreção urinária de albumina ≥ 20 mcg/min ou índice albumina/creatinina ≥ 20 mg/g)

Fonte: Adaptada de Gomes, 2016.[3]

Uma metanálise de 37 estudos, incluindo três amostras brasileiras, com 6.983 pacientes bipolares, identificou uma prevalência média de 37,3% de síndrome metabólica, sendo as taxas mais altas encontradas naqueles pacientes em uso de antipsicóticos.[19] No entanto, estudos mais recentes têm mostrado que mesmo bipolares virgens de tratamento também apresentam risco aumentado para síndrome metabólica.[20]

Doenças cardiovasculares

O transtorno bipolar tem sido progressivamente associado a um aumento na mortalidade por eventos cardiovascular, embora esse risco seja semelhante ao observado nos estudos com depressão bipolar. O tratamento farmacológico contribui para esse risco aumentado, porém, essa correlação já era percebida antes mesmo dos tratamentos de que atualmente dispomos. Dieta inadequada, sedentarismo e tabagismo são outros fatores que também favorecem o aumento do risco cardiovascular nesse grupo.[21]

O risco de hipertensão arterial sistêmica está aumentado em 27% para pacientes com transtorno bipolar em comparação com a população geral. Além disso, a bipolaridade também está associada a um pior controle pressórico. Novamente, fatores como uso de medicações e sedentarismo estão associados a esse aumento de risco.[22]

O aumento do risco cardiovascular contribui para uma redução de 10 a 15 anos de expectativa de vida dos pacientes com transtorno bipolar em comparação à população geral.[23]

Dor crônica

Indivíduos com transtorno bipolar têm mais que o dobro de chances de ter dor crônica em comparação à população geral, com um risco relativo de 2,14%, conforme os resultados de uma metanálise com dados de 22 estudos transversais, totalizando 171.352 pacientes bipolares. Esse mesmo estudo encontrou uma prevalência de 28,9% de dor crônica entre os bipolares, sendo as formas mais comuns as dores generalizadas (23,5%) e a enxaqueca (14,2%).[24]

O processamento central da dor engloba diversas áreas cerebrais, por meio de conexões que envolvem o tálamo, os córtices pré-frontal, somatossensoriais primário e secundário, cingular e insular anteriores. Os sistemas de dor medial e lateral, que regulam os aspectos afetivos-emocionais e sensoriais-discriminativos da dor, respectivamente, estão alterados em pacientes com esquizofrenia e transtorno bipolar tipo 1, apontando para um problema de processamento central nesses pacientes.[25]

Há uma grande interface entre medicações para o tratamento de dor crônica e para transtornos de humor, mas esses recursos terapêuticos são mais limitados quando se trata de transtorno bipolar, uma vez que antidepressivos duais e tricíclicos, cuja ação é bem conhecida para dor, devem ser evitados. A pregabalina e a gabapentina são anticonvulsivantes considerados de primeira linha para o tratamento da dor crônica, porém sem efeito estabilizador de humor conhecido.[26] Já na terapêutica da enxaqueca, dispomos de mais opções, uma vez que vários anticonvulsivantes, como valproato, lamotrigina e topiramato, além de antipsicóticos atípicos, como olanzapina e quetiapina, podem ser usados em ambas as patologias, sem o risco de indução de alterações de humor.[27] A carbamazepina traz um bom potencial para o tratamento de dor neuropática, devendo-se atentar para o risco do ganho de peso e de interação com outros medicamentos.[28]

É importante ressaltar que condições associadas a dor crônica estão ligadas a um aumento no risco de suicídio, o que deve levar a uma especial atenção na população idosa com transtorno bipolar.[29]

Outras doenças clínicas

A prevalência de doenças respiratórias em pacientes com transtorno bipolar é quase o dobro da encontrada nas pessoas sem doenças mentais, sobretudo a doença pulmonar obstrutiva crônica (DPOC). Parece também haver uma incidência aumentada de transtorno bipolar em pacientes com asma, principalmente aqueles em uso de prednisolona.[30]

Os dados sobre o aumento da incidência de diagnósticos de câncer em pessoas com transtorno bipolar ainda são conflitantes. Existem estudos que apontam essa associação e outros que não encontraram diferenças em relação à população em geral.[30] Há também alguns estudos recentes que apontam para uma prevalência aumentada de doença de Parkinson e hepatites virais nessa população.[29]

Deve-se ressaltar que pacientes com transtorno bipolar muitas vezes não recebem investigação diagnóstica ou, mesmo, tratamento adequados para uma comorbidade somática, simplesmente por conta de seu diagnóstico psiquiátrico ou porque existe a presunção da incapacidade em aderir aos tratamentos devido à sua doença mental.[30]

Com relação à pandemia pelo vírus SARS-Cov-2 que se iniciou ao final do ano de 2019, grandes estudos de coorte mostraram risco aumentado de contrair a doença e também maior mortalidade entre pacientes com transtornos mentais.[31,32] Além disso, esses estudos também mostraram que, entre pacientes com transtornos do humor, há um maior risco de necessidade de reabilitação e cuidados especializados após alta hospitalar.[33]

◊ Medicamentos e respectivas comorbidades associadas ao tratamento

A farmacoterapia é a principal estratégia na abordagem dos episódios de humor, bem como permanece como figura central no tratamento de manutenção do transtorno bipolar. Desse modo, é importante conhecer as principais implicações clínicas do uso prolongado das principais medicações, dado o caráter crônico da doença. Os principais efeitos colaterais associados às medicações estabilizadoras de humor estão listados na Tabela 2.3.[10]

Tabela 2.3

Efeitos colaterais dos principais estabilizadores de humor.

Neurológicos
▪ Tremor: lítio
Gastrointestinais
▪ Náusea, vômitos, diarreia: lítio, ácido valproico
Metabólicos
▪ Ganho de peso: lítio, ácido valproico
Endócrinos
▪ Hipotireoidismo: lítio, carbamazepina, ácido valproico
Nefrogênicos
▪ Polidipsia, poliúria, insuficiência renal: lítio
Dermatológicos
▪ Acne, psoríase: lítio, lamotrigina ▪ Queda de cabelo: lítio, lamotrigina, ácido valproico
Cognitivos
▪ Prejuízo cognitivo: ácido valproico, carbamazepina
Sexuais
▪ Diminuição de libido: lítio ▪ Disfunção sexual: carbamazepina, ácido valproico
Hepáticos
▪ Elevação de transaminases: ácido valproico ▪ Hepatite: carbamazepina ▪ Hiperamonemia: ácido valproico
Hematológicos
▪ Discrasias sanguíneas: carbamazepina

Fonte: Adaptada de Dols, 2013.[10]

Lítio

O primeiro aspecto importante sobre o uso do lítio é sua interação com outras medicações de uso frequente, como diuréticos tiazídicos, inibidores da enzima de conversão da angiotensina e anti-inflamatórios não esteroidais, pois podem aumentar a litemia.[29]

Deve-se também estimular a ingesta hídrica, uma vez que a desidratação aumenta o risco de lesão renal e intoxicação pelo lítio.[34]

Na maioria dos usuários crônicos de lítio, ocorre uma redução na capacidade de concentração da urina, podendo acarretar uma nefropatia intersticial.[29] As duas principais formas de acometimento renal associadas a essa medicação são o diabetes insípido e a doença renal crônica.

O diabetes insípido nefrogênico resulta da inibição da reabsorção de água estimulada pelo hormônio antidiurético nos dutos coletores, por efeito direto do lítio, o que causa poliúria, desidratação, aumento da sede e polidipsia. Caso esses sintomas apareçam, é importante excluir outras causas, como diabetes insípido central, efeitos colaterais por uso de medicações anticolinérgicas e polidipsia psicogênica. O tratamento geralmente envolve o uso de diuréticos.[7]

A doença renal crônica ocorre em 5% dos pacientes em uso de lítio e parece estar mais associada à ingestão de múltiplas doses ao dia e níveis sanguíneos acima de 0,8 mmol/L do que à duração do tratamento. Por isso, é importante monitorar a função renal ao longo do tratamento e evitar níveis supraterapêuticos do fármaco.[7,34]

O uso desse medicamento também está associado a um risco aumentado em duas vezes para hipotireoidismo, que geralmente aparece nos primeiros anos de uso.[34] Cerca de 2% dos pacientes necessitarão do uso de levotiroxina, já que o tratamento do hipotireoidismo pode melhorar os resultados do tratamento do transtorno bipolar.[7]

Efeitos colaterais dermatológicos como acne e psoríase também estão associados ao uso do lítio, porém, sua preexistência não configura uma contraindicação ao uso da medicação. Até 10% dos pacientes em uso de lítio podem ter algum grau de alopecia.[10]

Apesar dos possíveis efeitos colaterais e cuidados especiais a serem tomados, o carbonato de lítio continua sendo um tratamento de primeira linha para o transtorno bipolar, e acredita-se que até 40% dos idosos bipolares possam apresentar remissão de sintomas em monoterapia com o fármaco. Além disso, os usuários de lítio têm menores taxas de demência, diabetes, acidente vascular cerebral e câncer, em comparação aos bipolares em uso de outras medicações, o que pode estar ligado a seus efeitos anti-inflamatórios, antioxidantes, endoteliais e na sinalização intracelular inibindo a via da glicogênio sintase 3 beta (GSK3β).[34]

Anticonvulsivantes

O aumento assintomático de transaminases hepáticas pode ocorrer em até 40% dos pacientes em uso de ácido valproico, porém essas alterações geralmente não são progressivas e não implicam em interrupção no uso da medicação. Hepatotoxicidade grave é rara, ocorrendo em 0,01% e, frequentemente, potencializada pela associação com outros anticonvulsivantes.[10]

Efeito semelhante é observado com o uso da carbamazepina, devendo-se, portanto,atentar para a indução de enzimas hepáticas causada pelo seu uso, o que pode alterar a metabolização de diversas outras substâncias, e, até mesmo, diminuir sua própria concentração sérica.

Leucopenia transitória pode ocorrer em até 10% dos pacientes em uso de carbamazepina, com redução de até 25% da série branca, porém, não é necessário interromper o tratamento uma vez que há melhora mesmo com sua continuidade, persistindo em apenas 2% dos casos. Os idosos têm risco aumentado para discrasias sanguíneas induzidas pela carbamazepina, porém reações graves como anemia aplástica, agranulocitose e trombocitopenia são raras.[10]

Um efeito importante, particularmente em usuários crônicos e idosos, é a diminuição da densidade mineral óssea associada ao uso de anticonvulsivantes. A carbamazepina pode reduzir os níveis de vitaminas D e K, além de interferir na absorção intestinal de cálcio. O ácido valproico pode provocar problemas ósseos por suprimir diretamente a atividade dos osteoblastos, e ainda pode aumentar o risco de fraturas por induzir alterações cerebelares. Sendo assim, deve-se considerar a dosagem anual de vitamina D, cálcio, fosfato e fosfatase alcalina, além da suplementação de cálcio e vitamina D3.[35]

Uma recente revisão sistemática encontrou maior risco para fraturas em indivíduos com transtorno bipolar independentemente de idade, sexo ou presença de comorbidades, e, curiosamente, das medicações em uso (no entanto, o uso de benzodiazepínicos e antidepressivos inibidores da recaptação de serotonina e tricíclicos já são sabidamente associados a maior risco para fraturas, além de serem medicações por vezes utilizadas no tratamento do transtorno).[36]

Elevações nos níveis séricos de amônia sem alterações da função hepática podem ocorrer frequentemente nos pacientes em uso de ácido valproico, porém, são assintomáticas, na maioria dos casos. O aparecimento de tremores, ataxia, confusão, letargia e desorientação deve, no entanto, alerta para a suspeita de encefalopatia hiperamônica induzida pela medicação. Sua confirmação se dá pelo aumento nos níveis de amônia (geralmente em 2 vezes do basal) e lentificação simétrica generalizada da atividade elétrica cerebral no eletroencefalograma, devendo prontamente levar à redução de dose ou suspensão do ácido valproico.[10]

Os anticonvulsivantes mais antigos, como a carbamazepina e o ácido valproico, estão associados a um pior perfil de efeitos colaterais cognitivos. A oxcarbazepina parece provocar menos impacto negativo sobre a cognição, e a lamotrigina mostrou-se livre de tais efeitos.[35]

Apesar da associação de lamotrigina com *rash* cutâneo grave, síndrome de Stevens-Johnson e necrólise epidérmica tóxica, o aparecimento de complicações dermatológicas é raro se o ajuste for gradual.[10]

◊ Como acompanhar o paciente bipolar em uso de medicações

Devido à frequente presença de comorbidades clínicas nos pacientes com transtorno bipolar, a avaliação desses pacientes deve incluir exame físico, exame neurológico e exames laboratoriais complementares. A neuroimagem está indicada na presença de sinais ou sintomas neurológicos, na investigação de quadros cognitivos associados e na presença de episódios de humor com apresentações atípicas.[37]

É importante, em uma primeira avaliação do paciente, buscar informações sobre comorbidades médicas preexistentes, tabagismo, uso de álcool, história familiar de comorbidades clínicas e fatores de risco cardiovascular. Essa investigação também objetiva descartar possíveis contraindicações e orientar a monitorização de efeitos adversos na escolha das terapias medicamentosas.

A anamnese de todos os pacientes antes do início do tratamento deve abranger a verificação da pressão arterial e frequência cardíaca, circunferência abdominal e do IMC. Além disso, os seguintes exames complementares estão indicados para todos: hemograma completo, glicemia de jejum, colesterol total e frações e triglicerídeos. Outros exames complementares podem estar indicados conforme a escolha medicamentosa. A Tabela 2.4 resume a frequência com que os exames laboratoriais estão indicados de acordo com a medicação em uso, com base nas diretrizes propostas pelo Ministério da Saúde publicadas em 2016.[38]

Tabela 2.4

Frequência de exames laboratoriais. Ca: cálcio sérico; Cr: creatinina; ECG: eletrocardiograma; HMG: hemograma; K: potássio; Na: sódio; TGP: transaminase glutâmico-pirúvica; TGO: transaminase glutâmico-oxalacética; TSH: hormônio estimulante da tireoide; U: ureia.

Medicamento	Inicial	Trimestral	Semestral	Anual
Lítio	TSH, Cr, U	Cr, U	TSH, Ca, litemia	
Ácido valproico	TGO, TGP	HMG, TGO, TGP	Valproatemia	
Carbamazepina	HMG, TGO, TGP, Cr, U, Na, K (repetir nos 3 primeiros meses)		Carbamazepina sérica	HMG, TGO, TGP, Cr, U, Na, K
Lamotrigina				HMG, TGO, TGP
Antipsicóticos*		Glicemia de jejum e perfil lipídico		Glicemia de jejum, perfil lipídico, ECG. Prolactina, quando indicado**

*O uso de clozapina exige realização de hemograma semanal durante as primeiras 18 semanas de tratamento, seguido de hemograma mensal enquanto durar o tratamento e até 1 mês após sua suspensão.

**A dosagem de prolactina está indicada se relato de sintomas compatíveis com seu aumento, como alterações de libido, impotência, alterações menstruais e galactorreia.

Fonte: Adaptada de Ministério da Saúde, 2016.[38]

As medidas antropométricas e de pressão arterial deverão ser repetidas durante o seguimento do paciente, estando indicadas nas avaliações a cada 3, 6 e 12 meses. Em caso de alterações nas medidas ou nos exames laboratoriais, deve-se proceder com uma avaliação clínica geral e uma reavaliação das medicações em uso, levando-se em consideração o risco-benefício de seu uso e a possibilidade de troca por outras estratégias.[38]

As diretrizes publicadas pela Canadian Network for Mood and Anxiety Treatments (CANMAT) e pela International Society for Bipolar Disorders (ISBD), em 2018, propõem, além da história clínica completa e exame físico, um painel laboratorial ampliado para a avaliação de todos os pacientes com transtorno bipolar, que inclui, além dos exames indicados anteriormente, os seguintes: eletrólitos e cálcio, enzimas hepáticas e bilirrubinas, tempo de protrombina e tempo de tromboplastina parcial, creatinina e taxa estimada de filtração glomerular, hormônio estimulante da tireoide, eletrocardiograma, prolactina, sumário de urina, exame toxicológico de urina e *clearance* de creatinina de 24 horas (este se houver história de doença renal).[37]

◊ Conclusão

Os pacientes portadores de transtorno bipolar apresentam altas taxas de comorbidades clínicas, especialmente com doenças cardiovasculares e metabólicas, resultando em aumento da mortalidade em relação à população em geral. O aumento da expectativa de vida exibido pela humanidade como um todo nas últimas décadas, decorrente de melhoras nas condições sanitárias, maior acesso aos serviços de saúde e evolução tecnológica, não se refletiu na mesma intensidade para os portadores de transtornos mentais graves.[39] A abordagem multiprofissional e o modelo de cuidado colaborativo, no qual os pacientes são tratados em um modelo de doença crônica, pode colaborar para a redução da carga física e mental do transtorno bipolar, tanto para os pacientes bipolares quanto para os seus familiares.[40]

REFERÊNCIAS BIBLIOGRÁFICAS

1. Fenn HH, Bauer MS, Saltshaker L, Evans DR, Williford WO, Kilbourne AM et al. Medical comorbidity and health-related quality of life in bipolar disorder across the adult age span. J Affect Discord. 2005;86(1):47-60.
2. Walker ER, McGee RE, Dross BG. Mortality in mental disorders and global disease burden implications: a systematic review and meta-analysis. JAMA Psychiatry. 2015;72(4):334-341.
3. Gomes FA. Transtorno bipolar e comorbidades clínicas. Revista Debates em Psiquiatria. 2016;6(5):20-23.
4. Depp CA, Jeste DV. Bipolar disorder in older adults: a critical review. Bipolar Disord. 2004;6(5):343-367.

5. Salagre E, Dodd S, Aedo A, Rosa A, Amoretti S, Pinzon J, Reinares M et al. Toward precision psychiatry in bipolar disorder: staging 2.0. Front Psychiatry. 2018;9:641.
6. Krishnan KR. Psychiatric and medical comorbidities of bipolar disorder. Psychosom Med. 2005;67(1):1-8.
7. Dols A, Beekman A. Older age bipolar disorder. Clin Geriatr Med. 2020;36(2):281-296.
8. Barbosa IG, Ferreira RA, Huguet RB, Rocha FL, Salgado JV, Teixeira AL. Comorbidades clínicas e psiquiátricas em pacientes com transtorno bipolar do tipo I. J Bras Psiquiatr. 2011;60(4):271-276.
9. Gildengers AG, Whyte EM, Drayer RA, Soreca I, Fagiolini A, Kilbourne AM et al. Medical burden in late-life bipolar and major depressive disorders. Am J Geriatr Psychiatry. 2008;16(3):194-200.
10. Dols A, Sienaert P, van Gerven H, Schouws S, Stevens A, Kupka R et al. The prevalence and management of side effects of lithium and anticonvulsants as mood stabilizers in bipolar disorder from a clinical perspective: a review. Int Clin Psychopharmacol. 2013;28(6):287-296.
11. Zhao Z, Okusaga OO, Quevedo J, Soares JC, Teixeira AL. The potential association between obesity and bipolar disorder: A meta-analysis. J Affect Disord. 2016;202:120-123.
12. Associação Brasileira para o Estudo da Obesidade e da Síndrome Metabólica. Diretrizes brasileiras de obesidade 2016/ABESO - Associação Brasileira para o Estudo da Obesidade e da Síndrome Metabólica. 4a ed. São Paulo, SP.
13. Gomes FA, Kauer-Sant'Anna M, Magalhães PV, Jacka FN, Dodd S, Gama CS et al. Obesity is associated with previous suicide attempts in bipolar disorder. Acta Neuropsychiatr. 2010;22(2):63-67.
14. Kittel-Schneider S, Bury D, Leopold K, Haack S, Bauer M, Pfeiffer S et al. Prevalence of prediabetes and diabetes mellitus type II in bipolar disorder. Front Psychiatry. 2020;11:314.
15. McIntyre RS, Konarski JZ, Misener VL, Kennedy SH. Bipolar disorder and diabetes mellitus: epidemiology, etiology, and treatment implications. Ann Clin Psychiatry. 2005;17(2):83-93.
16. Sociedade Brasileira de Diabetes (SBD). Diretrizes da Sociedade Brasileira de Diabetes: 2019-2020. São Paulo: Clannad Editora Científica; 2019.
17. Hajek T, McIntyre R, Alda M. Bipolar disorders, type 2 diabetes mellitus, and the brain. Curr Opin Psychiatry. 2016;29(1):1-6.
18. Calkin CV, Ruzickova M, Uher R, Hajek T, Slaney CM, Garnham JS et al. Insulin resistance and outcome in bipolar disorder. Br J Psychiatry. 2015;206(1):52-57.
19. Vancampfort D, Vansteelandt K, Correll CU, Mitchell AJ, De Herdt A, Sienaert P et al. Metabolic syndrome and metabolic abnormalities in bipolar disorder: a meta-analysis of prevalence rates and moderators. Am J Psychiatry. 2013;170(3):265-274.
20. Penninx BWJH, Lange SMM. Metabolic syndrome in psychiatric patients: overview, mechanisms, and implications. Dialogues Clin Neurosci. 2018;20(1):63-73.
21. Weiner M, Warren L, Fiedorowicz JG. Cardiovascular morbidity and mortality in bipolar disorder. Ann Clin Psychiatry. 2011;23(1):40-47.

22. Ayerbe L, Forgnone I, Addo J, Siguero A, Gelati S, Ayis S. Hypertension risk and clinical care in patients with bipolar disorder or schizophrenia; a systematic review and meta-analysis. J Affect Disord. 2018;225:665-670.
23. Marshe VS, Pira S, Mantere O, Bosche B, Looper KJ, Herrmann N et al. C-reactive protein and cardiovascular risk in bipolar disorder patients: A systematic review. Prog Neuropsychopharmacol Biol Psychiatry. 2017;79(Pt B):442-451.
24. Stubbs B, Eggermont L, Mitchell AJ, De Hert M, Correll CU, Soundy A et al. The prevalence of pain in bipolar disorder: a systematic review and large-scale meta-analysis. Acta Psychiatr Scand. 2015;131(2):75-88.
25. Minichino A, Delle Chiaie R, Cruccu G, Piroso S, Di Stefano G, Francesconi M et al. Pain-processing abnormalities in bipolar I disorder, bipolar II disorder, and schizophrenia: A novel trait marker for psychosis proneness and functional outcome? Bipolar Disord. 2016;18(7):591-601.
26. Sutherland AM, Nicholls J, Bao J, Clarke H. Overlaps in pharmacology for the treatment of chronic pain and mental health disorders. Prog Neuropsychopharmacol Biol Psychiatry. 2018;87(Pt B):290-297.
27. Leo RJ, Singh J. Migraine headache and bipolar disorder comorbidity: A systematic review of the literature and clinical implications. Scand J Pain. 2016;11:136-145.
28. Rahman T, Campbell A, O'Connell CR, Nallapula K. Carbamazepine in bipolar disorder with pain: reviewing treatment guidelines. Prim Care Companion CNS Disord. 2014;16(5):10.4088/PCC.14r01672.
29. Rise IV, Haro JM, Gjervan B. Clinical features, comorbidity, and cognitive impairment in elderly bipolar patients. Neuropsychiatr Dis Treat. 2016;12:1203-1213.
30. Nielsen RE, Kugathasan P, Straszek S, Jensen SE, Licht RW. Why are somatic diseases in bipolar disorder insufficiently treated? Int J Bipolar Disord. 2019;7(1):12.
31. Wang Q, Xu R, Volkow ND. Increased risk of COVID-19 infection and mortality in people with mental disorders: analysis from electronic health records in the United States. World Psychiatry. 2021;20(1):124-130.
32. Taquet M, Luciano S, Geddes JR, Harrison PJ. Bidirectional associations between COVID-19 and psychiatric disorder: retrospective cohort studies of 62.354 COVID-19 cases in the USA. Lancet Psychiatry. 2021;8(2):130-140.
33. Castro VM, Gunning FM, McCoy TH, Perlis RH. Mood Disorders and Outcomes of COVID-19 Hospitalizations. Am J Psychiatry. 2021;178(6):541-547.
34. Fotso Soh J, Klil-Drori S, Rej S. Using lithium in oder ae bpolar dsorder: secial cnsiderations. Drugs Aging. 2019;36(2):147-154.
35. Kaur U, Chauhan I, Gambhir IS, Chakrabarti SS. Antiepileptic drug therapy in the elderly: a clinical pharmacological review. Acta Neurol Belg. 2019;119(2):163-173.
36. Chandrasekaran V, Brennan-Olsen SL, Stuart AL et al. Bipolar disorder and bone health: A systematic review. J Affect Disord. 2019;249:262-269.

37. Yatham LN, Kennedy SH, Parikh SV et al. Canadian Network for Mood and Anxiety Treatments (CANMAT) and International Society for Bipolar Disorders (ISBD) 2018 guidelines for the management of patients with bipolar disorder. Bipolar Disord. 2018;20(2):97-170.
38. Ministério da Saúde. Protocolo Clínico e Diretrizes Terapêuticas do Transtorno Afetivo Bipolar do tipo I. Brasília: Ministério da Saúde; 2016.
39. Hayes JF, Marston L, Walters K, King MB, Osborn DPJ. Mortality gap for people with bipolar disorder and schizophrenia: UK-based cohort study 2000-2014. Br J Psychiatry. 2017;211(3):175-181.
40. Kilbourne AM, Post EP, Nossek A et al. Service delivery in older patients with bipolar disorder: a review and development of a medical care model. Bipolar Disord. 2008;10(6):672-683.

Transtorno Bipolar Induzido por Substâncias Lícitas | 3

Caroline Dalallana
Thais Barbosa de Oliveira
Ângela Marisa de Aquino Miranda Scippa

◊ Introdução

A etiologia das doenças mentais sempre foi alvo de interesse na prática médica. Em 1867, sua origem multifatorial foi inicialmente sugerida por Griesinger que investigou a relação entre doença mental e uso de substâncias, hereditariedade e outras doenças orgânicas.[1] Nesse contexto, apesar de os transtornos mentais induzidos por substâncias serem observados na prática clínica, ainda há precariedade de dados relacionados com seus aspectos fenomenológicos, epidemiológicos e terapêuticos.[2] Sendo assim, é necessário atenção para identificar e manejar pacientes desse grupo, de modo eficiente e precoce a fim de alcançarmos melhores desfechos.

Entre as doenças mentais desencadeadas pelo uso de substâncias lícitas ou ilícitas, estão os transtornos de humor, os transtornos psicóticos e os transtornos ansiosos. Por ser potencialmente grave, o transtorno bipolar (TB) secundário ao uso de substâncias lícitas, responsável por índices significativos de morbimortalidade e de significativa prevalência na população geral, precisa ser melhor compreendido para que medidas eficazes de tratamento sejam instituídas com base em evidências científicas.[3]

Um dos primeiros estudos sobre episódios de mania associados a um medicamento foi realizado por Frederick Goodwin, em 1971, durante o acompanhamento de pacientes com doença de Parkinson tratados com levodopa (L-Dopa), droga precursora da dopamina. Entre os 908 participantes do estudo, 33 passaram a apresentar hiperatividade e agitação, e 14 deles apresentaram hipomania ao longo do tratamento.[4]

◊ Epidemiologia

A Organização Mundial da Saúde (OMS) estima que aproximadamente 30 milhões de pessoas são afetadas pelo TB, sendo a prevalência de 1,5% em 1 ano, e de 2,4% ao longo da vida. As taxas de prevalência ao longo da vida do TB sem especificação, do TB tipo 1 e do TB tipo 2 são, respectivamente, 1,4%, 0,6% e 0,4%.[5] Contudo, a maior parte dos estudos que avaliam o TB induzido por substâncias são relatos de casos analisados isoladamente e que, por essa razão, não apresentam dados epidemiológicos específicos dessa parcela da população,[3] gerando um campo imenso para novas pesquisas. Na atualidade, várias outras substâncias, além dos medicamentos antiparkinsonianos estão associadas à indução de mania, manifestação característica do TB, dentre eles estão os corticoides, os esteroides anabolizantes, as fenciclidinas, a cafeína, os antidepressivos e as anfetaminas.[3]

◊ Classificação do transtorno bipolar induzido por substância/medicamento

Com o objetivo de validar e compreender melhor a etiologia multifatorial das doenças mentais, o Manual Diagnóstico e Estatístico de Transtornos Mentais, em sua quinta edição (DSM-5),[3] as descreve na sua forma clássica (aquelas que correspondem às doenças mentais primárias) e nas formas induzidas por substâncias/medicamentos; ou relacionadas à outra condição médica (doenças mentais secundárias). Vale ressaltar que essa mudança, no que tange o TB, reuniu quadros sindrômicos de mania/hipomania e de depressão em um capítulo único, mantendo a diferenciação do que seria primário ou secundário à outra condição médica.[3]

Especificamente no capítulo de TB no DSM-5, temos: TB tipo 1, TB tipo 2, transtorno ciclotímico, TB induzido por substância/medicamento e TB relacionado à outra condição médica.[3] Na categorização de TB induzido por substância/medicamento, é considerado o uso de substâncias lícitas e ilícitas. Contudo, esse capítulo é direcionado apenas para o TB induzido por substâncias lícitas.

De acordo com a Classificação Internacional de Doenças, na sua última edição de 2018 (CID-11),[6] o TB é definido como a ocorrência de episódios maníacos, mistos ou hipomaníacos, com ou sem episódios depressivos. Entre as mudanças que ocorreram nesse capítulo em relação à versão anterior (CID-10) estão: a ciclotimia foi incluída como uma categoria do TB; o episódio hipomaníaco foi inserido na nomenclatura do TB, diferenciando o TB tipo 1 do tipo 2. Contudo, vale ressaltar que, ao contrário do que é posto no DSM-5, os estados/episódios mistos permanecem como uma das fases da doença. Além disso, os quadros secundários às condições médicas e uso de substâncias permanecem no capítulo de transtorno mental orgânico (CID-11), assim como na CID-10.

◊ Diagnóstico do transtorno bipolar induzido por substância/medicamento

Segundo o DSM-5,[3] os critérios diagnósticos para o TB induzido por substância/medicamento são os seguintes:

- Quando a intoxicação por uma droga ou a sua abstinência é capaz de causar perturbação acentuada persistente no humor, caracterizada por estado eufórico, expansivo ou irritável, com ou sem humor deprimido ou redução marcadamente diminuída no interesse ou no prazer em todas ou quase todas as atividades.
- Ausência de história de episódios de mania ou hipomania recorrentes e independentes do uso da substância em análise ou outros eventos que sustentem a hipótese de TB independente.
- Interrupção dos sintomas após abstinência aguda da substância em análise.
- A perturbação de humor não ocorre exclusivamente durante o curso de *delirium*.
- A perturbação do humor causa prejuízo significativo e sofrimento no funcionamento social, profissional e em outras áreas importantes da vida do indivíduo.

Um episódio hipomaníaco completo que surge durante o tratamento para depressão, com antidepressivo ou eletroconvulsoterapia, mas que persiste em um nível de sinais e sintomas além do efeito fisiológico desse tratamento, é evidência suficiente para um diagnóstico de episódio hipomaníaco/maníaco.[3] Recomenda-se, porém, cautela para que 1 ou 3 sintomas (principalmente aumento da irritabilidade, nervosismo ou agitação após uso de antidepressivo) não sejam considerados suficientes para o diagnóstico de episódio hipomaníaco, nem necessariamente indicativos de uma diátese bipolar, na vigência do tratamento ou logo após sua utilização.

O TB induzido por substância/medicamento tem essencialmente a apresentação clínica da mania, da hipomania ou da depressão. Contudo, para o diagnóstico, a história clínica e/ou exame físico, e/ou exames laboratoriais devem sugerir que os sintomas se desenvolveram durante ou logo após a intoxicação ou exposição a uma medicação e que essa substância ou medicamento seja capaz de produzir esses sintomas.

Importante ressaltar que o TB induzido por substância também pode surgir a partir da abstinência, enquanto o TB primário pode preceder o início do uso da substância ou ocorrer durante períodos de abstinência prolongada. Uma vez que o estado de abstinência para algumas substâncias pode ser relativamente retardado, o início dos sintomas de alteração de humor pode ocorrer em até 4 semanas após a cessação do seu uso.

Outro aspecto a considerar é a existência de características atípicas no TB (como idade de início tardio ou curso atípico). Por exemplo, o início de um episódio maníaco após os 45 anos pode sugerir uma etiologia induzida por substância. Em contrapartida, fatores que sugerem que os sintomas de humor são mais bem explicados por causa de um transtorno do humor primário incluem persistência desses sintomas por um período substancial de tempo (cerca de 1 mês) após o término da intoxicação com substância ou abstinência aguda; desenvolvimento de sintomas de humor substancialmente excedentes aos que seriam esperados, dado o tipo ou a quantidade da substância usada ou a duração do uso; ou um histórico de episódios primários recorrentes prévios de TB.[3]

◊ Fisiopatologia

A fisiopatologia do TB induzido por substâncias ainda é pouco conhecida. Em termos estruturais, os alvos principais de substâncias que influenciam no estado de humor são o córtex frontal, o núcleo *accumbens*, o tubérculo olfatório, o hipocampo, a amígdala e o hipotálamo. Em termos de neurotransmissão, os circuitos serotoninérgicos e dopaminérgicos são os mais acometidos, incluindo também o fator liberador de corticotropina (CRF) e o neuropeptídeo Y (NPY).[7] No caso do NPY, a administração direta da substância nas regiões do sistema límbico já foi associada a efeitos antidepressivos e ansiolíticos.[8] Não surpreendentemente, o uso de medicamentos para o tratamento de transtornos mentais altera o funcionamento basal dessas estruturas e circuitos, o que pode resultar em modificações comportamentais adicionais àquelas que caracterizam a doença de base em tratamento. Apesar da baixa acurácia que os estudos têm demonstrado para o diagnóstico e a predição de desfechos de interesse para pacientes com TB, estudos mais aprofundados elucidarão a fisiopatologia do TB induzido por substâncias em um futuro próximo.

◊ Tratamento

Nos casos em que se identifica o TB induzido por substância, o tratamento, como já subentendido pelo raciocínio diagnóstico, é esperar que os sintomas clínicos do transtorno remitam de forma espontânea após a suspensão da substância em questão, quando possível.[3] Caso os episódios de mania sejam muito severos, podem ser utilizados antipsicóticos de primeira ou segunda geração e/ou estabilizadores de humor, incluindo, principalmente, o lítio e o ácido valproico, mas não há um consenso na literatura em relação a tempo de uso, doses ou superioridade de medicações em detrimento de outras.[7] Além disso, é importante ressaltar que, no caso em que se opte pela resolução espontânea, o acompanhamento da equipe de saúde é extremamente necessário, uma vez que há evidências de que pacientes com transtornos mentais induzidos por substâncias possuem risco elevado de tentativas de suicídio.

Substâncias indutoras de manias e hipomanias

Glicocorticoides

Entre as medicações descritas como indutoras de doenças mentais, os glicocorticoides merecem atenção especial, pois são utilizados em cerca de 10% dos pacientes em regime hospitalar e cerca de 2% a 3% da população geral por tempo prolongado.[9] Esses fármacos são prescritos para o tratamento de inúmeras doenças na prática médica, tais como artrite reumatoide, lúpus eritematoso sistêmico (LES), asma, pênfigo vulgar, leucemia linfocítica aguda (LLA), mieloma múltiplo, hepatite autoimune, púrpura trombocitopênica idiopática, doença de Crohn, uveítes, dentre outras.[10]

O uso dos glicocorticoides, como a cortisona, é associado a uma série de efeitos colaterais sobre o sistema nervoso central (SNC), tais como insônia, agitação, irritabilidade, elevação do humor e psicose. Apesar da patogênese desses efeitos não ser compreendida por completo, os primeiros relatórios e investigações sobre o assunto sugeriam que as alterações ocorriam independentemente de uma história psiquiátrica anterior e que eram mais prevalentes no sexo feminino.[11] Em estudos mais recentes, as mulheres se mostraram mais propensas a quadros depressivos e os homens, a quadros de mania. O risco de mania, *delirium* e depressão secundários ao uso de corticoide aumenta com a idade, porém o comportamento suicida e o TP são mais comuns nos mais jovens.[12]

A partir de 1966, o Boston Collaborative Drug Surveillance Program (BCDSP) iniciou uma pesquisa extensiva[13] sobre os efeitos adversos de medicamentos comumente prescritos, incluindo os corticoides. Esse programa foi o primeiro a relatar uma correlação dose-dependente entre corticosteroides exógenos e efeitos adversos mentais em pacientes internados em hospitais. O estudo avaliou 676 pacientes internados em hospitais gerais, com uma média de tempo de internação de 28 dias e encontrou uma incidência de 18,4% de "alterações psiquiátricas" naqueles expostos a mais de 80 mg/dia de prednisona; 4,6% naqueles que receberam 40 a 80 mg/dia, e 1,3% naqueles que receberam menos de 40 mg/dia. Os sintomas descritos nesse estudo foram: agressividade, irritabilidade, elevação de humor e psicose. Houve uma relação dose-dependente para reações psiquiátricas agudas, porém não houve correlação entre a dose e os efeitos colaterais gastrointestinais, hiperglicemia e leucocitose, por exemplo. Apesar de inovador e elucidativo para a época, o estudo não deixou claro de que forma os sintomas psiquiátricos foram avaliados.

As primeiras séries de casos publicadas apoiaram os resultados do programa de Boston com uma incidência média de 5,7% de doenças mentais secundárias ao tratamento com corticosteroides. Contudo, em estudos mais recentes, estima-se que cerca de 20% dos pacientes que recebem esses medicamentos em altas doses, ou seja, mais de 40 mg de prednisona ou seu equivalente, desenvolverão mania, psicose ou depressão grave, sendo a mania/hipomania as mais descritas na literatura. Entre os pacientes com sintomas maníacos, 30% a 40% apresentam também sintomas psicóticos, o que denota uma propensão a mania psicótica naqueles em uso dessas substâncias. Apesar dessa elevada incidência de psicose, os sintomas mais comuns são a excitação, a pressão para fala, a euforia, a hiperatividade motora e a irritabilidade. A maioria dos pacientes desenvolve os sintomas na primeira semana de uso do corticoide e mais da metade apresenta sintomas em até 10 dias. Em contrapartida, as alterações neuropsiquiátricas secundárias ao uso de glicocorticoides de meia-vida longa, tais como a dexametasona e a betametasona, são ainda menos conhecidas, pois os efeitos tendem a aparecer mais tardiamente, o que pode dificultar a associação entre o uso delas e os sintomas psiquiátricos.[14]

Em linhas gerais, os fatores de risco para o aparecimento de mania/hipomania descritos foram: doses acima de 40 mg de prednisona ou equivalente, vias de administração venosa e oral, sexo feminino, hipoalbuminemia, uso concomitante de substâncias que inibem o citocromo P450, idade avançada e história de patologia psiquiátrica prévia; porém esses dados não são consistentes na literatura.[9] Em conformidade com esses achados, um estudo observacional prospectivo com 66 pacientes identificou uma taxa de variação do humor em 49,1% dos pacientes sob uso da terapia com prednisona oral, em que 25 deles apresentaram sintomas maníacos.[15]

Existe uma escassez de trabalhos que ajudem no manejo dos efeitos adversos, porém a primeira conduta, quando possível, é a redução do corticosteroide para uma dose menor do que 40 mg/dia (ou equivalente). Nos casos com manifestações de curta duração, ocorre boa resposta à descontinuação ou redução do medicamento, mas essa conduta, embora tenha sucesso, nem sempre é a melhor para o paciente.[14] Nas situações em que a manutenção é realmente necessária, não há recomendação específica de tratamento na Food and Drug Administration (FDA) ou em outro órgão de controle, tais como a Agência Nacional de Vigilância Sanitária (ANVISA) ou Agência Europeia de Medicamentos (EMA, do inglês European Medicines Agency).

Nesse contexto, podemos observar que existem apenas tratamentos baseados em evidências anedóticas, séries e relatos de caso, os quais refletem a grande lacuna sobre esse tema. Além da redução da dose ou descontinuação do glicocorticoide, como já referido, o uso de antipsicóticos e estabilizadores de humor, como o lítio e o ácido valproico, é fortemente recomendado. As doses e o tempo de duração do tratamento variaram em cada estudo, portanto não há um consenso na literatura. Com base em relatos de casos, duas estratégias foram descritas para a prevenção de novos episódios maníacos em pacientes que necessitaram utilizar o corticoide novamente. A primeira foi a continuação do uso do corticoide após o primeiro episódio de mania; e a segunda foi a introdução de psicotrópicos alguns dias antes da reutilização do esteroide. Aqueles pacientes com episódios anteriores de mania induzida por corticoides têm alta probabilidade de novos episódios quando expostos novamente a esse fármaco.[11]

Desse modo, ressaltamos que os glicocorticoides merecem atenção especial, pois são utilizados em diversas patologias na medicina e são fortemente associados a manifestações psiquiátricas, principalmente a mania, a hipomania e a depressão. Os fatores de risco, o curso, o tratamento e o prognóstico dos efeitos neuropsiquiátricos desses fármacos nos diversos grupos de paciente ainda foram pouco explorados e mais estudos devem ser realizados na área.

Antidepressivos

É particularmente difícil identificar o TB induzido por antidepressivos, porque, como ressaltado no DSM-5, o diagnóstico deve levar em consideração que alguns sintomas isolados de mania, como a disforia e a agitação, podem ser apenas um efeito colateral do tratamento do antidepressivo em si.[3]

Em crianças e adolescentes, a diferenciação entre a mania induzida pelo uso de inibidores seletivos da recaptação da serotonina (ISRS) e os efeitos colaterais dessa classe de fármacos é ainda mais difícil, já que as manifestações envolvem aumento da excitação, agitação, impulsividade excessiva e distúrbios do sono; ou seja, vários dos elementos que podem se confundir tanto com o comportamento basal de uma criança ou adolescente, como com um episódio de mania ou hipomania.[2]

Uma das primeiras revisões sobre o tema, conduzida por Goldberg e Truman (2003),[16] indicou uma prevalência estimada de episódios de mania induzidos pelo uso de antidepressivos entre 20% e 40% dos pacientes diagnosticados com TB. Apesar dessa estimativa ter sido obtida a partir de estudos observacionais com amostras reduzidas e, por isso, pouco representativas da população geral, é um indicativo de que é sempre necessário considerar o efeito de indução de episódios maníacos desses fármacos na escolha do plano terapêutico do paciente, seja ele portador de transtorno de humor ou de ansiedade. Além disso, deve-se investigar a existência de histórico familiar de TB no paciente em questão.

Há evidências que sugerem que o indivíduo que já possua TB antes de iniciar o uso de antidepressivos, tenha mais propensão a episódios de mania ou hipomania.[2] Contudo, é importante ressaltar que não há evidência contundente para esse efeito na ciclicidade do TB quando são analisados medicamentos de segunda geração do tipo ISRS, especialmente quando associados com estabilizadores de humor.[17] Na revisão de Goldberg e Truman (2003)[16] foi identificado que a fisiopatologia do mecanismo de ação de antidepressivos sobre o TB ainda não é completamente compreendida, mas acredita-se que o uso desses pode estimular a manifestação da mania ou hipomania em indivíduos que apresentam uma diátese para TB, o que gera as seguintes hipóteses:

- O uso de antidepressivos pode causar um aumento da sensibilização para eventos de mania e hipomania em pacientes com TB. Seria um mecanismo similar ao *kindling* presente em pacientes em uso de outras substâncias psicoativas, como o álcool.[17]

- O uso de antidepressivos induz modificações importantes na sensibilidade de receptores de catecolaminas e indolaminas durante o tratamento crônico da depressão. Uma alteração de dose ou a interrupção abrupta do tratamento pode causar depleção nesses sistemas neurotransmissores, o que explicaria, teoricamente, os episódios de hipomania.[16]
- Há evidências de que um polimorfismo na região promotora do transportador ligado à serotonina (5-HTTLPR) pode estar associado à maior suscetibilidade de mania induzida por antidepressivos.[18]

De forma específica, a Tabela 3.1 apresenta a frequência de episódios maníacos em ordem decrescente da taxa estimadade acordo com a substância.

Tabela 3.1

Estimativas de episódios maníacos induzidos por antidepressivos.

Substância	Frequência
Bupropiona[16]	54,5%
Desipramina[16]	30%
Imipramina[16]	25%
Tranilcipromina[16]	21%
Paroxetina[16]	3%
Venlafaxina (isolado e em associação com tramadol)[19]	13%
Citalopram[16]	6,7%

Fonte: Desenvolvida pela autoria.

É importante destacar que a maior parte da literatura recente sobre o assunto também é composta por relatos de caso, assim como os estudos citados sobre a mirtazapina e a associação de venlafaxina com tramadol. Essas informações são de estudos realizados até o ano de 1996, o que sugere que a sua distribuição de frequência pode ser diferente após a introdução de novos compostos no mercado.

Ainda assim, de acordo com o CANMAT,[5] apesar do conhecimento limitado sobre o risco de desenvolvimento de episódios maníacos induzidos por antidepressivos, estudos farmacológicos observacionais apoiam a conclusão de que os antidepressivos, quando prescritos para pacientes com TB tipo 1 e tipo 2, devem ser associados a estabilizadores de humor e utilizados com extrema cautela.

Psicoestimulantes

O termo "estimulante" abrange uma variedade de substâncias, sendo algumas com eficácia para tratamento de determinados transtornos e/ou sintomas psiquiátricos.

Os efeitos dessas substâncias podem estar relacionados com um episódio de elevação do humor, já que, pelo próprio conceito farmacodinâmico, estimulam a atividade, a vigília e a atenção do indivíduo. Os estimulantes lícitos mais utilizados são a cafeína e algumas anfetaminas (e derivados), indicados no tratamento do transtorno de déficit de atenção e hiperatividade (TDAH). Essas substâncias aumentam a disponibilidade de noradrenalina e dopamina no SNC.

Cafeína

A cafeína é uma das substâncias psicoativas lícitas mais consumidas no mundo e pode estar contida no café, nos chás, nos refrigerantes com cafeína, nas bebidas "energéticas", nos complementos para perda de peso, no chocolate, entre outros. Existe associação entre o consumo de cafeína e os sintomas de mania em pacientes sem diagnóstico prévio de TB e, de forma semelhante, recidiva ou agravamento de um quadro maníaco precipitado pelo uso excessivo da substância. A cafeína atua como um antagonista dos receptores A1 e A2A da adenosina e afeta a atividade da dopamina na via mesolímbica. Essa transmissão pode estar relacionada aos efeitos da cafeína no comportamento, na percepção e nos pensamentos.

O DSM-5[3] descreve as alterações neuropsiquiátricas relacionadas à cafeína, incluindo intoxicação, abstinência, transtorno de ansiedade e transtorno do sono induzido por cafeína. Não há estudos na literatura que evidenciem quais são os indivíduos mais vulneráveis à manifestação de sintomas de mania/hipomania com o consumo de altas doses de cafeína. Contudo, o consumo nos pacientes com TB precisa ser avaliado minuciosamente na prática clínica como parte da avaliação psiquiátrica de rotina, principalmente se esses indivíduos tiverem histórico de insônia induzida por cafeína.

Com relação ao tratamento, as evidências permanecem muito limitadas para estabelecer recomendações clínicas. Em alguns casos, esses sintomas apresentaram remissão sem ajuste ou adição de psicotrópicos, porém, em outros casos, a medicação foi necessária.[20]

Metilfenidato, anfetaminas e derivados

As anfetaminas são aminas simpatomiméticas de ação indireta, derivadas da efedrina, composto químico encontrado na planta chinesa Ma Huang ou Ephedra. Em 1887, na Alemanha, a busca por um composto semelhante à efedrina levou à síntese da primeira anfetamina, a fenilisopropilamina, utilizada em casos de hipotensão em procedimentos anestésicos. Posteriormente, as anfetaminas foram utilizadas para tratamento de congestão nasal e asma. Porém, apenas na década de 70 ocorreu a grande difusão do uso de anfetamínicos para diversos fins.

Na atualidade, a anfetamina e seus derivados são utilizados de forma lícita no TDAH, na narcolepsia, na depressão (para melhora dos sintomas como fadiga e avolição) e na compulsão alimentar. Alguns indivíduos iniciam o uso irregular para inibição do apetite ou para melhorar o desempenho na escola, no trabalho ou nos esportes, o que inclui principalmente a busca de medicamentos como metilfenidato ou sais de anfetamina (p. ex., lisdexanfetamina).

Além das indicações citadas anteriormente das anfetaminas e seus derivados, elas também podem ser utilizadas como coadjuvantes no tratamento da depressão unipolar e bipolar. Particularmente na depressão bipolar, algumas diretrizes, tais como o CANMAT[5] e o RANZCP (The Royal Australian and New Zealand College of Psychiatrists)[21] citam o metilfenidato (MPH), as anfetaminas e derivados, o modafinil e o armodafinil entre as opções de segunda e terceira linha para o tratamento dos casos resistentes. A eficácia de estimulantes também parece útil no tratamento de sintomas depressivos residuais, como a fadiga e a sonolência, e para aumento do controle de impulsos e da capacidade de concentração nos que possuem TDAH comórbido.[22]

O TB com TDAH é frequente, com 10% a 21% de prevalência nos adultos.[23] Contudo, nesses pacientes, a desestabilização do humor com indução de hipomania ou mania, de estados mistos e a ciclagem rápida são as preocupações mais frequentes quando se pensa em tratar o TDAH comórbido. De fato, o metilfenidato e a lisdexanfetamina podem aumentar o risco de mania em pacientes com TB, principalmente quando são utilizados isoladamente sem a associação concomitante de um estabilizador do humor. Os pacientes devem ser avaliados com frequência para uma possível detecção precoce de sintomas maníacos ou mistos, pois esses sintomas podem ocorrer de forma aguda ou após vários meses. Se surgirem sintomas maníacos ou mistos e não houver controle da mania, é necessário descontinuar os estimulantes e desenvolver outras estratégias para o controle do TDAH.[22,23]

Antibióticos

Uma revisão sistemática[24] realizada por pesquisadores do Centro de Psiquiatria da Universidade de Leuven incluiu 46 relatos de casos, dentre eles 38 de mania, 6 de hipomania e 2 de *delirium* induzido pelo uso de antibióticos. Nesse estudo, a relação causal entre a apresentação clínica dos episódios de mania e hipomania e o uso de antibióticos foi estabelecida dado o curto intervalo de tempo entre a administração e o episódio. Nessa revisão, os antibióticos mais frequentemente associados foram os macrolídeos (especialmente eritromicina) e as quinolonas (ciprofloxacina e ofloxacina).

Contudo, o baixo número de casos reportados tornou inviável concluir se essas são as classes de antibióticos com o maior potencial de induzir episódios de mania ou hipomania ou se a maior frequência está associada ao amplo uso de ambas as classes. Além disso, comparando o número de eventos relatados com a frequência do uso de antibióticos, é possível concluir que os eventos de hipomania e mania associados são relativamente raros. Entre os casos estudados, há um destaque para o desencadeamento de transtornos do sono e do ciclo circadiano no geral. Assim, sendo a insônia um dos efeitos colaterais conhecidos para o uso de antibióticos, caso o paciente possua uma tendência a apresentar episódios maníacos, há um risco importante de evolução para o TB.[24]

Antiparkinsonianos

Os antiparkinsonianos têm como funcionamento de base a reposição de dopamina. Há hipóteses de que essa linha terapêutica apresenta efeitos moduladores de humor ou ação antidepressiva.[25] Essa relação já é descrita desde a década de 1970, quando a L-Dopa começou a ser associada a episódios de mania e hipomania em pacientes com doença de Parkinson.[26] Uma das hipóteses vigentes é que essa seja uma manifestação da síndrome de desregulação da dopamina, um dos efeitos colaterais dessa classe terapêutica.[27]

Em um estudo realizado em 2014, no Departamento de Neurologia da Universidade de Colônia (Alemanha), 108 participantes com doença de Parkinson sob terapia com L-Dopa foram comparados com 45 pacientes-controle sadios. Os episódios de mania analisados foram associados com: a ocorrência de psicose induzida por L-Dopa, o histórico de tratamento com quetiapina, o diagnóstico de depressão e a diminuição da função cognitiva. Os casos de hipomania foram associados principalmente à síndrome de desregulação da dopamina, à presença de discinesia e ao tratamento realizado com amantadina.[27]

Em 2020, um estudo semelhante foi conduzido por pesquisadores na Itália, em que 93 sujeitos com diagnóstico de doença de Parkinson e 50 pacientes-controle sadios foram avaliados. Os resultados apontaram uma frequência notável de casos hipomaníacos e maníacos, associados à elevação súbita de humor no grupo sob tratamento com reposição de dopamina, sendo mais evidente do que outras sintomatologias. Comparativamente, conforme esperado, o estado de eutimia foi mais frequente e mais duradouro no grupo-controle saudável.[26]

◊ Conclusão

Apesar da baixa robustez da evidência disponível sobre o tema, é possível perceber um direcionamento comum da literatura sobre episódios de mania e hipomania induzidos por substâncias lícitas, tais como glicocorticoides, antidepressivos, psicoestimulantes e antiparkinsonianos em indivíduos predispostos. Essa informação não pode ser ignorada na escolha terapêutica para pacientes com histórico familiar ou antecedentes de TB, ainda que o conhecimento sobre esse tópico ainda seja incipiente. Mais estudos sobre a epidemiologia e o curso evolutivo são necessários para embasar o tratamento adequado do TB induzido por substâncias lícitas.

REFERÊNCIAS BIBLIOGRÁFICAS

1. Pereira MEC. Griesinger e as bases da "Primeira psiquiatria biológica". Rev Latinoam Psicopatol Fundam. 2007;10(4):685-691.
2. Stawicka E, Wolańczyk T. Mania induced by antidepressants - characteristics and specific phenomena in children and adolescents. Psychiatr Pol. 2020;54(3):525-536.
3. American Psychiatric Association. Diagnostic and Statistical Manual of Mental Disorders (DSM-5). 5th ed. American Psychiatric Association; 2013.
4. Peet M, Peters S. Drug-induced mania. Drug Saf. 1995;12(2):146-153.
5. Yatham LN, Kennedy SH, Parikh SV, Schaffer A, Bond DJ, Frey BN et al. Canadian Network for Mood and Anxiety Treatments (CANMAT) and International Society for Bipolar Disorders (ISBD) 2018 guidelines for the management of patients with bipolar disorder. Bipolar Disord. 2018;20(2):97170.
6. CID-11. The Lancet. ICD-11. Lancet. 2019;393(10188):2275.
7. Revadigar N, Gupta V. Substance induced mood disorders. 2022. In: StatPearls [Internet]. Treasure Island (FL): StatPearls Publishing; 2022.
8. Sandberg JV, Jakobsson J, Pålsson E, Landén M, Mathé AA. Low neuropeptide Y in cerebrospinal fluid in bipolar patients is associated with previous and prospective suicide attempts. Eur Neuropsychopharmacol. 2014;24(12):1907-1915.
9. Gable M, Depry D. Sustained corticosteroid- induced mania and psychosis despite cessation. Int J Psychiatry Med. 2015;50(4):398-404.
10. Rice JB, White AG, Scarpati LM, Wan G, Nelson WW. Long-term systemic corticosteroid exposure: a systematic literature review. Clinical Therapeutics. 2017;39(11):2216-2229.
11. Ismail MF, Lavelle C, Cassidy EM. Steroid-induced mental disorders in cancer patients: a systematic review. Future Oncology. 2017;13(29):2719-2731.
12. Caplan A, Fett N, Rosenbach M, Werth VP, Micheletti RG. Prevention and management of glucocorticoid-induced side effects: A comprehensive review. Journal of the American Academy of Dermatology. 2017;76(2):201-207.
13. Acute adverse reactions to prednisone in relation to dosage. Clinical Pharmacology and Therapeutics. 1972;13(5):694-698.
14. Drozdowicz LB, Bostwick JM. Psychiatric adverse effects of pediatric corticosteroid use. Mayo Clinic Proceedings. 2014;89(6):817-834.
15. Ou G, Bressler B, Galorport C, Lam E, Ko HH, Enns R et al. Rate of corticosteroid-induced mood changes in patients with inflammatory bowel disease: a prospective study. Journal of the Canadian Association of Gastroenterology. 2018;1(3):99-106.

16. Goldberg JF, Truman CJ. Antidepressant-induced mania: an overview of current controversies. Bipolar Disorders. 2003;5(6):407-420.
17. Gitlin MJ. Antidepressants in bipolar depression: an enduring controversy. Int J Bipolar Disord. 2018;6(1).
18. Daray FM, Thommi SB, Ghaemi SN. The pharmacogenetics of antidepressant-induced mania: a systematic review and meta-analysis. Bipolar Disorders. 2010;12(7):702-706.
19. Hefzi N, Grekin J, Ahmed MD. Mania induced by tramadol-venlafaxine combination. J of Opioid Management. 2019;15(4):342-344.
20. Wang HR, Woo YS, Bahk W-M. Caffeine-induced psychiatric manifestations. International Clinical Psychopharmacology. 2015;30(4):179-182.
21. Malhi GS, Bell E, Bassett D, Boyce P, Bryant R, Hazell P et al. The 2020 Royal Australian and New Zealand College of Psychiatrists clinical practice guidelines for mood disorders. Aust N Z J Psychiatry. 202022;55(1):7-117.
22. Perugi G, Vannucchi G, Bedani F, Favaretto E. Use of stimulants in bipolar disorder. Curr Psychiatry Rep. 2017;19(1).
23. Kumar V, Varambally S. Atomoxetine induced hypomania in a patient with bipolar disorder and adult attention deficit hyperactivity disorder. Indian Journal of Psychological Medicine. 2017;39(1):89-91.
24. Lambrichts S, Van Oudenhove L, Sienaert P. Antibiotics and mania: A systematic review. Journal of Affective Disorders. 2017;219:149-156.
25. Cummings JL. Behavioral complications of drug treatment of Parkinson's disease. Journal of the American Geriatrics Society. 1991;39(7):708-716.
26. Canesi M, Lavolpe S, Cereda V, Ranghetti A, Maestri R, Pezzoli G et al. Hypomania, depression, euthymia: new evidence in Parkinson's disease. Trojano L, organizador. Behavioural Neurology. 2020;2020:1-8.
27. Maier F, Merkl J, Ellereit AL, Lewis CJ, Eggers C, Pedrosa DJ et al. Hypomania and mania related to dopamine replacement therapy in Parkinson's disease. Parkinsonism & Related Disorders. 2014;20(4):421-427.

Comorbidade com Transtornos de Ansiedade: Pânico, Transtorno de Ansiedade Generalizada e Fobias

4

João Vitor Rezende Fonseca
Fabiana Nery

◊ Introdução

O conceito de comorbidade remonta ao ano de 1970, quando Feinstein o utilizou pela primeira vez para definir "qualquer entidade clínica adicional que tivesse existido ou que pudesse ocorrer durante o curso clínico de um paciente, que tivesse a doença índice em estudo".[1] Esse conceito foi ampliado, e tem sido descrito, atualmente, como a "ocorrência conjunta de dois ou mais transtornos em um indivíduo em um período de tempo definido".[2] Torna-se essencial, porém, ressaltar o princípio de que as comorbidades são entidades nosológicas diferentes, com processos fisiopatológicos específicos e etiologias distintas, não apenas explicáveis por sobreposições fenotípicas ou heterogeneidade de síndromes.[3] Essa questão é especialmente importante em Psiquiatria, tendo em vista que o método diagnóstico é eminentemente clínico e a sobreposição de sintomas se apresenta como uma constante, principalmente em relação aos transtornos de humor e de ansiedade.[4]

A avaliação de comorbidades associadas a ansiedade em pacientes com transtorno bipolar (TB), além dos problemas relacionados com o diagnóstico, também apresenta implicações importantes em relação ao manejo e tratamento desses pacientes. Os sintomas de ansiedade podem camuflar a presença do TB e vice-versa, e, assim, dificultando ou retardando a realização adequada do diagnóstico. Com relação ao tratamento dessas patologias comórbidas, existem diversos desafios, em especial ao que tange o uso ou não de medicações distintas para cada comorbidade e a avaliação de medicações utilizadas em uma das patologias comórbidas que possam interferir de forma negativa na evolução e sintomatologia da outra patologia observada, como nos casos de mania induzida por antidepressivos.[5]

◊ Epidemiologia

Diversos estudos e a prática clínica cotidiana demonstram que as comorbidades psiquiátricas são frequentes em pacientes com TB. Segundo estudos epidemiológicos, os transtornos de ansiedade estão entre as principais comorbidades.[6] Aproximadamente metade dos pacientes com TB apresenta um transtorno de ansiedade comórbido ao longo da vida. Uma revisão de literatura recente, que avaliou 25 estudos, relatou uma prevalência de 40,5% de transtornos de ansiedade em pacientes com TB. Nessa revisão, constatou-se que pacientes portadores de TB possuem maior prevalência de transtornos de ansiedade comparados à população saudável e também em relação às populações acometidas por outros transtornos psiquiátricos, como a esquizofrenia.[7] Além disso, estudos revelam que pacientes com TB tipo 2 são mais acometidos por transtornos de ansiedade quando comparados aos pacientes com o tipo 1 desse transtorno.[8]

Entretanto, alguns autores contestam a prevalência elevada de comorbidade entre transtornos de humor e de ansiedade. O argumento usado por eles é de que a associação provavelmente não é uma medida da frequência com que as duas condições mórbidas independentes coexistem, e, sim, o resultado de um artefato da classificação categorial empregada em Psiquiatria, que divide os sintomas psíquicos do paciente em classes separadas, quando estas deveriam ser agregadas.[9] Freeman *et al.*[10] revisaram a literatura, verificando a alta ocorrência de transtornos de ansiedade e TB e sugeriram três hipóteses para explicar a associação observada. A primeira hipótese é de serem duas entidades distintas que se sobrepõem ao acaso, considerando a alta prevalência dessas duas doenças; a segunda supõe que seriam doenças que podem coocorrer porque, apesar de distintas, sua fisiopatologia se sobrepõe em parte; e, finalmente, a terceira delas diz que a associação pode ocorrer devido ao fato de terem a mesma fisiopatologia fundamental da desregulação do afeto, sendo diferentes manifestações da mesma anormalidade subjacente.[10] Contudo, mais estudos serão necessários para elucidar esses mecanismos envolvidos.

No que se refere à apresentação clínica, os sintomas de ansiedade comórbidos aparentemente são mais prevalentes durante os episódios depressivos e com sintomatologia mista, quando comparados aos episódios de mania e hipomania.[11]

De uma maneira geral, as comorbidades associadas a ansiedade interferem de maneira negativa no curso e na evolução do paciente com TB, aumentando, p. ex., o risco de suicídio.[11] Aliado a isso, estudos apontam para um maior índice de uso abusivo de substâncias quando há essa comorbidade[12] e ainda uma associação com uma redução da chance de remissão do transtorno de humor.[13] Entretanto, o impacto de patologias associadas a ansiedade específicas na evolução e no prognóstico de indivíduos com TB difere de acordo com a situação clínica observada e o tipo de tratamento utilizado.

Os achados epidemiológicos reforçam a impressão clínica sobre a significativa associação entre TB e transtornos de ansiedade. Essa associação pode indicar que os sintomas de ansiedade fazem parte da sintomatologia do TB, mas não esclarece se as duas patologias estão presentes em um determinado momento ou não. Entretanto, o fato de que aproximadamente metade dos pacientes com TB nunca apresentou critérios diagnósticos para transtornos de ansiedade e, ainda que a maioria dos pacientes com transtornos de ansiedade primários não apresentam características clínicas do TB levantam dúvidas sobre a teoria de que os sintomas de ansiedade seriam apenas parte da sintomatologia do TB e não uma comorbidade distinta.[14]

◊ Tratamento

Estudos específicos sobre o tratamento de comorbidades associadas a ansiedade em pacientes com TB ainda são escassos.[15] Os antidepressivos, especialmente os de ação serotoninérgica, são as medicações de primeira escolha no tratamento da maioria dos transtornos de ansiedade, entretanto, sua utilização em síndromes associadas a ansiedade nessa população permanece sem estudos controlados. De fato, o uso dessas medicações em pacientes com TB exige cautela, principalmente pelo risco de indução de mania e ciclagem rápida. Os antidepressivos, nesse caso, devem ser evitados e, se necessário, utilizados com cuidado e constante monitorização de sinais e sintomas de elevação de humor ou disforia.[15,16]

A força-tarefa do Canadian Network for Mood and Anxiety Treatments (CANMAT) publicou uma recomendação sugerindo que anticonvulsivantes estabilizadores de humor e antipsicóticos de segunda geração seriam as medicações de escolha para o tratamento das comorbidades associadas a ansiedade em portadores de TB. O CANMAT acrescentou que, apesar dos antidepressivos serotoninérgicos serem a primeira linha de tratamento em transtornos de ansiedade primários, o uso desses medicamentos em pacientes com TB está associado a risco de virada maníaca, assim como potencialmente poderiam causar desestabilização do transtorno de humor. A organização classifica ainda os benzodiazepínicos como terceira linha de tratamento das comorbidades associadas a ansiedade em pacientes com TB, com o menor nível de evidências científicas.[17] Entretanto, alguns estudos demonstraram que os benzodiazepínicos, especialmente o clonazepam, foram eficazes na redução dos sintomas de ansiedade em pacientes com transtorno de humor,[16] e que, em tratamentos agudos dos sintomas de ansiedade, foram tão efetivos quanto os antidepressivos em pacientes com transtorno de ansiedade primário.[18]

Alguns antipsicóticos de segunda geração parecem apresentar redução dos sintomas de ansiedade em pacientes com TB. Nesse sentido, a olanzapina em monoterapia e em associação foi eficaz na redução de sintomas de ansiedade nesses pacientes,[12] assim como a quetiapina.[8] Entretanto, a risperidona demonstrou ser ineficaz no controle de sintomatologia do transtorno de pânico (TP) e transtorno obsessivo-compulsivo (TOC) em pacientes com TB.[19]

Pouco ainda se sabe sobre o papel dos estabilizadores de humor e anticonvulsivantes no tratamento das comorbidades ansiosas do TB. O uso de valproato mostrou eficácia no tratamento do TP e do transtorno de ansiedade generalizada (TAG) primária comórbidos.[20] Ademais, existem relatos de eficácia da lamotrigina no tratamento do TP em pacientes com TB,[20] e ainda há relatos de benefícios no tratamento dos transtornos de ansiedade com a gabapentina nessa população.[8]

Alguns achados preliminares apontam para outras formas potencialmente eficazes de tratamento de síndromes de ansiedade em pacientes com TB. Existem relatos de benefício com o uso de memantina, um antagonista do receptor de glutamato NMDA, utilizado no tratamento de demência,[21] e, também, com a cetamina intranasal, um conhecido anestésico,[22] que tem sido utilizado nas depressões refratárias. Entre os métodos não farmacológicos, a estimulação transcraniana, utilizada para tratamento de transtorno depressivo maior (TDR), vem sendo estudada no tratamento dos sintomas de ansiedade, entretanto, até o momento, os resultados ainda são inconsistentes.[23]

Estudos que avaliam tratamentos psicossociais em pacientes com comorbidade entre transtornos de ansiedade e TB também são escassos. Entretanto, uma pesquisa recente demonstrou que a terapia cognitiva-comportamental (TCC) foi efetiva no controle de sintomas de ansiedade nessa população e possivelmente superior quando comparada com psicoterapia interpessoal, terapia familiar e psicoeducação,[24] embora esta seja considerada, pelos protocolos vigentes, como de primeira linha no acompanhamento de pacientes com TB.

◊ COMORBIDADES

Transtorno de pânico

No que se refere ao TP comórbido, existem achados epidemiológicos significativos que auxiliam na compreensão da correlação entre as duas patologias. Estudos apontam que o TP é o transtorno de ansiedade mais frequentemente associado ao TB.[24,25] Por meio de estudos de metanálise, constatou-se que 17% a 22% dos portadores de TB apresentaram TP e que, nesses casos, há maior risco de comportamento suicida, assim como evolução mais severa do transtorno bipolar.[12] Além disso, em comparação com a população em geral, pacientes com TB possuem sete vezes mais chance de serem diagnosticados com TP.[11]

O dilema em relação ao tratamento do TP em pacientes com TB é semelhante àquele referido para pacientes com TOC. A eficácia no tratamento do TP com medicações antidepressivas, como tricíclicos e inibidores seletivos da recaptação de serotonina (ISRS), é semelhante. No entanto, o uso dos IRSR está associado a menor taxa de indução de mania, sendo usados preferencialmente quando há comorbidade com TB.[5]

Estudos preliminares mostraram eficácia de divalproato de sódio, especialmente quando há ciclagem rápida, e da gabapentina no controle de sintomas de pânico, o que pode representar uma alternativa ao uso de antidepressivos nesses casos.[12] Frente a essas dificuldades, destaca-se a importância da associação de TCC para o tratamento desses pacientes.

Transtorno de ansiedade generalizada

O TAG é marcado por uma prevalência significativa de comorbidade com o TB. Mais especificamente, essa correlação está entre 13% e 20%. Além disso, o risco de suicídio é maior em pacientes que apresentam essa comorbidade, comparado aos demais transtornos de ansiedade comórbidos.[12] Alguns estudos apontam para uma maior incidência de TAG em pacientes com TB tipo 1 em relação àqueles do tipo 2, porém as evidências ainda não são consistentes.[6]

No que tange o tratamento, há estudos que apontam para a eficácia do uso da quetiapina,[19] e para o uso de antidepressivos para o tratamento, em especial os ISRS, que, comparados aos outros antidepressivos, como os tricíclicos, apresentam risco menor de induzir mania. Medicamentos como fluoxetina, escitalopram e sertralina são os mais frequentemente utilizados.[16] Existem ainda evidências que apontam para a eficácia do uso do valproato e dos benzodiazepínicos para o tratamento do TAG comórbido.[5,6] Além disso, a literatura demonstra evidências da eficácia da TCC nesse subgrupo de pacientes.[16]

Fobias

Em geral, destacam-se três tipos de fobias: fobia social, fobias específicas e agorafobia. Do ponto de vista epidemiológico, as prevalências encontradas na população geral para essas patologias foram de 20%, 11% e 8%, respectivamente.[12] Com relação à população saudável, portadores de TB são cinco vezes mais acometidos por fobia social e três vezes mais acometidos por fobias específicas. Contudo, não houve diferença significativa entre as duas populações em relação à agorafobia.[11] Com relação ao risco de suicídio, um achado importante indicou maior tendência desse comportamento em pacientes com fobia social.[12]

Não existem estudos consistentes sobre o tratamento específico da comorbidade fobia social e TB,[15] porém os antidepressivos serotoninérgicos são as medicações de escolha na fobia social primária. Vale ressaltar que, essas medicações podem causar desestabilização do humor em pacientes com TB.[26] Apesar da gabapentina não ter se mostrado eficaz em monoterapia no tratamento do TB, um estudo demonstrou eficácia em pacientes com fobia social não comórbida.[8] O papel dos antipsicóticos atípicos na redução dos sintomas de ansiedade já foi demonstrado em alguns estudos, por isso essas medicações podem ser uma alternativa ao uso de antidepressivos,[15] assim como a utilização de técnicas psicoterápicas, especialmente a TCC, como já referido.[24]

◊ CONCLUSÃO

A comorbidade associada a ansiedade em pacientes com TB é uma questão clínica prevalente e relevante, com importantes implicações em relação ao diagnóstico, ao manejo clínico e ao prognóstico. Deve-se sempre estar atento à possibilidade desse diagnóstico, especialmente em casos com apresentação clínica mais complexa ou em situações de resposta terapêutica insuficiente.

O tratamento dos pacientes com TB comórbido a transtornos de ansiedade frequentemente é mais complexo e exige um conhecimento mais aprofundado da psicofarmacologia subjacente. Uma questão relevante é o fato dos antidepressivos, especialmente os de ação serotoninérgica, serem os medicamentos de primeira linha no tratamento dos transtornos de ansiedade. O uso dessas medicações em pacientes com TB exige cautela, principalmente pelo risco de indução de mania e pelo risco de interações medicamentosas com os estabilizadores de humor. Os antidepressivos, nesses casos, devem ser utilizados com constante monitorização de sinais e sintomas de elevação de humor ou disforia, e, caso necessário, devem ser suspensos. Em decorrência desses fatores, anticonvulsivantes, antipsicóticos atípicos, benzodiazepínicos e algumas formas de psicoterapias são alternativas aos antidepressivos nessa população.

A complexidade das apresentações clínicas e dos padrões de associação entre esses transtornos não permite identificar um único modelo que explique o fenômeno da comorbidade entre humor e ansiedade. O crescente interesse em pesquisa e em estudos clínicos nessa área é fundamental para elucidar a fisiopatologia da desregulação do afeto e, consequentemente, propiciar um tratamento para o TB e suas comorbidades mais específico e com evidências mais consistentes.

REFERÊNCIAS BIBLIOGRÁFICAS

1. Feinstein AR. The pre-therapeutic classification of co-morbidity in chronic disease. J Chronic Diseases. 1970;23(7):455-468.
2. Klerman G. Approaches to the phenomena of comorbidity. In: Maser J, Cloninger C, eds. Comorbidity of mood and anxiety disorders. Washington: American Psychiatric Press; 1990. p. 13.
3. Rutter M. Comorbidity: meanings and mechanisms. Clin Psychol Sci Pract. 1994;1(1):100-103.
4. Zimmerman M, Mattia JI. Psychiatric diagnosis in clinical practice: is comorbidity being missed? Compr Psychiatry. 1999;40:182-191.
5. Yatham LN, Kennedy SH, Parikh SV, Schaffer A, Bond DJ, Frey BN et al. Canadian Network for Mood and Anxiety Treatments (CANMAT) and International Society for Bipolar Disorders (ISBD) 2018 guidelines for the management of patients with bipolar disorder. Bipolar Disord. 2018;20(2):97-170.
6. Preti A, Vrublevska J, Veroniki AA, Huedo-Medina TB, Fountoulakis KN. Prevalence, impact and treatment of generalised anxiety disorder in bipolar disorder: a systematic review and meta-analysis. Evid Based Ment Health. 2016;19(3):73-81.
7. Yapici Eser H, Kacar AS, Kilciksiz CM, Yalçinay-Inan M, Ongur D. Prevalence and associated features of anxiety disorder comorbidity in bipolar disorder: a meta-analysis and meta-regression study. Front Psychiatry. 2018;9:229.

8. Kinrys G, Bowden CL, Nierenberg AA, Hearing CM, Gold AK, Rabideau DJ et al. Comorbid anxiety in bipolar CHOICE: insights from the bipolar inventory of symptoms scale. J Affect Disord. 2019;246:126-131.
9. Goldberg D. A dimensional model for common mental disorders. Br J Psychiatry Suppl. 1996;(30):44-49.
10. Freeman MP, Freeman SA, McElroy SL. The comorbidity of bipolar and anxiety disorders: prevalence, psychobiology and treatment issues. J Affect Disord. 2002;68(1):1-23.
11. Pavlova B, Perlis RH, Alda M, Uher R. Lifetime prevalence of anxiety disorders in people with bipolar disorder: a systematic review and meta-analysis. Lancet Psychiatry. 2015;2(8):710-717.
12. Spoorthy MS, Chakrabarti S, Grover S. Comorbidity of bipolar and anxiety disorders: an overview of trends in research. World J Psychiatry. 2019;9(1):7-29.
13. Kim SW, Berk L, Kulkarni J, Dodd S, de Castella A, Fitzgerald PB et al. Impact of comorbid anxiety disorders and obsessive-compulsive disorder on 24-month clinical outcomes of bipolar I disorder. J Affect Disord.2014;166:243-248.
14. Titone MK, Freed RD, O'Garro-Moore JK, Gepty A, Ng TH, Stange JP et al. The role of lifetime anxiety history in the course of bipolar spectrum disorders. Psychiatry Res. 2018;264:202-229.
15. Vázquez G, Baldessarini R, Tondo L. Co-occurrence of anxiety and bipolar disorders: clinical and therapeutic overview. Depress Anxiety. 2014;31(3):196-206.
16. Ott CA. Treatment of anxiety disorders in patients with comorbid bipolar disorder. Ment Health Clinic. 2018;8(6):256-263.
17. Schaffer A, McIntosh D, Goldstein BI, Rector NA, McIntyre RS, Beaulieu S et al. The CANMAT task force recommendations for the management of patients with mood disorders and comorbid anxiety disorders. Ann Clin Psychiatry. 2012;24(1):6-22.
18. Offidani E, Guidi J, Tomba J, Fava GA. Efficacy and tolerability of benzodiazepines *vs*. antidepressants in anxiety disorders: systematic review and meta-analysis. Psychother Psychosom. 2013;82(6):355-362.
19. Gao K, Ganocy SJ, Conroy C, Brownrigg B, Serrano MB, Calabrese JR. A placebo controlled study of quetiapine-XR in bipolar depression accompanied by generalized anxiety with and without a recent history of alcohol and cannabis use. Psychopharmacology. 2017;234(15):2233-2244.
20. Aftab A, Sajatovic M. Anxiety comorbidity in older adults with bipolar disorders: Overlooked and underappreciated. Bipolar Disord. 2019;21(2):174-175.
21. Sani G, Serra G, Kotzalidis GD, Romano S, Tamorri SM, Manfredi G et al. Role of memantine in the treatment of psychiatric disorders other than the dementias: review of current preclinical and clinical evidence. CNS Drugs. 2012;26:663-690.
22. Wilkowska A, Szałach Ł, Cubała WJ. Ketamine in bipolar disorder: a review. Neuropsychiatr Dis Treat. 2020;16:2707-2717.
23. Dondé C, Neufeld NH, Geoffroy PA. The impact of transcranial Direct Current Stimulation (tDCS) on bipolar depression, mania, and euthymia: a systematic review of preliminary data. Psychiatr Q. 2018;89(4):855-867.

24. Nabavi B, Mitchell AJ, Nutt D. A lifetime prevalence of comorbidity between bipolar affective disorder and anxiety disorders: a meta-analysis of 52 interview-based studies of psychiatric population. EBioMedicine. 2015;2(10):1405-1419.
25. Preti A, Vrublevska J, Veroniki AA, Huedo-Medina TB, Kyriazis O, Fountoulakis KN. Prevalence and treatment of panic disorder in bipolar disorder: systematic review and meta-analysis. EvidBased Ment Health. 2018;21(2)53-60.
26. Caricasole V, Di Bernardo I, Varinelli A, Galimberti C, Zanello R, Bosi M et al. Anxiety disorders anticipate the diagnosis of bipolar disorder in comorbid patients: Findings from an Italian tertiary clinic. J Affect Disord. 2019;257:376-381.

Transtorno Obsessivo-compulsivo | 5

Raíza Alves-Pereira
Mariana de Alencar Fontes
Lucas de Castro Quarantini

◊ Introdução

O transtorno obsessivo-compulsivo (TOC) é caracterizado pela presença de obsessões, compulsões ou, mais frequentemente, ambas as apresentações. As obsessões têm quatro características principais: pensamentos, impulsos ou imagens persistentes e recorrentes, vivenciados como intrusivos e indesejáveis e que causam acentuado sofrimento. As compulsões são definidas como comportamentos ou atos mentais repetitivos, os quais o indivíduo se sente compelido a executar em resposta a uma obsessão ou independente delas. As compulsões visam primariamente reduzir a ansiedade provocada pelas obsessões; no entanto, seus comportamentos são excessivos e não necessariamente possuem uma conexão realista com o que visam neutralizar ou evitar.[1,2] Obsessões e compulsões não tratadas podem ocupar tempo considerável na vida do paciente e levá-lo a sofrimento e angústia. Em um estudo epidemiológico, evidenciou-se que até dois terços dos pacientes com TOC apresentavam prejuízo significativo na qualidade de vida, ao longo de 12 meses, e nas relações sociais, em comparação aos observados em pacientes com outros transtornos psiquiátricos, como transtornos de humor e esquizofrenia.[3,4]

◊ Prevalência e dados demográficos

De acordo com dados de um estudo do National Comorbidity Survey Replication (NCS-R), o TOC tem prevalência de 2,3% ao longo da vida e de 1,2% ao longo de 12 meses. O mesmo estudo apontou que 28,2% dos entrevistados relataram obsessões ou compulsões em algum momento da vida, sendo as mais comuns as dimensões de checagem (15,4%), acumulação (14,4%) e ordem/simetria (9,1%).[3]

De modo geral, o TOC tem início precoce e longa duração, parecendo não haver diferenças na prevalência entre os sexos. No entanto, há uma tendência ao início dos sintomas mais precocemente nos homens, geralmente antes dos 10 anos. Já nas mulheres, os sintomas costumam se iniciar na adolescência e começo da vida adulta. Um segundo pico de incidência pode ser relatado em ambos os sexos, e ocorre aproximadamente aos 30 anos. Os preditores sociodemográficos mais robustos de TOC ao longo da vida são a idade e o início precoce associados a maior gravidade dos sintomas e maior frequência de compulsões.[5,6]

◊ Comorbidade

A presença de comorbidades no TOC é a regra. De acordo com o NCS-R, 90% dos participantes que preenchiam critérios para TOC, em conformidade com o Manual Diagnóstico e Estatístico de Transtornos Mentais IV (DSM-IV), também preenchiam para outro transtorno mental ao longo da vida.[3] A depressão é o transtorno psiquiátrico mais frequentemente encontrado em pacientes com TOC. Em uma amostra brasileira composta por 815 pacientes com esse transtorno, foi encontrada prevalência de transtorno depressivo maior em 67,5%, sem diferença entre os sexos.[7] No entanto, como grupo, os transtornos de ansiedade são mais prevalentes e, entre eles, a fobia social se destaca (43%), seguindo como mais frequentes fobia específica (42,7%), transtorno de ansiedade de separação (37,1%), transtorno de pânico (20%), transtorno do estresse pós-traumático (19,1%), transtorno de ansiedade generalizada (8,3%) e agorafobia (7,8%). Os transtornos de controle de impulsos e abuso de substâncias também são comuns.[3,8,9] O transtorno de déficit de atenção e hiperatividade (TDAH) também ocorre em associação com o TOC, sobretudo em meninos cujos sintomas obsessivo-compulsivos se iniciaram precocemente. A prevalência de TOC em indivíduos com TDAH é mais elevada do que na população geral, alcançando um percentual de 8% a 10% e indicando psicopatologia mais grave.[10,11]

Transtorno obsessivo-compulsivo e transtorno bipolar

A comorbidade entre TOC e transtorno bipolar (TB) é frequente na prática clínica e é um importante desafio no manejo terapêutico. A prevalência da comorbidade difere de acordo com o diagnóstico primário do paciente. Em estudo recente, conduzido pelo International College of Obsessive-Compulsive Spectrum Disorders (ICOCS) cuja amostra consistia em pacientes com TOC como doença-índice, observou-se prevalência de 6,2% de TB nessa população.[12] Os achados nessa amostra multicêntrica indicaram que aproximadamente 1 de cada 16 pacientes com TOC poderão ter adicionalmente TB comórbido e, com isso, hospitalizações mais frequentes, regimes terapêuticos mais complexos e maior gravidade dos sintomas obsessivo-compulsivos.[12] Em 2020, dados de uma metanálise e revisão sistemática de TOC comórbido em pacientes com espectro bipolar estimou incidência de 11,2% e prevalência ao longo da vida de 10,9%.[13]

◊ Etiopatogenia

Os avanços em neuroimagem estrutural e funcional possibilitaram novos achados em relação à fisiopatologia do TOC e contribuíram com o desenvolvimento para o modelo de neurocircuitos envolvidos no transtorno.[14] A teoria propõe que a expressão sintomática do TOC seja mediada por circuitos que conectam o córtex orbitofrontal e estruturas subcorticais, como núcleo caudado ventromedial, globo pálido e núcleo medial dorsal do tálamo, e que estariam hiperativos. Esse modelo ficou conhecido como circuito córtico-estriado-tálamo-cortical (CETC). O córtex orbitofrontal possui relevância particular nos estudos sobre TOC e o seu volume reduzido é um dos achados mais consistentes nos indivíduos portadores do transtorno. Essa região divide-se em córtex orbitofrontal anterior, envolvido com funções cognitivas e conectado com o córtex pré-frontal dorsolateral e córtex cingulado anterior; e córtex orbitofrontal posterior, que está associado ao processamento de emoções e conectado com a amígdala.[15] Estudos de neuroimagem funcional, a partir de paradigmas de provocação de sintomas, sugeriram que diferentes dimensões de sintomas são mediadas por componentes distintos do circuito CETC, apesar de ocorrer sobreposição de ativação em algumas regiões.[16] Os neurotransmissores também estão envolvidos nesses circuitos, incluindo serotonina, dopamina e glutamato. A via serotoninérgica foi a primeira a ser relacionada com o TOC, a partir da observação de resposta à clomipramina. A eficácia dos inibidores da recaptação de serotonina (ISRS) foi endossada com a prática clínica e inúmeras pesquisas, tornando-se hoje um dos tratamentos de primeira linha para o transtorno. O envolvimento da via dopaminérgica foi apoiado após pacientes responderem a potencialização com os antagonistas dopaminérgicos, além do seu papel já conhecido em pacientes com transtornos relacionados aos gânglios basais, como transtornos de tique e de Tourette. O sistema glutamatérgico também parece estar associado ao transtorno, uma vez que o glutamato é um neurotransmissor excitatório que desempenha papel-chave no funcionamento do circuito CETC.[17] Evidências preliminares implicaram genes transportadores do glutamato como SAAPAP3 e SLC1A1 em pacientes com TOC.[18] As demais evidências de uma base genética para o TOC vêm da constatação de risco aumentado em familiares de indivíduos com o transtorno e, sobretudo, em gêmeos monozigóticos.[19] Apesar de observar alguns genes de interesse, como os transportadores de serotonina e dopamina, ainda não foram confirmados genes de vulnerabilidade para o TOC.

◊ Modelos psicológicos de compreensão do transtorno obsessivo-compulsivo

As perspectivas psicológicas de entendimento do TOC podem ser divididas em **modelo psicodinâmico e modelo cognitivo-comportamental**. Sigmund Freud expôs sua teoria sobre a então denominada **neurose obsessiva** pela primeira vez em 1896, expandindo-a posteriormente no famoso caso do Homem dos Ratos (1909). O relato minucioso descreve um homem jovem que sofria com pensamentos obsessivos desde a infância, cujo principal conteúdo era "temores de que aconteça algo a duas pessoas que muito ama e impulsos obsessivos, como cortar a garganta com uma navalha de barbear, e cria proibições relativas também a coisas insignificantes".[20] A proposição de Freud era fundamentada na hipótese que os sintomas obsessivo-compulsivos (OC) eram decorrentes de conflitos inconscientes gerados nos primeiros anos de desenvolvimento psicossexual do indivíduo e mediados por mecanismos de defesa como deslocamento, repressão e isolamento afetivo. No entanto, a falta de eficácia clínica nas terapias de orientação analítica e o crescente entendimento a favor de fatores biológicos, comportamentais e cognitivos acabaram por minar o modelo psicodinâmico.

A terapia cognitivo-comportamental (TCC) se baseia em dois princípios: (1) as cognições influenciam as emoções e o comportamento, e (2) o comportamento pode modificar padrões de pensamento e emoções.[21] As premissas desse modelo de compreensão para o TOC colocam como o primeiro evento os pensamentos intrusivos (ativados ao longo do dia por diversos estímulos) associados a avaliações e interpretações negativas que geram emoções desconfortáveis e impelem os indivíduos a adotarem medidas para afastá-los.[22] O alívio obtido com as compulsões ou comportamentos de esquiva reforça a necessidade de executá-los, validando, assim, crenças distorcidas e perpetuando os sintomas OC.[22] As crenças disfuncionais podem ser organizadas nas seguintes dimensões:[23]

- Responsabilidade excessiva
- Intolerância
- Incerteza
- Fusão de probabilidade do pensamento-ação
- Importância excessiva dos pensamentos
- Superestimação da ameaça
- Fusão de probabilidade do pensamento-ação
- Perfeccionismo
- Importância do controle do pensamento.

A hipótese de que as compulsões e evitações funcionam como reforço dos pensamentos obsessivos deu suporte à terapia de exposição e prevenção de resposta (EPR). A exposição está centrada no enfrentamento real ou imaginário das obsessões ou situações ativadoras, e a prevenção de resposta objetiva que o paciente tenha condições de inibir os comportamentos associados (compulsões mentais, neutralizações, reasseguramento).[22] Esses pressupostos auxiliam na compreensão da doença e no manejo geral das TCCs no TOC.

◊ Quadro clínico

O TOC possui apresentação clínica heterogênea, nem sempre facilmente identificada. Conforme descrito no início deste capítulo, as obsessões são pensamentos intrusivos, que causam desconforto, enquanto compulsões são comportamentos repetitivos ou atos mentais realizados voluntariamente para contrabalançar ou tornar mínimo o desconforto gerado pelas intrusões.[23,24] Apesar de frequentemente associadas, nem sempre as obsessões e compulsões ocorrem em pares, existindo pacientes unicamente obsessivos e, mais raramente, só compulsivos. Vale ressaltar que o conteúdo da obsessão não necessariamente tem relação direta com a compulsão apresentada; p. ex., um indivíduo com pensamentos de conteúdo sexual repugnante pode possuir compulsão por lavagem de mãos. Na maioria dos casos, há múltiplas obsessões e compulsões ocorrendo simultaneamente e o conteúdo ou a dimensão do sintoma pode se alterar com o passar do tempo.[25]

Existem outras manifestações do TOC que aparecem em resposta as obsessões como, p. ex., a evitação e a busca por reasseguramento. Pacientes com medo de agredir uma pessoa querida (intrusões com conteúdo agressivo) podem ativamente evitar contato com instrumentos cortantes e planejar sua rotina para não estar em locais com esses objetos.[26] De forma geral, os comportamentos evitativos estão claramente relacionados com o conteúdo das obsessões, sendo associados mais frequentemente com intrusões envolvendo contaminação, pensamentos repugnantes e checagem.[27] Já o reasseguramento pode ser descrito como uma busca repetida de informações relacionadas com a segurança, um objeto ameaçador, uma situação específica ou uma característica interpessoal.[28] A procura por reasseguramento pode ser vista de forma espectral, ocorrendo em frequência menor em populações não clínicas e, quando mais frequente e pervasiva, associada a transtornos mentais.[28] Pacientes com obsessões envolvendo contaminação podem, p. ex., perguntar repetidas vezes aos familiares se todas as partes do corpo foram adequadamente higienizadas no banho ou até obrigá-los a assistir ao banho. Dadas as funções do reasseguramento para os pacientes com TOC, alguns pesquisadores sugerem que esse comportamento seria uma forma de checagem compulsiva em resposta a níveis elevados de ansiedade.[28] Inicialmente vistos como apresentações não específicas ou menos importantes, elas vêm ganhando maior espaço no entendimento da fenomenologia e tratamento do TOC, uma vez que estão associadas a maior gravidade e dificuldade de tratamento.[26]

A literatura a respeito da fenomenologia do TOC indica que alguns portadores desse transtorno apresentam experiências subjetivas. Essas experiências, denominadas amplamente de fenômenos sensoriais, podem anteceder ou acompanhar a realização dos rituais. São descritos diferentes fenômenos associados a essa vivência que incluem:[29]

- **Sensações táteis, viscerais ou musculoesqueléticas:** sensações desconfortáveis na pele, articulações ou corpo que ocorrem antes ou durante os comportamentos repetitivos. O indivíduo geralmente repete alguns comportamentos até sentir-se aliviado;
- **Percepções de "estar em ordem" ("*just right" perceptions*):** necessidade de que objetos pareçam ou soem de certa forma ou "em ordem"; necessidade de tocar objetos ou pessoas até atingir sensação de "*just right*"; ou ainda "a sensação de algo não está como deveria estar" ("*not just right*");
- **Incompletude:** sensação de desconforto que faz o indivíduo executar certas ações até atingir alívio. Sensação de estar incompleto e precisar repetir comportamentos até percepção de completude;
- **Sensações premonitórias:** necessidade de realizar um comportamento repetitivo. Urgência sem qualquer tipo de obsessão, medo, preocupação ou sensações físicas;
- **Energia:** sensação de energia que precisa ser liberada.

O modelo cognitivo-comportamental considera as obsessões como o fenômeno primário no TOC, e os demais sintomas, como respostas comportamentais que objetivam reduzir a ansiedade e o desconforto.[22] Algumas consequências comportamentais das obsessões são:

- **Compulsões mentais e rituais:** atos mentais voluntários executados em resposta às obsessões. Exemplos: contagens, orações, repetir palavras em silêncio;
- **Comportamentos evitativos:** atos voluntários que têm como finalidade impedir contato real ou imaginário com situações ativadoras dos pensamentos intrusivos. Exemplo: não usar certas roupas por crença de que algo ruim poderá acontecer (geralmente associada a medos de natureza supersticiosa);
- **Neutralizações:** tentativas de obter garantias (perguntar repetidamente), argumentação mental, ruminação mental (dúvidas e necessidade de buscar certeza), tentativas de afastamento ou supressão de uma intrusão por um pensamento neutro;
- **Hipervigilância:** atenção aumentada para estímulos que provocam as obsessões. Está relacionada diretamente com as checagens;
- **Indecisão:** dificuldade e demora para tomar decisões em situações de incerteza; atrasos, procrastinação, lentidão.

Estudos têm apoiado a existência de quatro ou cinco dimensões do espectro do TOC,[30] descritos na Tabela 5.1. O colecionismo é considerado uma entidade separada no DSM-5, embora os sintomas de acumulação em alguns casos também possam ser encontrados em pacientes com TOC.

Tabela 5.1

Dimensões do transtorno obsessivo-compulsivo (TOC).

Dimensão	Obsessão	Compulsão
Contaminação/Limpeza	Preocupações sobre germes, sujeira, doença	Lavar, limpar, esterilizar
Dúvidas e verificações	Preocupações sobre algo ruim acontecer	Checagem
Pensamentos repugnantes	Pensamentos envolvendo agressão/ sexuais/blasfemos	Rituais mentais
Simetria/Ordem	Preocupações acerca de simetria	Ordenar, repetir, recontar, alinhar
Colecionismo	Preocupações relacionadas a colecionar	Comportamento colecionista

Fonte: Pinto *et al.*, 2008.[30]

◊ Diagnóstico

O diagnóstico de TOC é feito a partir de entrevista clínica por um profissional capacitado. Os critérios oriundos do DSM-5 e da Classificação Internacional de Doenças 11ª edição (CID-11) são utilizados como norteadores da entrevista conforme apresentado na Tabela 5.2.[31]

Tabela 5.2

Resumo dos principais critérios diagnósticos do TOC de acordo com o DSM-5 e a CID-11.

DSM-5	CID-11
Existência de obsessões e/ou compulsões.	Existência de obsessões e/ou compulsões.
As obsessões e/ou compulsões tomam tempo (p. ex., tomam mais de 1 hora por dia) ou causam sofrimento clinicamente significativo ou prejuízo do funcionamento social, profissional ou em outras áreas importantes da vida do indivíduo.	Os sintomas precisam consumir, pelo menos, 1 hora por dia ou causar sofrimento ao paciente e/ou seus familiares; ou interferir na rotina do indivíduo.As obsessões e/ou compulsões ocorrem na maioria dos dias, por um período de, no mínimo, 2 semanas.

Fonte: Manual Diagnóstico e Estatístico de Transtornos Mentais 5 (DSM-5) e Classificação Internacional de Doença 11ª edição (CID-11).[31]

Proposta de uma taxonomia do transtorno obsessivo-compulsivo baseada em neurocircuitos

Recentemente tem-se discutido uma nova classificação diagnóstica baseada no entendimento de que alterações afetivas e cognitivas envolvendo o TOC seriam mediadas por alterações em circuitos neurais específicos. Esse modelo une os estudos neuropsicológicos e de neuroimagem em perfis clínicos que abrangem experiências, sintomas e alterações neurocognitivas, além de sugerir opções de tratamento baseadas em circuitarias específicas. Ou seja, propõe que diferentes expressões clínicas refletem fenótipos ligados a disfunção em um dos cinco neurocircuitos propostos: (1) circuito límbico-frontal; (2) circuito sensório-motor; (3) circuito cognitivo ventral; (4) circuito afetivo ventral; e (5) circuito cognitivo dorsal. As limitações dos modelos de neurocircuito decorrem de não contemplar a complexidade envolvida na apresentação do TOC. Na prática clínica, observa-se que os sintomas se sobrepõem e um perfil clínico poderia ser entendido em mais de um neurocircuito; além de as mudanças na apresentação clínica, ocorridas no curso longitudinal do transtorno, serem frequentes.[14] Desse modo, são necessários mais estudos para entender a função clínica dos neurocircuitos e suas consequências quanto à compreensão etiopatológica e à abordagem terapêutica.

Transtorno obsessivo-compulsivo e transtorno bipolar

A comorbidade existente entre transtorno bipolar e TOC tem importante implicação sobre o quadro clínico. A principal questão em foco é se representam duas doenças distintas ou se significam múltiplos sintomas de uma única doença.[32] Há estudos que mostram TB e TOC comórbido se expressando de forma cíclica, ou seja, os sintomas OCs frequentemente remitindo durante episódios maníacos/hipomaníacos e surgindo apenas em episódios depressivos.[33] Outro estudo observou que os sintomas OCs tendem a diminuir na idade adulta, apoiando a hipótese de que a sintomatologia na infância e adolescência pode expressar vulnerabilidade para um diagnóstico posterior de TB.[34] Com base nesses achados, alguns autores argumentam que os sintomas OCs observados nesses pacientes são secundários ao TB e não a um transtorno independente. Seguindo essa lógica, o diagnóstico de TB e TOC pode estar restrito à situações em que um paciente com TB atenda a todos os critérios de TOC, mas estar eutímico.[34]

No que tange ao significado clínico, os sintomas OCs podem: ser expressão de uma vulnerabilidade ao desenvolvimento de TB, precedendo seu início clínico por muitos anos; exercer influência patoplástica, especialmente nos transtornos do espectro bipolar ou ciclotimia; conferir, em um nível leve de gravidade, ordem e estabilidade à atividade de vida diária, compensando, assim, possível declínio funcional no TB.[35] Em um estudo clínico recente realizado na Turquia, a idade de início do TB foi associada à comorbidade com TOC. Além disso, um extenso estudo longitudinal sueco apontou que o TB é mais comum em familiares de indivíduos com TOC do que no grupo-controle, sugerindo uma etiologia genética compartilhada entre TOC e TB.[36]

A hipótese de que os sintomas OCs compensariam o declínio funcional do TB é refutada por alguns estudos que indicam que a comorbidade TB-TOC confere gravidade ao quadro nesses pacientes.[37] Pacientes com TB-TOC apresentam sintomas OCs mais graves, curso mais prolongado, piora crítica de doença, mais sintomas da dimensão religiosa-sexual, maior frequência de suicídio e mais hospitalizações psiquiátricas. Também foi observada maior prevalência de transtornos por uso de álcool e drogas; maior frequência dos transtornos de ansiedade (especificamente transtorno de ansiedade generalizada e transtorno de pânico com agorafobia); transtornos alimentares (anorexia nervosa e transtorno de compulsão alimentar periódica); transtornos do controle de impulsos (transtorno explosivo intermitente, jogo patológico, compra compulsiva, transtorno sexual compulsivo e dermatotilexomania).[38]

◊ Prognóstico

O TOC frequentemente apresenta evolução crônica e oscilante, com períodos flutuantes de melhora e piora. O início dos sintomas pode ser agudo ou insidioso, sem um padrão de evolução determinado. É comum o aparecimento de sintomas leves e que não trazem sofrimento ou interferência na vida do indivíduo anteriormente ao quadro clínico estabelecido de TOC. Dificilmente existem períodos em que os pacientes se encontram completamente assintomáticos. As taxas de remissão completa, descritas em estudos de seguimento, são baixas, ocorrendo apenas em 10% a 20% dos casos.[39]

Transtorno obsessivo-compulsivo e transtorno bipolar

O TB-TOC apresenta um mau prognóstico associado a maior gravidade, menor funcionamento social e ocupacional, menor resposta ao tratamento, e tentativas de suicídio mais frequentes em comparação com pacientes portadores de TB sem comorbidade.[40] Além disso, esses indivíduos estão mais sujeitos à exposição a eventos estressantes e risco de uso abusivo de substâncias.[41]

No Brasil, dois estudos investigaram a comorbidade do TOC em amostras de pacientes com TB como doença-índice.[42,43] Os dados de Magalhães *et al.* (2010), com amostra clínica de 259 pacientes, apontaram que esse grupo estava mais vulnerável a apresentar tentativas de suicídio, ciclagem rápida e dependência de álcool, além de apresentar pior qualidade de vida, indicando psicopatologia mais grave.[42]

◊ Tratamento

Os tratamentos de primeira linha para o TOC são os inibidores seletivos da recaptação de serotonina (ISRS) e a TCC.[44] A maior tolerabilidade e a segurança dos ISRS são os fatores que o levaram a ser o fármaco de escolha. Até o momento, não existem estudos que apontem maior eficácia entre os diferentes ISRS. No entanto, a escolha da medicação tem como base o perfil de efeitos colaterais, a história prévia de resposta ao tratamento com o fármaco e o perfil clínico do paciente. Estudos demonstraram que doses mais altas de ISRS, em comparação com doses baixas ou médias, estão associadas à maior eficácia no tratamento do TOC.[45] Ainda assim, aproximadamente um terço dos pacientes não apresenta resposta adequada ao tratamento de primeira linha e continuam a apresentar sintomas significativos. Nos casos de ausência de resposta à primeira tentativa de tratamento com um ISRS, existem evidências a favor das seguintes estratégias: troca por outro ISRS ou uso de ISRS em doses acima das previstas em bula; troca por clomipramina; ou troca por um inibidor da recaptação de noradrenalina e serotonina. Além disso, estratégias de potencialização dos ISRS com antipsicóticos ou com tricíclicos como clomipramina em baixa dose são descritas.[44] Os agentes moduladores de atividade glutamatérgica aparecem em estudos mais recentes com resultados promissores.[17,46]

Transtorno obsessivo-compulsivo e transtorno bipolar

Tratamento farmacológico

O manejo farmacológico dos pacientes com TOC-TB é um desafio para os clínicos, uma vez que os antidepressivos serotoninérgicos indicados no tratamento para o TOC, podem favorecer a ocorrência de hipomania, mania e episódios mistos, agravando o curso do TB.[37] De fato, um risco aumentado de mudança de polaridade afetiva foi identificado entre pacientes com TB primário que usam antidepressivos. Além disso, pacientes com TB-TOC apresentam maior taxa de polifarmácia e não resposta aos tratamentos farmacológicos em comparação com pacientes sem TOC comórbido.[13]

Estudos mostram que a estabilização do humor deve ser o principal objetivo do tratamento. Em todos os estudos selecionados de uma metanálise, os pacientes com TB-TOC receberam estabilizadores de humor, em monoterapia ou associado à antipsicóticos de segunda geração (ASGs); carbonato de lítio associado a antipsicóticos de segunda geração (quetiapina, olanzapina, aripripazol) foi a combinação mais comum seguida por valproato associado a ASGs.[32] O aripiprazol pode ser usado como agente adjuvante eficaz no tratamento de sintomas OCs durante episódios maníacos. A otimização das doses dos estabilizadores de humor e a adição de antipsicóticos atípicos demonstram-se eficazes na maioria dos pacientes, embora a exacerbação dos sintomas de TOC com antipsicóticos atípicos também tenha sido relatada.[42]

Alguns dados sugerem a possível utilização da lamotrigina no TOC resistente, embora, curiosamente, existam relatos de indução de sintomas OCs em pacientes com TB.[47] Os ISRS, muitas vezes administrados em altas doses para o tratamento do TOC, podem desestabilizar o TB mesmo quando combinados com estabilizadores de humor, e raramente foram relatados como benéficos.[38]

Psicoterapia

Uma vez que a estabilização do humor é o principal objetivo terapêutico em pacientes com TB-TOC, uma abordagem alternativa seria a administração de estabilizadores de humor e psicoterapia (TCC) para controlar os sintomas de TOC. Esta seria uma opção segura e eficaz para pacientes com TB comórbido, embora pouco estudada.[13]

Eletroconvulsoterapia

A eletroconvulsoterapia foi usada em apenas um relato de caso para tratamento do TB-TOC. Durante um episódio maníaco grave, com características mistas e psicóticas, um paciente jovem com TB-TOC, no Oriente Médio, recebeu terapia eletroconvulsiva (ECT) por 4 semanas com resposta positiva marcada para sintomas maníacos e sintomas OCs. No entanto, não existe indicação formal de eletroconvulsoterapia para o TOC, mas, sim, de acordo com a gravidade dos sintomas dos pacientes com TB.[13,48]

◊ Conclusão

Embora a prevalência de TOC em pacientes com TB seja menos frequente do que em outras comorbidades, alguns marcadores de gravidade clínica foram mais frequentes nesse subgrupo de pacientes. Considerando os importantes aspectos nosológicos e clínicos do TB-TOC são necessários mais estudos prospectivos controlados com acompanhamento de longo prazo. Até o momento, a maioria dos estudos são observacionais, com amostras pequenas, de acordo com avaliações retrospectivas, e não incluem um grupo-controle. Também é possível ocorrer viés de confusão, como variáveis demográficas e variáveis clínicas que não foram devidamente analisadas por meio de modelagem multivariada.[32] Em particular, é fundamental investigar fatores de risco como gravidade da doença, outros distúrbios comórbidos como transtorno por uso de substâncias e resistência ao tratamento, que estão associados a pior prognóstico. É imprescindível identificar terapias de manutenção mais eficazes para a comorbidade TB-TOC, de modo a reduzir a instabilidade de humor, as taxas de hospitalização e o risco de suicídio, assim como melhorar a qualidade de vida dos pacientes.

REFERÊNCIAS BIBLIOGRÁFICAS

1. American Psychiatric Association. Manual diagnóstico e estatístico de transtornos mentais: DSM-5. 5a ed. Porto Alegre: Artmed; 2015.
2. Abramowitz JS, Taylor S, McKay D. Obsessive-compulsive disorder. Lancet. 2009;374(9688):491-499.
3. Ruscio AM, Stein DJ, Chiu WT, Kessler RC. The epidemiology of obsessive-compulsive disorder in the National Comorbidity Survey Replication. Mol Psychiatry. 2010;15(1):53-63.
4. Fontenelle IS, Fontenelle LF, Borges MC, Prazeres AM, Rangé BP, Mendlowicz MV et al. Quality of life and symptom dimensions of patients with obsessive-compulsive disorder. Psychiatry Res. 2010;179(2):198-203.
5. Rosario-Campos MC, Leckman JF, Mercadante MT, Shavitt RG, Prado HS, Sada PB et al. Adults with early-onset obsessive-compulsive disorder. Am J Psychiatry. 2001;158(11):1899-1903.
6. Fontenelle LF, Mendlowicz MV, Marques C, Versiani M. Early-and late-onset obsessive-compulsive disorder in adult patients: an exploratory clinical and therapeutic study. J Psychiatr Res. 2003;37(2):127-133.

7. Quarantini LC, Torres AR, Sampaio AS, Fossaluza V, Mathis MA, do Rosário MC et al. Comorbid major depression in obsessive-compulsive disorder patients. Compr Psychiatry. 2011;52(4):386-393.
8. Torres AR, Prince MJ, Bebbington PE, Bhugra D, Brugha TS, Farrell M et al. Obsessive-compulsive disorder: prevalence, comorbidity, impact, and help-seeking in the British National Psychiatric Morbidity Survey of 2000. Am J Psychiatry 2006;163(11):1978-1985.
9. Denys D, Tenney N, van Megen HJGM, de Geus F, Westenberg HGM. Axis I and II comorbidity in a large sample of patients with obsessive-compulsive disorder. J Affect Disord. 2004;80(2-3):155-162.
10. Sheppard B, Chavira D, Azzam A, Grados MA, Umana P, Garrido H et al. ADHD prevalence and association with hoarding behaviors in childhood-onset OCD. Depress Anxiety. 2010;27(7):667-674.
11. Abramovitch A, Dar R, Mittelman A, Wilhelm S. Comorbidity between Attention Deficit/ Hyperactivity Disorder and Obsessive-Compulsive Disorder Across the Lifespan: A Systematic and Critical Review. Harv Rev Psychiatry. 2015;23(4):245-262.
12. Dell'osso B, Vismara M, Benatti B, Cirnigliaro G, Grancini B, Fineberg NA et al. Lifetime bipolar disorder comorbidity and related clinical characteristics in patients with primary obsessive compulsive disorder: a report from the International College of Obsessive-Compulsive Spectrum Disorders (ICOCS). CNS Spect. 2020;25(3):419-425.
13. Ferentinos P, Preti A, Veroniki AA, Pitsalidis KG, Theofilidis AT, Antoniou A et al. Comorbidity of obsessive-compulsive disorder in bipolar spectrum disorders: Systematic review and meta-analysis of its prevalence. J Affec Disord. 2020;263:193-208.
14. Shephard E, Batistuzzo MC, Hoexter MQ, Stern ER, Zuccolo PF, Ogawa CY et al. Neurocircuit models of obsessive-compulsive disorder: limitations and future directions for research. Braz J Psychiatry. 2021.
15. Kwon JS, Jang JH, Choi JS, Kang DH. Neuroimaging in obsessive-compulsive disorder. Expert Rev Neurother. 2009;9(2):255-269.
16. Mataix-Cols D, Wooderson S, Lawrence N, Brammer MJ, Speckens A, Phillips ML. Distinct neural correlates of washing, checking, and hoarding symptom dimensions in obsessive-compulsive disorder. 2004;61(6):564-576.
17. Pittenger C. Glutamate modulators in the treatment of obsessive-compulsive disorder. Psychiat Ann. 2015;45(6):308-315.
18. Bienvenu OJ, Wang Y, Shugart YY, Welch JM, Grados MA, Fyer AJ et al. Sapap3 and pathological grooming in humans: Results from the OCD collaborative genetics study. Am J Med Genet B Neuropsychiatr Genet. 2009;150:710-720.
19. Pauls DL. The genetics of obsessive-compulsive disorder: a review. Dialogues Clin Neurosci. 2010;12(2):149-163.
20. Freud S. Obras completas, volume 9: observações sobre um caso de neurose obsessiva ["O homem dos ratos"], uma recordação de infância de Leonardo da Vinci e outros textos (1909-1910). Tradução Paulo César de Souza. 1a ed. São Paulo: Companhia das Letras; 2013.
21. Wright J H, Basco MR, Thase ME. Aprendendo a terapia cognitivo-comportamental: um guia ilustrado. Porto Alegre: Artmed; 2008.

22. Cordioli AV (Org). Manual de terapia cognitivo-comportamental para o transtorno obsessivo--compulsivo. 2a ed. Porto Alegre: Artmed; 2014.
23. Belloch A, Morillo C, Luciano JV, García-Soriano G, Cabedo E, Carrió C. Dysfunctional belief domains related to obsessive-compulsive disorder: a further examination of their dimensionality and specificity. Span JPsychol. 2010;13(1):376-388.
24. Shavitt RG, de Mathis MA, Oki F, Ferrao YA, Fontenelle LF, Torres AR et al. Phenomenology of OCD: lessons from a large multicenter study and implications for ICD-11. J Psychiatr Res. 2014;57:141-148.
25. Leckman JF, Grice DE, Boardman J, Zhang H, Vitale A, Bondi C et al. Symptoms of obsessive-compulsive disorder. 1997;154(7):911-917.
26. Starcevic V, Berle D, Brakoulias V, Sammut P, Moses K, Milicevic D et al. The nature and correlates of avoidance in obsessive-compulsive disorder. Aust N Z J Psychiatry. 2011;45(10):871-879.
27. McGuire JF, Storch EA, Lewin AB, Price LH, Rasmussen SA, Goodman WK. The role of avoidance in the phenomenology of obsessive-compulsive disorder. Compr Psychiatry. 2012;53(2):187-194.
28. Rector NA, Katz DE, Quilty LC, Laposa JM, Collimore K, Kay T. Reassurance seeking in the anxiety disorders and OCD: Construct validation, clinical correlates and CBT treatment response. J Anxiety Disord. 2019;67:102109.
29. Prado HDS, Rosário MC, Lee J, Hounie AG, Shavitt RG, Miguel EC. Sensory phenomena in obsessive-compulsive disorder and tic disorders: a review of the literature. CNS Spectrums. 2008;13(5):425-432.
30. Pinto A, Greenberg BD, Grados MA, Bienvenu OJ, Samuels JF, Murphy DL et al. Further development of YBOCS dimensions in the OCD Collaborative Genetics Study: Symptoms *vs.* categories. Psychiatry Research 2008;160(1):83-93.
31. Coles ME, Heimberg RG, Frost RO, Steketee G. Not just right experiences and obsessive-compulsive features: Behav Res Ther. 2005;43(2):153-167.
32. Amerio A, Odone A, Liapis CC, Ghaemi SN. Diagnostic validity of comorbid bipolar disorder and obsessive-compulsive disorder: a systematic review. Acta Psychiatr Scand. 2014;129(5):343-358.
33. Tonna M, Amerio A, Ottoni R, Paglia F, Odone A, Ossola P et al. The clinical meaning of obsessive-compulsive symptoms in bipolar disorder and schizophrenia. Australian and New Zealand Journal of Psychiatry 2015;49:578-579.
34. Amerio A, Tonna M, Odone A, Stubbs B, Ghaemi SN. Course of illness in comorbid bipolar disorder and obsessive-compulsive disorder patients. Asian J Psychiatr. 2016;20:12-14.
35. Shi S. Obsessive compulsive symptoms in bipolar disorder patients: a comorbid disorder or a subtype of bipolar disorder? Shanghai Arch Psychiatry. 2015;27(4):249-251.
36. Amerio A, Stubbs B, Odone A, Tonna M, Marchesi C, Ghaemi SN. The prevalence and predictors of comorbid bipolar disorder and obsessive-compulsive disorder: A systematic review and meta-analysis. J Affect Disord. 2015;186:99-109.
37. Jeon S, Baek JH, Yang SY, Choi Y, Ahn SW, Ha K et al. Exploration of comorbid obsessive-compulsive disorder in patients with bipolar disorder: The clinic-based prevalence rate, symptoms nature and clinical correlates. J Affect Disord. 2018;225:227-233.

38. Amerio A, Maina G, Ghaemi SN. Updates in treating comorbid bipolar disorder and obsessive-compulsive disorder: a systematic review. J Affect Disord. 2019;256:433-440.
39. Domingues-Castro MS, Torresan RC, Shavitt RG, Fontenelle LF, Ferrão YA, Rosário MC et al. Bipolar disorder comorbidity in patients with obsessive-compulsive disorder: Prevalence and predictors. J Affect Disord. 2019;256:324-330.
40. Amerio A. Suicide risk in comorbid bipolar disorder and obsessive-compulsive disorder: A systematic review. Indian J Psychol Med. 2019;41(2):133-137.
41. Marazziti D, Mucci F, Avella MT, Dell'Oste V, Baroni S, Dell'Osso L. Treatment of the obsessive-compulsive and bipolar disorders comorbidity: pharmacodynamic and pharmacokinetic evaluation. Expert Opin Drug Metab Toxicol. 2019;15:619-631.
42. Magalhães PV, Kapczinski NS, Kapczinski F. Correlates and impact of obsessive-compulsive comorbidity in bipolar disorder. Compr Psychiatry. 2010;51(4):353-356.
43. Issler CK, Monkul ES, Amaral JADMS, Tamada RS, Shavitt RG, Miguel EC et al. Bipolar disorder and comorbid obsessive-compulsive disorder is associated with higher rates of anxiety and impulse control disorders. Acta Neuropsychiatr. 2010;22(2):81-86.
44. Stein DJ, Costa DLC, Lochner C, Miguel EC, Reddy YCJ, Shavitt RG et al. Obsessive–compulsive disorder. Nat Rev Dis Primers. 2019;5(1):52.
45. Koran LM, Hanna GL, Hollander E, Nestadt G, Simpson HB; American Psychiatric Association. Practice guideline for the treatment of pacients with obsessive-compulsive disorder. Am J Psychiatry. 2007;164(7):5-53.
46. Marinova Z, Chuang D-M, Fineberg N. Glutamate-Modulating Drugs as a Potential Therapeutic Strategy in Obsessive-Compulsive Disorder. Curr Neuropharmacol. 2017;15(7):977-995.
47. Sharma V, Doobay M. Lamotrigine-induced obsessive-compulsive disorder in patients with bipolar disorder. CNS Spectr. 2019;24(4):390-394.
48. Fontenelle LF, Coutinho ESF, Lins-Martins NM, Fitzgerald PB, Fujiwara H, Yücel M. Electroconvulsive therapy for obsessive-compulsive disorder: a systematic review. J Clin Psychiatry 2015;76(7):949-957.

Transtorno Bipolar e Drogas Ilícitas | 6

Ricardo Henrique-Araújo
Eduardo Pondé de Sena
Heydrich Lopes Virgulino de Medeiros

◊ Introdução

Os desafios impostos ao tratamento do transtorno bipolar (TB), especialmente quando associado a transtornos por uso de substâncias (TUS), são de conhecimento dos profissionais de saúde. Esses desafios são inerentes ao manejo clínico, e podem dificultar o diagnóstico da condição bipolar, assim como interferir na terapia medicamentosa e na adesão ao tratamento. Apesar da alta frequência desta comorbidade, as evidências são escassas no que diz respeito às intervenções nitidamente eficazes para estabilizar o humor e diminuir o consumo de álcool e outras drogas nessa população com patologia dual.[1,2]

Os indivíduos com TB têm prevalência de TUS elevada; no entanto, compõem um grupo heterogêneo e complexo, com diferenças nas manifestações clínicas, nos níveis de gravidade e nos tipos de substâncias utilizadas. Em face dessa diversidade, a literatura é inconsistente em relação ao impacto das comorbidades psiquiátricas no curso dos TUS. Uma abordagem integrada, incluindo tratamento médico e psicossocial/psicoterapêutico de ambos os transtornos, é recomendada no cuidado desses pacientes.[2-5]

◊ Dados epidemiológicos

A coexistência do TB e do TUS é uma realidade frequente.[6] Considerando álcool e/ou outras drogas, as taxas de abuso e dependência variam de um terço a percentuais superiores a 70% entre indivíduos portadores de TB. Considerando-se outras substâncias que não o álcool, as taxas chegam a 44%,[7] sendo 20% a 25% para cannabis e 10% a 15% para cocaína.[8] Entre usuários de drogas ilícitas, a probabilidade de ocorrência de TB é 5 vezes maior se comparada aos não usuários.[9]

Populações específicas

A prevalência de TUS em pacientes acometidos pelo TB pode variar de acordo com a população estudada. Um estudo canadense avaliou 497 indivíduos e comparou a ocorrência do uso de substâncias entre um grupo de pacientes com TB em face a um grupo de pacientes com esquizofrenia, ambos moradores de rua. Analisando os últimos 12 meses, houve relevância estatística — dentro do grupo de bipolares — para o uso de cocaína, opioides, psicoestimulantes, alucinógenos e cannabis. O uso de cocaína teve taxa de 66,4%, seguido pelo de opioides que atingiu 41,8%.[10]

Almeida *et al.* (2018) compararam a idade de início do TB com o uso de álcool e outras drogas ao longo da vida. O comparativo foi feito entre o grupo com idade de início da doença antes dos 60, e o outro grupo com idade de início após os 60 anos. Quando se trata da população de bipolares idosos (entre 65 e 85 anos), a probabilidade do consumo de substâncias (cocaína, opioides, cannabis e alucinógenos) é duas vezes maior do que em indivíduos na mesma faixa etária sem o diagnóstico de TB, com risco maior para quando a doença começa antes dos 60 anos. O uso de álcool chega a ser quatro vezes maior, nessa faixa etária, entre os portadores de TB.[11]

◊ Aspectos patogênicos

O TB e os TUS têm um fator em comum em sua etiologia: **exposição**, no início da vida, a adversidades e fatores estressores. Pacientes bipolares com vivências precoces relacionadas com adversidades psicossociais têm mais chances de desenvolver um transtorno com pior prognóstico e maior ocorrência do uso de substâncias. Essas exposições aumentam as chances do início da autoadministração de substâncias/drogas, especialmente psicoestimulantes (cocaína e anfetaminas).[12]

Sensibilização do episódio e aumento da vulnerabilidade para recorrência

O modelo de sensibilização pelo estresse explica que o contato com situações estressoras no início da vida torna o indivíduo mais propenso a recaídas quando em contato com estressores na fase adulta, sejam elas quanto ao uso de substâncias ou quanto a ocorrência de um transtorno do humor. No que concerne o TB, o estresse parece ter um papel mais incisivo para a ocorrência do primeiro episódio. Contudo, quando avaliamos a comorbidade com TUS, o estresse é crucial para recaídas no consumo de substâncias, aumentando consequentemente o risco para recidivas de fases depressivas e/ou maníacas, estabelecendo-se, assim, um ciclo que tem grande potencial de piorar o prognóstico relativo ao TB como ao TUS.[12]

Sensibilização comportamental induzida por estimulantes

Trata-se de um modelo consagrado para o uso de estimulantes, mas pode ser ampliado para qualquer outra substância com capacidade de causar adicção. Consiste em avaliar camundongos que são ensinados a autoadministrar cocaína por via intravenosa após pressionarem uma barra. Embora os animais eventualmente parem de pressionar a barra se a cocaína não for mais administrada, eles rapidamente restabelecerão o estímulo (pressionando a barra) se forem apresentados sinais de que a cocaína está novamente disponível ou houver um novo fator estressor no ambiente. De modo que, havendo disponibilidade de cocaína no ambiente e ocorrência de algumas das situações descritas anteriormente, há grande dificuldade em extinguir o hábito concernente ao uso da droga. Diante do surgimento de fatores estressores, os animais têm recaídas e voltam imediatamente a autoadministrar o estimulante. Esse modelo animal é chamado de "reintegração da cocaína" e reflete o que se observa na prática clínica, visto que episódios de mania e/ou depressão, além de fatores estressores, são conhecidos por precipitar recaídas para o uso de cocaína, independentemente do paciente estar em abstinência há muitos anos.[12]

Alterações bioquímicas e plasticidade neuronal

Além dos efeitos a longo prazo sobre a bioquímica cerebral, o consumo de substâncias (especialmente cocaína) induz alterações nas espinhas dendríticas em neurônios gabaérgicos presentes no núcleo *accumbens* (NAc). Esses neurônios recebem conexões vindas do córtex pré-frontal, mediadas por glutamato, e da área tegmental ventral (ATV), mediadas pela dopamina. O uso de cocaína pode provocar um déficit na plasticidade neuronal dessa região, culminando com aumento do fator neurotrófico derivado do cérebro (BDNF, do inglês *brain-derived neurotrophic factor*) na ATV e no NAc, e diminuição do BDNF no córtex pré-frontal. Estas alterações guardam estreita relação com o padrão de sensibilização à cocaína e reinstaurarão do padrão de busca pela substância.[12]

A diminuição nas concentrações de BDNF no córtex pré-frontal é um dos principais fatores etiopatogênicos que implica tanto na ocorrência de depressões bipolares como nas recidivas de fase maníaca em pacientes com TB.[13] O aumento do BDNF no NAc, por sua vez, pode ter relação com o aumento da ocorrência de comportamento suicida em pacientes depressivos e bipolares.[14]

Fatores de risco, desfechos negativos e prognóstico

Diagnosticar TB em pacientes que consomem drogas ilícitas é uma tarefa habitualmente desafiadora, pois as alterações psíquicas que ocorrem entre usuários de substâncias — pelos efeitos da intoxicação, por manifestações que persistem por períodos mais prolongados que o efeito agudo ou ainda por estados de abstinência — podem ser muito parecidas com as que caracterizam o TB.[15]

A concomitância de TB/TUS gera particulares preocupações em nível de saúde pública, pois, além da soma dos impactos de cada um dos transtornos, ainda há maior risco de uma condição agravar a outra reciprocamente, gerando ainda mais comprometimentos em diversas dimensões da vida do indivíduo, como piores estratégias de enfrentamento, suporte social inadequado,[7] problemas legais e prejuízos acadêmicos.[15] Alguns dos aspectos que podem ser comprometidos são aqueles ligados ao próprio tratamento, como a maior propensão à má adesão aos medicamentos. Os pacientes tornam-se suscetíveis a curso e prognóstico mais complicados do TB, havendo atraso no controle dos episódios de humor patológico e recuperação mais dificultosa durante internações.[6,7,15] Por outro lado, pessoas com TB e que passam a não mais preencher critérios para TUS apresentam melhora da funcionalidade, da qualidade de vida e da recuperação, e evoluem com menos comportamentos suicidas. Assim, o tratamento de ambas as condições se reveste da mais alta relevância, incluindo, do ponto de vista farmacológico, agentes terapêuticos para o TB e para os TUS.[3]

O TB tem comorbidade múltipla com outras entidades clínicas e psiquiátricas, como abuso de substâncias, transtornos de ansiedade, obsessivo-compulsivo, do controle dos impulsos, alimentares, de personalidade, assim como distúrbios cardiovasculares e respiratórios. A presença de TUS aumenta o risco de doenças infecciosas crônicas, como as relacionadas com o vírus da hepatite B (HBV), da hepatite C (HCV) e da imunodeficiência humana (HIV), e eleva os números de casos de traumatismos, lesões diversas e suicídio. A presença de múltiplas comorbidades não apenas confunde e agrava os sintomas manifestos em pacientes com TB, como pode aumentar sua vulnerabilidade ao desenvolvimento de TUS.[2] Por exemplo, transtornos de personalidade antissocial e *borderline* estão intimamente relacionados com TUS e, quando ocorrem em indivíduos com TB, facilitam a coexistência desses dois últimos diagnósticos.[15]

Algumas variáveis foram consideradas fatores de risco para TUS em pacientes com TB, a partir de uma revisão sistemática com metanálise: ser do sexo masculino, apresentar mais episódios maníacos e suicidabilidade. Esta última, mutuamente correlacionada, ou seja, ideações suicidas aumentam a probabilidade de desenvolvimento dos TUS, e estes elevam o risco de suicídio.[15]

É útil o entendimento de que ambos, TB e TUS, se associam a adversidades ocorridas na infância.[4] Início precoce do TB tem sido observado por meio dos estudos como um predisponente para TUS. Como adversidades na infância (p. ex., abusos de qualquer tipo, perda de um ou ambos os pais e separação conjugal dos pais) estão positivamente associadas ao início precoce do TB, elas podem também aumentar a chance de desenvolvimento de TUS nessa população psiquiátrica. Outrossim, vivência em situação de rua tem o potencial de predispor a TUS entre bipolares, apesar de mais pesquisas serem necessárias para que essa relação seja confirmada.[15]

As drogas de abuso podem trazer rápido alívio do efeito negativo causado por adversidades e são altamente reforçadoras. As evidências parecem sugerir que:

- Afetos negativos aumentam o risco para o início de uso indevido de substâncias;
- TUS pode estar associado a distúrbios do sono que persistem após a cessação do seu consumo;
- Deficiências na regulação emocional podem concorrer para o desenvolvimento, persistência e gravidade do TUS;
- TUS se relaciona a um pobre funcionamento interpessoal. Há sugestões na literatura do comportamento aditivo de que a recaída no TUS está associada ao

"desequilíbrio do estilo de vida", o que resulta na necessidade de prazer que, por sua vez, pode levar as pessoas a situações associadas a alto risco de recidivas.[4]

A cocaína, atuando na região pré-frontal cerebral, desencadeia desinibição e impulsividade, além do que seu consumo está associado a prejuízos cognitivos, pior qualidade de vida, funcionamento social prejudicado, maior risco de suicídio e presença de transtornos mentais comórbidos, como transtorno de estresse pós-traumático, transtorno de personalidade antissocial e TB.[9]

Existem controvérsias na literatura acerca dos fatores de risco para a conversão de transtorno depressivo maior (TDM) para TB, entretanto, um estudo de coorte com amostra de conveniência composta por 468 sujeitos revelou que, em um intervalo de 3 anos, houve associação positiva entre uso de cocaína na vida (informação coletada na primeira entrevista) e conversão de TDM para TB, com *odds ratio* (OR) de 2,86 (IC95% 1,25 a 6,51; p = 0,010) e, na análise multivariada, de 3,41 (IC95% 1,11 a 10,43; p = 0,032).[9] A partir desses dados e dos previamente existentes na literatura, julga-se que consumir cocaína aumenta tanto a chance de conversão de TDM para TB quanto a chance de piores cursos da doença.[6,9]

A utilização de cannabis vem sendo descrita como fator capaz de antecipar a idade de início do TB, além de predispor a maior número de episódios de humor patológico a cada ano. Pacientes que desenvolvem o TB mais antecipadamente podem evoluir com um curso mais complicado da doença, com pior prognóstico e serem mais propensos a desenvolvimento de sintomas psicóticos, abuso de substâncias, comorbidade com transtornos ansiosos, dificuldades cognitivas, ciclagem rápida, agressividade, comportamento suicida, períodos mais curtos de eutimia e pior resposta ao lítio. Os indivíduos que abusam de maconha foram considerados mais suscetíveis ao desenvolvimento de sintomas maníacos, relação que pode ser mais importante entre aqueles que consomem em maior frequência, bem como aos episódios provavelmente mais prolongados. Aqueles bipolares com transtorno por uso de cannabis tendem a evoluir com mais incapacidades decorrentes do transtorno de humor e aumento de comportamento suicida.[16]

O consumo de drogas ilícitas foi identificado, em um estudo prospectivo de coorte, como gatilho para novos episódios de mania e hipomania. Dos 204 entrevistados, 44% conseguiram identificar gatilhos externos, sendo que 8,9% mencionaram uso de psicoativos ilícitos – percentual maior do que o encontrado para alterações do sono, que foi de 6,7%. Dessa forma, há de se notabilizar a relevância do uso de drogas ilícitas no desencadeamento de novos episódios de elevação do humor, e é fundamental discutir essa informação na psicoeducação dos pacientes com TB.[17]

Comportamentos suicidas e mortes por suicídio são situações de extrema preocupação entre pacientes com TB, pois apresentam taxas elevadas nessa população e a ocorrência pode aumentar ainda mais o cenário de comorbidade com TUS.[7] Essa relação parece estar mais bem embasada na população masculina.[16] Dados de metanálise evidenciaram essa informação, a partir da avaliação de artigos que envolveram indivíduos com TB e mostraram que aqueles que apresentavam TUS estavam mais predispostos a tentativas de suicídio, com OR de 1,77 (IC95% 1,49 a 2,10; $p < 0,01$) para drogas ilícitas; 1,96 (IC95% 1,56 a 2,47; $p < 0,01$) para associação de álcool e drogas; e 1,44 (IC95% 1,07 a 1,94; $p = 0,02$) para cannabis.[7] Outra revisão que avaliou estudos envolvendo pacientes com TB encontrou percentuais de tentativa de suicídio entre 3,6% e 42%; já as taxas de combinação de tentativa de suicídio e uso de substâncias variaram entre 5% e 60%; e tentativa de suicídio combinada com consumo de cannabis, 15% a 42%. Uso abusivo e dependência de cocaína também já haviam sido considerados preditores de história de tentativa de suicídio.[16]

A comorbidade TB/TUS pode predispor à agressividade, hostilidade e impulsividade. Esta última é um traço característico tanto do TB quanto do TUS e, quanto mais proeminente, mais compromete o curso e o tratamento de ambas as condições, além de potencializar a má adesão ao tratamento. É possível que os TUS possam ter efeito mediador sobre a impulsividade nas tentativas de suicídio.[7]

Tanto o TB quanto o TUS estão diretamente relacionados com prejuízos cognitivos, especialmente funcionamento executivo e memória.[8] Resultados de estudos vêm revelando que tanto pacientes bipolares quanto com TUS (inclusive abusadores de cocaína) alcançam piores desempenhos em avaliações neuropsicológicas. Pacientes acometidos por ambos os transtornos parecem apresentar prejuízos ainda mais importantes comparados aos portadores apenas do TB, entretanto, mais dados confirmatórios são necessários.[6,8]

O pior funcionamento cognitivo (prejuízos de planejamento, desatenção e déficit de organização) é apontado como o fator que contribui mais marcantemente para a má adesão ao tratamento.[6] Um ensaio clínico que incluiu indivíduos com TB e dependência de cocaína evidenciou que aqueles que apresentaram maiores níveis de adicção tiveram pior adesão aos medicamentos. Também foi identificada uma predição de melhor aderência ao tratamento entre os participantes com melhor funcionamento cognitivo medido pelo teste de Cores e Palavras de Stroop (atenção visual e funcionamento executivo).[6]

Mesmo havendo dificuldades diagnósticas da comorbidade entre TB e TUS, considerando todo o exposto nesta seção, verifica-se que é bastante producente uma condução diagnóstica minuciosa, por parte do médico, com o intuito de minimizar essas dificuldades. O atraso do diagnóstico traz consequências adversas para a evolução clínica como um todo e aumenta os riscos de desfechos negativos relevantes.

◊ Aspectos do tratamento

Existem vários desafios no manejo clínico dos pacientes com TB/TUS, incluindo o diagnóstico do TB no contexto de TUS, o tratamento, a escolha da farmacoterapia eficaz e a psicoterapia, levando-se em conta a fase apropriada do tratamento desde a desintoxicação e o controle do episódio agudo do TB até a fase de manutenção e recuperação do atendimento. Essa complexidade coloca em questão os modelos de atenção centrados em uma única doença e assinalam a necessidade de atenção integrada.[2]

O manejo terapêutico de pessoas com TB e TUS pode oferecer dificuldades. Questões como atitudes negativas e estigma em relação aos pacientes com TUS e transtornos psiquiátricos, embora tenham melhorado, ainda estão presentes em vários níveis (envolvendo profissionais de saúde e, às vezes, a família e o próprio paciente) e impactam o atendimento prestado. A resistência ao uso dos medicamentos e ao tratamento pode ser expressa por pacientes e/ou familiares. A adesão ao tratamento abaixo do ideal representa uma limitação nos cuidados adequados nessa população, o que pode levar a sintomas residuais, os quais estão associados à recorrência do TB.[2]

Os pacientes podem avaliar sua relação entre TB e TUS de diversas maneiras. Alguns podem descrever o uso indevido de substâncias para atenuar ou intensificar os sintomas de humor, conviver com o TB, sentir-se normal ou controlar o estresse. Alguns bipolares de meia-idade e um pouco mais velhos associam a utilização de substâncias psicoativas à automedicação, ao aumento da confiança, à rejeição da medicação prescrita, ao fácil acesso e à convivência em uma cultura de consumo de drogas. Há sujeitos que descrevem o uso de substâncias para melhorar o humor, aliviar a tensão e o tédio, alcançar ou manter a euforia e aumentar a energia. Embora o efeito agudo possa, de fato, proporcionar um alívio temporário para os portadores de TB, não é duradouro e leva os indivíduos a padrões de uso crônico que produzem resultados clínicos e funcionais mais desfavoráveis. Tratamento individualizado, apoio, novo senso de identidade e atividades diárias significativas são fatores importantes no processo de recuperação desses pacientes com patologia dual.[3,4]

Há evidências da eficácia de algumas psicoterapias no TB com melhora da estabilidade do sono, das habilidades de funcionamento interpessoal, das estratégias para controlar o afeto, acompanhadas de senso de identidade saudável e equilíbrio do estilo de vida. Assim, pelo menos em teoria, pode haver um efeito particularmente positivo dessas terapias em pacientes com TB e TUS.[4]

As recomendações mais recentes do Canadian Network for Mood and Anxiety Treatments (CANMAT), datadas ainda de 2012, relacionadas a TB e TUS sugerem:

- **Primeira linha:** acréscimo do valproato ao lítio;
- **Segunda linha:** lamotrigina (monoterapia ou adjuvante); monoterapia com lítio; valproato em monoterapia ou adjuvante; quetiapina em monoterapia ou adjuvante; citicolina adjuvante;
- **Terceira linha:** nenhum medicamento; e
- Não utilizar carbamazepina.[18]

Com a alta comorbidade de TB/TUS, as estratégias terapêuticas apresentam maior complexidade. Como já assinalado, é necessário, em futuro breve, uma literatura mais encorpada, envolvendo, p. ex., ensaios clínicos pragmáticos, que melhor reflitam o "mundo real". Uma literatura que aborde a existência de tratamentos eficazes e bem estabelecidos para TB e TUS de forma independente, já que o tratamento para essa patologia dual não tem recebido a devida atenção. Existem poucas abordagens farmacológicas para a comorbidade. Hoje, p. ex., existem alguns estudos sobre medicamentos para transtorno bipolar, incluindo lítio, anticonvulsivantes e antipsicóticos, investigando se esses medicamentos podem ser úteis para TUS comórbido.[2,3,19] De uma maneira geral, alguns dos estudos farmacológicos têm limitações metodológicas, como tamanho de amostra pequeno e ausência de grupo-controle (estudos abertos com uma única intervenção).

Os resultados de 30 estudos revisados por Coles *et al.* (2019) sugerem que a categoria de medicamentos que se mostra mais promissora no tratamento para TB/TUS é a dos estabilizadores do humor, com 14 de 20 estudos mostrando melhora significativa com o uso de pelo menos uma substância e em uma medida de desfecho relacionado com o humor. Dentro desse grupo, anticonvulsivantes, como valproato e lamotrigina, são os que mais prometem sucesso no tratamento de TB/TUS, com 8 de 8 estudos (4 lamotrigina, 4 valproato) demonstrando uma melhora significativa em aspectos relacionados à utilização de substâncias e a desfechos negativos do transtorno de humor, apesar de haver variações quanto à duração do tratamento, às drogas de abuso e à dosagem dos medicamentos.[3]

Ainda de acordo com Coles *et al.*, esses resultados podem ser consistentes com a hipótese *kindling* do TB. Características como ciclagem rápida e mania mista estão frequentemente associadas à presença de TUS concomitante. A despeito de os estudos terem amostras pequenas, parece que os agentes estabilizadores de humor e os anticonvulsivantes, como o valproato e a lamotrigina (recomendados na mania mista e na ciclagem rápida), também podem ser eficazes para o tratamento de TB/TUS. Para o anticonvulsivante topiramato, resultados de um único pequeno estudo controlado com placebo (n = 12) foram negativos em relação ao consumo de substâncias e desfechos de humor.

Outros estabilizadores do humor, como lítio, aripiprazol e olanzapina também mostram, até o momento, potencial modesto. Embora a quetiapina tenha sido o medicamento mais estudado nessa população, com oito estudos no total, os resultados indicam que esse medicamento pode não ser útil no tratamento de TB/TUS, havendo resultados negativos em estudos randomizados. Até agora, o uso de medicamentos adjuvantes para adicção a drogas não parece ser útil para tratar o TUS no TB.

Uma recente revisão sistemática da literatura com metanálises avaliou a eficácia de tratamentos farmacológicos em indivíduos com comorbidade de transtornos do humor (TB e TDM) com TUS. Trinta e dois estudos (13 com 1.093 pacientes bipolares e

19 com 1.849 com TDM) preencheram os critérios de inclusão da revisão sistemática. De maneira geral, o tratamento farmacológico foi mais eficaz do que o placebo para melhorar os sintomas maníacos (diferença média padronizada [SMD] = –0,15; IC95% –0,29 a –0,02; p = 0,03), mas não os sintomas depressivos bipolares (SMD = –0,09; IC95% –0,22 a 0,03; p = 0,15). A quetiapina melhorou significativamente os sintomas maníacos (SMD = –0,23; IC95% –0,39 a –0,06; p = 0,008), mas não os sintomas depressivos (SMD = –0,07; IC95% –0,23 a 0,10; p = 0,42).[20]

Nove estudos que investigaram os efeitos do tratamento nas pontuações de mania em pessoas com TB/TUS foram combinados. O tamanho do efeito global (SMD) foi de –0,15 (IC95% –0,29 a –0,02; p = 0,03). Os efeitos da quetiapina nas pontuações de mania foram examinados em quatro estudos, observando-se um benefício significativo do tratamento com um tamanho de efeito de –0,23 (IC95% –0,39 a –0,06; p = 0,008). A exclusão de um estudo de quetiapina de baixa qualidade mudou o tamanho do efeito para –0,22 (IC95% –0,39 a –0,05; p = 0,01). Os efeitos dos estabilizadores de humor anticonvulsivantes nas pontuações de mania foram avaliados em dois estudos com um tamanho de efeito combinado de –0,07 (IC95% –0,54 a 0,40; p = 0,77). Dois estudos examinaram os efeitos da citicolina nas pontuações de mania com um tamanho de efeito muito pequeno e não significativo de 0,04 (IC95% –0,27 a 0,35; p = 0,80).[20]

Escores de sintomas depressivos de 11 estudos que examinaram os efeitos do tratamento nos escores de depressão em pessoas com TB/TUS foram quantitativamente sintetizados. O tamanho do efeito combinado geral (SMD) para esses estudos foi de –0,09 (IC95% –0,22 a 0,03; p = 0,15). Nos seis estudos em que os participantes se encontravam em um estado de humor predominantemente deprimido ou misto, o tamanho do efeito do tratamento combinado nas pontuações de depressão foi de –0,03 (IC95% –0,16 a 0,11; p = 0,67).[20]

Dados sobre os efeitos relacionados com o tratamento da abstinência de cocaína estavam disponíveis em quatro estudos em TB, em um estudo sobre abstinência de cocaína em TDM e em um para abstinência de opioides. Esses estudos usaram, como um marcador de abstinência ao final da pesquisa, uma triagem de drogas de urina negativa. Para os estudos de cocaína em TB, o OR combinado de abstinência foi de 0,97 (IC95% 0,59 a 1,58; p = 0,9). Uso de cocaína e opioides não foi relatado de forma consistente entre os estudos, o que impossibilitou a metanálise dos efeitos do tratamento sobre o consumo.[20]

Os dados de abandono dos participantes estavam disponíveis para 11 estudos com TB e 16 estudos com TDM. Para os estudos de TB, o risco relativo (RR) de abandono associado ao tratamento foi de 0,80 (IC95% 0,66 a 0,98; p = 0,03), menor do que o encontrado nos tratados com placebo. Não houve diferenças no RR de abandono associado à quetiapina (RR, 0,85; IC95% 0,57 a 1,27; p = 0,43) ou a estabilizadores de humor anticonvulsivantes (RR, 1,01; IC95% 0,69 a 1,49; p = 0,95) em comparação com placebo. A citicolina foi associada a um risco perdido menor de abandono dos participantes (RR, 0,63; IC95% 0,48 a 0,84; p = 0,002).[20]

◊ Conclusão

Pessoas com TB apresentam elevada frequência de TUS, provavelmente a mais elevada taxa dentre todos os transtornos mentais. Diversos fatores podem estar relacionados com essa patologia dual, tais como fatores desenvolvimentais, socioeconômicos e genéticos. As altas frequências de comorbidade também podem decorrer de razões socioculturais, como maior acesso e oportunidade de uso de drogas ilícitas na comunidade.[21]

A relação entre o TB e os TUS é complexa e não totalmente clara. É possível que as características psicológicas e comportamentais que caracterizam o TB levem ao aumento da utilização de substâncias, ou que pessoas com esse transtorno se engajem no consumo na tentativa de controlar os sintomas afetivos.[11] De fato, o uso dos psicoativos e seus riscos associados constituem importante problema de saúde pública em todo o mundo, com uma variedade de consequências que requerem políticas e esforços sanitários urgentes. Pessoas em todo o mundo têm consumido substâncias psicotrópicas em escala cada vez maior (em 2017, relatou-se um número 30% maior do que em 2009) — colocando os TUS entre as principais causas de incapacidade. Em que pese a existência de consequências graves em termos de morbidade, mortalidade e fardo psiquiátrico, o tema ainda é frequentemente não merecedor da devida atenção.[22]

Para os cuidados de saúde da pessoa com TB e TUS comórbido, é importante ampliar o leque de estudos de tratamento, com foco principal em ensaios clínicos randomizados. Ademais, apesar da alta prevalência, são escassas as diretrizes clínicas para TUS e transtornos psiquiátricos severos. Um melhor entendimento dessa patologia dual implica em melhor planejamento em contextos de saúde coletiva e individual no cenário clínico, esta última a clamar por cuidados centrados na pessoa e, ao mesmo tempo, integrados. As amostras clínicas, portanto, devem favorecer os avanços na direção de uma medicina de precisão.[1,2]

A eficácia e a segurança das abordagens farmacológicas para tratar TB concomitante a TUS têm algumas lacunas que devem ser abordadas em pesquisas futuras. A comorbidade com TUS é um desafio clínico importante nos transtornos de humor, mas a melhor forma de tratamento farmacológico de pessoas com TB e TUS permanece, ainda, um tanto obscura.

Embora as pesquisas com o uso de fármacos no tratamento de TB/TUS tenham se mostrado promissoras, mais estudos são necessários para melhor compreender sua utilidade potencial e eficácia nessa população. São necessários mais ensaios clínicos randomizados e controlados por placebo, com tamanhos de amostra maiores e controlando para variáveis como subtipo de TB, medicamentos concomitantes e outros transtornos comórbidos. É necessário um número maior de estudos que avaliem os efeitos de vários medicamentos em combinação (p. ex., estabilizadores de humor e medicamentos para controle dos transtornos aditivos), bem como intervenções farmacológicas e comportamentais combinadas.

Ademais, estudos futuros também devem ter como objetivo compreender os efeitos de cada medicamento em drogas de abuso específicas para determinar se algum deles em especial funciona de forma mais eficaz em determinadas substâncias. Além disso, estudos para entender a dosagem ideal e a duração dos tratamentos farmacológicos também são necessários nessa população. Enquanto a maioria dos estudos atuais examina os efeitos dos agentes farmacológicos em participantes com estimulantes ou transtornos por uso de álcool, são necessárias mais pesquisas sobre outros TUS altamente prevalentes no TB, como opioides, tabaco e cannabis. São necessárias também mais pesquisas sobre outros agentes terapêuticos, como anticonvulsivantes (p. ex., valproato e lamotrigina), uma vez que parecem promissores no tratamento de TB/TUS, e outros agentes farmacológicos.

REFERÊNCIAS BIBLIOGRÁFICAS

1. Alsuhaibani R, Smith DC, Lowrie R, Aljhani S, Paudyal V. Scope, quality and inclusivity of international clinical guidelines on mental health and substance abuse in relation to dual diagnosis, social and community outcomes: a systematic review. BMC Psychiatry. 2021;21(1):209.
2. Salloum IM, Brown ES. Management of comorbid bipolar disorder and substance use disorders. Am J Drug Alcohol Abuse. 2017;43(4):366-376.
3. Coles AS, Sasiadek J, George TP. Pharmacotherapies for co-occurring substance use and bipolar disorders: a systematic review. Bipolar Disord. 2019;21(7):595-610.
4. Crowe M, Eggleston K, Douglas K, Porter RJ. Effects of psychotherapy on comorbid bipolar disorder and substance use disorder: A systematic review. Bipolar Disord. 2021;23(2):141-151.
5. Gold AK, Otto MW, Deckersbach T, Sylvia LG, Nierenberg AA, Kinrys G. Substance use comorbidity in bipolar disorder: a qualitative review of treatment strategies and outcomes. Am J Addict. 2018;27(3):188-201.
6. Fagan CS, Carmody TJ, McClintock SM, Suris A, Nakamura A, Jeon-Slaughter H et al. The effect of cognitive functioning on treatment attendance and adherence in comorbid bipolar disorder and cocaine dependence. J Subst Abuse Treat. 2015;49:15-20.
7. Carrà G, Bartoli F, Crocamo C, Brady KT, Clerici M. Attempted suicide in people with co-occurring bipolar and substance use disorders: systematic review and meta-analysis. J Affect Disord. 2014;167:125-135.
8. Li C, Palka JM, Brown ES. Cognitive impairment in individuals with bipolar disorder with and without comorbid alcohol and/or cocaine use disorders. J Affect Disord. 2020;272:355-362.

9. de Azevedo Cardoso T, Jansen K, Mondin TC, Pedrotti Moreira F, de Lima Bach S, da Silva RA et al. Lifetime cocaine use is a potential predictor for conversion from major depressive disorder to bipolar disorder: a prospective study. Psychiatry Clin Neurosci. 2020;74(8):418-423.
10. Maremmani AGI, Bacciardi S, Gehring ND, Cambioli L, Schütz C, Jang K et al. Substance use among homeless individuals with schizophrenia and bipolar disorder. J Nerv Ment Dis. 205(3):173-177.
11. Almeida OP, Hankey GJ, Yeap BB, Golledge J, Flicker L. Substance use among older adults with bipolar disorder varies according to age at first treatment contact. J Affect Disord. 2018;239:269-273.
12. Post RM, Kalivas P. Bipolar disorder and substance misuse: pathological and therapeutic implications of their comorbidity and cross-sensitisation. Br J Psychiatry. 2021;202(3):172-176.
13. Oruch R, Elderbi MA, Khattab HA, Pryme IF, Lund A. Lithium: A review of pharmacology, clinical uses, and toxicity. Eur J Pharmacol. 2021;740:464-473.
14. Krishnan V, Berton O, Nestler E. The use of animal models in psychiatric research and treatment. Am J Psychiatry. 2008;165(9):1109.
15. Messer T, Lammers G, Müller-Siecheneder F, Schmidt R-F, Latifi S. Substance abuse in patients with bipolar disorder: a systematic review and meta-analysis. Psychiatry Res. 2017;253:338-350.
16. Leite RT, Nogueira S de O, do Nascimento JP, de Lima LS, da Nóbrega TB, Virgínio M da S et al. The use of Cannabis as a predictor of early onset of bipolar disorder and suicide attempts. Neural Plast. 2015;2015:434127.
17. Smedler E, Sparding T, Hattab A, Sellgren CM, Landén M. Reporting trigger factors for (hypo) manic episodes in bipolar disorder: association with personality and prognosis. Acta Psychiatr Scand. 2020;141(6):534-540.
18. Beaulieu S, Saury S, Sareen J, Tremblay J, Schutz C, McIntyre RS et al. The Canadian Network for Mood and Anxiety Treatments (CANMAT) task force recommendations for the management of patients with mood disorders and comorbid substance use disorders. Ann Clin Psychiatry. 2012;24(1):38-55.
19. Murthy P, Mahadevan J, Chand PK. Treatment of substance use disorders with co-occurring severe mental health disorders. Curr Opin Psychiatry. 2019;32(4):293-299.
20. Stokes PRA, Jokinen T, Amawi S, Qureshi M, Husain MI, Yatham LN et al. Pharmacological treatment of mood disorders and comorbid addictions: a Ssystematic review and meta-analysis: traitement pharmacologique des troubles de l'humeur et des dépendances comorbides: une revue systématique et une méta-analyse. Can J Psychiatry. 2020;65(11):749-769.
21. Hunt GE, Malhi GS, Cleary M, Lai HMX, Sitharthan T. Comorbidity of bipolar and substance use disorders in national surveys of general populations, 1990-2015: Systematic review and meta-analysis. J Affect Disord. 2016;206:321-330.
22. Martinotti G, Negri A, Schiavone S, Montemitro C, Vannini C, Baroni G et al. Club Drugs: psychotropic effects and psychopathological characteristics of a sample of inpatients. Front Psychiatry. 2020.

A Interface entre o Transtorno Bipolar e os Transtornos de Personalidade | 7

Santiago Mozart Fernandes
Severino Bezerra Filho
Ângela Marisa de Aquino Miranda Scippa

◊ Introdução

O transtorno bipolar (TB) é uma doença grave e recorrente que está associada à elevadas taxas de comorbidades com outras doenças mentais, com transtornos de personalidade (TP) e com doenças clínicas não psiquiátricas. Essa elevada ocorrência (41,2%), confirmada em revisão sistemática que incluiu apenas pacientes em remissão sintomatológica, acarreta dificuldades no diagnóstico, assim como no manejo do tratamento dessa população. Neste capítulo, serão abordados aspectos dos diagnósticos e condutas terapêuticas no controle do TB comórbido com TP.

◊ Personalidade

Conceito e histórico

A formação da personalidade e de suas formas patológicas de funcionamento geram interesse e questionamentos há décadas. Segundo sua origem etimológica, a palavra personalidade deriva de *persona*, uma máscara fixa e imutável usada no teatro grego antigo, para distinguir um personagem dos demais.[1] Em outro contexto, Alford e Beck definiram personalidade como "padrões específicos de processos sociais, motivacionais e cognitivo-afetivos", incluindo comportamentos, processamento cognitivo, motivações e respostas emocionais.[2]

Em meados de 1970, pesquisadores e clínicos voltaram seus esforços para a padronização e o aumento da confiabilidade dos diagnósticos em psiquiatria. Nesse contexto, um sistema multiaxial foi criado, diferenciando os transtornos mentais com sintomas episódicos, marcados por exacerbações e remissões (eixo I), dos TP e dos transtornos específicos do desenvolvimento, caracterizados por serem condições persistentes (eixo II). Essa mudança ressaltou a importância de investigar melhor os TP, estimulando o surgimento de pesquisas voltadas ao entendimento dessas condições.[3]

Contudo, mais recentemente, o Manual Diagnóstico e Estatístico de Transtornos Mentais em sua quinta edição (DSM-5) eliminou a divisão em eixos, em prol de uma documentação de diagnósticos com representações distintas para fatores psicossociais, contextuais e incapacidade.[4] Na prática, essa mudança enfatiza que a gravidade dos TP e seu impacto no funcionamento do indivíduo não difere de modo fundamental dos transtornos com sintomas episódicos, descritos anteriormente no chamado eixo I dos DSMs anteriores. De acordo com o DSM-5, a presença de um TP também está relacionada com processos físicos e biológicos de maneira geral, nos quais alguns deles se beneficiam também com o uso de psicofármacos.[4]

De fato, segundo essa perspectiva, devemos lembrar que a personalidade é formada pela associação de dois componentes:

1. **Componente inato (temperamento):** base biológica instintiva e geneticamente determinada, capaz de interagir com o ambiente durante o desenvolvimento do indivíduo. Diz respeito a características afetivas e volitivas: humor, extroversão, impulsividade e afetividade.
2. **Componente adquirido (caráter):** interação dos fatores genéticos com influências ambientais e educacionais, constituindo-se na maneira habitual e peculiar da pessoa se comportar. Diz respeito a valores éticos e morais, conteúdos incorporados durante o desenvolvimento da pessoa.

Desse modo, a predisposição biológica (temperamento) associada a educação recebida por familiares/cuidadores, a convivência escolar e as experiências vivenciadas ao longo do desenvolvimento do indivíduo proporciona a formação do que chamamos de personalidade (traços), que se traduz como padrão duradouro de perceber, relacionar-se e pensar acerca do ambiente e de si próprio, que são exibidas de formas variáveis.

Porém, consideramos que se trata de um TP, quando ocorrem aspectos marcantes no jeito de sentir, perceber a si e ao mundo e se relacionar, os quais são notoriamente muito diferentes da média geral da comunidade na qual o indivíduo vive, provocando sofrimento para si e para os que o cercam (prejuízo funcional). Por outro lado, quando há mudança desse padrão constituído, por um outro adquirido durante a idade adulta, seguido de estresse grave ou prolongado, privação ambiental extrema ou doença física ou lesão de sistema nervoso central (SNC), tais como transecção de região frontolímbica após acidente automobilístico ou outro, chamamos de alteração de personalidade.

Classificação dos transtornos de personalidade

Tomando como base, os conceitos descritos anteriormente, o TP é definido pelo DSM-5 como "um padrão persistente de experiência interna e comportamento que se desvia acentuadamente das expectativas da cultura do indivíduo". Esse padrão pode se fazer presente na cognição (percepção e interpretação de si mesmo, dos outros e dos eventos), na afetividade (variação, intensidade e adequação da expressão emocional), no funcionamento interpessoal e no controle de impulsos. Trata-se de uma condição persistente, de longa duração, difusa e inflexível, que promove sofrimento clinicamente significativo e prejuízo em diversos aspectos da vida do indivíduo.[4]

Quadros sugestivos de TP podem ser detectados no fim da adolescência ou no começo da vida adulta, mas sua confirmação diagnóstica só pode ser atestada após os 18 anos. Alguns tipos de TP, tais como o antissocial e o *borderline*, tendem a ficar menos manifestos ou a cessarem com o envelhecimento, o que parece não ser válido para outros tipos, como o transtorno obsessivo-compulsivo e o esquizotípico.[4] A prevalência dos TP na população geral varia de 4,4% a 21,5%.[5,6]

Pelo fato de o TP se tratar de um diagnóstico complexo e multifacetado, o olhar sobre ele sofreu alterações ao longo dos anos. A abordagem diagnóstica empregada atualmente no DSM-5, muito embora tenha eliminado a divisão de eixos I e II, manteve a mesma perspectiva categórica das versões anteriores no que diz respeito aos critérios diagnósticos de cada subtipo de TP. De acordo com o Manual, "os TP são síndromes clínicas qualitativamente distintas"[4] e podem ser divididos em três grupos, conforme suas semelhanças descritivas, chamados de grupos A, B e C (Quadro 7.1).

O grupo A é composto pelos tipos paranoide, esquizoide e esquizotípico. O paranoide é marcado pela desconfiança e suspeita dos outros, de modo que as motivações externas são interpretadas como malévolas. O esquizoide caracteriza-se pelo distanciamento das relações sociais e expressão emocional restrita. O esquizotípico, por sua vez, diferencia-se pelo padrão de déficits sociais, caracterizado por desconforto agudo nos relacionamentos íntimos, comportamento excêntrico, distorções cognitivas e perceptivas. Assim, indivíduos com TP do grupo A apresentam a esquisitice, a excentricidade e o isolamento social como características comuns.[4]

O grupo B inclui os tipos antissocial, *borderline*, histriônico e narcisista. O antissocial é marcado por desrespeito e violação aos direitos das outras pessoas. O *borderline* caracteriza-se pela instabilidade nas relações interpessoais, na identidade e nos afetos, bem como pela impulsividade acentuada. O histriônico é marcado pela expressão emocional intensa e busca excessiva de atenção. O narcisista tem como marca a grandiosidade, a necessidade de admiração e a falta de empatia. Indivíduos pertencentes ao grupo B, frequentemente, se mostram dramáticos, com afetividade inadequada, instáveis ou erráticos.[4]

O grupo C é composto pelos tipos evitativo, dependente e obsessivo-compulsivo. O evitativo se diferencia pela inibição social, hipersensibilidade a avaliação negativa e sentimentos constantes de inadequação. O dependente diz respeito a uma necessidade difusa e excessiva de obter cuidado, que provoca comportamentos de submissão e apego excessivos. O obsessivo-compulsivo é caracterizado por preocupação com ordem, perfeccionismo e controle. Indivíduos com esses transtornos se assemelham na manifestação frequente de medo e ansiedade.[4]

Para o diagnóstico de um TP, é necessária a investigação dos esquemas de funcionamento do indivíduo em longo prazo. As características específicas da personalidade, no entanto, devem ser detectadas desde o início da adolescência ou da fase adulta, como já relatado. Além disso, cabe ao clínico diferenciá-lo dos traços de personalidade, os quais são inerentes a todos os indivíduos e que não estão relacionados a sofrimento ou disfunção. Para ilustrar a importância dessa diferenciação, o desenvolvimento de um transtorno de humor ou de ansiedade moderada a grave pode intensificar a manifestação de traços de personalidade antes funcionais, de modo a mimetizar o diagnóstico de um TP em determinado momento.

Em geral, nesse contexto, o controle dos sintomas dos transtornos de eixo I possibilita a remissão da disfuncionalidade pontual resultante dos traços de personalidade. Portanto, deve-se evitar o diagnóstico de um TP na vigência de um episódio agudo de transtorno de eixo I. Contudo, diante da remissão evidente dos sintomas de eixo I, a persistência de características inflexíveis, mal-adaptativas e disfuncionais que resultam em sofrimento subjetivo significativo permitiria o diagnóstico da comorbidade com TP, sobretudo com a certificação de que essas características já existiam no início da vida adulta e antes do início do transtorno do eixo I.[4] Vale ressaltar que, para a caracterização desses aspectos, uma anamnese adequada deve ser conduzida pelo médico assistente.

Quadro 7.1

Características clínicas dos transtornos de personalidade.

Transtorno de personalidade	Principais características clínicas
Tipo A	
Paranoide Esquizotípico Esquizoide	Esquisitice, excentricidade, isolamento social
Tipo B	
Narcisista *Borderline* Antissocial Histriônico	Teatralidade, afetividade inadequada, egoísmo, instabilidade
Tipo C	
Dependente Evitativo Obsessivo-compulsivo	Medo, antecipação e ansiedade

Fonte: American Psychiatric Association, 2013.[4]

Esse sistema de agrupamento do DSM-5, embora didaticamente útil, apresenta algumas limitações, sendo frequente a concomitância de diagnósticos de distintos TP no mesmo paciente. Um modelo alternativo a essa perspectiva categórica, proposta também no DSM-5, é o chamado modelo dimensional, desenvolvido por um grupo de pesquisadores que formam o Grupo de Trabalho da Personalidade e de Transtornos da Personalidade. Nessa abordagem, os TP são descritos como "variantes mal-adaptativas de traços de personalidade que se fundem imperceptivelmente com a normalidade e entre si". Para isso, o indivíduo deve apresentar, fundamentalmente: prejuízo moderado ou grave no funcionamento da personalidade (*self*/interpessoal), e um ou mais traços de personalidade patológicos.[4]

Segundo o modelo dimensional, os elementos do funcionamento da personalidade se dividem em duas categorias: si mesmo/*self* (composto por identidade e autodirecionamento) e interpessoal (composto por empatia e intimidade). Cada elemento é graduado em uma escala de 0 a 5, que varia de acordo com os níveis de prejuízo. As perturbações nesses dois elementos compõem o núcleo da psicopatologia da personalidade, o qual, nesse modelo alternativo, é avaliado em um *continuum*.[4]

Em perspectiva mais dimensional, no que diz respeito aos traços de personalidade, eles podem ser concebidos como uma "tendência de sentir, perceber, comportar-se e pensar de formas relativamente consistentes ao longo do tempo e nas situações em que o traço pode se manifestar". São aplicáveis a todos os indivíduos em diferentes graus, em vez de estarem simplesmente ausentes ou presentes. Podem ser organizados em cinco domínios (afetividade negativa, distanciamento, antagonismo, desinibição e psicoticismo), os quais se subdividem em 25 facetas de traços específicos.[4]

Esses cinco domínios são variantes patológicas dos domínios do modelo de personalidade nomeado de *Big Five*. Trata-se de um dos principais modelos dimensionais da personalidade, com relevante sustentação empírica, que fornece uma integração abrangente entre personalidade "normal" e "anormal", dentro de uma estrutura hierárquica comum.[7,8] Mais recentemente, a Classificação Internacional de Doenças em sua décima primeira edição (CID-11, 2018) estimula os profissionais a classificarem as disfuncionalidades quanto a personalidade como leves, moderadas e graves, de modo que a tendência seja o diagnóstico mais voltado para os domínios do *Big Five* do que para a especificação de cada transtorno.[9] Ademais, já foi evidenciado que esse modelo de avaliação é o melhor preditor de funcionamento psicossocial, por isso mais útil na avaliação e condução terapêuticas desses indivíduos.[10,11]

No modelo dimensional do DSM-5, por sua vez, ainda são descritos seis TP específicos (antissocial, evitativo, *borderline*, narcisista, obsessivo-compulsivo e esquizotípico) e um transtorno da personalidade especificado pelo traço (designado quando um TP está presente, mas não satisfaz os critérios para um TP específico). Cada TP é avaliado de acordo com os critérios dos elementos do funcionamento e traços de personalidade patológicos.[4]

Comorbidade entre transtorno de personalidade e outras condições clínicas

Os TP e suas repercussões clínicas e sociais continuam sendo ativamente investigados. Atualmente, ambos os modelos propostos pelo DSM-5 são reconhecidos, visando preservar a continuidade das pesquisas e embasar a prática clínica vigente, bem como delinear possíveis abordagens que minimizem as limitações atuais.[4]

Os pacientes com TP têm comorbidade elevada com transtornos do eixo I. Mais especificamente, os transtornos de ansiedade e do humor (especialmente o transtorno depressivo recorrente e a distimia) são mais frequentes nos pacientes com TP do grupo C (30%),[12] e cerca de 15% a 40% dos portadores de transtorno obsessivo-compulsivo (TOC) apresentam o TP obsessivo-compulsivo comórbido.[13]

Por outro lado, os transtornos por uso de substâncias, outros transtornos externalizantes — caracterizados pela presença de comportamentos mal-adaptativos em relação ao ambiente, causando diminuição de funcionalidade — como transtorno de déficit de atenção e hiperatividade (TDAH), transtornos de controle de impulsos e a presença de múltiplas comorbidades do eixo I são mais frequentes nos pacientes com TP do grupo B.[14] Nesse sentido, o TP específico que mais aparece associado a outras morbidades psiquiátricas é o *borderline*.

Os pacientes com diagnóstico de TP *borderline* são duas vezes mais propensos a receber três ou mais diagnósticos do eixo I, quando comparados a outros pacientes sem esse TP.[15] Dentre eles, a prevalência de transtorno de estresse pós-traumático (TEPT) em pacientes com primeiro diagnóstico de TP *borderline* chega a 70%.[16] Em contrapartida, a prevalência de TP *borderline* em pacientes primariamente diagnosticados com TEPT não ultrapassa 24,2%.[17] No entanto, as comorbidades mais frequentes nos portadores de TP *borderline* são os transtornos de humor e de ansiedade, com prevalências respectivas de 82% e 84%.[18]

Contudo, vale ressaltar que existe uma grande intersecção entre os sintomas do TP com outras doenças mentais, o que pode promover sobreposição de sintomas com altas estimativas de prevalência entre eles. Desse modo, é importante lembrar que a investigação de um TP deve ser feita apenas nos períodos de remissão de sintomas de uma doença mental já diagnosticada, atentando sempre para o histórico prévio psicossocial e do desenvolvimento da personalidade.

Não apenas os transtornos mentais estão associados aos TP, mas outras comorbidades clínicas não psiquiátricas. Estudos realizados em 2015 e 2016, demonstraram diversas associações entre TP dos grupos A e C, tais como o esquizoide, o esquizotípico e o obsessivo-compulsivo com diabetes e artrite. Os tipos esquizoide, esquizotípico, narcisista, *borderline* e obsessivo-compulsivo foram associados à doença cardiovascular.[6,19] Um aspecto importante, do ponto de vista epidemiológico, é que, de modo geral, a expectativa de vida de pacientes com TP é reduzida quando comparada à da população não diagnosticada com esse transtorno, com a diferença etária alcançando mais de 17 anos, segundo dados da Inglaterra e do País de Gales.[20]

Transtorno de personalidade e transtorno bipolar

Uma outra associação que interfere na morbimortalidade dos pacientes com TP é sua associação com TB. No que diz respeito ao TB, as taxas de comorbidade com TP são particularmente elevadas, variando entre 25% e 50%, mas podendo alcançar até 86%, de acordo com estudos que avaliaram pacientes hospitalizados ou muito sintomáticos.[21-23]

Vale ressaltar que a heterogeneidade dos valores de prevalência pode resultar da variação dos critérios diagnósticos adotados em cada estudo. Friborg *et al.*[21] descreveram maiores taxas de comorbidade a partir de estudos que avaliaram pacientes por meio dos critérios do DSM-III-R, quando comparados aos que utilizaram os critérios do DSM-IV. Além da padronização dos critérios diagnósticos, outro cuidado a ser tomado no estudo dessa associação é o estado de humor dos pacientes no momento da avaliação. As avaliações de pacientes em estados agudos da doença podem acarretar vieses importantes na análise, dada a mudança comportamental documentada em estados de mania, hipomania ou depressão, nos casos dos pacientes com TB, como já referido anteriormente.[22]

Ainda vale lembrar que o TB e o TP compartilham características clínicas importantes, de modo que a linha entre o que deriva da personalidade e do estado de humor se torna bastante tênue nessa comorbidade. À medida que os sistemas diagnósticos transicionam de modelos categóricos para dimensionais, quando se trata da descrição das patologias da personalidade, a turvação dessa fronteira se torna um tanto menos significativa, conquanto ainda seja consenso que há diferenças importantes quanto a etiologia[24] e desfechos entre pacientes com e sem essa comorbidade.[25]

Apesar disso, a literatura é consistente no que diz respeito à comorbidade entre TB e alguns TP específicos, especialmente os que compõem o grupo B. Como demonstrado em uma revisão sistemática realizada pelo nosso grupo de pesquisa, em 2015, que incluiu na avaliação apenas pacientes com TB em estado de eutimia, e mostrou uma frequência de 41,2% para qualquer tipo de TP comórbido ao TB, o que denota uma associação significativa entre esses diagnósticos. Ademais, dentre os cinco TP mais comuns encontrados nesses pacientes, três pertencem ao grupo B: *borderline*, histriônico e narcisista (Quadro 7.2). O TP antissocial figura entre os TP menos frequentes nessa amostra de portadores de TB.[22]

Nessa mesma revisão sistemática, o TP mais frequentemente correlacionado ao diagnóstico de TB foi o *borderline* (10%), atingindo uma taxa dez vezes maior do que a encontrada na população geral. No entanto, vale ressaltar mais uma vez que as taxas de prevalência variaram amplamente, de 6,2% a 30% no TB tipo 1; de 12% a 23% no TB tipo 2.[21,22] Nesse sentido, um estudo mais recente demonstrou maior concomitância desses diagnósticos e de múltiplos traços de personalidade *borderline* em pacientes de TB tipo 2, quando comparados aos de tipo 1.[23]

Quadro 7.2

Diferença da prevalência dos transtornos de personalidades na população geral e no transtorno bipolar (TB).

Transtorno de personalidade	Prevalência na população geral	Prevalência em pacientes com TB
Paranoide	2,3%-4,4%	1,3%
Esquizotípico	0,6%-4,6%	2,9%
Esquizoide	3,1%-4,9%	2,9%
Narcisista	0%-6,2%	4,5%
Borderline	1,6%-5,6%	10%
Antissocial	0,2%-3,3%	0,8%
Histriônico	1,8%-4%	7,7%
Dependente	0,49%-0,6%	5%
Evitativo	1%-2%	2,9%
Obsessivo-compulsivo	2,1%-7,9%	7,4%

Fonte: Desenvolvido pela autoria.

Desde a introdução do diagnóstico de TP *borderline* no DSM (a partir da terceira edição), a sobreposição desses dois diagnósticos aumentou consideravelmente, fazendo surgir dúvidas sobre a real comorbidade entre eles. Como reforçador dessa hipótese, há o fato de que os dois transtornos compartilham características de história e sintomatologia, como abuso sexual na infância, lesão autoprovocada, instabilidade de humor e episódios depressivos, especialmente com sintomas atípicos (Quadro 7.3).

Em contrapartida, Rossi *et al.*[26] demonstraram, por meio de estudos de neuroimagem com morfometria baseada em voxel (MBV), que as mudanças estruturais nas substâncias branca e cinzenta, apesar de acometerem algumas regiões em comum, seguem padrões distintos em pacientes com TB e com TP *borderline*, favorecendo a hipótese da existência de condições distintas, com sistemas neurais diferentes. De acordo com esses autores, as alterações no TB estão mais presentes em estruturas corticais e subcorticais, enquanto as mudanças próprias do TP *borderline* são mais frequentemente vistas na região frontolímbica.

Para além da diferenciação topográfica, a distinção clínica entre TP *borderline* e TB tem ficado mais clara à medida que novos estudos demonstram a maior prevalência de despersonalização e eventos adversos na infância (especialmente abuso sexual) no TP *borderline*. Ademais, os traços de personalidade relacionados com labilidade emocional, impulsividade, comportamento de risco e relações interpessoais caóticas são mais proeminentes neste último, quando comparado ao TB.[27]

Quadro 7.3

Semelhanças clínicas entre as fases do transtorno bipolar e alguns transtornos de personalidade.

Características clínicas	Fase do transtorno bipolar	Transtornos de personalidade
Isolamento social, sensibilidade a rejeição, inaptidão social e retraimento	Episódio depressivo	Esquiva
Grandiosidade e atitude presunçosa	Hipomania	Narcisista
Autoagressão, instabilidade do humor, relacionamentos instáveis, paranoia, intermitente	Mania	*Borderline*
Impulsividade, agressividade, imprudência pela própria segurança	Episódio com características mistas	Antissocial

Fonte: Bezerra *et al.*, 2015.[22]

Outros dois TP do grupo B que, além de muito frequentes no TB, são diagnósticos diferenciais, são os TP histriônico (7,7%) e o narcisista (4,5%).[22] Shahar *et al.*[28] demostraram que sintomas hipomaníacos, tais como autoestima elevada e ideias de grandiosidade, estão associados a um aumento das características disfuncionais do TP narcisista e, em menor grau, do TP histriônico.

Outros TP de elevada prevalência em indivíduos com TB são o obsessivo-compulsivo (7,4%) e o dependente (5%), ambos do grupo C. Vale lembrar que esse é o grupo de maior prevalência na população geral (2,4% a 6,8%).[5]

Não há consenso na literatura sobre a existência de uma diferença estatisticamente significante entre as prevalências de TP no TB dos tipos 1 ou 2. Enquanto Harnic *et al.*[29] apontam maior prevalência de TP no TB tipo 1, Rosso *et al.*,[30] valendo-se de critérios mais rígidos de seleção, não encontraram diferença entre os subtipos de TB. Entretanto, o número de pesquisas com amostras específicas de pacientes com TB tipo 2 é menor em comparação aos portadores com TB tipo 2.

Consequências da comorbidade entre transtorno de personalidade e transtorno bipolar

Além das implicações clínicas geradas pela associação de TP específicos com TB independentemente do seu subtipo, os TP de uma forma geral estão associados a prejuízos funcionais no trabalho e no convívio social, bem como a maior risco de tentativa de suicídio (TS) e a pior prognóstico dos transtornos de humor, incluindo o transtorno depressivo recorrente (TDR). A metanálise de Newton-Howes *et al.*[31] mostrou que o risco de os pacientes não responderem ao tratamento para depressão é duplicado no grupo com TP comórbido, quando comparados ao de não portadores (OR = 2,18, IC95% = 1,70-2,80).

Por outro lado, parece que um alto grau de psicopatologia do TP está associado a muitos fatores que predizem ou refletem um curso difícil no TB, incluindo abuso físico ou sexual na infância, início precoce da doença, comorbidade com transtorno de ansiedade, ciclagem rápida e ocorrência de 20 ou mais episódios de humor ao longo da vida.[32] Em geral, independentemente da gravidade do TP, sua comorbidade com TB também aumenta a chance de hospitalização em até cinco vezes, gera menor adesão terapêutica, maior frequência de ideação e TS, além de maior busca por serviços psiquiátricos.[33,34]

Um estudo que avaliou pacientes com TB, ao longo de 12 meses após hospitalização, mostrou que apenas 35% daqueles que eram portadores de TP comórbido atingiram recuperação sindrômica, pouco mais da metade do encontrado no grupo sem TP (69%). Ademais, apenas 10% dos que tinham TP conseguiu chegar à recuperação funcional completa, em contraste com os 31% do grupo-controle.[34] Nesse sentido, Medard *et al.*[35] relatam que a capacidade dos indivíduos portadores ou não de TP, retornarem ao trabalho reduz com o maior número de recorrências do transtorno de humor ou de hospitalizações. Entretanto, os pacientes com TB que não conseguiram manter seus empregos após a hospitalização apresentaram mais frequentemente um TP comórbido. Em consonância com esses resultados, outro estudo já havia descrito que traços de personalidade mal-adaptativos são detectados com maior intensidade por informantes durante episódios hipomaníacos dos portadores de TP e TB, com melhora após estabilização dos sintomas de humor.[36]

Um aspecto importante no prognóstico e na adesão terapêutica dessa comorbidade e que deve ser investigado nesses pacientes é o maior risco de comportamento suicida (CS). O suicídio é descrito como a maior causa de morte prematura em pacientes com TB, estando mais associado a este diagnóstico do que a qualquer outra doença mental.[37] De modo semelhante, os TP estão associados a um alto risco de morte prematura por suicídio.[38]

Em linhas gerais, as evidências indicam que TP e TB aumentam o risco de suicídio de forma independente, porém, quando associados, esse risco torna-se ainda maior.

Diante dessa perspectiva, em estudo original publicado em 2017, Bezerra *et al.* descreveram uma forte associação entre a história de TS e a coexistência de TP do grupo B em pacientes com TB tipo 1, avaliados apenas em estado de eutimia, de acordo com critérios rígidos (escores da escala de depressão de Hamilton e de mania, a Young mania, menores que 7 e ausência de episódios de humor, por pelo menos 2 meses).[37] Uma explicação possível é a de que as características clínicas típicas dos TP do grupo B, tais como impulsividade, dificuldade em lidar com frustrações e baixa capacidade de resolução de problemas, possam exacerbar o CS nos portadores de TB. Nesse mesmo estudo, foi relatada uma frequência de 38,3% (46/120) de qualquer tipo de TP associado na amostra avaliada. Ademais, entre os portadores de TP comórbido, a maioria (n = 28) tentou suicídio pelo menos uma vez na vida (57,1%).

O uso de álcool, cannabis e outras drogas, bem como a apresentação de sintomas em idade mais precoce também são características associadas a essa comorbidade.[23] É possível que esse comportamento seja mediado por traços de desregulação emocional e impulsividade, uma vez que são aspectos comuns nesse subgrupo de pacientes.[39]

De modo geral, todo portador de TB deve ser investigado quanto a existência de qualquer outra comorbidade, incluindo os TP. Além disso, a assistência adequada é de fundamental importância na busca por um melhor prognóstico, com expressão menos intensa e menos frequente da comorbidade em longo prazo, de modo a evitar desfechos trágicos. Apesar do conhecimento dessa necessidade, há pouca evidência disponível quanto à eficácia dos tratamentos.

◊ Tratamento

O tratamento do TB associado a TP é uma tarefa difícil e ainda não existem estudos suficientes que possibilitem a criação de um guia de condutas para esses casos. Sabe-se que a presença de TP ocasiona maior resistência à farmacoterapia instituída. Entretanto, quando há adesão terapêutica, os sintomas e as características clínicas de ambos os transtornos podem ser atenuados. De fato, uma metanálise publicada em 2010 indica que antipsicóticos e estabilizadores de humor parecem melhorar o funcionamento global de pacientes com TP *borderline* e esquizotípico.[40] Resultado semelhante é encontrado por Latalova *et al.*,[41] que descrevem a lamotrigina e o divalproato como os fármacos que podem aliviar os sintomas de TB e TP comórbidos. Para além dos psicofármacos, a psicoeducação se demonstra útil como intervenção para qualquer TP associado ao TB.[42]

Bach atestou que pacientes que lidam com desregulação emocional, menos-valia e manutenção de relações interpessoais com graus de intimidade mais elevados são mais propensos a passar por processos depressivos e menos propensos a alcançar remissão.[43] O autor descreveu ainda que o grau de disfuncionalidade pode estar correlacionado com a intensidade da terapia requerida para estabilização do quadro.[43]

Sabe-se que o número de recaídas em pacientes eutímicos em tratamento com lítio foi mais frequente em portadores de TP comórbidos, comparado aos não portadores.[44] Ainda nesse escopo, outro estudo mostrou que a presença de TP é um bom preditor da má adesão terapêutica no grupo com TB, sendo mais confiável nesse aspecto do que abuso de substância, *status* socioeconômico, estado civil, nível educacional ou medicações prescritas.[45]

O uso de divalproato de sódio foi evidenciado como superior a placebo no tratamento de TP *borderline* associado ao TB tipo 2, atuando em sintomas como agressão, raiva ou hostilidade e provocando raros efeitos colaterais.[46]

Além disso, outro estudo mostrou que o uso de lamotrigina em pacientes com essa comorbidade ocasionou alívio dos sintomas em cerca de 45% em todas as dimensões do TP *borderline*.[47] No entanto, uma metanálise recente (2020) sugere que os dados que embasam o uso dessa medicação no TP *borderline* são precários, não havendo resposta após 12 semanas quando comparado a placebo ou redução dos escores de impulsividade e agressividade.[48]

Como apontado nas diretrizes de tratamento no manejo de pacientes com TB, produzidas em conjunto pelo Canadian Network for Mood and Anxiety Treatments (CANMAT) e pela International Society for Bipolar Disorders (ISBD), em 2018, há evidência de que a psicoeducação traga benefícios modestos em longo prazo, especialmente quando em conjunto com programas de treinamento de habilidades.[49] De fato, o uso do programa Systems Training for Emotional Predictability and Problem Solving (STEPPS), fundamentado em conscientização a respeito da doença e criação de estratégias para manejo de emoções e comportamento, reduziu o número de hospitalizações e de TS em portadores de TB e TP *borderline* comórbidos.[50]

As diretrizes do Royal Australian & New Zealand College of Psychiatry (RANZCP)[51] apontam que as psicoterapias cognitivamente orientadas, tais como a terapia comportamental dialética e a terapia cognitivo-comportamental, produzem efeitos mais rápidos — dentro de alguns meses — no tratamento de pacientes com transtornos de humor e de TP *borderline*, enquanto as abordagens psicodinâmicas tendem a demorar alguns anos para surtir efeito. Apesar disso, alguns autores alertam que elas não devem ser desprezadas como terapias eficazes para o tratamento de indivíduos com esse TP.[52,53]

◊ Conclusão

A comorbidade entre TP e TB é muito frequente, sobretudo no que se refere ao TP *borderline*. Ainda que existam questões relacionadas com o diagnóstico diferencial e limitações das classificações diagnósticas na separação dessas condições clínicas, a importância dessa associação é inquestionável. Uma condição influencia no curso, no prognóstico e na resposta ao tratamento da outra, o que sugere uma maior ocorrência de desfechos desfavoráveis como TS. Portanto, é fundamental o investimento continuado na melhor compreensão da interface TB e TP, a fim de proporcionar intervenções mais efetivas aos indivíduos com essa comorbidade.

REFERÊNCIAS BIBLIOGRÁFICAS

1. López Ibor JJ. Lecciones de psicología médica. Paz Montalvo, 1968.
2. Alford BA, Beck AT. The integrative power of cognitive therapy. New York: Guilford Press; 1997.
3. Oldham JM. DSM models of personality disorders. Curr Opin Psychol. 2018;21:86-88.
4. American Psychiatric Association. Diagnostic and Statistical Manual of Mental Disorders. DSM-5. 5th ed. American Psychiatric Association; 2013.
5. Samuels J. Personality disorders: Epidemiology and public health issues. Int Rev Psychiatry. 2011;23(3):223-233.
6. Quirk SE, El-Gabalawy R, Brennan SL, Bolton JM, Sareen J, Berk M et al. Personality disorders and physical comorbidities in adults from the United States: data from the National Epidemiologic Survey on Alcohol and Related Conditions. Soc Psychiatry Psychiatr Epidemiol. 2015;50(5):807-820.
7. Helle AC, Mullins-Sweatt SN. Maladaptive Personality Trait Models: Validating the Five-Factor Model Maladaptive Trait Measures With the Personality Inventory for DSM-5 and NEO Personality Inventory. Assessment. 2019;26(3):375-385.
8. Trull TJ, Widiger TA. Dimensional models of personality: the five-factor model and the DSM-5. Dialogues Clin Neurosci. 2013;15(2):135-146.
9. ICD-11 - ICD-11 for Mortality and Morbidity Statistics [Internet]. Disponível na internet: https://icd.who.int/browse11/l-m/en (21 Jul 2021).
10. Crawford MJ, Koldobsky N, Mulder R, Tyrer P. Classifying personality disorder according to severity. J Pers Disord 2011;25(3):321-330.
11. Morey LC, Bender DS, Skodol AE. Validating the proposed diagnostic and statistical manual of mental disorders, 5th ed. severity indicator for personality disorder. J Nerv Ment Dis. 201;201(9):729-735.
12. Friborg O, Martinsen EW, Martinussen M, Kaiser S, Overgård KT, Rosenvinge JH. Comorbidity of personality disorders in mood disorders: A meta-analytic review of 122 studies from 1988 to 2010. J Affect Disord 2014;152-154:1-11.
13. Fineberg NA, Sharma P, Sivakumaran T, Sahakian B, Chamberlain SR, Chamberlain S. Does obsessive-compulsive personality disorder belong within the obsessive-compulsive spectrum? CNS Spectr. 2007;12(6):467-482.
14. Huang Y, Kotov R, de Girolamo G, Preti A, Angermeyer M, Benjet C et al. DSM-IV personality disorders in the WHO World Mental Health Surveys. Br J Psychiatry. 2009;195(01):46-53.

15. Zimmerman M, Mattia JI. Axis I diagnostic comorbidity and borderline personality disorder. Compr Psychiatry. 1999;40(4):245-252.
16. Frías Á, Palma C. Comorbidity between post-traumatic stress disorder and borderline personality disorder: A review. Psychopathology. 2015;48(1):1-10.
17. Pagura J, Stein MB, Bolton JM, Cox BJ, Grant B, Sareen J. Comorbidity of borderline personality disorder and posttraumatic stress disorder in the U.S. population. J Psychiatr Res. 2010;44(16):1190-1198.
18. Tomko RL, Trull TJ, Wood PK, Sher KJ. Characteristics of borderline personality disorder in a community sample: comorbidity, treatment utilization, and general functioning. J Pers Disord. 2014;28(5):734-750.
19. Quirk SE, Berk M, Chanen AM, Koivumaa-Honkanen H, Brennan-Olsen SL, Pasco JA et al. Population prevalence of personality disorder and associations with physical health comorbidities and health care service utilization: A review. Personal Disord Theory. 2016;7(2):136-146.
20. Fok ML-Y, Hayes RD, Chang C-K, Stewart R, Callard FJ, Moran P. Life expectancy at birth and all-cause mortality among people with personality disorder. J Psychosom Res. 2012;73(2):104-107.
21. Friborg O, Martinussen M, Kaiser S, Øvergård KT, Rosenvinge JH. Comorbidity of personality disorders in anxiety disorders: a meta-analysis of 30 years of research. J Affect Disord. 2013;145(2):143-155.
22. Bezerra-Filho S, Galvão-De Almeida A, Studart P, Rocha MV, Lopes FL, Miranda-Scippa Â. Personality disorders in euthymic bipolar patients: a systematic review. Braz J Psyquiatry. 2015;37(2):162-167.
23. Saunders KEA, Jones T, Perry A, Di Florio A, Craddock N, Jones I et al. The influence of borderline personality traits on clinical outcomes in bipolar disorder. Bipolar Disord. 2020;1-8.
24. Sicorello M, Schmahl C. Emotion dysregulation in borderline personality disorder: A fronto--limbic imbalance? Curr Opin Psychol. 2021;37:114-120.
25. Saunders KEA, Goodwin GM, Rogers RD. Insensitivity to the magnitude of potential gains or losses when making risky choices: Women with borderline personality disorder compared with bipolar disorder and controls. J Pers Disord. 2016;30(4):530-544.
26. Rossi R, Lanfredi M, Pievani M, Boccardi M, Rasser PE, Thompson PM et al. Abnormalities in cortical gray matter density in borderline personality disorder. Eur Psychiatry. 2015;30(2):221-227.
27. Fowler JC, Madan A, Allen JG, Oldham JM, Frueh BC. Differentiating bipolar disorder from borderline personality disorder: Diagnostic accuracy of the difficulty in emotion regulation scale and personality inventory for DSM-5. J Affect Disord. 2019;245:856-860.
28. Shahar G, Scotti M-A, Rudd MD, Joiner TE. Hypomanic symptoms predict an increase in narcissistic and histrionic personality disorder features in suicidal young adults. Depress Anxiety. 2008;25(10):892-898.
29. Harnic D, Catalano V, Mazza M, Janiri L, Bria P. Comorbilità fra disturbo bipolare e disturbi di personalità: uno studio osservazionale [an observational study evaluating comorbidity between bipolar disorder and personality disorders]. Clin Ter. 2010;161(1):51-54.

30. Rosso G, Albert U, Bogetto F, Maina G. Axis II comorbidity in euthymic bipolar disorder patients: no differences between bipolar I and II subtypes. J Affect Disord. 2009;115(1-2):257-261.
31. Newton-Howes G, Tyrer P, Johnson T. Personality disorder and the outcome of depression: Meta-analysis of published studies. Br J Psychiatry. 2006;188(01):13-20.
32. Post RM, McElroy S, Kupka R, Suppes T, Hellemann G, Nolen W et al. Axis II personality disorders are linked to an adverse course of bipolar disorder. J Nerv Ment Dis. 2018;206(6):469-472.
33. Dunayevich E, Strakowski SM, Sax KW, Sorter MT, Keck PE, McElroy SL et al. Personality disorders in first- and multiple-episode mania. Psychiatry Res. 1996;64(1):69-75.
34. Dunayevich E, Sax KW, Keck PE, McElroy SL, Sorter MT, McConville BJ et al. Twelve-month outcome in bipolar patients with and without personality disorders. J Clin Psychiatry. 2000;61(2):134-139.
35. Medard E, Dubertret C, Peretti CS, Ades J, D'escatha A. Descriptive study of the occupational outcome of bipolar patients. J Occup Rehabil. 2010;20(3):293-298.
36. Peselow ED, Sanfilipo MP, Fieve RR. Relationship between hypomania and personality disorders before and after successful treatment. Am J Psychiatry. 1995;152(2):232-238.
37. Bezerra S Filho, Galvão-de-Almeida A, Studart P et al. Suicide attempts in bipolar I patients: impact of comorbid personality disorders. Braz J Psychiatry. 2017;39(2):133-139.
38. Tyrer P, Reed GM, Crawford MJ. Classification, assessment, prevalence, and effect of personality disorder. Lancet. 2015;385(9969):717-726.
39. Eskander N, Emamy M, Saad-Omer SM, Khan F, Jahan N. The Impact of Impulsivity and Emotional Dysregulation on Comorbid Bipolar Disorder and Borderline Personality Disorder. Cureus. 2020;12(8):e9581.
40. Ingenhoven T, Lafay P, Rinne T, Passchier J, Duivenvoorden H. Effectiveness of pharmacotherapy for severe personality disorders: meta-analyses of randomized controlled trials. J Clin Psychiatry. 2010;71(1):14-25.
41. Latalova K, Prasko J, Kamaradova D, Sedlackova J, Ociskova M. Comorbidity bipolar disorder and personality disorders. Neuro Endocrinol Lett. 2013;34(1):1-8.
42. Colom F, Vieta E, Sanchez-Moreno J, Martinez-Aran A, Torrent C, Reinares M et al. Psychoeducation in bipolar patients with comorbid personality disorders. Bipolar Disord. 2004;6(4):294-248.
43. Bach B. Treating comorbid depression and personality disorders in DSM-5 and ICD-11. Lancet Psychiatry. 2018;5(11):874-875.
44. Gasperini M, Scherillo P, Manfredonia MG, Franchini L, Smeraldi E. A study of relapses in subjects with mood disorder on lithium treatment. Eur Neuropsychopharmacol. 1993;3(2):103-110.
45. Colom F, Vieta E, Martínez-Arán A, Reinares M, Benabarre A, Gastó C. Clinical factors associated with treatment noncompliance in euthymic bipolar patients. J Clin Psychiatry. 2000;61(8):549-555.
46. Frankenburg FR, Zanarini MC. Divalproex sodium treatment of women with borderline personality disorder and bipolar II disorder: a double-blind placebo-controlled pilot study. J Clin Psychiatry. 2002;63(5):442-446.
47. Preston GA, Marchant BK, Reimherr FW, Strong RE, Hedges DW. Borderline personality disorder in patients with bipolar disorder and response to lamotrigine. J Affect Disord. 2004;79(1-3):297-303.

48. Pahwa M, Nuñez NA, Joseph B, Seshadri A, Gerberi DJ, Frye MA, Singh B. Efficacy and tolerability of lamotrigine in borderline personality disorder: a systematic review and meta-analysis. Psychopharmacol Bull. 2020;50(4):118-136.
49. Yatham LN, Kennedy SH, Parikh S V., Schaffer A, Bond DJ, Frey BN et al. Canadian Network for Mood and Anxiety Treatments (CANMAT) and International Society for Bipolar Disorders (ISBD) 2018 guidelines for the management of patients with bipolar disorder. Bipolar Disord. 2018;20(2):97-170.
50. Alesiani R, Boccalon S, Giarolli L, Blum N, Fossati A. Systems Training for Emotional Predictability and Problem Solving (STEPPS): Program efficacy and personality features as predictors of drop-out — An Italian study. Compr Psychiatry. 2014;55(4):920-927.
51. Malhi GS, Bell E, Boyce P, Bassett D, Berk M, Bryant R et al. The 2020 Royal Australian and New Zealand College of psychiatrists clinical practice guidelines for mood disorders: Bipolar disorder summary. Bipolar Disord. 2020;22(8):805-821.
52. Ghaemi SN, Dalley S, Catania C, Barroilhet S. Bipolar or borderline: a clinical overview. Acta Psychiatr Scand. 2014;130(2):99-108.
53. Doering S, Hörz S, Rentrop M, Fischer-Kern M, Schuster P, Benecke C et al. Transference-focused psychotherapy v. treatment by community psychotherapists for borderline personality disorder: randomised controlled trial. Br J Psychiatry. 2010;196(5):389-395.

Transtorno Bipolar Comórbido com Transtorno de Déficit de Atenção/Hiperatividade: Como Diagnosticar e Tratar

8

Carolina Goldman Bergmann
Taiane de Azevedo Cardoso
Ana Paula Francisco

◊ Introdução

O transtorno de déficit de atenção/hiperatividade (TDAH) e o transtorno bipolar (TB) comumente apresentam sobreposição de sintomas. Muitos profissionais de saúde mental não possuem experiência ou treinamento para o diagnóstico de TDAH, principalmente em adultos.[1] A comorbidade TDAH/TB está associada a uma maior severidade de sintomas em ambos os transtornos, pior prognóstico e menos resultados aos tratamentos. Isso inclui início mais precoce do TB, maior frequência de episódios de humor, sintomas mais graves de humor, pior qualidade de vida e maior risco de uso de substâncias.[2]

Este capítulo tem como objetivo descrever a epidemiologia do TDAH e da comorbidade TDAH/TB, bem como apresentar os critérios diagnósticos do TDAH, além de descrever as características clínicas relevantes para o diagnóstico diferencial desses transtornos. Por fim, este capítulo também apresentará as evidências existentes no tratamento da comorbidade TDAH/TB.

◊ Epidemiologia do déficit de atenção/hiperatividade

O TDAH é um transtorno do neurodesenvolvimento caracterizado por um padrão persistente de desatenção, hiperatividade e impulsividade que acontece em diferentes contextos e acarreta prejuízo funcional para o indivíduo. Uma metanálise recente mostrou que a prevalência global de TDAH persistente em adultos (com início na infância) foi de 2,58%, enquanto a de TDAH sintomático em adultos (independentemente da idade de início) foi de 6,76%.[3] O curso do TDAH é marcado por alta taxa de comorbidade com outros transtornos psiquiátricos, sendo os transtornos de ansiedade e de humor as comorbidades mais comuns em adolescentes e adultos.[4] Uma metanálise recente, incluindo 92 estudos e 17.089 indivíduos, indicou que a prevalência de TDAH em indivíduos com TB é de 73% (intervalo de confiança [IC95%: 66% a 79%]) na infância, 43% (IC95%: 35% a 50%) na adolescência, e 17% (IC95%: 14% a 20%) na vida adulta.[5]

Com relação aos desfechos clínicos em indivíduos que apresentam a comorbidade de TB com TDAH, um estudo recente incluiu 703 adultos com TB (tipo 1 ou tipo 2), os quais nunca tinham sido tratados com estimulantes, verificou que 24,6% desses indivíduos preenchiam critério diagnóstico para TDAH ao longo da vida.[6] Na análise multivariada, seis fatores diferenciaram indivíduos com TB com e sem comorbidade com TDAH:[6] menor nível educacional, maiores escores de desatenção na escala *Adult ADHD Self-Report*,[a] ter sido separado(a) ou divorciado(a), apresentar temperamento irritável, ser do sexo masculino e menor severidade de sintomas depressivos no *baseline*. Esses foram os fatores estatisticamente associados à comorbidade de TB com TDAH quando comparados a sujeitos com TB sem essa comorbidade.[6] Um outro estudo incluiu 163 pacientes com TB e verificou que 17,9% deles apresentavam comorbidade com TDAH ao longo da vida.[7] A análise ajustada indicou que as características clínicas associadas à comorbidade do TB com TDAH foram: transtorno por uso de substâncias ao longo da vida, histórico de comportamento suicida, tratamento com valproato e psicoterapia, e ausência de depressão melancólica.[7] Os achados desses estudos indicam que indivíduos que têm a comorbidade do TB com TDAH apresentam um pior prognóstico, marcado por baixo desempenho educacional, maiores taxas de comorbidade com uso de substâncias e maior histórico de comportamento suicida. Esses achados reforçam a importância de detectar a comorbidade precocemente, e, assim, ajustar o tratamento adequadamente.

◊ Critérios diagnósticos para o déficit de atenção/hiperatividade

A característica essencial do TDAH é um padrão persistente de desatenção e/ou hiperatividade-impulsividade que interfere no funcionamento ou no desenvolvimento. Os critérios diagnósticos para o TDAH, de acordo com o DSM-5,[8] são apresentados no Quadro 8.1.

É também importante salientar que, apesar de não estar incluído nos critérios diagnósticos do DSM-5, especialistas concordam que a desregulação do humor é um dos principais sintomas de TDAH, principalmente em adultos. Desregulação do humor pode ser definida como uma dificuldade em funções executivas e/ou cognitivas, especialmente relacionadas a tolerância, frustração, impaciência e irritabilidade.[2]

◊ Aspectos diferenciais entre déficit de atenção/hiperatividade e transtorno bipolar

O TDAH e os episódios de mania/hipomania possuem diversos sintomas sobrepostos, tais como: falar excessivo ou rápido, hiperatividade, pensamento acelerado, ações inapropriadas, falta de inibição, irritabilidade, desregulação emocional, distração e impulsividade.[9] Essa sobreposição de sintomas pode levar a uma confusão diagnóstica

---

[a] Escala de Autoavaliação de TDAH em Adultos desenvolvida pela Organização Mundial da Saúde em conjunto com o Grupo de Trabalho sobre TDAH em adultos, destinada a indivíduos com idade igual ou superior a 18 anos.

Quadro 8.1

Critérios diagnósticos para o TDAH de acordo com o DSM-5.

A. Um padrão persistente de desatenção e/ou hiperatividade-impulsividade que interfere no funcionamento e no desenvolvimento, conforme caracterizado nos itens (1) e/ou (2):

1. **Desatenção: Seis** (ou mais) dos seguintes sintomas persistem por *pelo menos seis meses* em um grau que é inconsistente com o nível do desenvolvimento e têm impacto negativo diretamente nas atividades sociais e acadêmicas/profissionais. Para **adolescentes mais velhos e adultos** (17 anos ou mais), pelo menos **cinco** sintomas são necessários:
   a. Frequentemente não presta atenção em detalhes ou comete erros por descuido em tarefas escolares, no trabalho ou durante outras atividades.
   b. Frequentemente tem dificuldade de manter a atenção em tarefas ou atividades lúdicas.
   c. Frequentemente parece não escutar quando alguém lhe dirige a palavra diretamente.
   d. Frequentemente não segue instruções até o fim e não consegue terminar trabalhos escolares, tarefas ou deveres no local de trabalho.
   e. Frequentemente tem dificuldade para organizar tarefas e atividades.
   f. Frequentemente evita, não gosta ou reluta em se envolver em tarefas que exijam esforço mental prolongado.
   g. Frequentemente perde coisas necessárias para tarefas ou atividades.
   h. Com frequência é facilmente distraído por estímulos externos (para adolescentes mais velhos e adultos, pode incluir pensamentos não relacionados).
   i. Com frequência é esquecido em relação a atividades cotidianas.
2. **Hiperatividade e impulsividade: Seis** (ou mais) dos seguintes sintomas persistem por *pelo menos seis meses* em um grau que é inconsistente com o nível do desenvolvimento e têm impacto negativo diretamente nas atividades sociais e acadêmicas/profissionais. Para **adolescentes mais velhos e adultos** (17 anos ou mais), pelo menos **cinco** sintomas são necessários:
   a. Frequentemente remexe ou batuca as mãos ou os pés ou se contorce na cadeira.
   b. Frequentemente levanta da cadeira em situações em que se espera que permaneça sentado.
   c. Frequentemente corre ou sobe nas coisas em situações em que isso é inapropriado. (Nota: Em adolescentes ou adultos, pode se limitar a sensações de inquietude.)
   d. Com frequência é incapaz de brincar ou se envolver em atividades de lazer calmamente.
   e. Com frequência "não para", agindo como se estivesse "com o motor ligado".
   f. Frequentemente fala demais.
   g. Frequentemente deixa escapar uma resposta antes que a pergunta tenha sido concluída.
   h. Frequentemente tem dificuldade para esperar a sua vez.
   i. Frequentemente interrompe ou se intromete.

B. Vários sintomas de desatenção ou hiperatividade-impulsividade estavam presentes antes dos 12 anos de idade.

C. Vários sintomas de desatenção ou hiperatividade-impulsividade estão presentes em dois ou mais ambientes.

D. Há evidências claras de que os sintomas interferem no funcionamento social, acadêmico ou profissional ou que reduzem sua qualidade.

E. Os sintomas não ocorrem exclusivamente durante o curso de esquizofrenia ou outro transtorno psicótico e não são mais bem explicados por outro transtorno mental (p. ex., transtorno do humor, transtorno de ansiedade, transtorno dissociativo, transtorno da personalidade, intoxicação ou abstinência de substância).

Fonte: Desenvolvido pela autoria com base no DSM-5.[8]

entre TB e TDAH e também ao não diagnóstico de um dos transtornos quando ambos estão presentes.[10] A confusão diagnóstica pode acontecer em qualquer fase da vida (infância, adolescência e vida adulta).

Para realizar o diagnóstico diferencial, é importante que o profissional que esteja atendendo o paciente identifique se o(s) sintoma(s) representa(m) um padrão e está(ão) cronicamente presente(s) ou se é um episódio distinto.[8,11] No TDAH, os sintomas se apresentam de forma contínua desde antes dos 12 anos de idade, podendo haver certa variabilidade e mudanças ao longo do desenvolvimento.[12] Na mania ou hipomania, os sintomas acontecem durante um período de tempo limitado ao episódio de humor.[8]

Para um episódio de mania/hipomania ser confirmado, é preciso ser evidenciado um aumento notável dos sintomas necessários para o diagnóstico de mania ou hipomania em relação ao comportamento habitual do indivíduo.[8] É fundamental que o profissional compreenda que, para o diagnóstico de TDAH com TB, os sintomas em comum com o TB precisam estar claramente aumentados por um período de tempo maior que 4 dias quando comparado com o basal da própria pessoa e não comparado com a população em geral.[11]

É importante lembrar que pessoas com TDAH podem apresentar maior agitação, energia, fala excessiva, impulsividade, distração, irritabilidade, desregulação do humor, envolvimento em atividades de risco de maneira mais frequente e intensa que a população em geral. Portanto, se à avaliação o profissional levar em conta a intensidade desses sintomas na população em geral, eles possivelmente estarão aumentados na maior parte do tempo em alguém com TDAH, o que levará a um falso diagnóstico de TB.

Além disso, sugere-se que os profissionais questionem aos pacientes ou responsáveis pela criança se eles identificam um período distinto de humor anormalmente e persistentemente elevado, expansivo ou irritável compatível com a duração necessária para o diagnóstico de TB. Durante o episódio, o comportamento do paciente deve diferir da linha de base em uma medida que é perceptível para os outros (hipomania) ou está causando um prejuízo significativo (mania). Muitas vezes, é útil perguntar sobre o episódio mais recente ou o mais grave e ancorar esses episódios a eventos que o paciente ou os familiares provavelmente se lembraram, como início da escola/universidade, datas festivas, troca de emprego. Uma vez identificado um período de mudança de humor, o profissional pode determinar se o paciente tem os outros sintomas de TB (critérios B) ao mesmo tempo. Por exemplo, o profissional poderia questionar: "Durante o período em que estava extremamente irritado, você dormia menos, mas ainda acordava descansado?" Se o profissional, o paciente e a família não conseguem discernir um período em que o humor era diferente de sua linha de base (ou seja, se o humor é cronicamente irritável sem períodos perceptíveis de vários dias ou semanas em que a irritabilidade piorou), é improvável que o diagnóstico seja TB. Portanto, a irritabilidade é provavelmente causada por outra condição, como o TDAH, que se trata de uma condição crônica não episódica.[13]

Para um tratamento adequado, é fundamental identificar quais sintomas são relacionados com o TDAH e quais são relacionados com episódios de mania/hipomania. No Quadro 8.2, estão listados alguns sintomas que podem estar presentes em ambos os transtornos e a diferença de apresentação de cada um deles de acordo com o transtorno. As diferenças na apresentação do sintomas podem auxiliar o profissional a elaborar o diagnóstico diferencial entre os transtornos.

Quadro 8.2

Principais diferenças na apresentação dos sintomas no TDAH e no TB.

Curso[8,10,13,14]
TB: Sintomas presentes durante um período de duração mínima de 1 semana (mania) ou 4 dias (hipomania) e que se mantém na maior parte do dia, quase todos os dias ao longo desse período específico. Sintomas acontecem em associação temporal com outros sintomas de mania/hipomania. **TDAH:** Sintomas iniciam antes dos 12 anos de idade. Apesar de haver uma variabilidade dos sintomas e de sua intensidade ao longo da vida, eles estão presentes de maneira frequente e contínua. Nas pessoas com TDAH, que apresentam mania ou hipomania, os sintomas em comum aumentam em intensidade e causam mais prejuízo que o habitual durante os episódios de mania/hipomania. Além disso, existe uma associação temporal da piora desses sintomas com outros sintomas necessários para o diagnóstico de mania/hipomania.
Alteração de humor[8,13,15-18]
TB: Humor anormal, elevado, expansivo ou irritável por um período determinado de tempo. Esse humor é persistentemente alterado ou desregulado ao longo de vários dias (pelo menos 4 dias), e é diferente ou mais intenso do que o padrão daquele indivíduo. **TDAH:** Desregulação emocional é um sintoma bastante frequente em pessoas com TDAH e é o que mais leva à confusão diagnóstica com TB como comorbidade ou diagnóstico diferencial. Podem acontecer episódios de irritação intensa ou desproporcional ao fator desencadeador quando diante de uma situação frustrante (p. ex., quando não se consegue realizar uma tarefa, quando algo é negado ou quando alguém diz algo que desagrada a pessoa). Ao longo do dia, o humor da pessoa com TDAH pode variar desde episódios de intensa irritabilidade, intensa tristeza e intensa alegria, porém o humor basal retorna após um curto período. Em pessoas com TDAH, um sinal de mania/hipomania pode ser identificado se houver um claro aumento persistente de irritabilidade, de humor expansivo ou eufórico comparado ao basal daquela pessoa e se esses sintomas acontecem em associação temporal com outros sintomas necessários para o diagnóstico de mania/hipomania. **Observação importante**: O DSM, no tópico sobre o TB, cita que em crianças, felicidade, tolice e "estupidez" são normais no contexto de ocasiões especiais; se esses sintomas, porém, são recorrentes, inadequados ao contexto e além do esperado para o nível de desenvolvimento da criança, podem satisfazer o Critério A". É importante ressaltar aqui que crianças com TDAH podem apresentar essas características devido a dificuldade na tomada de decisões que envolvem situações sociais, mas elas não estão presentes em um período específico e, sim, de maneira frequente, ao longo dos anos. Nas crianças com TDAH e TB em episódio de mania/hipomania, esses sintomas precisam ser claramente mais intensos que o habitual daquela criança e esse aumento tem que ser mantido por pelo menos 4 dias.
Aumento de energia ou aumento da atividade[8,19]
TB: Um período distinto de aumento anormal e persistente da energia. Aumento da atividade dirigida a objetivos (seja socialmente, no trabalho ou escola, seja sexualmente). Durante o episódio maníaco, a pessoa pode se envolver em vários projetos novos ao mesmo tempo. Os projetos costumam ser iniciados com pouco conhecimento do tópico, no entanto nada parece estar fora do alcance do indivíduo.

Continua

Quadro 8.2

Principais diferenças na apresentação dos sintomas no TDAH e no TB. (*Continuação*)

Aumento de energia ou aumento da atividade[8,19] (Cont.)
TDAH: Pessoas com TDAH podem querer fazer diversas tarefas ao mesmo tempo ou gastar diversas horas focadas em uma atividade específica. Essas pessoas podem apresentar hiperfoco (principalmente em atividades prazerosas ou desafiantes, o que pode incluir atividades sexuais e profissionais) e também ter uma noção de tempo equivocada, o que as leva a ficarem hiper-focadas por longos períodos sem se dar conta. Elas podem se envolver em diversos projetos ao mesmo tempo e em mais que o habitual, e achar que é possível realizar todos, sendo esta uma característica que está continuamente presente. Em pessoas com TDAH, um sinal de mania/hipomania pode ser identificado se houver um aumento claro da energia ou atividade habitual daquele indivíduo mantido na maior parte do tempo, ao longo de pelo menos 4 dias.
Agitação psicomotora[8,10,13,20]
TB: Presença de agitação psicomotora (p. ex., atividade sem propósito não dirigida a objetivos). **TDAH:** Presença de agitação/hiperatividade crônica de longa data que se apresenta como dificuldade em permanecer parado, precisando estar frequentemente mexendo mãos, pés, ou se remexendo na cadeira. Pode apresentar dificuldade em permanecer sentado ou esperar a vez em uma fila ou atividade. A hiperatividade pode aparecer somente em alguns contextos ou ambientes específicos, mas ela não é diferente do comportamento hiperativo habitual do indivíduo. Pode ser um sinal de mania/hipomania em indivíduos com TDAH quando existe um período com um claro aumento da agitação que é mais intenso que o comportamento hiperativo habitual do indivíduo.
Autoestima inflada ou grandiosidade[8,20]
TB: Autoestima inflada ou grandiosidade é sintoma bastante característico de mania ou hipomania. No episódio de humor, a pessoa claramente acredita nessa sensação de maneira persistente. O DSM cita que "Em crianças, supervalorização das capacidades e crença de que, p. ex., podem ser as melhores no esporte ou as mais inteligentes em sala de aula são comuns; quando, no entanto, essas crenças estão presentes apesar de evidências claras do contrário, ou a criança tenta atos claramente perigosos e, mais importante, representa uma mudança de seu comportamento habitual". **TDAH:** Não é um sintoma comum em TDAH, mas episódios bem transitórios de aumento na autoestima são, às vezes, um artifício usado para aumentar uma baixa autoestima crônica. É importante lembrar que crianças com TDAH podem tentar atos claramente perigosos de uma maneira mais frequente que as crianças da mesma idade, mas esses atos acontecem ao longo do desenvolvimento de maneira mais frequente e não de maneira pontual como nos episódios de mania/hipomania. Pode ser um sintoma de TB em alguém com TDAH quando esse envolvimento em atos perigosos seja mais intenso ou frequente que o habitual ao longo de um período de pelo menos 4 dias em conjunto com outros sintomas necessários para um episódio de mania/hipomania.
Alterações de sono[8,10,14,20]
TB: Redução da necessidade de sono sem sentir-se cansado. O indivíduo dorme pouco ou acorda várias horas mais cedo que o habitual, sentindo-se repousado e cheio de energia. **TDAH:** Insônia ou outros transtornos de sono são comuns no TDAH. O indivíduo deseja dormir ou sente necessidade disso, mas não consegue. O indivíduo apresenta dificuldade para ir se deitar ou para dormir, porém sente-se cansado. É importante também destacar que alguns indivíduos com TDAH dormem poucas horas e se sentem descansados. Nesses casos, eles dormem poucas horas e se sentem descansados de forma crônica e não somente durante um período isolado. Em pessoas com TDAH, pode ser um sinal de mania/hipomania quando aquele indivíduo que dormia pouco de forma crônica ou que dormia uma quantidade regular passou a dormir menos horas que o habitual, sem sentir-se cansado por um período de pelo menos 4 dias.
Alterações da fala[8,20]
TB: Mais rápida, pressionada, alta e mais difícil de interromper que o habitual. Os indivíduos podem falar de forma invasiva ou sem preocupação com os desejos de comunicação de outras pessoas. A fala pode conter piadas, teatralidade e gestos excessivos. Quando na presença de humor irritável, a fala pode apresentar reclamações e hostilidade.

Continua

Quadro 8.2

Principais diferenças na apresentação dos sintomas no TDAH e no TB. (*Continuação*)

Alterações da fala[8,20] (Cont.)
TDAH: Pessoas com TDAH podem falar excessivamente, fazer piadas em momentos inadequados ou interromper as pessoas enquanto elas falam. Elas também podem ser mais invasivas e não perceber os desejos de comunicação das outras pessoas. Devido à desregulação de humor, que pode ser encontrada no TDAH, a fala pode ser cheia de reclamações e hostilidade. Essas características acontecem frequentemente de maneira contínua. Em pessoas com TDAH, para ser um sintoma de mania/hipomania, essas características precisam estar claramente aumentadas quando comparadas com o habitual daquela pessoa ao longo de pelo menos 4 dias.
Alterações de pensamentos[8,21]
TB: Fuga de ideias ou experiência subjetiva de que os pensamentos estão acelerados. **TDAH:** Pessoas com TDAH podem ter a sensação de que os pensamentos estão acelerados de forma crônica e não somente episódica. É um sintoma de mania/hipomania em pessoas com TDAH, quando existe uma percepção de aumento na aceleração do pensamento que é diferente do padrão habitual daquela pessoa.
Distração[8,9]
TB: Distratibilidade (p. ex., a atenção é desviada muito facilmente por estímulos externos insignificantes ou irrelevantes), conforme relatado ou observado. **TDAH:** Distratibilidade de forma crônica. Em pessoas com TDAH, é um sintoma de mania/hipomania quando a distratibilidade é maior que o usual daquela pessoa por um período maior que 4 dias.
Envolvimento em atividades de risco[8,10]
TB: Envolvimento excessivo em atividades com elevado potencial para consequências dolorosas, geralmente secundárias a um aumento na autoestima e grandiosidade (p. ex., envolvimento em surtos desenfreados de compras, indiscrições sexuais, investimentos financeiros insensatos ou direção imprudente). **TDAH:** O envolvimento em atividades com elevado potencial para consequências dolorosas se dá de forma impulsiva e acontece frequentemente ao longo da vida. Em uma pessoa com TDAH, é um sintoma de mania/hipomania quando existe um período de pelo menos 4 dias de aumento da exposição à riscos.
Prejuízo das alterações de humor[8,10]
TB: A perturbação do humor é suficientemente grave a ponto de causar prejuízo acentuado no funcionamento social ou profissional ou para levar à necessidade de hospitalização, a fim de prevenir dano a si mesmo ou a outras pessoas. Ainda podem existir características psicóticas que são somente encontradas no TB e não no TDAH. **TDAH:** A perturbação do humor pode causar prejuízo ao funcionamento social ou profissional, mas esse prejuízo está presente de forma crônica e não somente episódica.

Fonte: Desenvolvido pela autoria.

◊ Tratamento da comorbidade do déficit de atenção/hiperatividade com transtorno bipolar

O objetivo inicial do tratamento da comorbidade TDAH/TB deve ser sempre a estabilização do humor. Durante episódios de humor agudos, especialmente de mania ou hipomania, o tratamento do TDAH não está indicado.[2] Entretanto, estabilizantes do humor tendem a não tratar os sintomas específicos do TDAH.[1] Muitos pacientes se queixam de sintomas residuais do TDAH, como dificuldade de concentração e memória, irritabilidade e desregulação do humor, mesmo quando eutímicos.[1,2,22] Assim, após a reestabilização do humor, o tratamento específico para o TDAH pode ser prescrito.[22,23]

A primeira linha de tratamento para TDAH, de acordo com diferentes diretrizes, consiste em estimulantes, seguido de atomoxetina (ATX), esta não disponível no Brasil, e bupropiona.[1,23-25] No Brasil, os estimulantes disponíveis são apenas o metilfenidato de ação curta (MPH) e de longa duração (MPH-ER), e a lisdexanfetamina.[24]

O risco de virada maníaca ao se iniciar um estimulante ou ATX, apesar de pequeno quando o paciente está em uso de um estabilizador do humor, deve ser observado com cautela.[2,22,23] Quando o paciente tem um claro diagnóstico de TDAH, porém o diagnóstico de TB é apenas suspeito, o TDAH pode ser tratado primeiramente. Entretanto, o clínico deve ser vigilante quanto à presença de sintomas de humor.[1]

Um recente estudo sueco não encontrou associação entre a utilização de MPH e virada maníaca nos pacientes em uso concomitante de estabilizadores do humor. Ao associar MPH aos estabilizadores de humor, houve uma diminuição de risco de novos episódios maníacos. Já aqueles tratados apenas com MPH, tiveram uma taxa 6 a 7 vezes maiores de episódios maníacos durantes os três primeiros meses de tratamento.[26] Além disso, um outro estudo demonstrou que crianças com TDAH, quando tratadas com MPH, apresentaram índices menores de desenvolverem um primeiro episódio de TB, quando comparadas com aquelas que não receberam tratamento.[27]

A lisdexanfetamina é o único estimulante estudado como tratamento adjuvante em pacientes com depressão bipolar resistente ao tratamento. Esse estimulante também se mostrou seguro e eficaz no tratamento da comorbidade TDAH/TB.[22]

Ao se comparar os estimulantes, não há evidência de melhor tolerabilidade ou eficácia. A escolha da medicação deve ser realizada em conjunto com o paciente. Contudo, estimulantes de longa duração, como o MPH-ER e a lisdexanfetamina, parecem estar menos relacionados com a virada maníaca e com menor risco de abuso quando comparados com os de curta duração. MPH-ER demonstrou ser eficaz no controle da desregulação emocional em pacientes com comorbidade TDAH/TB.[2]

Dessa maneira, sugere-se, como primeira escolha, MPH-ER ou lisdexanfetamina. No caso de não remissão de sintomas após otimização da dose, deve-se tentar outro estimulante, seguido de ATX e, por último, bupropiona.[2]

Caso um episódio maníaco ou hipomaníaco ocorra, o estimulante/ATX deve ser suspenso, e o tratamento para TB, priorizado. Quando o humor do paciente estiver novamente estabilizado, o estimulante/ATX pode ser reinicializado — é importante iniciar em dose baixa, e aumentá-la paulatinamente.[1,23]

Resumindo, o tratamento da comorbidade TDAH/TB deve ser realizado de forma hierárquica, priorizando-se o tratamento para estabilização do humor e adicionando o tratamento para o TDAH com estimulante/ATX em seguida.

◊ Conclusão

Os sintomas de TDAH e TB comumente se sobrepõem, tornando o diagnóstico diferencial entre os dois transtornos um desafio. Além disso, TDAH e TB frequentemente coexistem e estão associados a maiores prejuízos e pior resposta ao tratamento. Portanto, é primordial que os psiquiatras e clínicos saibam investigar e diferenciar ambos os transtornos para que o tratamento mais adequado seja prescrito: primeiramente a estabilização do humor seguido de tratamento específico para o TDAH com estimulantes ou ATX (quando disponível).

REFERÊNCIAS BIBLIOGRÁFICAS

1. Asherson P, Young AH, Eich-Höchli D, Moran P, Porsdal V, Deberdt W. Differential diagnosis, comorbidity, and treatment of attention-deficit/hyperactivity disorder in relation to bipolar disorder or borderline personality disorder in adults. Curr Med Res Opin. 2014;30(8):1657-1672.
2. Perugi G, Pallucchini A, Rizzato S, Pinzone V, De Rossi P. Current and emerging pharmacotherapy for the treatment of adult attention deficit hyperactivity disorder (ADHD). Expert Opin Pharmacother. 2019;20(12):1457-1470.
3. Song P, Zha M, Yang Q, Zhang Y, Li X, Rudan I. The prevalence of adult attention-deficit hyperactivity disorder: a global systematic review and meta-analysis. J Glob Health. 2021;11:04009.
4. Franke B, Michelini G, Asherson P, Banaschewski T, Bilbow A, Buitelaar JK et al. Live fast, die young? A review on the developmental trajectories of ADHD across the lifespan. Eur Neuropsychopharmacol. 2018;28(10):1059-1088.
5. Sandstrom A, Perroud N, Alda M, Uher R, Pavlova B. Prevalence of attention-deficit/hyperactivity disorder in people with mood disorders: A systematic review and meta-analysis. Acta Psychiatr Scand. 2021;143(5):380-391.
6. Pinna M, Visioli C, Rago CM, Manchia M, Tondo L, Baldessarini RJ. Attention deficit-hyperactivity disorder in adult bipolar disorder patients. J Affect Disord. 2019;243:391-396.
7. Torres I, Gómez N, Colom F, Jiménez E, Bosch R, Bonnín CM et al. Bipolar disorder with comorbid attention-deficit and hyperactivity disorder. Main clinical features and clues for an accurate diagnosis. Acta Psychiatr Scand. 2015;132(5):389-399.
8. American Psychiatric Association (APA). Diagnostic and Statistical Manual of Mental Disorders: DSM-5. 5th ed. American Psychiatric Association; 2013.
9. Zaravinos-Tsakos F, Kolaitis G. Disentangling pediatric bipolar disorder and attention deficit--hyperactivity disorder: a neuropsychological approach. Psychiatriki. 2020;31(4):332-340.
10. Salvi V, Ribuoli E, Servasi M, Orsolini L, Volpe U. ADHD and bipolar disorder in adulthood: clinical and treatment implications. Medicina (Kaunas). 2021;57(5):466.
11. Youngstrom EA, Arnold LE, Frazier TW. Bipolar and ADHD comorbidity: both artifact and outgrowth of shared mechanisms. Clin Psychol (New York). 2010;17(4):350-359.

12. Kooij SJJ, Bejerot S, Blackwell A, Caci H, Casas-Brugué M, Carpentier PJ et al. European consensus statement on diagnosis and treatment of adult ADHD: The European Network Adult ADHD. BMC Psychiatry. 2010;10:67.
13. Galanter CA, Leibenluft E. Frontiers between attention deficit hyperactivity disorder and bipolar disorder. Child Adolesc Psychiatr Clin N Am. 2008;17(2):325-346.
14. Marangoni C, De Chiara L, Faedda GL. Bipolar disorder and ADHD: comorbidity and diagnostic distinctions. Curr Psychiatry Rep. 2015;17(8):604.
15. Humphreys KL, Galán CA, Tottenham N, Lee SS. Impaired social decision-making mediates the association between ADHD and social problems. J Abnorm Child Psychol. 2016;44(5):1023-1032.
16. Shaw P, Stringaris A, Nigg J, Leibenluft E. Emotion dysregulation in attention deficit hyperactivity disorder. Am J Psychiatry. 2014;171(3):276-293.
17. Masi G, Sesso G, Pfanner C, Valente E, Molesti A, Placini F et al. An Exploratory Study of Emotional Dysregulation Dimensions in Youth With Attention Deficit Hyperactivity Disorder and/or Bipolar Spectrum Disorders. Front Psychiatry. 2021;12:619037.
18. Faraone S V, Rostain AL, Blader J, Busch B, Childress AC, Connor DF et al. Practitioner review: emotional dysregulation in attention-deficit/hyperactivity disorder - implications for clinical recognition and intervention. J Child Psychol Psychiatry. 2019;60(2):133-150.
19. Ashinoff BK, Abu-Akel A. Hyperfocus: the forgotten frontier of attention. Psychol Res. 2021;85(1):1-19.
20. Naguy A. ADHD-juvenile bipolar disorder: mimics and chameleons! World J Pediatr. 2018;14(6):525-527.
21. Martz E, Bertschy G, Kraemer C, Weibel S, Weiner L. Beyond motor hyperactivity: Racing thoughts are an integral symptom of adult attention deficit hyperactivity disorder. Psychiatry Res. 2021;301:113988.
22. Brus MJ, Solanto M V, Goldberg JF. Adult ADHD *vs*. bipolar disorder in the DSM-5 era: a challenging differentiation for clinicians. J Psychiatr Pract. 2014;20(6):428-437.
23. CADDRA - Canadian ADHD Resource Alliance: Canadian ADHD Practice Guidelines. 4.1 Edition, Toronto ON; CADDRA, 2020.
24. National Institute for Health and Care Excellence (NICE). Attention deficit hyperactivity disorder: diagnosis and management. Attention deficit hyperactivity disorder: diagnosis and management. London: National Institute for Health and Care Excellence (NICE); 2019.
25. Associação Brasileira do Déficit de Atenção (ABDA). Tratamento do TDAH. 2017.
26. Viktorin A, Rydén E, Thase ME, Chang Z, Lundholm C, D'Onofrio BM et al. The risk of treatment-emergent mania with methylphenidate in bipolar disorder. Am J Psychiatry. 2017;174(4):341-348.
27. Wang LJ, Shyu YC, Yuan SS, Yang CJ, Yang KC, Lee TL et al. Attention-deficit hyperactivity disorder, its pharmacotherapy, and the risk of developing bipolar disorder: A nationwide population-based study in Taiwan. J Psychiatr Res. 2016;72:6-14.

Aspectos Clínicos e Neurobiológicos das Alterações do Ciclo Sono/Vigília no Transtorno Bipolar

9

André Comiran Tonon
Maria Paz Hidalgo
Benicio Noronha Frey

◊ Introdução

Alterações no sono, sejam elas relacionadas com a fase, estrutura ou duração, são relatadas em todas as apresentações do transtorno bipolar (TB). Essas alterações têm sido associadas a uma baixa qualidade de vida, risco de tentativas de suicídio, pior funcionamento clínico e cognitivo e maiores taxas de recaída de episódios de humor.[1]

A conservação de ciclos regulares de sono-vigília e de outros ritmos é crucial para a manutenção da estabilidade no TB, indicando a importância da investigação de ritmos biológicos nessa síndrome. O estudo clínico dos ritmos e do seu sistema regulador em diversos níveis organizacionais da fisiologia e do comportamento é denominado Cronomedicina, uma ciência médica dedicada à prevenção, busca de causalidade, diagnóstico e tratamento de doenças, considerando os aspectos temporais inerentes à biologia.[2]

Neste capítulo, faremos uma revisão dos aspectos clínicos e neurobiológicos das alterações do ciclo sono/vigília no TB, bem como daremos recomendações do manejo adequado das alterações de sono nessa população.

◊ Epidemiologia

Estima-se que a prevalência de distúrbios do sono em pacientes com TB, mesmo eutímicos, seja mais alta que na população em geral, embora as taxas encontradas em diferentes estudos variem consideravelmente, de 10% a 100%, dependendo das definições, metodologias e manejo de potenciais fatores de confusão utilizados pelos pesquisadores.[3] Estudos no Brasil mostram prevalência de distúrbios do sono, incluindo insônia em 21% a 70% dos indivíduos com TB, e de sonolência excessiva diurna em 40% a 52% desses indivíduos.

◊ Fisiopatologia

Distúrbios do sono e de outros ritmos biológicos têm gênese multifatorial e já foram descritos inúmeros possíveis mecanismos fisiopatológicos sobre eles. Um deles é a possibilidade de haver desorganização no sistema de regulação homeostática do sono. Sabe-se que os neurônios da área pré-óptica ventrolateral (VLPO) realizam a inibição do sistema monoaminérgico do tronco cerebral e do sistema hipotalâmico de orexina/hipocretina via ácido γ-aminobutírico (GABA) e galanina. A reorganização diurna desse sistema de equilíbrio excitatório-inibitório dos neurônios liberadores de orexina/hipocretina e as variações circadianas nessas interconexões determinam os ciclos dos episódios de sono. Desse modo, entende-se que é necessário que se mantenham períodos intercalados de sono e de vigília de duração suficiente para que esses processos ocorram. No TB, é comum a desorganização das rotinas de sono, marcadas por irregularidades nos horários de dormir e acordar, que impactam essa regulação homeostática do sono.[4]

De outro modo, o processo circadiano indica que cada indivíduo é mais propenso a adormecer em alguns momentos do dia, independentemente do horário do último episódio de sono. Humanos e outros seres vivos possuem um sistema temporizador pelo qual garantem uma ritmicidade a diversas funções fisiológicas, como a expressão de genes, a secreção de hormônios como cortisol e melatonina, o metabolismo, e a manifestação de comportamentos como o ciclo sono-vigília. Esses ritmos dependem de fatores temporizadores endógenos orientados por pistas temporais externas, como ciclo claro-escuro e ingestão de alimentos. A falta de coordenação de fatores endógenos entre si e com seus reguladores exógenos ficou conhecida como cronorruptura,[5] e está associada a distúrbios do ritmo circadiano e alterações no ciclo sono-vigília, que podem predispor a doenças metabólicas, eventos cardiovasculares, neoplasias e transtornos psiquiátricos.

Há situações que tipicamente cursam com essa incompatibilidade dos ritmos internos e externos (i.e. cronorruptura), quais sejam: *jet lag* (em viagens transmeridionais), trabalho noturno e exposição à luz artificial à noite. No entanto, alguns indivíduos podem sofrer cronorruptura em uma rotina usual. É sabido, p. ex., que o TB é caracterizado por uma maior propensão à vespertinidade (uma das pontas do espectro do cronotipo humano).[6] No entanto, resultados adversos relacionados com a saúde mental em vespertinos não são intrínsecos a esse cronotipo, mas um reflexo de uma incongruência fisiológica da própria ritmicidade biológica do indivíduo com o tempo social.

Fatores psicológicos e comportamentais também contribuem para o desenvolvimento e perpetuação dos distúrbios de sono no TB. Por exemplo, indivíduos com TB apresentam maior reatividade a estressores psicossociais, pensamentos intrusivos com maior frequência, preocupações relacionadas com o sono, e sofrem com as possíveis consequências da sua perda.[7] Esses indivíduos, ao longo do tempo, e com intuito de reduzir o impacto da insônia, podem desenvolver tanto hábitos inadequados de sono, como cochilos diurnos, aumento do tempo de cama, uso excessivo de cafeína, quanto expectativas irreais relacionadas a ele (p. ex., uma preocupação excessiva nas consequências da perda do sono). Todos esses fatores, em conjunto, podem exacerbar e perpetuar o quadro de insônia.

Vários estudos têm mostrado que os genes do relógio podem estar relacionados com a fisiopatologia e os aspectos clínicos do TB.[8] No entanto, os efeitos genéticos são probabilísticos e inespecíficos e, muito provavelmente, resultado da interação com fatores ambientais. Alterações do gene CLOCK estão potencialmente associadas às desregulações do sono encontradas em pacientes com TB. Além disso, variantes do gene PER3 estão associadas a diferentes cronotipos e também podem estar relacionadas com a resposta ao lítio. A GSK3-β, uma enzima que está envolvida na fosforilação dos produtos dos genes de relógio, também é citada em alguns estudos que sugerem que ela pode estar associada à idade de início do TB. Por fim, há evidências que sugerem uma associação dos genes ARNTL, NR1D1, PER1, CRY2 e TIMELESS com o TB.

◊ Características clínicas

Os distúrbios do sono são observados meses ou até anos antes do início do TB, frequentemente durante a infância ou adolescência. Irregularidades dos ritmos biológicos e do sono estão presentes em todos os espectros de TB, mesmo em estados eutímicos, e podem estar associadas ao início, à gravidade e ao prognóstico clínico. Quase metade dos pacientes experimenta alguma mudança no humor no mesmo dia ou no dia seguinte à alteração na duração do sono. Dada a sua importância, alterações em padrões de sono são atualmente parte dos critérios diagnósticos para TB. Nas classificações de episódios maníacos ou hipomaníacos, há itens que se referem à redução da necessidade de sono, assim como episódios depressivos, de insônia ou hipersonia.

Mania ou hipomania

Durante os episódios de mania, 69% a 100% dos pacientes apresentam diminuição da necessidade de sono, o que configura esse sintoma como um marcador crítico dessa fase. Esse distúrbio do sono é o pródromo mais comum de mania. Em fases iniciais, pode se apresentar como aumento do tempo gasto na cama sem conseguir dormir. Outros problemas de sono envolvem a alteração da arquitetura, incluindo diminuição do sono delta e latência para o sono REM e aumento da densidade do sono REM aferidos em exame de polissonografia (PSG). Também é importante destacar que um episódio maníaco pode ser desencadeado pela privação de sono e que uma redução do tempo total de sono (tipicamente um sono com menos de 6 a 7 horas) pode ser um preditor de risco de episódios futuros.

Depressão bipolar

Na depressão, alguns pacientes relatam eventual hipersonia, mas quase a totalidade deles apresentam insônia. A perturbação do sono, comumente na forma de insônia, precede episódios depressivos em até 90% dos casos.[9] Os sintomas mais comuns dessa fase do TB incluem dificuldade em adormecer (insônia inicial), dificuldade em manter o sono (insônia intermediária) e acordar mais cedo do que o desejado (insônia tardia). Outros sintomas são a redução da eficiência do sono (i.e. o tempo de sono relativo ao tempo na cama), redução do tempo total de sono e de sono de ondas lentas e um aumento do despertar noturno. Há também uma mudança na distribuição do sono REM, com encurtamento do período entre o início do sono e o primeiro sono REM.

◊ Avaliação clínica e diagnóstico

Avaliação subjetiva do sono

Trata-se de uma entrevista clínica que busca compreender a complexidade do sono em quaisquer fases do TB, demandando um olhar cuidadoso às diversas dimensões desse comportamento[10] (Figura 9.1).

Diversos parâmetros são particularmente úteis para determinar a maneira como cada indivíduo dorme, e cada parâmetro único é relevante para um distúrbio, doença do sono, ou condição clínica de interesse. Por exemplo, o tempo de início, a latência e o tempo total de sono são essenciais para diagnosticar pacientes com insônia. Para pacientes com TB, é importante que se caracterize a regularidade dos horários de dormir e de acordar. Diários de sono podem ser construídos para o acompanhamento diário desses padrões, além da possível adição de outros fatores de interesse, como despertares para realização de outras atividades.

Além da anamnese usual, os médicos podem rastrear possíveis problemas de sono por meio do uso de medidas padronizadas de sono.[10] Instrumentos como o Questionário de Cronotipo de Munique (MCTQ) permitem a identificação de distintos aspectos das rotinas de sono separadamente para dias de trabalho ou estudo e para dias livres (Figura 9.1). A partir do MCTQ, também se pode calcular as fases de sono (pelo ponto médio de sono) e o "*jet lag* social" (JLS), medidas que têm ganhado atenção na pesquisa de ritmos biológicos em Psiquiatria.[11] O JLS é a diferença de tempo entre o ponto médio de sono em dias livres (sem a utilização do alarme para acordar) para aquele em dias

Figura 9.1

Avaliação das rotinas de sono. Cada painel na figura representa a transição de um dia da semana para o dia subsequente. JLS: *jet lag* social; MSF: ponto médio do sono em dias livres; MSW: ponto médio do sono em dias de trabalho.

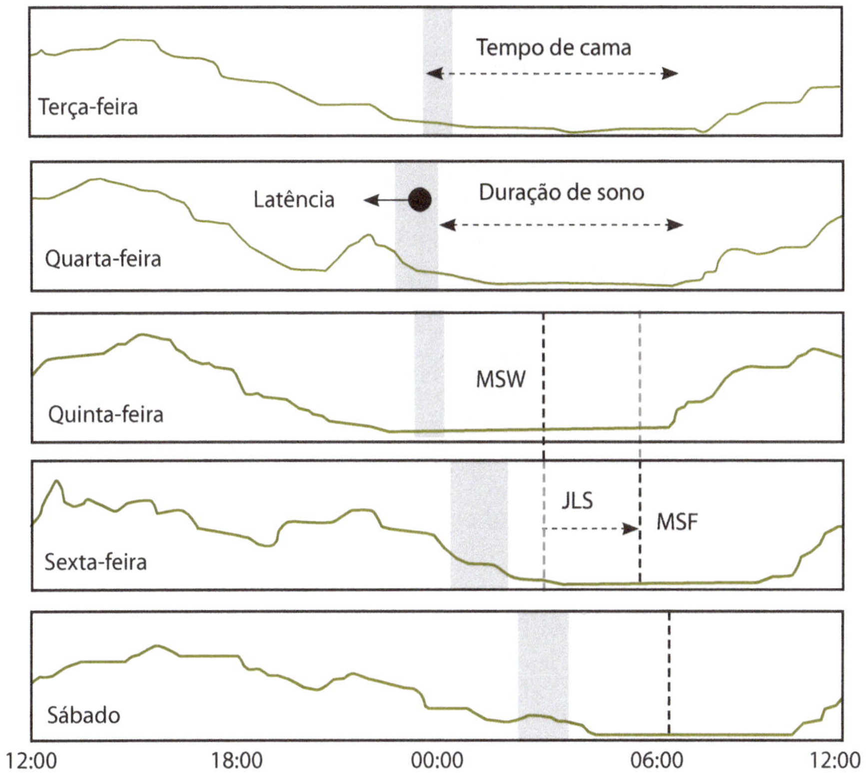

Fonte: Desenvolvida pela autoria.

de trabalho ou de escola (Figura 9.1). Essa medida é uma manifestação da tensão dos ritmos biológicos com a exigência das atividades sociais, que impedem indivíduos de dormirem o tempo de sono adequado no horário desejado do dia.

Em uma anamnese, devem ser discutidas a frequência, a intensidade e a duração do problema de sono. Além disso, as consequências destes problemas devem ser avaliadas: sonolência excessiva diurna, perda de concentração, déficit de memória, confusão, irritabilidade, humor deprimido ou ansioso e cefaleia matinal. Por fim, devem ser investigadas práticas de higiene do sono. Já na entrevista inicial, metas específicas podem ser identificadas, p. ex., aumentar o tempo total de sono, regularizar as rotinas de dormir e acordar, e ajustar os horários de sono de acordo com o cronotipo individual.

Os problemas de sono e os sintomas causados por eles relatados pelos pacientes, na maioria dos casos, não se correlacionam com medidas subjetivas de sono, particularmente quando se considera a duração do sono, que tende a ser subestimada, e a latência do início do sono, que tende a ser superestimada. Portanto, às vezes o clínico pode preferir comparar medidas objetivas à avaliação subjetiva do sono. A actimetria, p. ex., tem ganhado destaque por permitir a análise de padrões de sono ao longo de vários dias.

Avaliação objetiva do sono

Dentre os exames propostos atualmente para avaliação objetiva do sono, destaca-se a PSG, procedimento composto por vários testes simultâneos, mas independentes, que monitoram diferentes funções corporais durante o sono e que as registram para seu estudo posterior por meio de canais diferentes. Além desse exame, estão incluídos eletroencefalograma, eletro-oculograma, eletromiograma, eletrocardiograma, oximetria de pulso e capnografia.

Mais recentemente, a técnica da actimetria surgiu como oportunidade de aferição ambulatorial de padrões de sono dia a dia, seguindo a rotina normal dos pacientes. Esse é um método de monitoramento contínuo da atividade motora por meio de um acelerômetro usado no pulso ou quadril. Esta tecnologia fornece dados que permitem análises completas de séries temporais de atividade e repouso. Existem alguns dispositivos disponíveis que também monitoram a exposição à luz e a temperatura do pulso. Os dados são coletados em intervalos fixos (*bin*) que variam de 30 segundos a alguns minutos ou horas.

A partir dos dados da actimetria, é possível estimar padrões de sono de acordo com os parâmetros de atividade-repouso. Em pacientes com TB, estimativas dos parâmetros do sono da actigrafia e PSG foram altamente correlacionadas para latência do início do sono, vigília após o início do sono, número de despertares, tempo total de sono ou porcentagem de eficiência do sono.[12] No entanto, outros estudos mostram que os actígrafos registraram uma latência de sono mais curta, tempo de início de sono avançado, aumento do número e duração dos despertares noturnos, aumento da duração do sono noturno e aumento do número e duração dos cochilos em comparação com os registros subjetivos do sono. Sendo assim, é importante que se considere uma possível superestimação do percentual de fragmentação do sono nos registros. Recomenda-se que os episódios de sono devem ser monitorados dia a dia e correlacionados com medidas subjetivas como o diário de sono.

Estudos de actigrafia em pacientes com TB indicam maior variabilidade na duração do sono, maior irregularidade nos horários de dormir e em padrões de atividade ao longo das 24 horas. Na agudização do transtorno por mania, os indivíduos apresentam diminuição da amplitude da atividade circadiana (associada a uma proporção menor da atividade total durante o dia), mais cochilos diurnos e alterações nos horários de sono. Por outro lado, indivíduos eutímicos recuperam a amplitude dos ritmos de atividade, retomando o contraste esperado entre atividade do dia e da noite.

Diagnósticos de transtornos do sono no transtorno bipolar

Pacientes com sonolência diurna excessiva, sensação de sono não reparador e comorbidades clínicas importantes, principalmente obesidade e dislipidemia, devem ser investigados para a possibilidade de apresentarem síndrome da apneia e hipopneia obstrutiva do sono (SAHOS). Há relatos de que indivíduos com TB mostram prevalência aumentada dessa condição quando comparados à população em geral.

O diagnóstico da insônia envolve queixa de dificuldade em iniciar/manter o sono, ou mesmo despertar precocemente. Essas alterações devem ocorrer em pelo menos 3 noites na semana e cursar com prejuízo na função diária, mas podem ser secundárias a uma série de outras condições (mesmo a própria alteração de humor do TB) sem que isso comprometa o diagnóstico e o manejo. Uma ressalva importante é a investigação de uso de substâncias (como uso abusivo de drogas ilícitas e/ou uso de medicamentos/substâncias psicoativas) como fatores confundidores.

Transtornos do sono relacionados com o ritmo circadiano (TSRRC) são comuns e subdiagnosticados no TB. Eles são caracterizados por distúrbios do sono devido à alteração primária do sistema circadiano ou desalinhamento entre os ritmos circadianos biológicos e as pistas sociais. Este último mecanismo é o mais comum no TB. O diagnóstico é firmado quando esse desalinhamento leva à sonolência excessiva e/ou insônia significativas. Como a maior parte dos clínicos desconhece esses transtornos, e as manifestações típicas são semelhantes (para não dizer iguais) às de um transtorno de insônia, fica evidente o porquê do frequente equívoco no diagnóstico diferencial.

Após o diagnóstico principal, o DSM-5 apresenta cinco especificadores com características identificadas relacionadas à epidemiologia, curso e prognóstico. Dentre eles, dois são os mais relevantes para o TB: tipo de fase de sono atrasada e tipo de fase de sono avançada. O "tipo de fase de sono atrasada" é caracterizado por um horário adiado do período principal de sono (geralmente mais de 2 horas) em relação à hora desejada de sono e despertar. O "tipo de fase de sono avançada" mostra tempos de sono-vigília várias horas mais cedo do que o desejado ou convencional.

Quando podem definir seus próprios horários, os indivíduos com tipo de fase de sono atrasada ou avançada apresentam qualidade e duração do sono normais para a idade. Porém, o problema é justamente a demanda das rotinas sociais. Reconhecendo que indivíduos com TB têm uma tendência à vespertinidade, um percentual significativo desenvolve TSRRC tipo de fase de sono atrasada, um fenótipo que confere a esses indivíduos uma maior perda de funcionalidade e maior risco de recaída.[13]

◊ Tratamento

A Figura 9.2 apresenta um esquema com os tratamentos de problemas de sono no TB nas fases agudas e de manutenção.

Figura 9.2

Tratamentos de problemas de sono no transtorno bipolar de acordo com a fase clínica. O sinal ✓ indica terapias aprovadas com suficiente nível de evidência; a interrogação indica evidência de eficácia insuficiente; e a exclamação indica tratamentos que precisam de maior atenção para possíveis efeitos indesejados. TCC-I: terapia cognitivo-comportamental para insônia; TIPRS: terapia interpessoal e do ritmo social.

	FASE AGUDA		MANUTENÇÃO	
	MANIA	DEPRESSÃO	MANIA	DEPRESSÃO
Higiene do sono	✓	✓	✓	✓
Hipnóticos (psicofármacos)	✓	✓	!	!
TCC-I	✓	✓	✓	✓
TIPRS	?	✓	✓	✓
Terapia de luz	!	✓	?	?
Restrição de sono	!	✓	?	?

Fonte: Figura elaborada com base no artigo de Gottlieb *et al.*[14]

Tratamento farmacológico

Considerando que os distúrbios de sono muitas vezes fazem parte do conjunto de sintomas das exacerbações maníacas/hipomaníacas ou depressivas, o foco do seu tratamento farmacológico deve ser o mesmo buscado para a estabilização do humor. A redução da necessidade de sono, p. ex., tipicamente se resolve com a recuperação do episódio maníaco/hipomaníaco.

Atenção especial deve ser dada ao horário da administração dos psicofármacos. O uso de estabilizadores do humor ou antipsicóticos com componente hipnótico nitidamente pode auxiliar no tratamento de queixas como insônia, mas pode levar a sedação excessiva no dia seguinte, ocasionando prejuízo funcional.

Quanto ao uso de medicações específicas para queixas de sono, as diretrizes internacionais de tratamento recomendam apenas o tratamento de curto prazo (máximo 7 a 10 dias) com benzodiazepínicos ou outros hipnóticos (p. ex., zolpidem, zopiclona);[15] no entanto, as prescrições muitas vezes continuam a longo prazo, gerando efeitos colaterais adicionais, incluindo sedação, risco de quedas, ansiedade de rebote, e, no caso dos benzodiazepínicos, declínio das habilidades cognitivas e aumento do risco de depressão e demência. O uso de melatonina apresenta literatura heterogênea e inconclusiva. Embora a ramelteona (agonista de receptor de melatonina) e o placebo tenham taxas de recaída semelhantes devido a mania/hipomania ou episódios mistos, a ramelteona foi superior ao placebo na prevenção da recaída da depressão.[16]

Tratamento não farmacológico: o porquê de sua escolha

Primeiramente, embora os hipnóticos sejam eficazes e clinicamente indicados em algumas situações, as preocupações permanecem sobre a efetividade a longo prazo, efeitos residuais diurnos, tolerância, dependência e insônia de rebote. Além disso, os benefícios dos agentes farmacológicos concebidos para melhorar a perturbação do sono (p. ex., hipnóticos) ou melhorar a energia diurna (p. ex., estimulantes) devem ser ponderados em relação aos desafios dos efeitos colaterais e interações com outros medicamentos. Os medicamentos hipnóticos usados para tratar a insônia foram associados a eventos adversos importantes, incluindo aumento do risco de quedas e fraturas e comprometimento da memória. Outro fator importante é que, dada a alta taxa de coocorrência entre TB e transtornos por uso de substâncias, certas classes de medicamentos para insônia aprovados pela Food and Drug Administration (FDA), como os benzodiazepínicos, representam risco de abuso nessa população.

As opções de terapia não farmacológica para o manejo de problemas e distúrbios de sono são conhecidas como **cronoterapias**. Cronoterapias são estratégias terapêuticas baseadas na aplicação do conhecimento da ritmicidade de variáveis fisiológicas, comportamentos ou mesmo sintomas para o tratamento de uma condição de saúde. Dentre as estratégias desenvolvidas, as mais estudadas no contexto de transtornos de humor são a terapia de luz (fototerapia), a restrição de sono, o tratamento cognitivo-comportamental para insônia para transtorno bipolar (TCC-I-TB) e a terapia interpessoal e do ritmo social (TIPRS).[14]

Higiene do sono

Práticas e hábitos inadequados de sono abrangem vários fatores biológicos e ambientais, refletindo na qualidade e duração do sono, sensação de sono inquieto ou não reparador, e sonolência diurna excessiva. No intuito de mudar os desfechos relacionados com os hábitos inadequados, cunhou-se o termo higiene do sono, postulado como um conjunto de estratégias que incorporam ajustes diários tanto no comportamento individual quanto no ambiente. Recomendações de higiene do sono promovem importantes benefícios quando apresentadas na forma de psicoeducação em consultas clínicas habituais. Além disso, são universalmente incluídas como parte de programas de tratamento cognitivo-comportamental para insônia (TCC-I).

Não existe uma única recomendação formal de higiene do sono. Diferentes sociedades e instituições vinculadas à pesquisa e clínica em Medicina do Sono traçam suas diretrizes e recomendações, seguindo um padrão semelhante baseado no nível de evidência atual. O Quadro 9.1 apresenta um resumo dessas recomendações embasadas na American Alliance for Healthy Sleep, American Sleep Association e na Sleep National Foundation.

◊ Terapia cognitivo-comportamental para insônia

A terapia cognitivo-comportamental para insônia (TCC-I) é atualmente recomendada substitutivamente à farmacoterapia como tratamento de primeira linha pelo American College of Physicians para tratamento de insônia. Recentemente, foi desenvolvida uma modificação específica da TCC-I para transtorno bipolar (TCC-I-TB), que aborda tanto a gama de queixas de sono no TB, quanto adaptações específicas para cada indivíduo. O tratamento combina a TCC-I tradicional com elementos da terapia de ritmo interpessoal e social (descrita adiante). Essa terapia modificada melhora aspectos gerais do sono e do funcionamento diário dos indivíduos. Além disso, reduz as taxas de recaída de hipomania/mania e melhora a sintomatologia em episódios de hipomania/mania e depressão.

A TCC-I-TB envolve oito sessões semanais de 50 a 60 minutos, partindo de uma sessão inicial para formulação do plano terapêutico, determinado pela ponderação dada aos elementos prescritos de módulos comportamentais e cognitivos.[7]

Nos módulos cognitivos, busca-se desafiar crenças inúteis sobre o sono, p. ex., "não adianta ir para a cama mais cedo porque não vou conseguir dormir" ou "só consigo dormir com remédio". Muitos pacientes com TB ficam ansiosos na hora de dormir, motivo pelo qual se deve usar estratégias que visem minimizar a ruminação e a vigilância nesse período. Entre os aspectos comportamentais, um dos componentes mais efetivos é o controle de estímulos, cujo foco é regularizar o ciclo sono-vigília e fortalecer as associações entre a cama e o sono. Considerando que o tempo excessivo na cama piora a insônia, o tempo na cama deve ser limitado ao tempo real de sono, visando aumentar a eficiência de sono.

Quadro 9.1

Recomendações de Higiene do Sono.

OTIMIZAÇÃO DAS ROTINAS DE SONO	▪ Dormir e acordar no mesmo horário (+ 20 minutos), mesmo em finais de semana ▪ Ajustar as rotinas gradualmente (máxima diferença de 1-2 horas por noite) ▪ Evitar sonecas
PROMOÇÃO DE ROTINAS RELAXANTES E CONTROLE DE ESTÍMULOS	▪ Apenas ir para a cama quando se está com sono ▪ Sair da cama se não adormecer depois de 10-20 minutos ▪ Evitar atividades estimulantes na cama – Assistir à televisão – Usar computador, smartphone ou tablet – Planejar, ler ▪ Diminuir a ingestão de líquidos antes de dormir ▪ Criar um ritual antes de dormir – Tomar banho quente – Utilizar técnicas de relaxamento
MANUTENÇÃO DE AMBIENTE DE SONO ADEQUADO	▪ Manter o quarto calmo e silencioso ▪ Atentar para ronco de companheiro(a) ou barulho de animais ▪ Manter uma temperatura agradável ▪ Manter o quarto escuro ou usar tapa-olhos ▪ Cama e colchão confortáveis
EXPOSIÇÃO À LUZ ADEQUADA	▪ Expor-se à luz natural durante o dia (preferencialmente pela manhã) ▪ Reduzir a exposição a iluminação artificial à noite ▪ Desligar aparelhos eletrônicos pelo menos 20 minutos antes de dormir
HÁBITOS DIURNOS PROMOTORES DE SONO	▪ Exercitar-se regularmente e manter uma dieta saudável ▪ Evitar exercícios físicos vigorosos antes de dormir ▪ Evitar refeições copiosas antes de dormir; preferir um lanche saudável ▪ Evitar o consumo de cafeína a partir do final da tarde ▪ Evitar o consumo de álcool ou cigarro perto da hora de dormir ▪ Controlar o uso de medicações ou outras substâncias que promovam alerta ▪ Usar a cama apenas para dormir ou para fazer sexo

Fonte: Desenvolvido pela autoria.

Outro componente importante é a regularização dos horários de sono, estratégia que incentiva a construção de motivação para o paciente acordar na mesma hora (inclusive nos finais de semana). Além disso, frequentemente, os pacientes precisam de ajuda para planejar um relaxamento de 30 a 60 minutos antes do sono, em que atividades relaxantes e que aumentam o sono são introduzidas, com restrição à exposição luminosa excessiva. Por fim, algumas pessoas necessitam de instrução sobre uma rotina de despertar, que envolve uma série de elementos, como não configurar uma "soneca" para estender o tempo na cama; abrir as cortinas para deixar a luz do sol entrar; passar os primeiros 30 a 60 minutos depois de acordar do lado de fora ou em um quarto com luzes fortes. O objetivo é incentivar a atividade matinal e o contato social para neutralizar a inércia do sono.

Terapia interpessoal e do ritmo social

A terapia interpessoal e do ritmo social (TIPRS) é recomendada como uma intervenção de terceira linha para as fases depressiva e de manutenção do TB. Os objetivos específicos da TIPRS são estabilizar os ritmos ou rotinas sociais dos pacientes, melhorando a qualidade de seus relacionamentos interpessoais e a satisfação com os papéis sociais.[17]

Essa terapia se fundamenta na evidência de que rotinas e atividades sociais diárias são fatores contribuintes para a regulação da ritmicidade biológica, incluindo o ciclo sono-vigília. De fato, eventos de vida caracterizados por perturbações nas rotinas diárias são associados ao aparecimento de depressão e, particularmente, de mania. Sendo assim, acredita-se que a estabilização do ritmo social deve ser um importante componente do tratamento do TB, especialmente do tratamento profilático focado na prevenção de novos episódios de humor.

A terapia se utiliza do instrumento quantitativo chamado *Social Rhythm Metric* para monitorar e melhorar a regularidade de cinco atividades diárias principais ao longo de 20 semanas (como uma intervenção aguda) ou mensalmente (como um tratamento de manutenção), quais sejam: hora de sair da cama, primeiro contato com outra pessoa, início da atividade diária, jantar e hora de dormir. Os pacientes aprendem a identificar fontes potenciais de disrupção de ritmos em suas vidas, tanto esperadas quanto inesperadas, e a desenvolver estratégias para manter a integridade de suas rotinas, apesar dos eventos que as perturbam.

A TIPRS diminui o risco para a recorrência de mania e depressão em pacientes com TB tipo 1 e acelera o tempo para remissão da depressão em pacientes que sofrem de TB tipo 1 ou 2. Pode-se atribuir a essa terapia a redução de tentativas de suicídio e alto risco de suicídio nessa população.

Terapia de luz

A terapia de luz (fototerapia) já é um tratamento bem estabelecido para depressão bipolar. Ela consiste em fornecer um nível suficiente de iluminação de um amplo campo visual (dispositivos de luz típicos medem de 30 a 35 cm) e iluminação de cima para evitar o ofuscamento e direcionar o estímulo para os fotorreceptores retinais inferiores. Dispositivos de luz normalmente fornecem 7.000 a 10.000 lux ao nível dos olhos e ficam a uma distância de 30 a 33 cm.[14]

A evidência, até o momento, aponta que a terapia de luz é capaz de estabilizar e avançar a fase dos ritmos circadianos, melhorando o humor e aumentando a disposição e a energia, sendo então uma ferramenta útil para o manejo da hipersonolência dos episódios depressivos. A recomendação da *ISBD task force on chronotherapy and chronobiology* é de que terapia de luz brilhante seja administrada durante a manhã como tratamento adjuvante aos antipsicóticos e estabilizadores de humor na fase depressiva aguda do TB. A taxa de virada hipomaníaca com essa terapia é baixa; no entanto, os dados clínicos até o momento não são conclusivos. Porém, modelos animais e desenhos epidemiológicos anteriores identificam associações entre exposição à luz e mania, o que justifica a necessidade de uma cautela com essa terapia, especialmente no tratamento agudo de estados maníacos ou mistos.

Cabe salientar que evidências apontam o benefício da terapia de luz não depende do fotoperíodo (i.e., a duração da iluminação natural diária) e, por isso, é independente da variação sazonal de iluminação.[18] Sendo assim, esse tratamento pode ser indicado mesmo para pacientes que vivem em locais onde não há maior prevalência de depressão de padrão sazonal.

Restrição de sono

Também objetivando o tratamento de episódio depressivo agudo, originalmente, criou-se um protocolo de uma noite completa de privação de sono, resultando em um período de vigília de 36 horas (denominado privação total de sono [PTS]). Estudos posteriores exploraram o uso de privação parcial de sono (PPS), na qual os indivíduos podiam dormir por 4 a 5 horas, seja na primeira metade da noite, das 22 horas às 3 horas (e, portanto, privados de sono na última metade da noite), ou na última metade da noite, das 3 horas às 8 horas. Embora mais comumente usado, o protocolo de PPS com descanso mais cedo não mostrou superioridade consistente àquele com descanso na segunda metade; ambos mostraram eficácia comparável à PTS. Dois formatos de protocolos de privação de sono surgiram: um protocolo de uma semana que consiste em três noites de PTS cada, seguido por uma noite de sono de recuperação total; e outro de aproximadamente quatro dias, denominado "cronoterapia tripla". Este último alia a restrição de sono à terapia de luz e a outras estratégias de avanço da fase de sono.[14]

Os efeitos antidepressivos da restrição de sono se iniciam rapidamente, geralmente ao longo de 24 a 36 horas, mostrando elevadas taxas de resposta em estados depressivos unipolares e bipolares. No entanto, altas taxas de recaída são observadas após a retomada das rotinas normais, o que confere uma limitação importante dos protocolos propostos até o momento.

◊ Prognóstico

A perturbação do sono é frequentemente o último sintoma a se resolver na recuperação de um episódio agudo do humor. Para muitos indivíduos, ainda, não remite totalmente, permanecendo um sintoma interepisódico persistente. Objetivamente, o sono dos indivíduos com TB em remissão (ou em períodos de eutimia) é semelhante ao de indivíduos eutímicos sem diagnóstico de algum transtorno mental. Apesar disso, os pacientes com TB ainda apresentam queixas de aumento de latência do sono, e de mais tempo acordado depois do início do sono. Eles também relatam pior qualidade do sono de um modo geral e mais sonolência diurna. Portanto, em período de eutimia, pacientes com TB podem manter um quadro de insônia clinicamente significativo (com prevalências estimadas de até 70% dos casos), para o qual necessitam de terapias de manutenção. A insônia nesses indivíduos se relaciona com fadiga e disfunções cognitivas, como déficit de memória e dificuldades de aprendizado, pior qualidade de vida e maior comprometimento do funcionamento diário.[19] Além disso, pacientes com transtornos psiquiátricos que manifestam distúrbios do sono apresentam maior risco de manifestar comportamento suicida.[20]

A redução da necessidade de sono é um pródromo já conhecido de um episódio maníaco ou hipomaníaco. Entretanto, tanto dados clínicos quanto experimentais descrevem outros distúrbios do sono (normalmente na forma de insônia, mas às vezes na forma de hipersonolência ou mesmo irregularidade de rotinas de sono), como pródromos para recidiva de episódios depressivos no TB.[21] Para indivíduos que apresentam essas alterações, a TCC-I e a TIPRS resultam em taxas mais baixas de recaída para episódios maníacos e depressivos em comparação com a psicoeducação, sendo, portanto, excelentes terapêuticas auxiliares na fase de manutenção do TB.

REFERÊNCIAS BIBLIOGRÁFICAS

1. Murray G, Harvey A. Circadian rhythms and sleep in bipolar disorder. Bipolar Disorders. 2010;12(5):459-472.
2. Erren TC, Koch MS, Groß JV, Kämmerer-Cruchon S, Fuchs A, Pinger A et al. Chronomedicine: an old concept's fledging? A selective literature search. Neuro Endocrinol Lett. 2012;33(4):357-360.
3. Harvey AG, Talbot LS, Gershon A. Sleep disturbance in bipolar disorder across the lifespan. Clin Psychol (New York). 2009;16(2):256-277.
4. Wulff K, Gatti S, Wettstein JG, Foster RG. Sleep and circadian rhythm disruption in psychiatric and neurodegenerative disease. Nat Rev Neurosci. 2010;11(8):589-599.
5. Foster RG, Peirson SN, Wulff K, Winnebeck E, Vetter C, Roenneberg T. Sleep and circadian rhythm disruption in social jetlag and mental illness. Prog Mol Biol Transl Sci. 2013;119:325-346.
6. Adan A, Archer SN, Hidalgo MP, Di Milia L, Natale V, Randler C. Circadian typology: a comprehensive review. Chronobiol Int. 2012;29(9):1153-1175.

7. Harvey AG, Kaplan KA, Soehner AM. Interventions for Sleep in Bipolar Disorder. Sleep Med Clin. 2015;10(1):101-105.
8. McCarthy MJ, Nievergelt CM, Kelsoe JR, Welsh DK. A Survey of genomic studies supports association of circadian clock genes with bipolar disorder spectrum illnesses and lithium response. PLoS One 2012;7(2):e32091.
9. Pigeon WR, Bishop TM, Krueger KM. Insomnia as a precipitating factor in new onset mental illness: a systematic review of recent findings. Curr Psychiatry Rep. 2017;19(8):44.
10. Murray G, Gottlieb J, Hidalgo MP, Etain B, Ritter P, Skene DJ et al. Measuring circadian function in bipolar disorders: empirical and conceptual review of physiological, actigraphic, and self-report approaches. Bipolar Disord. 2020;22(7):693-710.
11. Beauvalet JC, Quiles CL, Oliveira MAB de, Ilgenfritz CAV, Hidalgo MPL, Tonon AC. Social jetlag in health and behavioral research: a systematic review. ChronoPhysiology and Therapy. 2017;7:19-31.
12. Kaplan KA, Talbot LS, Gruber J, Harvey AG. Evaluating sleep in bipolar disorder: comparison between actigraphy, polysomnography, and sleep diary. Bipolar Disord. 2012;14(8):870-879.
13. Takaesu Y, Inoue Y, Ono K, Murakoshi A, Futenma K, Komada Y et al. Circadian rhythm sleep-wake disorders predict shorter time to relapse of mood episodes in euthymic patients with bipolar disorder: a prospective 48-week study. J Clin Psychiatry. 2018;79(1):17m11565.
14. Gottlieb JF, Benedetti F, Geoffroy PA, Henriksen TEG, Lam RW, Murray G et al. The chronotherapeutic treatment of bipolar disorders: A systematic review and practice recommendations from the ISBD task force on chronotherapy and chronobiology. Bipolar Disord. 2019;21(8):741-773.
15. Creado S, Plante DT. An update on the use of sedative-hypnotic medications in psychiatric disorders. Curr Psychiatry Rep. 2016;18(9):78.
16. Kishi T, Nomura I, Sakuma K, Kitajima T, Mishima K, Iwata N. Melatonin receptor agonists--ramelteon and melatonin-for bipolar disorder: a systematic review and meta-analysis of double--blind, randomized, placebo-controlled trials. Neuropsychiatr Dis Treat. 2019;15:1479-1486.
17. Haynes PL, Gengler D, Kelly M. Social rhythm therapies for mood disorders: an update. Curr Psychiatry Rep. 2016;18(8):75.
18. Wirz-Justice A, Graw P, Kräuchi K, Gisin B, Arendt J, Aldhous M et al. Morning or night-time melatonin is ineffective in seasonal affective disorder. J Psychiatr Res. 1990;24(2):129-137.
19. Kanady JC, Soehner AM, Klein AB, Harvey AG. The association between insomnia-related sleep disruptions and cognitive dysfunction during the inter-episode phase of bipolar disorder. J Psychiatr Res. 2017;88:80-88.
20. Malik S, Kanwar A, Sim LA, Prokop LJ, Wang Z, Benkhadra K et al. The association between sleep disturbances and suicidal behaviors in patients with psychiatric diagnoses: a systematic review and meta-analysis. Syst Rev. 2014;3:18.
21. Ng TH, Chung K-F, Ng T-K, Lee C-T, Chan M-S. Correlates and prognostic relevance of sleep irregularity in inter-episode bipolar disorder. Compr Psychiatry. 2016;69:155-162.

Alterações Imunoinflamatórias no Transtorno Bipolar | 10

Bianca Wollenhaupt de Aguiar
Gabriel Rodrigo Fries
Bianca Pfaffenseller

◊ Introdução

O transtorno bipolar (TB) apresenta grande complexidade clínica, frequentemente apresentando heterogeneidade entre os pacientes em relação aos sintomas apresentados e a progressão da doença. Diante disso, estudos com foco nas bases biológicas do transtorno sugerem mecanismos complexos e heterogêneos, envolvendo um grande número de sistemas e vias de sinalização. Entre os achados mais consistentes, estão as alterações imunoinflamatórias em pacientes com TB.[1]

O termo "inflamação" se refere à ativação do sistema imune em resposta a um estimulante, seja ele um patógeno (como uma bactéria ou um vírus, p. ex.) ou um dano celular ou tecidual. A resposta inflamatória é mediada por moléculas conhecidas como citocinas e quimiocinas, que promovem a comunicação entre diferentes tipos celulares e coordenam respostas humorais e celulares em resposta ao estímulo inflamatório inicial. Nesse contexto, a medição desses mediadores em tecidos, como o sangue periférico ou cérebro *post-mortem*, possibilita a investigação do perfil inflamatório em uma determinada condição.

Estudos com tecidos de pacientes com TB já mostraram uma série de alterações em citocinas e quimiocinas inflamatórias, muitas das quais se associam a episódios agudos, progressão da doença, ou resposta a tratamentos específicos. Este capítulo tem como objetivo revisar brevemente achados relacionados com o sistema imunoinflamatório no TB e, assim, identificar perspectivas futuras de desenvolvimento na área.

◊ Alterações periféricas

Citocinas e quimiocinas

Evidências crescentes têm mostrado que as citocinas pró-inflamatórias desempenham um papel notável na fisiopatologia do TB, e apontam para níveis aumentados de marcadores pró-inflamatórios periféricos em pacientes com esse transtorno. Estudos mostraram que citocinas inflamatórias podem estar associadas à atividade da doença,[2] a progressão da doença[3,4] e ao diagnóstico diferencial.[5] As citocinas mais consistentemente relatadas no TB são a interleucina (IL)-6 e o fator de necrose tumoral alfa (TNF-α).

Níveis elevados de TNF-α durante a depressão e/ou mania foram evidenciados em alguns estudos, os quais também demonstraram que as concentrações das citocinas voltam aos níveis normais após a remissão dos episódios agudos. Adicionalmente, uma metanálise mostrou que os níveis da proteína C reativa (PCR), proteína produzida em resposta a um estímulo inflamatório e induzida principalmente pelas citocinas IL-6 e IL-1β, estão aumentados em pacientes com TB em todos os episódios de humor, sendo esse aumento mais pronunciado durante a mania.[6] Nesse estudo, constatou-se que os níveis de PCR foram moderadamente e levemente diminuídos após a resolução do episódio maníaco e depressivo, respectivamente.

Além disso, alguns estudos focaram as mudanças nas citocinas relacionadas com a progressão da doença no TB. Kauer-Sant'Anna *et al.*[3] observaram um aumento no TNF-α e na IL-6 nos estágios inicial e final do TB em comparação com os controles. Recentemente, Tatay-Manteiga *et al.*[4] encontraram níveis aumentados em pacientes em estágio tardio em comparação com controles.

Com relação aos níveis de quimiocinas no sangue periférico de pacientes com TB, uma metanálise recente mostrou que os níveis de IL-8, MCP-1 (proteína-1 quimioatraída por monócito; do inglês *monocyte-chemoattractant protein-1*), eotaxina-1 e IP-10 (proteína 10 induzida por interferon-γ; do inglês *interferon-γ-induced protein 10*) estão significativamente aumentados em pacientes com TB em comparação com indivíduos saudáveis.[7] Além disso, os resultados dessa análise sugerem que as alterações nos níveis de quimiocinas no TB podem estar relacionadas com o estado de humor, considerando que níveis aumentados de IL-8 e MCP-1 foram relacionados com a depressão e níveis aumentados de eotaxina-1, e os de IP-10 estão potencialmente relacionados com a eutimia, conforme as evidências disponíveis até o momento.[7]

Considerando o número de achados, replicados em diversos estudos e metanálises e que indicam uma inflamação crônica leve na periferia em pacientes com TB, alguns autores têm se referido ao TB como uma doença inflamatória multissistêmica[1] e essa inflamação sistêmica crônica parece ser a principal relação com a alta ocorrência de comorbidades clínicas (como doenças cardiovasculares, síndrome metabólica e diabetes) no TB.

Disfunções celulares

Nos últimos anos, tem-se aumentado o interesse na potencial contribuição de células do sistema imune e nas disfunções relacionadas com sua sinalização na modulação da inflamação nos transtornos psiquiátricos. Ainda não está claro o papel das células imunes nos mecanismos fisiopatológicos associados com o TB, e avanços nessa área são importantes para a melhor compreensão da doença e para que sejam desvendados novos alvos terapêuticos com potencial de ajudar no desenvolvimento de tratamentos novos e mais eficazes.

Nesse contexto, algumas células imunes são de especial interesse, como os monócitos e os macrófagos. Monócitos são células que circulam no sangue periférico e representam a primeira linha de defesa do sistema imune. Essas células produzem citocinas e podem reconhecer patógenos, e então migrar do sangue para os tecidos e se diferenciar em células dendríticas ou macrófagos. Os macrófagos são células fagocíticas essenciais para o sistema imune inato, e sua disfunção pode levar a um processo de inflamação crônica. Alguns estudos demonstraram que pacientes com TB possuem uma maior proporção de monócitos (células positivas para o marcador CD14+) no sangue periférico. Essas células apresentam uma resposta pró-inflamatória alterada após estímulo com lipopolissacarídeo (LPS), com maior produção de IL-6 quando comparadas às células de indivíduos saudáveis,[8] indicando que existe uma ativação do sistema fagocítico mononuclear nesses pacientes. Alterações em células imunes circulantes podem refletir um aumento de citocinas pró-inflamatórias, uma vez que estas são majoritariamente produzidas por células ativadas do sistema imune. É importante destacar que pacientes com TB demonstram níveis séricos aumentados de citocinas pró-inflamatórias (IL-1β, IL-6 e TNF-α), como discutido anteriormente. Essa inflamação sistêmica no TB está potencialmente relacionada com o aumento da produção de citocinas pró-inflamatórias no sistema nervoso central (SNC), como será discutido adiante.

Os estados de polarização das células imunes, conhecidos como ativação clássica e ativação alternativa, modulam a mudança da resposta imune para uma resposta pró-inflamatória ou anti-inflamatória, respectivamente, e esse padrão tem sido estudado no TB. Por exemplo, um aumento do estado pró-inflamatório foi observado em monócitos de pacientes com TB,[9] e marcadores da ativação clássica/pró-inflamatória (IL-6 e CCL-3) foram reportados aumentados, enquanto marcadores da ativação alternativa/anti-inflamatória (CCL-1, CCL22 e IL-10) foram encontrados diminuídos em células mononucleares de pacientes com TB comparados a indivíduos saudáveis.[10]

Adicionalmente, um estudo recente mostrou que macrófagos de pacientes com TB em estágio tardio da doença não apresentam uma resposta imune apropriada quando estimulados *in vitro*.[11] Diferentemente das células de pacientes em estágio inicial da doença e de indivíduos saudáveis, os macrófagos de pacientes em estágio tardio não produziram as citocinas conforme esperado de acordo com o estímulo, influenciando o equilíbrio da resposta imune entre pró- e anti-inflamatória.[11] Esses achados sugerem que esses pacientes apresentam uma importante disfunção imune, o que poderia estar associada ao aumento das citocinas de forma crônica.

A morte celular é potencialmente um dos mecanismos envolvidos na disfunção imune no TB. Em processos de estresse, dano ou morte celular, as células liberam padrões moleculares associados ao dano (DAMPs, do inglês *damage-associated molecular patterns*), que são constituintes celulares (açúcares, metabólitos, lipídeos e ácidos nucléicos) e que podem se ligar a receptores, ativando vias de sinalização relacionadas com a resposta inflamatória (envolvendo, p. ex., a ativação clássica de macrófagos). De fato, níveis aumentados de fatores apoptóticos, assim como uma diminuição de fatores antiapoptóticos, já foram observados no TB.[12] Além disso, células mononucleares do sangue de pacientes com TB apresentam uma taxa pronunciada de morte celular quando expostas *in vitro* a um estímulo estressor.[13] Esses achados, em conjunto, sugerem que as células desses pacientes apresentam uma menor resiliência, possivelmente associada com maior morte celular. Além disso, há evidência de aumento de DAMPs no soro de pacientes com TB,[14] indicando uma relação entre morte celular, toxicidade sistêmica e ativação imune. Alterações na neuroplasticidade e na resiliência celular podem estar associadas ao prejuízo da homeostase com a ativação de um processo inflamatório (em níveis central e periférico) que, associado a desregulação imune, aumento de mediadores pró-inflamatórios e diminuição de fatores neurotróficos, impacta negativamente os mecanismos de neuroproteção levando a alterações cerebrais e sistêmicas no TB.

◊ Alterações centrais

Estudos com cérebro *post-mortem* de pacientes com TB mostraram evidências de neuroinflamação, o que estaria associado com a progressão da doença e com os episódios de humor. Os achados apontam para o papel do sistema imune nos mecanismos celulares e moleculares subjacentes ao TB, com foco nas células do sistema imunológico (microglia, astrócitos e oligodendrócitos), e nas citocinas inflamatórias[15] (Figura 10.1).

Estudos de imagem possibilitam a avaliação da ativação microglial *in vivo*, viabilizando achados exclusivos sobre as alterações neuroinflamatórias associadas ao TB. Nesse contexto, estudos de tomografia por emissão de pósitrons, usando radioligantes para a proteína translocadora (TSPO), foram publicados para investigar a ativação microglial. A TSPO é um marcador amplamente utilizado para ativação imune no SNC, uma vez que uma mudança no fenótipo e no estado funcional da microglia está associada ao aumento da expressão dessa proteína. Os principais achados nessa área apontam para a presença de neuroinflamação focal no hipocampo de pacientes com TB.[16]

Um dos mecanismos pelos quais a neuroinflamação pode estar ocorrendo é a disfunção da barreira hematoencefálica (BHE). Essa barreira conecta o SNC e os tecidos periféricos, regulando a troca de substâncias entre o componente periférico e o central. As citocinas pró-inflamatórias presentes na periferia podem promover

Figura 10.1

Modelo teórico para a disfunção imunoinflamatória no transtorno bipolar. (1) Alterações periféricas em mediadores inflamatórios (citocinas, quimiocinas, e padrões moleculares associados ao dano) foram descritas em pacientes, incluindo alterações em mecanismos de resiliência celular e aumento de morte celular programada (apoptose). (2) Mediadores periféricos podem contribuir para o dano à barreira hematoencefálica ao migrarem para o parênquima cerebral e favorecer consequentemente ativação microglial (3). Como consequência, a neuroinflamação pode contribuir com a disfunção e o dano neuronal (4), possivelmente levando à inibição da neurogênese e neurotoxicidade. DAMPs: padrões moleculares associados ao dano; EROs: espécies reativas do oxigênio; Glu: glutamato; IL-1b : interleucina 1 beta; NMDAr: receptor N-metil-D-aspartato; ON: óxido nítrico; TNF-α: fator de necrose tumoral alfa.

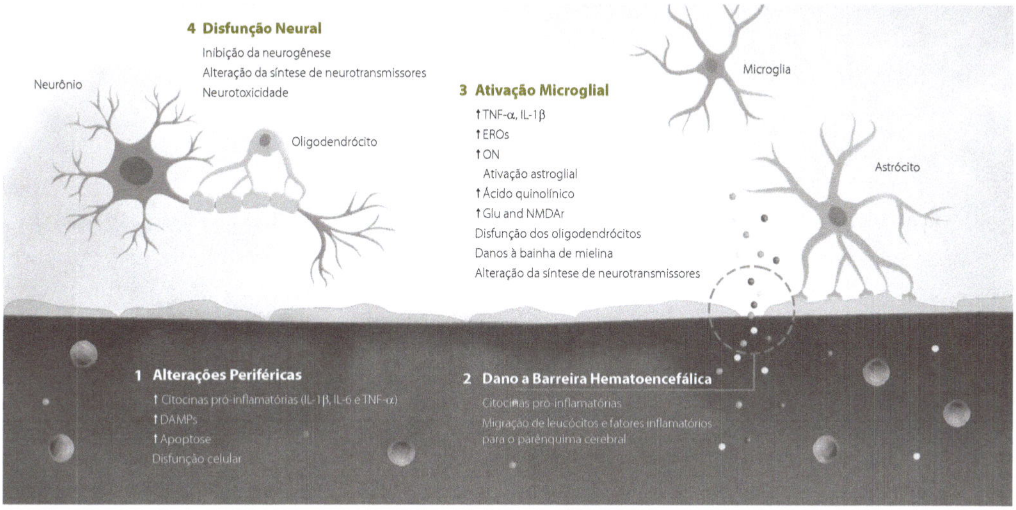

Fonte: Desenvolvida pela autoria. Agradecemos à Cezar Augusto Farias Pereira por sua contribuição na concepção dessa figura.

alterações na BHE, incluindo um aumento da permeabilidade microvascular, levando à migração de leucócitos e fatores inflamatórios para o parênquima cerebral e à ativação de macrófagos. Quando as citocinas pró-inflamatórias (incluindo IL-1α, IL-1β, IL-6, IL-10 e TNF-α) cruzam a BHE, elas ativam a microglia e os astrócitos. Além disso, as citocinas periféricas, por meio da ativação e destruição das junções estreitas de células endoteliais microvasculares que formam a BHE, também podem danificar essa barreira e aumentar sua permeabilidade sem entrar no cérebro. Considerando a inflamação como um fator-chave do TB, um modelo de disfunção da BHE nessa doença foi proposto, associando-se a perda da integridade da BHE com o aumento da permeabilidade de mediadores pró-inflamatórios do sangue periférico para o cérebro, provocando ativação microglial e causando dano neuronal.[17]

As células da microglia são consideradas peças-chave na regulação imunológica do SNC, e sua ativação imune está associada à liberação de radicais livres, como as espécies reativas do oxigênio (EROs) e o óxido nítrico (ON), citocinas inflamatórias, como TNF-α e IL-1β, além da ativação de astrócitos. A ativação da microglia também pode levar à disfunção dos oligodendrócitos e danos à bainha de mielina, o que pode causar lesões neuronais. Além disso, a ativação microglial também está associada à produção de ácido quinolínico, um modulador endógeno que atua como um agonista do receptor N-metil-D-aspartato (NMDAr) na neurotransmissão glutamatérgica e como mediador pró-inflamatório. O aumento do ácido quinolínico reflete-se no aumento dos níveis de glutamato e na regulação positiva dos receptores NMDA, levando à neurotoxicidade e depleção de neurotransmissores. Isso tem um impacto negativo na neurotransmissão, contribuindo, assim, para a disfunção neuronal. A ativação microglial crônica também pode resultar em apoptose neuronal, inibição da neurogênese, alteração da síntese de neurotransmissores e neurotoxicidade.

◊ Genética e epigenética

O importante caráter genético do TB tem sido sugerido por uma série de estudos que mostram uma significativa agregação familiar, alta herdabilidade predita por estudos com gêmeos e, mais recentemente, por estudos de associação de varredura genômica (GWAS, do inglês *genome-wide association study*). De forma geral, a contribuição genética do TB, como um transtorno complexo e multifatorial, se baseia em dezenas (possivelmente centenas) de variantes genéticas comuns com pequeno tamanho de efeito cada, as quais, em conjunto e em interação com eventos ambientais, podem aumentar o risco ao TB. O GWAS, mais recente estudo publicado pelo Consórcio de Genômica Psiquiátrica (PGC, do inglês *Psychiatric Genomics Consortium*), identificou 64 *loci* genômicos associados ao TB,[18] entre os quais se encontram variantes associadas ao complexo principal de histocompatibilidade (MHC, do inglês *major histocompatibility complex*).

Além desse achado recente, muitos estudos anteriores já sugeriram um importante papel da genética em estabelecer alterações imunoinflamatórias nos pacientes com TB, incluindo uma maior frequência de polimorfismos nos genes codificantes para a PCR, ciclo-oxigenase-2 e antígeno leucocitário humano (HLA), e uma correlação genética significativa entre TB e doenças imunes. Ademais, variantes genéticas associadas ao TB foram anteriormente enriquecidas em vias celulares relacionadas com IL-6, IL-8, e interferon, reforçando o papel da genética em determinar o perfil inflamatório desse transtorno. Mais recentemente, a inflamação no paciente com TB tem sido associada também a alterações epigenéticas, como a metilação do DNA. Por exemplo, um estudo mostrou que a hipometilação do gene *CYP11A1* durante um episódio de mania nesses pacientes se correlaciona significativamente com marcadores inflamatórios em sangue periférico.[19] De modo geral, acredita-se que tanto variantes genéticas propriamente ditas quanto alterações epigenéticas em genes relevantes podem contribuir para as alterações imunológicas observadas no TB.

◊ Implicações clínicas e novas estratégias neuroprotetoras

Os achados imunoinflamatórios discutidos anteriormente apresentam várias implicações clínicas a pacientes e profissionais, incluindo o uso de biomarcadores inflamatórios como preditores de resposta ao tratamento e a busca por novos e mais eficazes tratamentos focados no sistema imune. Não só há evidências de que os estabilizadores de humor, tais como o lítio e o valproato, podem apresentar propriedades anti-inflamatórias em ensaios *in vitro* e *in vivo*, mas uma série de ensaios clínicos também têm sido conduzidos para se testar o efeito positivo de imunomoduladores e anti-inflamatórios em pacientes com TB. De forma geral, os achados são consistentes e revelam um efeito antidepressivo moderado de medicamentos anti-inflamatórios quando utilizados em combinação com tratamento clássico, incluindo anti-inflamatórios não esteroides (como celecoxibe e o ácido acetilsalicílico), ácidos poliinsaturados, antioxidantes, medicamentos anticitocinas, pioglitazona e a minociclina, para mencionar alguns dos agentes.[20] No entanto, o efeito protetor desses agentes não parece ser o mesmo para todos os pacientes, pois estudos sugerem que apenas um grupo de pacientes com alto perfil inflamatório pode se beneficiar dessa estratégia farmacológica.

Em geral, o potencial uso de imunomoduladores no TB ainda precisa ser avaliado com mais cuidado, principalmente a partir de uma distinção entre pacientes com ou sem um perfil inflamatório significativo no início do estudo.

◊ Perspectivas futuras e conclusão

Como discutido ao longo deste capítulo, a disfunção do sistema imune e a inflamação nos paciente com TB têm sido propostas como fatores-chave na fisiopatologia desse transtorno, estando associadas a progressão da doença, episódios agudos de humor, e presença de comorbidades médicas observada nesses pacientes, como doenças cardiovasculares, síndrome metabólica, obesidade e diabetes. A disfunção do sistema imunoinflamatório tem o potencial de explicar a relação entre o TB e a alta prevalência dessas comorbidades clínicas, considerando que a inflamação crônica de baixo grau tem sido consistentemente associada ao TB e a essas doenças.

Além do potencial futuro uso de marcadores inflamatórios na clínica psiquiátrica (p. ex., para diferenciar o TB de outros transtornos, indicar a progressão da doença ou, até mesmo, para ajudar na escolha de tratamentos eficazes para um determinado paciente), o estudo dos processos inflamatórios tem levado a uma série de ensaios clínicos com anti-inflamatórios no TB. Especificamente, novos tratamentos focados na modulação do sistema imune têm sido desenvolvidos para testes em pacientes com TB. Resultados preliminares desses testes sugerem benefícios importantes como tratamento adjuvante, principalmente para o tratamento da depressão bipolar. Estratégias mais eficazes serão desenvolvidas à medida que novos alvos terapêuticos e subgrupos de pacientes forem identificados.

REFERÊNCIAS BIBLIOGRÁFICAS

1. Fries GR, Walss-Bass C, Bauer ME, Teixeira AL. Revisiting inflammation in bipolar disorder. Pharmacol Biochem Behav. 2019 Feb;177:12-19.
2. Kapczinski F, Dal-Pizzol F, Teixeira AL, Magalhaes PVS, Kauer-Sant'Anna M, Klamt F et al. Peripheral biomarkers and illness activity in bipolar disorder. J Psychiatr Res. 2011 Feb;45(2):156-161.
3. Kauer-Sant'Anna M, Kapczinski F, Andreazza AC, Bond DJ, Lam RW, Young LT et al. Brain-derived neurotrophic factor and inflammatory markers in patients with early- *vs.* late-stage bipolar disorder. Int J Neuropsychopharmacol. 2009;12(4):447-458.
4. Tatay-Manteiga A, Balanzá-Martínez V, Bristot G, Tabarés-Seisdedos R, Kapczinski F, Cauli O. Clinical staging and serum cytokines in bipolar patients during euthymia. Prog Neuropsychopharmacol Biol Psychiatry. 2017;77:194-201.
5. Wollenhaupt-Aguiar B, Librenza-Garcia D, Bristot G, Przybylski L, Stertz L, Kubiachi Burque R et al. Differential biomarker signatures in unipolar and bipolar depression: A machine learning approach. Aust N Z J Psychiatry. 2020;54(4):393-401.
6. Fernandes BS, Steiner J, Molendijk ML, Dodd S, Nardin P, Gonçalves CA et al. C-reactive protein concentrations across the mood spectrum in bipolar disorder: a systematic review and meta-analysis. Lancet Psychiatry. 2016;3(12):1147-1156.
7. Misiak B, Bartoli F, Carrà G, Małecka M, Samochowiec J, Jarosz K et al. Chemokine alterations in bipolar disorder: A systematic review and meta-analysis. Brain Behav Immun. 2020;88:870-877.
8. Barbosa IG, Machado-Vieira R, Soares JC, Teixeira AL. The immunology of bipolar disorder. Neuroimmunomodulation. 2014;21(2-3):117-122.
9. Drexhage RC, Hoogenboezem TH, Versnel MA, Berghout A, Nolen WA, Drexhage HA. The activation of monocyte and T cell networks in patients with bipolar disorder. Brain Behav Immun. 2011;25(6):1206-1213.
10. Brambilla P, Bellani M, Isola M, Bergami A, Marinelli V, Dusi N et al. Increased M1/decreased M2 signature and signs of Th1/Th2 shift in chronic patients with bipolar disorder, but not in those with schizophrenia. Transl Psychiatry. 2014;4(7):e406.
11. Ascoli BM, Parisi MM, Bristot G, Antqueviezc B, Géa LP, Colombo R et al. Attenuated inflammatory response of monocyte-derived macrophage from patients with BD: a preliminary report. Int J Bipolar Disord. 2019;7(1):13.
12. Scaini G, Fries GR, Valvassori SS, Zeni CP, Zunta-Soares G, Berk M et al. Perturbations in the apoptotic pathway and mitochondrial network dynamics in peripheral blood mononuclear cells from bipolar disorder patients. Transl Psychiatry. 2017;7(5): e1111.

13. Pfaffenseller B, Wollenhaupt-Aguiar B, Fries GR, Colpo GD, Burque RK, Bristot G et al. Impaired endoplasmic reticulum stress response in bipolar disorder: cellular evidence of illness progression. Int J Neuropsychopharmacol. 2014;17(9):1453-1463.
14. Stertz L, Fries GR, Rosa AR, Kauer-Sant'anna M, Ferrari P, Paz AVC et al. Damage-associated molecular patterns and immune activation in bipolar disorder. Acta Psychiatr Scand. 2015;132(3):211-217.
15. Giridharan VV, Sayana P, Pinjari OF, Ahmad N, da Rosa MI, Quevedo J et al. Postmortem evidence of brain inflammatory markers in bipolar disorder: a systematic review. Mol Psychiatry. 2020;25(1):94-113.
16. Haarman BCMB, Riemersma-Van der Lek RF, de Groot JC, Ruhé HGE, Klein HC, Zandstra TE et al. Neuroinflammation in bipolar disorder - A [(11)C]-(R)-PK11195 positron emission tomography study. Brain Behav Immun. 2014;40:219-225.
17. Patel JP, Frey BN. Disruption in the blood-brain barrier: the missing link between brain and body inflammation in bipolar disorder? Neural Plast. 2015;2015:708306.
18. Mullins N, Forstner AJ, O'Connell KS, Coombes B, Coleman JRI, Qiao Z et al. Genome-wide association study of more than 40,000 bipolar disorder cases provides new insights into the underlying biology. Nat Genet. 2021;53(6):817-829.
19. Sabunciyan S, Maher B, Bahn S, Dickerson F, Yolken RH. Association of DNA methylation with acute mania and inflammatory markers. PLoS One. 2015;10(7):e0132001.
20. Husain MI, Strawbridge R, Stokes PR, Young AH. Anti-inflammatory treatments for mood disorders: Systematic review and meta-analysis. J Psychopharmacol. 2017;31(9):1137-1148.

Estadiamento e Neuroprogressão no Transtorno Bipolar

11

Santiago Mozart Fernandes
Ângela Marisa de Aquino Miranda Scippa
Flávio Kapczinski

◊ Introdução

O transtorno bipolar (TB), com prevalência em torno de 2,4% na população geral,[1] figura entre as seis principais causas de perda de anos vividos com incapacidade (YLD, sigla do inglês *years lived with disability*) entre jovens de 10 a 24 anos ao redor do mundo, comprometendo a qualidade de vida (QV) e o funcionamento psicossocial dos seus portadores. O Global Burden of Disease Study estima que 9,9 milhões de YLD foram perdidos em 2013, como consequência do TB.

Os sintomas do TB classicamente se apresentam a partir do fim da adolescência, com o tipo 1 abrangendo subgrupos estratificados por idade de início do transtorno, desde os de apresentação precoce, com média de 17 anos, aos de apresentação mais tardia, com média de 32 anos, sendo maior o primeiro grupo (41,7%). Quando analisados todos os subtipos do transtorno, a idade média de apresentação é de 25 anos. Esses dados já revelam por si que os indivíduos são acometidos pela doença nos anos mais produtivos de suas vidas, seja em termos de vida estudantil ou de atividade laboral. Ademais, aqueles que o manifestam precocemente desenvolvem formas mais graves, e com maior risco de comportamento suicida.[2]

Um fator agravante à severidade do transtorno é o diagnóstico tardio, em média descrito em cerca de uma década entre a apresentação da doença e o diagnóstico formal.[3] Por esse motivo, a grande meta no controle dessa patologia é a identificação precoce de seus sintomas, a fim de se evitar um curso deteriorante. A observação da epidemiologia do TB motivou a criação de ferramentas para análise de sintomas ainda em fase prodrômica, possibilitando, assim, o desenvolvimento de propostas interventivas e, mais importante, preventivas.[4,5]

O estudo em longo prazo do curso do TB permitiu identificar, tanto em nível neurobiológico quanto de desfechos clínicos, um padrão de evolução progressiva e — até certo ponto — previsível, em alguns casos. O conhecimento atual do TB também nos revela que, antes do primeiro episódio maníaco eclodir (em um período que pode variar de dias a anos), é possível identificar sintomas, tais como labilidade afetiva, mudanças de humor frequentes, irritabilidade e agitação psicomotora, podendo chegar a episódios depressivos maiores e episódios maníacos subsindrômicos.[6]

Cabe mencionar que, diante da apresentação de início precoce dos sintomas prodrômicos e da esperada confusão entre as variações patológicas de humor e os comportamentos comuns esperados na adolescência, o diagnóstico do TB torna-se muito difícil nessa faixa etária. Contudo, essa apresentação precoce também corrobora o embasamento teórico do conceito da neuroprogressão do TB, cuja pesquisa ocorre em todas as faixas etárias.

◊ Neuroprogressão

O conceito da neuroprogressão no TB é uma hipótese que vem ganhando expressão no meio científico à medida que novos estudos fortalecem seu embasamento teórico.[7] Conceitualmente, o termo traduz a ideia da ocorrência de mudanças progressivas em estruturas cerebrais e de função celular no sistema nervoso central (SNC) à medida que a doença progride ao longo do tempo. Nesse sentido, a frequência e a severidade dos sintomas ou dos episódios apresentados são os determinantes ou não dessa neuroprogressão.[7-9]

O caráter longitudinal da hipótese implica que a cronicidade do TB ocasiona dano neuronal cumulativo e com tendência a piora ao longo do tempo, possivelmente devido ao desenvolvimento progressivo de vulnerabilidade a processos neurodegenerativos mais intensos na vigência de quadros agudos.[7-9]

Alguns achados dão suporte à hipótese da neuroprogressão; p. ex., o maior tempo de duração do transtorno mesmo em pacientes devidamente medicados está diretamente associado a mudanças estruturais do cérebro, marcadamente a redução da substância cinzenta do córtex pré-frontal.[10-14] Ao mesmo tempo, sabe-se que a recorrência de episódios de humor parece estar ligada ao aumento da propensão a novas recidivas, de modo que o TB pode funcionar, ao menos em determinados subgrupos, como uma "alça de *feedback*" em que cada episódio aumenta a vulnerabilidade neuronal e, portanto, facilita a ocorrência de novos episódios, efeito chamado de *kindling*, ou seja, crises aumentam as chances de novas crises.[15]

O mecanismo por meio do qual isso ocorre ainda não está bem estabelecido, e há muitas hipóteses propostas, a exemplo de mudanças epigenéticas, disfunções mitocondriais, disrupções de vias neuronais ligadas à neuroplasticidade e, mais importante, a neuroinflamação, incluindo aumento na produção de citocinas pró-inflamatórias, especialmente no que tange à vulnerabilidade a processos neurodegenerativos.[7,16]

Do ponto de vista clínico, a perda de funções cognitivas parece ser um marco em grande parte dos pacientes com TB, ainda que em fase de eutimia. Ainda que haja divergências na literatura, evidências apontam que pacientes com déficits cognitivos no início da doença tendem a desenvolver quadros clínicos mais arrastados e de difícil controle.[17]

◊ Cognição no transtorno bipolar

O comprometimento cognitivo é parte importante da história clínica do TB e tem correlações com fatores neurobiológicos e de estilo de vida ainda não completamente elucidados. Portanto, os estudos de coorte feitos antes e depois do diagnóstico de TB têm papel fundamental na compreensão do desenvolvimento desse aspecto da doença.[6] É importante lembrar que o TB possui uma trajetória heterogênea, na qual estudos mostram prejuízos cognitivos ao longo do tempo, inclusive em períodos de remissão sintomatológica (eutimia);[18] contudo, sabe-se também que esse desfecho não é uma regra,[19] pois muitos desses pacientes não apresentarão prejuízos cognitivos quando comparados a controles saudáveis.[18,20]

O curso variável do TB revela, na prática clínica, um subgrupo de pacientes que apresenta uma forma progressiva associada a alterações cerebrais e um subgrupo que não apresentará tais prejuízos.[17] Os pacientes podem ter um funcionamento cognitivo próximo ao de indivíduos não afetados pela doença (32% a 48%) ou demonstrar prejuízos cognitivos parciais, como na velocidade de processamento e na atenção (29% a 40%), chegando a um comprometimento cognitivo em diversos domínios (12% a 40%), o que denota a existência de subgrupos neuropsicológicos heterogêneos.[21]

O consenso entre as coortes, com amostras de centenas a milhares de indivíduos, foi o de que o quociente de inteligência (QI) baixo não está associado ao desenvolvimento de TB na adolescência, nem ao comprometimento global da cognição e da linguagem. Uma dessas coortes, ao contrário, demonstrou que o QI elevado na infância, especialmente no campo verbal, é preditor de sintomas maníacos que aparecem mais tarde na vida do indivíduo.[22]

Dois estudos nórdicos com amostras de mais de 100 mil indivíduos apresentaram resultados mistos: um deles (n = 213.693) demonstrou que altas funções cognitivas, especialmente no que se refere a linguagem, reconhecimento visuoespacial, conhecimentos gerais e compreensão da linguagem, estão associadas a menor risco de desenvolvimento de TB. Outro estudo um pouco menor (n = 195.191) apontou maior aptidão para aritmética e pontuação baixa em raciocínio visuoespacial como fatores de risco ao desenvolvimento da doença.[19,23]

Outros estudos, mais focados em atraso do desenvolvimento e desempenho escolar, demonstraram que os atrasos nesse campo durante a infância parecem estar associados ao desenvolvimento de formas psicóticas e de apresentação precoce da doença, ainda que com efeito menor do que aquele encontrado na esquizofrenia.[24]

Um outro tipo de coorte, que estuda pacientes selecionados pelo alto risco de desenvolvimento de TB no futuro — usando como critério a história familiar —, mostra que há déficits cognitivos frequentes tanto nos portadores de TB, quanto em seus parentes não afetados pela doença, quando comparados com controles sadios e sem história familiar da doença.[25,26]

Os estudos que observaram pacientes depois do diagnóstico foram consistentes em demonstrar déficits cognitivos tanto na esfera global quanto em domínios específicos, fortalecendo a hipótese de que à medida que o TB avança no tempo, deixa marcas fenotípicas duradouras, inclusive após resolução dos episódios de humor.[27] Esse tipo de coorte tem evidenciado ainda que os déficits não encontrados na população pediátrica tendem a se apresentar posteriormente na idade adulta, a exemplo dos campos da velocidade de processamento, resolução de problemas, raciocínio lógico e vigilância. Amostras de pacientes crônicos em que foram avaliados comprometimentos cognitivos mostram diferenças pequenas entre os portadores de esquizofrenia e de TB.[28,29]

No entanto, uma metanálise mais recente de estudos longitudinais mostrou que não há declínio cognitivo em pacientes com TB a curto e médio prazo (1 a 5 anos) de forma convincente, tampouco associação com a idade, mesmo em amostras focadas em pacientes idosos. Corroborando com esse resultado, uma revisão narrativa publicada recentemente sugere que talvez um tempo de seguimento tão curto quanto 5 anos não seja o bastante para demonstrar a possível deterioração cognitiva do TB.[30]

Essas discrepâncias na literatura podem se dever ao fato de que boa parte dos estudos nesse campo encaram o TB como uma doença homogênea. Quando feita a análise de subgrupos de pacientes, atestou-se que aqueles com maior comprometimento cognitivo também demonstram um QI mais baixo na fase pré-mórbida, enquanto os pacientes com deterioração menos grave tendem a apresentar mais episódios depressivos, quando comparados a pacientes sem comprometimento cognitivo.[31] Estudos que levem em consideração a heterogeneidade fenotípica da doença ainda não são frequentes na literatura, e talvez esse seja o caminho para compreender melhor como a cognição muda no curso do TB ou muda o curso dele.

Do ponto de vista neurobiológico, a inflamação sistêmica — medida por marcadores pró-inflamatórios — parece estar associada a menor desempenho em testes que avaliam a cognição tanto em pacientes crônicos quanto nos de início recente da doença. Mais ainda, os pacientes que possuem polimorfismos do alelo Met da neurotrofina — fator neurotrófico derivado do cérebro (BDNF) —, importante na sobrevivência e manutenção neuronal, apresentam pior desempenho em funções executivas e no aprendizado verbal, quando comparado aos portadores do alelo Val.[32,33]

Lacunas importantes permanecem dificultando a compreensão dos mecanismos fisiopatológicos subjacentes à neuroprogressão do TB, especialmente no que tange o comprometimento cognitivo. Faltam estudos longitudinais com seguimento a longo prazo dos mesmos pacientes, em que se controlam fatores confundidores quanto à presença de inflamação sistêmica, a exemplo daquela descrita nos portadores de obesidade e nos tabagistas.

◊ Neuroimagem: análises globais e de regiões específicas

Outra forma de pôr à prova a hipótese da neuroprogressão do TB é por meio da identificação de mudanças estruturais no SNC, especialmente nos pacientes com risco genético de desenvolvimento do transtorno ou naqueles expostos à doença há muito tempo. Nesse sentido, métodos de neuroimagem, como a ressonância magnética (funcional, estrutural ou espectroscópica) e a tomografia computadorizada (especialmente por emissão de pósitrons [PET]), têm revelado dados importantes.

Em um estudo de 2011, ressonâncias magnéticas de 321 pacientes e 442 controles sadios foram analisadas, e foi possível identificar uma associação importante entre a duração da doença e a perda de volume cerebral global, independentemente da idade de início da doença.[34] Ainda que seja elucidativo, o estudo foi desenhado como corte-transversal, de modo que é impossível definir o papel exato da progressão da doença nos achados observados. Estudos longitudinais, por sua vez, não costumam ter tempo de seguimento suficiente para captar as mudanças estruturais — possivelmente sutis — que o TB pode causar no SNC.[34]

Dado que a variável costumeiramente observada nos estudos iniciais era "grosseira" — volume global do cérebro —, outras métricas têm sido adotadas para elucidar o problema, a exemplo da quantificação de perda de volume em regiões específicas do cérebro, especialmente as frontotemporoestriatais.[9]

O córtex pré-frontal de adolescentes, em curtos períodos de doença, parece ser gravemente atingido, estando a intensidade da neurodegeneração medida por frequência de hospitalizações, diretamente associada à severidade dos episódios. Dois outros estudos, no entanto, demonstraram aumento de massa cinzenta em córtex pré-frontal ventrolateral em pacientes também jovens. Isso sugere que as mudanças estruturais no SNC — ou, ao menos, no volume de córtex pré-frontal — desses pacientes não são lineares, mas em forma de U. Essa informação também é verdadeira quanto aos estudos de comprometimento cognitivo, que encontram maior frequência e severidade de doença nos grupos com QI acima e abaixo da média.[9,35,36]

De fato, foi evidenciado que desfechos clínicos negativos, como deterioração cognitiva e impulsividade estão diretamente relacionados com reduções de volume em regiões frontotemporolímbicas, temporais e orbitofrontais, estando a perda de volume nesta última região mais associada à impulsividade.[37-39]

Estruturas subcorticais também parecem ser afetadas pela doença, senão pelo tempo, pela severidade dos sintomas: estudos de corte transversal demonstram alterações volumétricas em regiões estriatais e da amígdala, bem como redução do hipocampo.[40]

Apesar disso, a heterogeneidade dos resultados remete à necessidade já mencionada de avaliar populações de pacientes com base em uma lógica de análise de subgrupos, levando em consideração particularidades como tempo de doença, subtipo de transtorno, polaridade, qualidade e gravidade dos sintomas, além de controlar outros fatores clínicos, tais como a presença de outras comorbidades psiquiátricas e não psiquiátricas. Outra limitação desse tipo de estudo é o tamanho amostral e o custo elevado, motivando o *pooling* de dados multicêntricos, o que aumenta a probabilidade de heterogeneidade da amostra e, portanto, o risco de viés.[34]

◊ Lítio, volume cerebral e cognição

O lítio é o principal medicamento para o tratamento do TB, tendo se mantido ao longo do tempo, e consolidando-se como seguro e protetor quanto a desfechos negativos, especialmente o suicídio. O avanço dos estudos de neuroimagem permitiu avaliar que impactos seu uso crônico teria no volume cerebral.[41,42]

Nessa linha de investigação, o uso de lítio tem sido associado ao aumento de volume de substância cinzenta em regiões como o hipocampo e a amígdala, relacionando-se ainda com melhora de memória verbal e outros marcadores de preservação cognitiva, como memória de longo prazo, atenção, velocidade de raciocínio e algumas funções executivas.[43]

O mecanismo pelo qual o lítio exerce esta possível função neuroprotetora não está bem elucidado, mas alguns pontos-chave já foram demonstrados, sendo ele associado a: aumento dos níveis da proteína neuroprotetora Bcl-2 *in vivo*; estímulo indireto da via da WNT/β-catenina, que leva a controle do estresse oxidativo e da neuroinflamação presentes no TB; redução do impacto excitotóxico do glutamato; e aumento da neurogênese na região hipocampal, como demonstrado em modelos animais, entre outras hipóteses igualmente importantes.[44,45]

Limitações importantes dos estudos que se debruçam sobre os efeitos do lítio são o tamanho amostral frequentemente pequeno e, mais uma vez, a heterogeneidade dos pacientes incluídos na amostra.

◊ Estadiamento

O caráter progressivo do TB, bem como suas bases neurobiológicas, permitiu que fossem desenvolvidos modelos de estadiamento da doença. O conceito de que a recorrência de episódios acelera com o tempo, ocasionando intervalos de eutimia cada vez mais curtos e gerando tendência à progressão da doença para estágios tardios de ciclagens rápidas, ultrarrápidas e ultradianas,[3] deu origem ao efeito chamado de "sensitização por episódio", em que cada novo evento de humor aumenta a chance de um episódio futuro.

Está proposto, ainda, que, nos estágios iniciais, estressores psicossociais são a causa do transtorno, enquanto nos estágios tardios, a doença parece assumir um modelo de funcionamento autônomo e autodesregulatório, no qual gatilhos externos não parecem mais ter importância no desencadeamento de novos episódios.[46]

Desse modo, estão identificados três tipos de recorrência relevantes para o tema da neuroprogressão de modo geral: estressores, substâncias de abuso e, por fim, episódios de humor. Nesse sentido, é plausível que uma repetição desses estímulos cause sensitização do indivíduo, ao invés da tolerância e infrarregulação classicamente esperadas.[46]

Estudos clínicos e de experimentação com animais sugerem que cada tipo de sensitização pode ocasionar sensitização cruzada com os outros dois tipos, de modo que os episódios de humor podem facilitar a ocorrência de abuso de substância e sensibilidade a estressores.[46] De fato, essa ideia converge com a constelação de sintomas apresentados pelo paciente com TB e com a proposta de um estágio posterior autônomo da doença, em que estressores facilmente identificáveis já não são mais necessários para desencadear um novo episódio, pois o paciente está cada vez mais vulnerável, pela própria doença, a novos episódios de desregulação comportamental ocasionados por ela.[46]

Do ponto de vista neurobiológico, o fenômeno do *kindling* oferece um modelo de funcionamento aplicável aos transtornos de humor, no que tange a essa ideia de sensitização. Em experimento animal, a amígdala da cobaia é estimulada uma vez ao dia durante um curto período, gerando crises convulsivas autolimitadas. Com o tempo, o experimento atinge um estágio espontâneo, em que novos estímulos externos já não são necessários para a elicitação das convulsões (mesma resposta).[47] Ademais, observa-se resposta variável a tratamentos específicos a depender do estágio, no qual em sua fase final torna-se menos suscetível a reposta terapêutica.[47]

Esse resultado pode ser um sinal de causalidade entre a progressão da doença e a redução de resposta ao tratamento observada em humanos, em vez da correlação simples. É biologicamente plausível que os pacientes com piores desfechos não façam parte desse grupo por má resposta ao tratamento, mas, ao contrário, que respondam mal ao tratamento por fazerem parte de um grupo com predisposição a um desfecho negativo.[48]

De acordo com os conhecimentos atuais, são descritos três estágios clínicos amplos:

1. Indivíduos subsindrômicos e/ou com risco aumentado para desenvolvimento de TB;
2. Pacientes com poucos sintomas e bom funcionamento em fase eutímica;
3. Pacientes com episódios recorrentes e declínio funcional e cognitivo.[48]

Outro modelo mais detalhado também foi proposto, levando em consideração oito estágios, desde a vulnerabilidade até a deterioração, ou estágio tardio (Figura 11.1). Dentro de cada estágio, o autor propõe subcategorias e subdivisões diversas, como predisposições genéticas e ambientais, adversidades na infância devido a abuso, incluindo negligência.[46]

Figura 11.1

Estadiamento do transtorno bipolar.

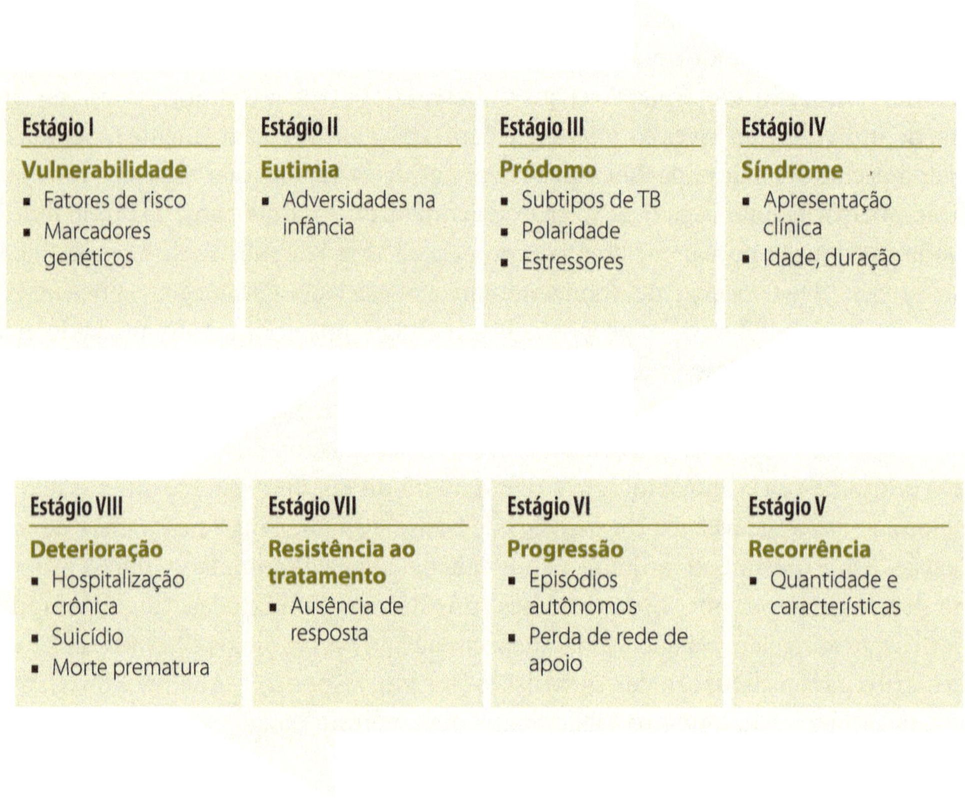

Fonte: Kapczinski *et al.*, 2016.[46]

A utilidade do estadiamento está diretamente ligada à capacidade do médico de identificar estágios precoces do TB e implementar tratamentos que lentifiquem ou impeçam a neuroprogressão para estágios avançados. No entanto, esse ainda é um campo exploratório com implementação clínica limitada, dada à heterogeneidade intrínseca ao TB.

Um aspecto importante na tentativa de estadiar o TB, é relacionar a volumetria aferida por exames de neuroimagem com escores de funcionalidade. Nesse sentido, um estudo que avaliou 35 indivíduos com TB tipo 1 e 59 controles, a partir de imagens de ressonância magnética e medidas de funcionalidade (utilizando a escala de funcionalidade [FAST – *functional assessment short test*]), mostrou, por meio de técnicas de *machine learning*, uma relação entre reduções volumétricas e medidas de perda de funcionalidade. Nesse estudo, volumes de estruturas, tais como o córtex frontal superior esquerdo, o córtex frontal medial rostral esquerdo, a substância branca direita total e o volume de ventrículo lateral direito, foram bons preditores dos resultados na FAST.[49]

◊ Desafios e perspectivas futuras

A hipótese da neuroprogressão no TB, conquanto bem embasada na literatura, ainda sofre com lacunas difíceis de serem preenchidas, por diversas razões. Além da heterogeneidade das populações estudadas, faltam critérios bem-estabelecidos para definição de populações sob risco de desenvolvimento de TB, bem como critérios de recrutamento para os estudos de prole, dificultando a comparação de resultados entre eles.

Além disso, o alto custo de exames de neuroimagem requer a participação de múltiplos centros — dado que cada centro produz poucos exames por ano — com populações semelhantes em análises agrupadas, bem como a realização de análise de subgrupo, para melhor compreender a influência de características do TB como subtipo, polaridade e gravidade de apresentação em sua história clínica.

Apesar das limitações descritas, a compreensão desses fatores tende a facilitar o diagnóstico precoce e a implementação de sistemas de estadiamento mais eficientes, que possam prevenir a progressão para desfechos negativos e melhorar a recuperação funcional dos portadores de TB.

REFERÊNCIAS BIBLIOGRÁFICAS

1. Merikangas KR, Jin R, He JP, Kessler RC, Lee S, Sampson NA et al. Prevalence and correlates of bipolar spectrum disorder in the world mental health survey initiative. Arch Gen Psychiatry. 2011;68(3):241-251.
2. Studart-Bottó P, Bezerra-Filho S, Sarmento S, Miranda-Scippa Â. Social support in patients with bipolar disorder and differing ages at onset. Clinical Psychology & Psychotherapy. 2022;29(1):351-359.
3. Malhi GS, Bell E, Bassett D, Boyce P, Bryant R, Hazell P et al. The 2020 Royal Australian and New Zealand College of Psychiatrists clinical practice guidelines for mood disorders. Psychiatry. 2021;55(1):7-117.
4. Correll CU, Olvet DM, Auther AM, Hauser M, Kishimoto T, Carrión RE et al. The Bipolar Prodrome Symptom Interview and Scale-Prospective (BPSS-P): description and validation in a psychiatric sample and healthy controls. Bipolar Disord. 2014;16(5):505-522.

5. Bechdolf A, Ratheesh A, Cotton SM, Nelson B, Chanen AM, Betts J et al. The predictive validity of bipolar at-risk (prodromal) criteria in help-seeking adolescents and young adults: a prospective study. Bipolar Disord. 2014;16(5):493-504.
6. Brietzke E, Rosa AR, Pedrini M, Noto MN, Kapczinski F, Scott J. Challenges and developments in research of the early stages of bipolar disorder. Braz J Psychiatry. 2016;38(4):329-337.
7. Serafini G, Pardini M, Monacelli F, Orso B, Girtler N, Brugnolo A et al. Neuroprogression as an illness trajectory in bipolar disorder: a selective review of the current literature. Brain Sci. 2021;11(2):1-20.
8. Ruiz NAL, del Ángel DS, Olguín HJ, Silva ML. Neuroprogression: the hidden mechanism of depression. Neuropsychiatr Dis Treat. 2018;14:2837-2845.
9. Kapczinski NS, Mwangi B, Cassidy RM, Librenza-Garcia D, Bermudez MB, Kauer-Sant'anna M et al. Neuroprogression and illness trajectories in bipolar disorder. Expert Rev Neurother. 2017;17(3):277-285.
10. Shioya A, Saito Y, Arima K, Kakuta Y, Yuzuriha T, Tanaka N et al. Neurodegenerative changes in patients with clinical history of bipolar disorders. Neuropathology. 2015;35(3):245-253.
11. Kalmar JH, Wang F, Spencer L, Edmiston E, Lacadie CM, Martin A et al. Preliminary evidence for progressive prefrontal abnormalities in adolescents and young adults with bipolar disorder. J Int Neuropsychol Soc: JINS. 2009;15(3):476-481.
12. Arango C, Rapado-Castro M, Reig S, Castro-Fornieles J, González-Pinto A, Otero S et al. Progressive brain changes in children and adolescents with first-episode psychosis. Arch Gen Psychiatry. 2012;69(1):16-26.
13. Librenza-Garcia D, Suh JS, Watts DP, Ballester PL, Minuzzi L, Kapczinski F et al. Structural and functional brain correlates of neuroprogression in bipolar disorder. Curr Top Behav Neurosc. 2021;48:197-213.
14. Janssen J, Reig S, Parellada M, Moreno D, Graell M, Fraguas D et al. Regional gray matter volume deficits in adolescents with first-episode psychosis. J Am Acad Child Adolesc Psychiatry. 2008;47(11):1311-1320.
15. Bearden C, Hoffman K, Cannon T. The neuropsychology and neuroanatomy of bipolar affective disorder: a critical review. Bipolar Disord. 2001;3:106-150.
16. Fernandes BS, Gama CS, Ceresér KM, Yatham LN, Fries GR, Colpo G et al. Brain-derived neurotrophic factor as a state-marker of mood episodes in bipolar disorders: A systematic review and meta-regression analysis. J Psychiatr Res. 2011;45(8):995-1004.
17. van Rheenen TE, Lewandowski KE, Bauer IE, Kapczinski F, Miskowiak K, Burdick KE et al. Current understandings of the trajectory and emerging correlates of cognitive impairment in bipolar disorder: an overview of evidence. Bipolar Disord. 2020;22(1):13-27.
18. Cullen B, Ward J, Graham NA, Deary IJ, Pell JP, Smith DJ et al. Prevalence and correlates of cognitive impairment in euthymic adults with bipolar disorder: a systematic review. J Affect Disord. 2016;205:165-181.

19. Tiihonen J, Haukka J, Henriksson M, Cannon M, Kieseppä T, Laaksonen I et al. Premorbid intellectual functioning in bipolar disorder and schizophrenia: results from a cohort study of male conscripts. Am J Psychiatry. 2005;162(10):1904-1910.
20. Zammit S, Allebeck P, David AS, Dalman C, Hemmingsson T, Lundberg I et al. A longitudinal study of premorbid IQ Score and risk of developing schizophrenia, bipolar disorder, severe depression, and other nonaffective psychoses. Arch Gen Psychiatry. 2004;61(4):354-360.
21. Habtewold TD, Rodijk LH, Liemburg EJ, Sidorenkov G, Boezen HM, Bruggeman R et al. A systematic review and narrative synthesis of data-driven studies in schizophrenia symptoms and cognitive deficits. Transl Psychiatry. 2020;10(1):244.
22. Smith DJ, Anderson J, Zammit S, Meyer TD, Pell JP, Mackay D. Childhood IQ and risk of bipolar disorder in adulthood: prospective birth cohort study. BJPsych Open. 2015 2022;1(1):74-80.
23. Hiyoshi A, Sabet JA, Sjöqvist H, Melinder C, Brummer RJ, Montgomery S. Precursors in adolescence of adult-onset bipolar disorder. J Affect Disorders. 2017;218:353-358.
24. Malmberg A, Lewis G, David A, Allebeck P. Premorbid adjustment and personality in people with schizophrenia. Br J Psychiatry. 1998;172:308-313.
25. Calafiore D, Rossell SL, Van Rheenen TE. Cognitive abilities in first-degree relatives of individuals with bipolar disorder. J Affect Disord. 2018;225:147-152.
26. Balanzá-Martínez V, Rubio C, Selva-Vera G, Martinez-Aran A, Sánchez-Moreno J, Salazar-Fraile J et al. Neurocognitive endophenotypes (endophenocognitypes) from studies of relatives of bipolar disorder subjects: a systematic review. Neurosci Biobehavioral Rev. 2008;32(8):1426-1438.
27. Nieto RG, Xavier Castellanos F. A meta-analysis of neuropsychological functioning in patients with early onset schizophrenia and pediatric bipolar disorder. J Clin Child Adolesc Psychol. 2011;40(2):266-280.
28. Bora E, Pantelis C. Meta-analysis of cognitive impairment in first-episode bipolar disorder: comparison with first-episode schizophrenia and healthy controls. Schizophrenia Bull. 2015;41(5):1095-1104.
29. Bora E, Yucel M, Pantelis C. Cognitive endophenotypes of bipolar disorder: a meta-analysis of neuropsychological deficits in euthymic patients and their first-degree relatives. J Affect Disord. 2009 Feb [cited 2022 Mar 10];113(1-2):1-20.
30. Bora E, Özerdem A. Meta-analysis of longitudinal studies of cognition in bipolar disorder: comparison with healthy controls and schizophrenia. Psychol Med. 2017;47(16):2753-2766.
31. Burdick KE, Russo M, Frangou S, Mahon K, Braga RJ, Shanahan M et al. Empirical evidence for discrete neurocognitive subgroups in bipolar disorder: clinical implications. Psychol Med. 2014;44(14):3083-3096.
32. Mandolini GM, Lazzaretti M, Pigoni A, Delvecchio G, Soares JC, Brambilla P. The impact of BDNF Val66Met polymorphism on cognition in Bipolar Disorder: A review: Special Section on "Translational and Neuroscience Studies in Affective Disorders" Section Editor, Maria Nobile MD, PhD. This Section of JAD focuses on the relevance of translational and neuroscience studies

in providing a better understanding of the neural basis of affective disorders. The main aim is to briefly summaries relevant research findings in clinical neuroscience with particular regards to specific in. J Affect Disord. 2019;243:552-558.

33. Bauer IE, Pascoe MC, Wollenhaupt-Aguiar B, Kapczinski F, Soares JC. Inflammatory mediators of cognitive impairment in bipolar disorder. J Psychiatr Res. 2014;56:18-27.
34. Hallahan B, Newell J, Soares JC, Brambilla P, Strakowski SM, Fleck DE et al. Structural magnetic resonance imaging in bipolar disorder: an international collaborative mega-analysis of individual adult patient data. Biol Psychiatry. 2011;69(4):326-335.
35. Lisy ME, Jarvis KB, Delbello MP, Mills NP, Weber WA, Fleck D et al. Progressive neurostructural changes in adolescent and adult patients with bipolar disorder. Bipolar Disord. 2011;13(4):396-405.
36. Gogtay N, Ordonez A, Herman DH, Hayashi KM, Greenstein D, Vaituzis C et al. Dynamic mapping of cortical development before and after the onset of pediatric bipolar illness. J Child Psychol Psychiatry. 2007 Sep [cited 2022 Mar 10];48(9):852-862.
37. Moorhead TWJ, McKirdy J, Sussmann JED, Hall J, Lawrie SM, Johnstone EC et al. Progressive gray matter loss in patients with bipolar disorder. Biol Psychiatry. 2007;62(8):894-900.
38. Doris A, Belton E, Ebmeier KP, Glabus MF, Marshall I. Reduction of cingulate gray matter density in poor outcome bipolar illness. Psychiatry Res. 2004;130(2):153-159.
39. Nanda P, Tandon N, Mathew IT, Padmanabhan JL, Clementz BA, Pearlson GD et al. Impulsivity across the psychosis spectrum: Correlates of cortical volume, suicidal history, and social and global function. Schizophrenia research. 2016;170(1):80-86.
40. Brambilla P, Harenski K, Nicoletti M, Sassi RB, Mallinger AG, Frank E et al. MRI investigation of temporal lobe structures in bipolar patients. J Psychiatr Res. 2003;37(4):287-295.
41. Sassi RB, Nicoletti M, Brambilla P, Mallinger AG, Frank E, Kupfer DJ et al. Increased gray matter volume in lithium-treated bipolar disorder patients. Neurosci Lett. 2002 2022;329(2):243-245.
42. Sassi RB, Brambilla P, Hatch JP, Nicoletti MA, Mallinger AG, Frank E et al. Reduced left anterior cingulate volumes in untreated bipolar patients. Biological psychiatry. 2004;56(7):467-475.
43. Yucel K, McKinnon MC, Taylor VH, Macdonald K, Alda M, Young LT et al. Bilateral hippocampal volume increases after long-term lithium treatment in patients with bipolar disorder: a longitudinal MRI study. Psychopharmacology. 2007;195(3):357-367.
44. Muneer A. Wnt and GSK3 Signaling Pathways in Bipolar Disorder: Clinical and Therapeutic Implications. Clinical psychopharmacology and neuroscience: the official scientific journal of the Korean College of Neuropsychopharmacology. 2017;15(2):100-114.
45. Chen G, Zeng WZ, Yuan PX, Huang LD, Jiang YM, Zhao ZH et al. The mood-stabilizing agents lithium and valproate robustly increase the levels of the neuroprotective protein bcl-2 in the CNS. J Neurochem. 1999;72(2):879-882.
46. Kapczinski F, Vieta E, Magalhães PVS, Berk M. Neuroprogressão e estadiamento no transtorno bipolar. Porto Alegre: Artmed Editora; 2016.

47. Post RM. Kindling and sensitization as models for affective episode recurrence, cyclicity, and tolerance phenomena. Neurosci Biobehav Rev. 2007;31(6):858-873.
48. Yatham LN, Kennedy SH, Parikh SV, Schaffer A, Bond DJ, Frey BN Canadian Network for Mood and Anxiety Treatments (CANMAT) and International Society for Bipolar Disorders (ISBD) 2018 guidelines for the management of patients with bipolar disorder. Bipolar Disorders. 2018;20(2):97-170.
49. Sartori JM, Reckziegel R, Passos IC, Czepielewski LS, Fijtman A, Sodré LA et al. Volumetric brain magnetic resonance imaging predicts functioning in bipolar disorder: A machine learning approach. Journal of psychiatric research. 2018;103:237-243.

Investigação Laboratorial: O Papel da Neuroimagem e da Neuropsicologia | 12

Kyara Rodrigues de Aguiar
Lauro Estivalete Marchionatti
Ives Cavalcante Passos

◊ Introdução

O diagnóstico de transtorno bipolar (TB) é realizado por meio de entrevista clínica com o paciente e baseado nos critérios diagnósticos do Manual de Diagnóstico e Estatística de Transtornos Mentais, agora em sua 5ª edição (DSM-5).[1] No entanto, a heterogeneidade e a complexidade da doença dificultam a realização de um diagnóstico acurado, causando um atraso de em média 12 anos, desde o início dos sintomas até o diagnóstico exato.[2] Além disso, em torno de 69% dos pacientes afetados pela doença recebem pelo menos um diagnóstico errôneo ao longo da vida.[3]

Com o objetivo de auxiliar no processo diagnóstico, potenciais marcadores biológicos associados ao desenvolvimento da doença vêm sendo investigados, entretanto, nenhum foi amplamente estabelecido até o momento. Pelo fato de grande parte dos pacientes diagnosticados com TB apresentarem prejuízo neurocognitivo ao longo da vida, com alguns déficits sendo encontrados antes mesmo do estabelecimento do transtorno, testagens neuropsicológicas e exames de neuroimagem têm auxiliado tanto na caracterização quanto no monitoramento da doença.

◊ Neuroimagem

A neuroimagem constitui um dos campos de entusiasmo na área das neurociências. Uma maior exploração dos transtornos mentais por meio de exames de neuroimagem foi propiciada pelo desenvolvimento de tecnologias, como os exames funcionais e o aumento da resolução dos aparelhos de ressonância magnética 3 Tesla. Além disso, as recentes aplicações de inteligência artificial permitem que as imagens sejam avaliadas com o auxílio de algoritmos de *machine learning*, ampliando, assim, o repertório de achados. Existe uma expectativa de que a aplicação desses conhecimentos possa contribuir para a prática clínica da psiquiatria, a qual ainda esbarra em dificuldades para realizar o diagnóstico precoce ou para marcar a progressão do TB. Nesta seção, sumarizam-se os principais achados de neuroimagem no TB e sua relação com o curso da doença.

Na sequência, apresenta-se um panorama dos avanços obtidos pela aplicação de inteligência artificial em direção ao diagnóstico da doença por métodos de neuroimagem.

Achados de ressonância magnética estrutural

As alterações de neuroimagem descritas com maior consistência na literatura científica são as de topografia cortical e subcortical, visualizadas por meio de ressonância magnética estrutural. Embora já anteriormente descritos,[4] esses achados se tornaram mais sólidos a partir de análises recentes do banco de imagens do consórcio ENIGMA (acrônimo em inglês para *Enhancing Neuroimaging Genetics through Meta-Analysis*), uma cooperação internacional dedicada ao estudo de neuroimagem em transtornos psiquiátricos e neurológicos. Com base nesses dados, buscaram-se alterações na estrutura cortical ao comparar a ressonância magnética estrutural de 1.837 indivíduos diagnosticados com TB e 2.582 indivíduos de um grupo-controle.[5] As variáveis consideradas incluíam história de psicose, estado de humor, idade atual e idade de início de sintomas. Com relação aos indivíduos-controle, os indivíduos com TB possuíam uma redução da espessura de substância cinzenta nas regiões frontais, temporais e parietais de ambos os hemisférios cerebrais. Esse achado era mais pronunciado no *pars opercularis* esquerdo, no giro fusiforme esquerdo e no córtex frontal medial esquerdo. Além disso, uma duração mais longa da doença se associou a maior redução de espessura cortical nas regiões frontal, medioparietal e occipital.

Outro estudo do consórcio ENIGMA selecionou as alterações subcorticais no TB como objeto de pesquisa.[6] A ressonância magnética estrutural de 1.710 pacientes foi comparada com a de 2.594 controles saudáveis, com o objetivo de avaliar os volumes intracranianos do núcleo *accumbens*, amígdala, núcleo caudado, hipocampo, globo pálido, putâmen, tálamo e ventrículos laterais. Os achados mostraram reduções volumétricas consistentes no hipocampo e no tálamo de pacientes com TB, os quais também apresentavam alargamento de ventrículos laterais. Do mesmo modo, ao estratificar pacientes de acordo com o subtipo de TB, foi encontrado que os do tipo 1 possuíam tanto ventrículos laterais maiores, como hipocampo e amígdala menores em relação ao grupo-controle. Essa diferença não se aplicava em relação aos indivíduos do tipo 2.

Mais recentemente, outra análise do ENIGMA corroborou os achados de diminuição de volume subcortical no TB e descreveu uma mediação desse efeito com medidas do índice de massa corporal (IMC).[7] Ao comparar o volume subcortical de 1.134 pacientes com TB e 1.601 controles, o grupo de pacientes com TB apresentou maior IMC, alargamento de ventrículo lateral e menores volumes de amígdala, hipocampo, *pallidum*, núcleo caudado e tálamo. O IMC foi positivamente associado com volume ventricular e de amígdala, e negativamente associado com volume do *pallidum*. Estimou-se que havia um efeito de mediação de 18,41% da variável IMC para a associação entre TB e medidas de volume ventricular.

O volume cerebral já havia sido objeto de estudo anteriormente, especialmente por sua diminuição progressiva conforme o número de episódios de humor. Em 2002, um estudo comparou a neuroimagem de pacientes com múltiplos episódios de TB com a de pacientes em primeiro episódio e com a de pacientes hígidos, concluindo, portanto, que o número de episódios maníacos estava relacionado a um aumento dos ventrículos laterais.[8] Mais recentemente, a literatura ampliou esses achados ao volume de diversos segmentos do hipocampo, os quais também parecem diminuir de acordo com o número de episódios prévios de mania.[9]

Esses achados são de particular interesse frente ao caráter neuroprogressivo do TB, que é associado a prejuízo cognitivo e a perda de funcionalidade. Por conta disso, investiga-se também as associações entre alterações volumétricas de neuroimagem com o desempenho neurocognitivo dos pacientes e o estadiamento do TB. Um estudo dividiu 61 sujeitos com TB conforme o número de hospitalizações e de episódios maníacos prévios, e obteve medidas de volume do hipocampo e de *performance* em memória aferida pelo *California Verbal Learning Test-II.*[10] A memória apresentou *performance* prejudicada em estágios intermediários e tardios da doença, enquanto o volume hipocampal estava reduzido nos estágios tardios. Essa pesquisa sugeriu um potencial de utilizar o volume hipocampal como marcador de estadiamento e neuroprogressão do TB.

Além disso, estudos de neuroimagem têm relacionado as alterações volumétricas ao efeito terapêutico do lítio, contribuindo para compreensão e marcação dos efeitos terapêuticos. Uma metanálise congregou estudos de neuroimagem em pacientes com TB, separando-os em grupos que usavam e que não usavam lítio.[11] Ao todo, foram analisadas as imagens de 101 pacientes em uso de lítio, 245 pacientes sem uso de lítio e 456 controles. O uso de lítio associou-se a um maior volume do hipocampo em ambos os hemisférios. Esse estudo ajuda a sustentar, a partir de evidência indireta, a hipótese de um efeito neuroprotetor do lítio no TB. Posteriormente, um estudo de tratamento com desfecho de neuroimagem veio a endossar essa hipótese. Berk *et al.* (2017) conduziram um ensaio clínico randomizado e controlado comparando o efeito de lítio e de quetiapina no volume de substância branca e cinzenta medido por ressonância magnética estrutural no tratamento de manutenção de pacientes com TB.[12] Ao todo, 26 pacientes foram recrutados após um primeiro episódio de mania e divididos entre os grupos de intervenção, e comparados a 20 indivíduos-controle. Demonstrou-se que os indivíduos com TB tinham menores índices volumétricos que os controles já após o primeiro episódio maníaco. Além disso, aos 12 meses, o lítio foi associado à menor progressão da redução do volume de substância branca, efeito este não encontrado no grupo que utilizou a quetiapina.

Outro achado de ressonância magnética estrutural em TB são as medidas de mielina intracortical. Elas são estimadas pela comparação de regiões anatômicas de maior e menor distribuição de mielina. Um estudo descreveu alterações na arquitetura de mielina no córtex de 10 pacientes com TB do tipo 1 que foram comparados a controles.[13] Em 2018, outro estudo de maior poder estatístico replicou esse achado utilizando o exame de imagem de mais de 40 pacientes com TB.[14] Além disso, esse estudo relacionou a alteração de mielina intracortical com prejuízos no desempenho de memória verbal, um dos parâmetros cognitivos sabidamente afetados pelo avanço do TB.

Achados de ressonância magnética funcional

A ressonância magnética funcional (RMF) permite avaliar a atividade cerebral regional durante a realização de tarefas específicas ou durante o repouso da atividade cognitiva. Portanto, esse exame foi aplicado a pacientes com TB para indicar aspectos de seu funcionamento neurocognitivo e compará-los com outros grupos diagnósticos. Em 2020, um estudo experimental de processamento emocional comparou a RMF de 38 pacientes com TB em eutimia, 33 pacientes com depressão maior em remissão e 37 indivíduos-controle.[15] Foram exibidas imagens de valência emocional para avaliar a atividade cerebral nas condições de "pensamento ativo", de "observação passiva" e de "neutralidade". Nos pacientes com TB, foi possível traçar uma série de diferenças na atividade regional cerebral, entre elas uma reduzida ativação do cingulado anterior subgenual durante a fase de "pensamento ativo". Por sua vez, uma metanálise de 37 estudos de RMF investigou a resposta cerebral frente a expressões faciais de valências afetivas positivas e negativas em 168 pacientes com TB, 189 com depressão maior e 344 controles hígidos.[16] No TB, foi encontrado um menor engajamento do córtex pré-frontal ventrolateral e uma maior responsividade no tálamo e nos gânglios basais. Esses achados sugerem que, para este diagnóstico, as regiões cerebrais são usadas de maneira diversa para o processamento e a regulação emocional.

Achados de outros exames: PET-Scan, ressonância magnética com tensor de difusão e espectroscopia

Além das alterações corticais e subcorticais encontradas em RMF, outros métodos de neuroimagem também estão mostrando alterações. Dentre eles, destacam-se a ressonância magnética por difusão, a espectroscopia de prótons por ressonância magnética e a tomografia computadorizada por emissão de pósitrons (PET-Scan).

A ressonância magnética com tensor de difusão mede a mobilidade da água no interior dos tecidos. Entre outras aferições, essa técnica estima a anisotropia fracionada, ou seja, análise que quantifica a densidade e a mielinização de fibras que compõem a substância branca do cérebro. Um estudo usou essa medida para comparar 86 pacientes em episódio depressivo maior, 39 com TB, 43 com depressão unipolar e 42 controles saudáveis.[17] Com relação aos indivíduos com depressão unipolar ou ao grupo-controle, os indivíduos com TB obtiveram um menor valor de anisotropia fracionada no trato corticoespinhal direito, no fascículo superior longitudinal, no corpo caloso e no *cingulum*. Esse estudo compõe um painel com evidências de suporte à hipótese de que o TB ocasiona uma síndrome de desconexão por atingir estruturas neuronais responsáveis por comunicar regiões cerebrais.[18,19]

A espectroscopia de prótons por ressonância magnética permite avaliar alterações neurometabólicas por meio do estudo de imagens. Uma dessas medidas é a aferição dos compostos que contém colina, como a glicerofosfocolina mais fosfocolina, um indicador bioquímico de desbalanço entre a atividade de síntese e de degradação de fosfolipídios de membrana dos neurônios e da glia. Um estudo com base em espectroscopia obteve essa medida neuroquímica em subáreas dos gânglios da base de 50 sujeitos com TB do tipo 1 e de 44 controles. Maiores níveis de glicerofosfocolina mais fosfocolina foram encontrados no córtex cingulado anterior, no núcleo caudado e no putame dos indivíduos com TB.[20] Estudo posterior aplicou esse parâmetro para comparar 16 indivíduos com TB do subtipo de ciclagem rápida, com 34 indivíduos com TB não ciclagem rápida e 44 controles saudáveis,[21] concluindo-se que essa medida é aumentada no TB em geral e é especialmente acentuada nos cicladores rápidos, o que indica um potencial em seu uso para distinguir subformas do transtorno.

Outra tecnologia de imagem emergente é a PET-Scan, que é capaz de traçar alterações metabólicas de imagem após a injeção intravenosa de marcadores químicos radioativos. Em pacientes bipolares, é utilizada na busca de marcadores de neuroinflamação, como a ativação da micróglia, que são células visualizadas após a injeção de um marcador do tipo [11C]-(R)-PK11195. Utilizando essa técnica, 14 pacientes com TB e 11 controles foram comparados em 60 minutos de PET-Scan dinâmico.[22] Encontrou-se um aumento do potencial de ligação do marcador no hipocampo direito dos pacientes com TB, indicando atividade de neuroinflamação nessa área.

Técnicas de inteligência artificial e o uso da neuroimagem para diagnóstico e estadiamento

A neurociência tem envidado esforços para congregar os achados de neuroimagem em formulações capazes de realizar o diagnóstico do TB. Para tanto, uma ferramenta valiosa é o uso da inteligência artificial, que aplica técnicas de *machine learning* para analisar banco de dados de imagens e comparar grupos de distintos diagnósticos. Esse sistema possui o potencial de gerar algoritmos que possam identificar pacientes com TB.

A ferramenta foi aplicada por Mwangi *et al.* ao comparar 128 pacientes com TB e 128 controles.[23] Mapas de densidade de substâncias cinzenta e branca foram obtidos para treinar o algoritmo de inteligência artificial por meio da técnica de *support vector machine*. Com os dados de densidade de substância branca, o algoritmo foi capaz de distinguir pacientes de controles com uma acurácia de 70,3%, combinando 74,2% de especificidade e 66,4% de sensibilidade ($p < 0,005$). Já com os dados de substância cinzenta, a acurácia foi de 64,9%. Diversas regiões cerebrais, sobretudo as da região frontal do sistema límbico, foram identificadas como de maior relevância para a distinção dos dois grupos. Além disso, foi encontrada uma relação com o estadiamento da doença, uma vez que os pacientes identificados com maior certeza pelo algoritmo pertenciam ao subgrupo com mais de 10 episódios maníacos prévios. Todavia, o algoritmo não conseguiu distinguir indivíduos com TB em estágio precoce dos indivíduos do grupo-controle.

Uma técnica distinta de *machine learning* foi aplicada por Rocha-Rego *et al.*,[24] em que, a partir da ressonância magnética estrutural de pacientes com TB de duas coortes independentes (n = 26 e n = 14), foram analisadas as imagens das substâncias branca e cinzenta por um algoritmo de inteligência artificial com base na técnica de processo gaussiano classificatório. Foi possível identificar os pacientes bipolares com acurácia de 73% e 72% por meio de substância cinzenta, e de 69% e 78% por meio de substância branca.

Um estudo de maior poder estatístico foi realizado usando-se técnicas de inteligência artificial dentro do consórcio ENIGMA. Usando técnicas de *support vector machine*, analisaram-se imagens de ressonância magnética de 3.020 pacientes, dos quais 853 possuíam diagnóstico de TB. Nessa série, a acurácia diagnóstica obtida pelo algoritmo variou de 45,23% até 81,07%.[25]

Estudos também avaliaram a distinção diagnóstica entre TB e depressão unipolar. Vai *et al.* obtiveram imagens de ressonância magnética estrutural e por difusão de uma amostra de 148 participantes, incluindo controles, pacientes com diagnóstico de transtorno depressivo e de TB.[26] As duas técnicas de obtenção de imagens foram comparadas por um algoritmo de inteligência artificial por meio do método de aprendizado múltiplo de Kernel. Foi atingida uma acurácia diagnóstica média de 73,65%, incluindo uma sensibilidade de 74,32% para o TB e uma especificidade de 72,9% para o transtorno depressivo.

Estudos de RMF também foram analisados por inteligência artificial. Utilizando-se a tarefa N-back de memória de trabalho, um estudo obteve imagens de RMF de 30 pacientes com TB, 30 familiares hígidos ou com diagnóstico de transtorno depressivo e 30 indivíduos-controle.[27] Os padrões de ativação foram analisados em uma técnica de *machine learning*, usando processos gaussianos classificatórios. O algoritmo distinguiu os pacientes com TB com 83,5% de acurácia em relação aos indivíduos-controle e com 90,9% de acurácia em relação aos seus familiares hígidos.

Uma revisão sistemática com metanálise congregou os estudos que usam *machine learning* em imagens de ressonância magnética para identificar pacientes com TB.[28] Ao todo, 12 estudos de diagnóstico foram incluídos. A acurácia diagnóstica combinada dos estudos, medida por área sob a curva, foi de 69,8% para os estudos de ressonância magnética estrutural, 75,4% para os estudos de RMF e 71,2% para todos combinados. Contudo, ressalvas são feitas quanto à validade externa dos estudos apresentados, que ainda não foram testados em outras populações fora das coortes incluídas.

As técnicas de inteligência artificial também foram aplicadas com fins de contribuir ao estadiamento da progressão do TB. Um estudo relacionou a perda volumétrica aferida por exames de imagem com escores de funcionalidade. Foram obtidas imagens de ressonância magnética e medidas da *Functioning Assessment Short Test* (FAST) de 35 indivíduos com TB tipo 1 e de 59 controles.[29] As imagens foram analisadas por meio de *machine learning*, e encontrou-se uma relação entre as alterações volumétricas e as medidas de perda de funcionalidade. Volumes de algumas estruturas, como córtex frontal superior esquerdo, córtex frontal medial rostral esquerdo, substância branca direita total e volume de ventrículo lateral direito foram bons preditores do resultado na escala.

Por fim, as técnicas de *machine learning* podem ajudar a identificar subgrupos de TB por meio de neuroimagem. Um bom exemplo dessa possibilidade é dado por Wu *et al.*, que avaliaram a testagem neurocognitiva e a ressonância magnética por difusão de 70 pacientes com diagnóstico de TB.[30] Inicialmente, ele dividiu os pacientes em dois grupos conforme fenótipos derivados da análise estatística dos dados neurocognitivos. Na sequência, utilizou um método de *machine learning* nos exames de ressonância como ponto de partida para identificar a qual grupo cada paciente pertencia. O algoritmo conseguiu predizer o fenótipo neurocognitivo com 94% de acurácia.

◊ Conclusão

A neuroimagem aporta importantes contribuições ao estudo do TB, revelando aspectos que ampliam a compreensão de sua neurobiologia e trajetória. Achados de ressonância magnética estrutural estão bem descritos em topografias corticais e subcorticais, e relacionam-se ao curso de doença, à funcionalidade e ao estadiamento. Resultados de estudos utilizando tecnologias como PET-Scan e espectroscopia estão emergindo na literatura. Aliados às técnicas de *machine learning*, algoritmos estão sendo desenvolvidos e têm demonstrado boa acurácia para diagnosticar o TB, por meio de neuroimagem por ressonância magnética estrutural e funcional, mas ainda necessitam de validação em populações externas.

◊ Prejuízo nas funções neurocognitivas

Neste tópico, abordaremos os conteúdos mais atuais disponíveis na literatura, além de apresentarmos pontos consensuais dentro da área e buscarmos assinalar também as áreas controversas, assim como a direção dos próximos estudos.

Progressão da doença

Apesar de a maioria dos estudos sobre o TB evidenciarem prejuízos cognitivos ao longo do seu curso, inclusive em períodos eutímicos,[31] esse transtorno tem trajetória heterogênea, portanto o desfecho não é uma regra.[32] Alguns desses pacientes não apresentarão prejuízos cognitivos quando comparados a controles.[33,34]

O curso variável do TB faz com que observemos na prática clínica um subgrupo de pacientes que apresenta um curso progressivo associado a alterações cerebrais e um subgrupo que não irá desencadear tais prejuízos.[35,36] Os pacientes podem apresentar um funcionamento cognitivo próximo ao de indivíduos não afetados pela doença (32% a 48%) ou demonstrar prejuízos cognitivos parciais, como na velocidade de processamento e na atenção (29% a 40%), chegando a apresentar comprometimento cognitivo em diversos domínios (12% a 40%), o que constitui subgrupos neuropsicológicos heterogêneos dentro da doença.[37] Recentemente, um estudo utilizando uma abordagem *data driven* identificou três subgrupos neuropsicológicos entre pacientes eutímicos ordinalmente distribuídos conforme a ocorrência de prejuízos neurocognitivos, entre eles, os preditores de pior desfecho cognitivo, selecionados a partir de uma análise de *machine learning*, foram anos de escolaridade, número de hospitalizações e idade.[38] Esses achados acrescentam à literatura a confirmação de que, no curso cognitivo da doença, existem impactos tanto de aspectos pré-mórbidos quanto mórbidos.

As críticas ao modelo neuroprogressivo estão direcionadas à existência de subgrupos diversificados quanto a gravidade, fatores de risco, genética, fatores de proteção e dados demográficos.[32] Cada indivíduo responderá à influência dos subtipos clínicos e da neuroprogressão de forma diferente, sendo importante assinalar que técnicas de reconhecimento de padrões entre os dados, como *machine learning*, já nos oferecem meios para avançar nessa área. Atualmente, o papel das funções cognitivas no diagnóstico do TB vem sendo investigado por meio do uso de modelos de *machine learning*, e é capaz de diferenciar pacientes com TB e controles,[39] TB e esquizofrenia,[40] e prever primeiro episódio de TB com boa acurácia.[41]

Assim, por meio do uso de técnicas de *machine learning* será possível identificar estágios de progressão a nível individual, a partir de combinações das redes neurais perturbadas pela doença, definindo de maneira única cada subtipo e incluindo uma variedade de informações biológicas.[42] Considerando que nenhum fator é singularmente preditivo de neuroprogressão, esses estudos prometem antever resultados desfavoráveis, avançar nos campos de desenvolvimento de tratamento personalizado e de intervenções, com objetivo de impedir a evolução da neuroprogressão.[32]

O último estudo de metanálise com o objetivo de examinar o TB como fator de risco para demência teve sua hipótese confirmada, concordando com uma revisão anterior no tema,[43] e alertando para o risco acentuado de indivíduos diagnosticados com essa patologia desenvolverem demência.[44] O estudo apontou, ainda, que o número de episódios de humor atua como fator de risco para o desenvolvimento de demência, enquanto o tratamento com lítio é um fator protetor.[44] Entre os 11 estudos inseridos nesta metanálise, apenas um não encontrou associação entre demência e TB. Ainda assim, seus resultados mostraram que o TB estava associado a prejuízos cognitivos, inclusive durante períodos eutímicos. A partir desses dados, podemos pensar na demência como um ponto final para a progressão da doença, mas ainda não é claro se os déficits cognitivos progridem para demência e se os indivíduos com TB e queixas cognitivas são os que estão em risco.

Linguagem verbal

O TB é conhecido pela oscilação entre episódios depressivos e maníacos. No entanto, para além da oscilação de humor, a doença costuma ser acompanhada de alterações no processamento da linguagem, sendo a memória verbal um dos domínios mais afetados.[45,46] A doença pode ocasionar prejuízos na memória lexical e semântica, tendo como consequência o esquecimento das palavras e de seus significados, gerando dificuldades na produção de material verbal.

Tarefas de fluência verbal são as mais utilizadas em estudos com objetivo de avaliar a linguagem de pacientes com TB,[47-49] possibilitando a apuração de informações quanto à sua integridade e capacidade de recuperação. Nesse sentido, diferenciam-se dois aspectos da fluência verbal: fluência fonológica e fluência semântica, que são avaliadas utilizando-se, respectivamente, tarefas de fluência de letras (verbalização do maior número de palavras iniciadas por uma determinada letra) e tarefas de fluência de categoria (produzir e verbalizar o maior número de palavras em uma categoria semântica específica).

A fluência verbal está entre os domínios que melhor predizem déficits cognitivos em pacientes com TB.[38] A literatura mostra que os prejuízos na linguagem podem estar presentes desde os estágios iniciais da doença,[46,50-52] persistindo durante períodos eutímicos,[45] e relacionados à cronicidade geral.[53,54] Diante desses estudos, podemos entender os déficits na memória verbal como uma característica neurocognitiva do TB, potencialmente progredindo com o avanço da doença.[55] No entanto, a forma como o TB afeta a linguagem ainda não está bem definida. Alguns autores relatam diferenças entre os subtipos I e II no impacto da linguagem,[56,57] mas isso não é uma regra,[58,59] inclusive uma parcela desses pacientes pode não vivenciar tais prejuízos quando comparados a controles saudáveis.[60] Entretanto, quando presentes, esses déficits parecem estar associados a não adesão medicamentosa.[61] Nesse sentido, mais estudos são necessários para entender a relação entre tempo médio de doença e episódios de humor no efeito das tarefas de fluência verbal. Até o momento, tais evidências sinalizam a importância de realizar avaliações das tarefas de fluência verbal, buscando a identificação precoce de déficits cognitivos específicos e direcionando os pacientes afetados para tratamentos adequados, como remediação cognitiva (tratamento comportamental que utiliza o treino e a prática de estratégias compensatórias e adaptativas para facilitar o desenvolvimento de habilidades cognitivas)[62] ou medicamentoso.[63,64]

Em geral, pacientes com TB costumam apresentar prejuízo moderado na fluência verbal quando comparados a controles saudáveis.[48] Além disso, o desempenho de fluência categórica parece diferir entre aqueles eutímicos e maníacos, sendo pior nos eutímicos. Vale ressaltar que esses dados foram retirados de uma metanálise que incluiu pacientes eutímicos com uma menor funcionalidade em comparação aos que estavam em episódios maníacos. Na neuropsicologia, os testes devem ser interpretados a partir da hipótese com a qual foi realizado, o clínico precisa entender o diagnóstico do paciente para então ser capaz de considerar seus resultados, nos quais maiores escores deverão ser compreendidos como uma expressão da psicopatologia, sinalizando um sintoma. Dessa maneira, torna-se importante avaliar processos semânticos e fonológicos separadamente e ao longo do acompanhamento desses pacientes, especialmente entre os episódios, visto que eles podem revelar diferentes aspectos da sintomatologia da doença.

Atenção

O prejuízo da atenção sustentada é a disfunção cognitiva mais relatada no TB[49] e pode representar um endofenótipo da doença, estando presente independentemente de seu estabelecimento.[65,66] Em razão disso, filhos de pais com TB (população de alto risco em decorrência do elevado grau de herdabilidade do transtorno) podem apresentar prejuízos neurocognitivos na atenção, sem necessariamente apresentarem sintomas da doença. Nesse sentido, alguns estudos utilizam essa população, com o objetivo de identificar possíveis endofenótipos e ampliar os conhecimentos acerca da heterogeneidade da doença por meio da validação biológica e estratificação do fenótipo.[66] Esses estudos utilizam a variabilidade intrassujeito no tempo de resposta como medida comportamental e hereditária da atenção sustentada. Uma revisão crítica sobre a busca de endofenótipos cognitivos nessa população concluiu que os déficits na atenção sustentada são vistos quando os testes são mais desafiadores, no entanto, quando os testes demandam níveis de atenção mais baixos, são encontradas apenas diferenças de atividade neural entre a população com risco genético e controle.[67]

Além de ter um papel importante no mapeamento da doença, esses déficits permanecem ao longo do transtorno, sendo encontrados tanto em episódios hipomaníacos/maníacos quanto em episódios depressivos.[68] A gravidade dos episódios maníacos e sintomas psicóticos parecem estar associados a um pior desempenho da atenção sustentada.[68,69]

Evidências metanalíticas demonstram constância nos prejuízos atencionais em períodos eutímicos com tamanhos de efeito entre moderado e alto, no entanto, não identificaram esses déficits entre parentes de primeiro grau de pacientes com TB e controles.[51,70] Dessa forma, o papel da atenção sustentada como um endofenótipo continua indefinido, apesar de mostrar potencial para o mapeamento e monitoramento da doença.

Instrumentos utilizados na caracterização do prejuízo neurocognitivo

As avaliações cognitivas são instrumentos-chave para a compreensão do papel de funções cerebrais específicas no TB. Realizar avaliação neurocognitiva nesses pacientes fornece uma visão de potenciais causas subjacentes aos sintomas da doença, assim como a identificação precoce de prejuízos em determinadas áreas do cérebro. Além disso, permite o acompanhamento da efetividade de intervenções implementadas, com o objetivo de melhorar a saúde e a funcionalidade do cérebro.

Com isso em mente, abordaremos a seguir instrumentos de mapeamento cognitivo que são usados em pesquisas envolvendo pacientes com TB, com o objetivo de demonstrar como eles são estruturados e o que se propõem a investigar.

Cambridge Neuropsychological Test Automated Battery

A *Cambridge Neuropsychological Test Automated Battery* (CANTAB) foi desenvolvida pela Universidade de Cambridge e possui medidas altamente sensíveis, precisas e objetivas relacionadas ao funcionamento cognitivo e às redes neurais.[71] O desempenho cognitivo prejudicado de pacientes com TB avaliado pela CANTAB parece estar correlacionado ao afinamento anormal do córtex[72] e a prejuízos da qualidade de vida,[73] demonstrando não só relevância biológica, mas clínica, no seu uso para o acompanhamento da doença. Realizar a bateria de testes de depressão e transtornos afetivos da CANTAB leva em torno de 40 minutos e inclui as seguintes medidas: sensibilidade de *feedback*, reconhecimento de emoção, função executiva, atenção sustentada e memória episódica. A CANTAB é uma bateria de testes cognitivos considerada padrão-ouro, com opção de idioma em português e largamente utilizada em pesquisas no mundo, tendo seu uso amparado por mais de 3.181 artigos publicados. No entanto, possui um alto custo de compra e a correção do teste é realizada somente pelos desenvolvedores da bateria, o que acaba por envolver um custo extra a cada avaliação enviada para correção.

California Verbal Learning Test e Hopkins Verbal Learning Test

Em 2010, a International Society for Bipolar Disorders (ISBD) reuniu um grupo de especialistas para, com base na literatura, propor uma bateria preliminar para o uso em estudos de pesquisas sobre TB.[74] Nesse artigo, tanto o *California Verbal Learning Test* (CVLT)[75] quanto o *Hopkins Verbal Learning Test* (HVLT-R)[76] foram indicados para avaliar os portadores dessa patologia.

A prática mostra que a maioria dos estudos sobre aprendizagem verbal no TB utiliza o CVLT,[54,58,77-82] pois, particularmente em pacientes menos prejudicados, pode ser o teste com mais capacidade de detectar dificuldades de aprendizagem do que o HVLT-R.[83]

O CVLT foi projetado para medir o quanto o sujeito aprendeu e como se deu essa aprendizagem, ou seja, quais estratégias ou processos foram usados e que tipos de erros foram cometidos.[84] Nesse teste, o entrevistador lê 16 substantivos (lista A), em ordem fixa, 5 vezes, com 1 segundo de intervalo entre as palavras. Durante cada leitura o sujeito é solicitado a lembrar quantas palavras puder em qualquer ordem. A principal característica do CVLT é que as palavras são tiradas de quatro categorias semânticas (ferramentas, frutas, roupas, especiarias e ervas), sendo que se os sujeitos "agruparem" as palavras de cada categoria, entende-se que estão usando a organização semântica para ajudar na sua recordação. Em seguida, o entrevistador apresenta uma lista B, com duas categorias da lista A (frutas, especiarias e ervas) e duas novas (peixes e utensílios de cozinha), na qual o entrevistado deverá recuperar os itens da lista imediatamente e após 20 minutos. O CVLT termina com uma tarefa de reconhecimento, momento em que o entrevistador lerá uma lista com 44 palavras e o entrevistado deverá indicar se as palavras são alvo ou distratores (palavras que não constavam nas listas anteriores).

Por sua vez, o HVLT-R é um teste de aprendizagem verbal e de memória introduzido em 1991 e posteriormente revisado em 1998.[85] Entre seus pontos fortes, podemos citar o breve tempo de aplicabilidade, a fácil aplicação e o fato de poder ser direcionado a pacientes com uma ampla variedade de transtornos demenciais. O teste inicia com o entrevistador fazendo a leitura de 12 palavras e o paciente repetindo a lista logo após a leitura, com a intenção de aprendizagem. Esse processo ocorre três vezes e após 20 a 25 minutos é retomado. Em seguida, 24 palavras são lidas e solicita-se que o paciente decida se a palavra já foi apresentada anteriormente.[76] O HVLT-R avalia recordação total, ou seja, soma do número de palavras lembradas nas tentativas 1 a 3; aprendizagem, consistindo na diferença entre o número de palavras lembradas na tentativa 1 e a maior das tentativas 2 ou 3; porcentagem retida, correspondendo ao número de palavras lembradas na tentativa 4 em comparação com a maior das tentativas 2 ou 3; índice de discriminação, o número de verdadeiros positivos menos o número de falsos positivos na tarefa de reconhecimento e viés de resposta de reconhecimento.[86]

Cognitive Complaints in Bipolar Disorder Rating Assessment

O *Cognitive Complaints in Bipolar Disorder Rating Assessment* (COBRA) foi elaborado para avaliar dificuldades cognitivas associadas aos principais déficits experienciados por pacientes com TB.[87] Em 2018, foi validado para população brasileira, com propriedades psicométricas satisfatórias, alta consistência interna e validade convergente, por meio de uma forte correlação com o domínio cognitivo da FAST.[88]

O COBRA consiste em um instrumento subjetivo com 16 itens de autorrelatos, que busca investigar as seguintes dificuldades cognitivas: função executiva, velocidade de processamento, memória de trabalho, aprendizagem verbal e memória, atenção/concentração e rastreamento mental, sendo todos avaliados em uma escala de 4 pontos: 0 = nunca, 1 = às vezes, 2 = frequentemente, e 3 = sempre. O escore total é obtido por meio da soma de todos os itens, sendo que quanto maior a pontuação, maiores serão as queixas cognitivas do paciente. A partir desse instrumento é possível identificar disfunções cognitivas e programar estratégias específicas, com o objetivo de melhorar a cognição e o funcionamento desses pacientes.

◊ Uso de avaliações cognitivas no cenário clínico

Em 2017, a ISBD solicitou a um grupo de pesquisadores especialistas em TB e cognição (*Cognition Task Force*) o desenvolvimento de recomendações clínicas baseadas em consenso sobre se, quando e como avaliar e abordar o comprometimento cognitivo em pacientes com essa doença.[89] Com forte concordância entre os membros da força-tarefa, profissionais de saúde mental, qualificados e treinados, foram encorajados a realizar avaliações subjetivas e objetivas de pacientes adultos em remissão parcial ou total dos sintomas (2 a 3 meses após um episódio de humor), sempre que possível.

Em pacientes recém-diagnosticados, a avaliação após remissão ajudará a identificar e realizar o encaminhamento para tratamentos adequados que buscam trabalhar com as dificuldades cognitivas apresentadas, levando a um melhor prognóstico. Em um curso tardio da doença, as avaliações cognitivas serão uma peça-chave no tratamento, esclarecendo se as dificuldades funcionais estão associadas aos déficits cognitivos. Para pacientes idosos, o acompanhamento cognitivo é especialmente indicado, visto que poderá indicar sinais de demência.

Tanto avaliações neurocognitivas subjetivas quanto objetivas são indicadas. O paciente que relata subjetivamente déficits cognitivos pode não estar apresentando objetivamente tais prejuízos,[88-90] no entanto, esses relatos são importantes à medida que permitem a elaboração de estratégias clínicas de tratamento que visam uma melhor qualidade de vida. Da mesma forma, os pacientes que apresentam déficits cognitivos a partir de medidas objetivas podem não estar relatando seus sintomas a partir de medidas subjetivas, em razão de uma baixa capacidade de *insight*.[90] Sendo assim, ambas as avaliações são importantes para a identificação dos prejuízos e auxiliarão no prosseguimento do tratamento.

Sem a realização de avaliações, o clínico não conseguirá entender a relação entre os prejuízos cognitivos e os problemas sócio-ocupacionais. Além disso, o profissional de saúde deve atentar para o desempenho cognitivo do paciente frente a ele mesmo, visto que pode não estar apresentando prejuízo clínico (de acordo com o ponto de corte do instrumento), mas sim em relação às suas habilidades basais. Portanto, o desempenho educacional e ocupacional do paciente deve ser levado em consideração, para a compreensão dos resultados.

◊ Tratamentos psicológicos com foco na cognição

A remediação funcional[62] e a remediação cognitiva baseada em ação[91] são intervenções psicológicas que envolvem treinamento cognitivo, técnicas de compensação e estratégias de enfrentamento para superar dificuldades cognitivas em situações cotidianas.

A remediação cognitiva baseada na ação, como o nome sugere, difere da remediação funcional em função de uma postura mais ativa frente ao manejo e enfrentamento das dificuldades cognitivas. Enquanto a remediação funcional atua com treinamento de estratégias neurocognitivas e habilidades psicossociais, a remediação cognitiva baseada na ação envolve treinamento cognitivo computadorizado, buscando os desafios cognitivos na vida diária do paciente, com práticas durante a sessão buscando transferir as habilidades para o cenário de vida real. Apesar de diferirem, ambas apresentam impacto positivo no funcionamento e na cognição de pacientes com TB, inclusive em estágio tardio da doença.[92]

A combinação entre as intervenções farmacológicas e psicológicas demonstram eficácia superior em relação a impactos cognitivos e funcionais quando comparadas a qualquer modalidade de tratamento sozinha.[93] Para os próximos anos, abordagens de tratamento multimodal provavelmente serão foco dos estudos de cognição no TB, podendo trazer novas opções de tratamentos eficazes.[89]

◊ Conclusão

O TB apresenta subgrupos neuropsicológicos heterogêneos. O nível de escolaridade, o número de hospitalizações e a idade são fatores que podem estar associados a um pior desempenho cognitivo. Além disso, a fluência verbal está entre os domínios que melhor predizem déficits cognitivos e o prejuízo da atenção sustentada é a disfunção cognitiva mais relatada, podendo representar um endofenótipo da doença. Técnicas de reconhecimento de padrões entre os dados, como *machine learning*, vem agregando conhecimento à área e oferecendo informações a nível individual. O uso de avaliações neuropsicológicas é fortemente encorajado para o mapeamento de prejuízos cognitivos e acompanhamento ao longo do tratamento. Adicionalmente, intervenções psicológicas como a remediação funcional e a remediação cognitiva baseada em ação demonstram impacto positivo no funcionamento e na cognição de pacientes com TB.

REFERÊNCIAS BIBLIOGRÁFICAS

1. American Psychiatric Association (APA). Manual Diagnóstico e Estatístico de Transtornos Mentais DSM-5. Porto Alegre: Artmed; 2013.
2. Post RM. Kindling and sensitization as models for affective episode recurrence, cyclicity, and tolerance phenomena. Neurosci Biobehav Rev. 2007;31(6):858-873.
3. Kapczinski F, Dias VV, Kauer-Sant'Anna M, Frey BN, Grassi-Oliveira R, Colom F et al. Clinical implications of a staging model for bipolar disorders. Expert Rev Neurother. 2009;9(7):957-966.
4. Hanford LC, Nazarov A, Hall GB, Sassi RB. Cortical thickness in bipolar disorder: a systematic review. Bipolar Disord. 2016;18(1):4-18.
5. Hibar DP, Westlye LT, Doan NT, Jahanshad N, Cheung JW, Ching CRK et al. Cortical abnormalities in bipolar disorder: an MRI analysis of 6503 individuals from the ENIGMA Bipolar Disorder Working Group. Mol Psychiatry. 2018;23(4):932-942.
6. Hibar DP, Westlye LT, van Erp TG, Rasmussen J, Leonardo CD, Faskowitz J et al. Subcortical volumetric abnormalities in bipolar disorder. Mol Psychiatry. 2016;21(12):1710-1716.
7. McWhinney SR, Abé C, Alda M, Benedetti F, Bøen E, Del Mar Bonnin C et al. Association between body mass index and subcortical brain volumes in bipolar disorders-ENIGMA study in 2735 individuals. Mol Psychiatry. 2021;26(11):6806-6819.
8. Strakowski SM, DelBello MP, Zimmerman ME, Getz GE, Mills NP, Ret J et al. Ventricular and periventricular structural volumes in first-versus multiple-episode bipolar disorder. Am J Psychiatry. 2002;159(11):1841-1847.
9. Cao B, Passos IC, Mwangi B, Amaral-Silva H, Tannous J, Wu M-J et al. Hippocampal subfield volumes in mood disorders. Mol Psychiatry. 2017;22(9):1352-1358.
10. Cao B, Passos IC, Mwangi B, Bauer IE, Zunta-Soares GB, Kapczinski F et al. Hippocampal volume and verbal memory performance in late-stage bipolar disorder. J Psychiatr Res. 2016;73:102-107.
11. Hajek T, Kopecek M, Höschl C, Alda M. Smaller hippocampal volumes in patients with bipolar disorder are masked by exposure to lithium: a meta-analysis. J Psychiatry Neurosci. 2012;37(5):333-343.

12. Berk M, Dandash O, Daglas R, Cotton SM, Allott K, Fornito A et al. Neuroprotection after a first episode of mania: a randomized controlled maintenance trial comparing the effects of lithium and quetiapine on grey and white matter volume. Transl Psychiatry. 2017;7(1):e1011.
13. Rowley CD, Bazin P-L, Tardif CL, Sehmbi M, Hashim E, Zaharieva N et al. Assessing intracortical myelin in the living human brain using myelinated cortical thickness. Front Neurosci. 2015;9:396.
14. Sehmbi M, Rowley CD, Minuzzi L, Kapczinski F, Steiner M, Sassi RB et al. Association of intracortical myelin and cognitive function in bipolar I disorder. Acta Psychiatr Scand. 2018;138(1):62-72.
15. Rai S, Griffiths K, Breukelaar IA, Barreiros AR, Chen W, Boyce P et al. Investigating neural circuits of emotion regulation to distinguish euthymic patients with bipolar disorder and major depressive disorder. Bipolar Disord. 2021;23(3):284-294.
16. Delvecchio G, Fossati P, Boyer P, Brambilla P, Falkai P, Gruber O et al. Common and distinct neural correlates of emotional processing in Bipolar Disorder and Major Depressive Disorder: A voxel-based meta-analysis of functional magnetic resonance imaging studies. Eur Neuropsychopharmacol. 2012;22(2):100-113.
17. Repple J, Meinert S, Grotegerd D, Kugel H, Redlich R, Dohm K et al. A voxel-based diffusion tensor imaging study in unipolar and bipolar depression. Bipolar Disord. 2017;19(1):23-31.
18. Duarte JA, de Araújo e Silva JQ, Goldani AA, Massuda R, Gama CS. Neurobiological underpinnings of bipolar disorder focusing on findings of diffusion tensor imaging: a systematic review. Braz J Psychiatry. 2016;38:167-175.
19. Ji E, Lejuste F, Sarrazin S, Houenou J. From the microscope to the magnet: Disconnection in schizophrenia and bipolar disorder. Neurosci Biobehav Rev. 2019;98:47-57.
20. Cao B, Stanley JA, Selvaraj S, Mwangi B, Passos IC, Zunta-Soares GB et al. Evidence of altered membrane phospholipid metabolism in the anterior cingulate cortex and striatum of patients with bipolar disorder I: A multi-voxel 1H MRS study. J Psychiatr Res. 2016;81:48-55.
21. Cao B, Stanley JA, Passos IC, Mwangi B, Selvaraj S, Zunta-Soares GB et al. Elevated choline--containing compound levels in rapid cycling bipolar disorder. Neuropsychopharmacol. 2017;42(11):2252-2258.
22. Haarman BCMB, Riemersma-Van der Lek RF, de Groot JC, Ruhé HGE, Klein HC, Zandstra TE et al. Neuroinflammation in bipolar disorder - A [(11)C]-(R)-PK11195 positron emission tomography study. Brain Behav Immun. 2014;40:219-225.
23. Mwangi B, Wu M-J, Cao B, Passos IC, Lavagnino L, Keser Z et al. Individualized prediction and clinical staging of bipolar disorders using neuroanatomical biomarkers. Biol Psychiatry Cogn Neurosci Neuroimaging. 2016;1(2):186-194.
24. Rocha-Rego V, Jogia J, Marquand AF, Mourao-Miranda J, Simmons A, Frangou S. Examination of the predictive value of structural magnetic resonance scans in bipolar disorder: a pattern classification approach. Psychol Med. 2014;44(3):519-532.
25. Nunes A, Schnack HG, Ching CRK, Agartz I, Akudjedu TN, Alda M et al. Using structural MRI to identify bipolar disorders -13 site machine learning study in 3020 individuals from the ENIGMA Bipolar Disorders Working Group. Mol Psychiatry. 2020;25(9):2130-2143.

26. Vai B, Parenti L, Bollettini I, Cara C, Verga C, Melloni E et al. Predicting differential diagnosis between bipolar and unipolar depression with multiple kernel learning on multimodal structural neuroimaging. Eur Neuropsychopharmacol. 2020;34:28-38.
27. Frangou S, Dima D, Jogia J. Towards person-centered neuroimaging markers for resilience and vulnerability in bipolar disorder. Neuroimage. 2017;145(Pt B):230-237.
28. Librenza-Garcia D, Kotzian BJ, Yang J, Mwangi B, Cao B, Pereira Lima LN et al. The impact of machine learning techniques in the study of bipolar disorder: A systematic review. Neurosci Biobehav Rev. 2017;80:538-554.
29. Sartori JM, Reckziegel R, Passos IC, Czepielewski LS, Fijtman A, Sodré LA et al. Volumetric brain magnetic resonance imaging predicts functioning in bipolar disorder: A machine learning approach. J Psychiatr Res. 2018;103:237-243.
30. Wu M-J, Mwangi B, Bauer IE, Passos IC, Sanches M, Zunta-Soares GB et al. Identification and individualized prediction of clinical phenotypes in bipolar disorders using neurocognitive data, neuroimaging scans and machine learning. Neuroimage. 2017;145:254-264.
31. Cardoso T, Bauer IE, Meyer TD, Kapczinski F, Soares JC. Neuroprogression and cognitive functioning in bipolar disorder: a systematic review. Curr Psychiatry Rep. 2015;17(9):75.
32. Passos IC, Mwangi B, Vieta E, Berk M, Kapczinski F. Areas of controversy in neuroprogression in bipolar disorder. Acta Psychiatr Scand. 2016;134(2):91-103.
33. Depp CA, Savla GN, Moore DJ, Palmer BW, Stricker JL, Lebowitz BD et al. Short-term course of neuropsychological abilities in middle-aged and older adults with bipolar disorder. Bipolar Disord. 2008;10(6):684-690.
34. Santos JL, Aparicio A, Bagney A, Sánchez-Morla EM, Rodríguez-Jiménez R, Mateo J et al. A five-year follow-up study of neurocognitive functioning in bipolar disorder. Bipolar Disord. 2014;16(7):722-731.
35. Berk M, Kapczinski F, Andreazza AC, Dean OM, Giorlando F, Maes M et al. Pathways underlying neuroprogression in bipolar disorder: focus on inflammation, oxidative stress and neurotrophic factors. Neurosci Biobehav Rev. 2011;35(3):804-817.
36. Passos IC, Kapczinski NS, Quevedo J, Kauer-Sant'Anna M, Kapczinski F. Staging models and functional outcomes in bipolar disorder: clinical implications. Current Treatment Options in Psychiatry. 2015;2(3):205-217.
37. Green MJ, Girshkin L, Kremerskothen K, Watkeys O, Quidé Y. A Systematic review of studies reporting data-driven cognitive subtypes across the psychosis spectrum. Neuropsychol Rev. 2020;30(4):446-460.
38. Rabelo-da-Ponte FD, Lima FM, Martinez-Aran A, Kapczinski F, Vieta E, Rosa AR et al. Data-driven cognitive phenotypes in subjects with bipolar disorder and their clinical markers of severity. Psychol Med. 2020;1-8.
39. Sonkurt HO, Altınöz AE, Çimen E, Köşger F, Öztürk G. The role of cognitive functions in the diagnosis of bipolar disorder: A machine learning model. Int J Med Inform. 2021;145:104311.

40. Fernandes BS, Karmakar C, Tamouza R, Tran T, Yearwood J, Hamdani N et al. Precision psychiatry with immunological and cognitive biomarkers: a multi-domain prediction for the diagnosis of bipolar disorder or schizophrenia using machine learning. Transl Psychiatry. 2020;10(1):1-13.
41. Sawalha J, Cao L, Chen J, Selvitella A, Liu Y, Yang C et al. Individualized identification of first-episode bipolar disorder using machine learning and cognitive tests. J Affect Disord. 2021;282:662-668.
42. Passos IC, Ballester PL, Barros RC, Librenza-Garcia D, Mwangi B, Birmaher B et al. Machine learning and big data analytics in bipolar disorder: A position paper from the International Society for Bipolar Disorders Big Data Task Force. Bipolar Disord. 2019;21(7):582-594.
43. Kessing LV, Andersen PK. Evidence for clinical progression of unipolar and bipolar disorders. Acta Psychiatr Scand. 2017;135(1):51-64.
44. Velosa J, Delgado A, Finger E, Berk M, Kapczinski F, de Azevedo Cardoso T. Risk of dementia in bipolar disorder and the interplay of lithium: a systematic review and meta-analyses. Acta Psychiatr Scand. 2020;141(6):510-521.
45. Kurtz MM, Gerraty RT. A meta-analytic investigation of neurocognitive deficits in bipolar illness: profile and effects of clinical state. Neuropsychology. 2009;23(5):551-562.
46. Bourne C, Aydemir Ö, Balanzá-Martínez V, Bora E, Brissos S, Cavanagh JTO et al. Neuropsychological testing of cognitive impairment in euthymic bipolar disorder: an individual patient data meta-analysis. Acta Psychiatr Scand. 2013;128(3):149-162.
47. Benton AL. Differential behavioral effects in frontal lobe disease. Neuropsychologia. 1968;6(1):53-60.
48. Raucher-Chéné D, Achim AM, Kaladjian A, Besche-Richard C. Verbal fluency in bipolar disorders: A systematic review and meta-analysis. J Affect Disord. 2017;207:359-366.
49. Lima IMM, Peckham AD, Johnson SL. Cognitive deficits in bipolar disorders: Implications for emotion. Clin Psychol Rev. 2018;59:126-136.
50. Martinez-Aran A, Vieta E, Torrent C, Sanchez-Moreno J, Goikolea JM, Salamero M et al. Functional outcome in bipolar disorder: the role of clinical and cognitive factors. Bipolar Disord. 2007;9(1-2):103-113.
51. Arts B, Jabben N, Krabbendam L, van Os J. Meta-analyses of cognitive functioning in euthymic bipolar patients and their first-degree relatives. Psychol Med. 2008;38(6):771-785.
52. Lee RSC, Hermens DF, Scott J, Redoblado-Hodge MA, Naismith SL, Lagopoulos J et al. A meta-analysis of neuropsychological functioning in first-episode bipolar disorders. J Psychiatr Res. 2014;57:1-11.
53. Martínez-Arán A, Vieta E, Colom F, Torrent C, Sánchez-Moreno J, Reinares M et al. Cognitive impairment in euthymic bipolar patients: implications for clinical and functional outcome. Bipolar Disord. 2004;6(3):224-232.
54. Martínez-Arán A, Vieta E, Reinares M, Colom F, Torrent C, Sánchez-Moreno J et al. Cognitive function across manic or hypomanic, depressed, and euthymic states in bipolar disorder. Am J Psychiatry. 2004;161(2):262-270.

55. Kapczinski F, Magalhães PVS, Balanzá-Martinez V, Dias VV, Frangou S, Gama CS et al. Staging systems in bipolar disorder: an International Society for Bipolar Disorders Task Force Report. Acta Psychiatr Scand. 2014;130(5):354-363.
56. Bega S, Schaffer A, Goldstein B, Levitt A. Differentiating between Bipolar Disorder types I and II: results from the National Epidemiologic Survey on Alcohol and Related Conditions (NESARC). J Affect Disord. 2012;138(1-2):46-53.
57. Xu G, Lin K, Rao D, Dang Y, Ouyang H, Guo Y et al. Neuropsychological performance in bipolar I, bipolar II and unipolar depression patients: a longitudinal, naturalistic study. J Affect Disord. 2012;136(3):328-339.
58. Torrent C, Martínez-Arán A, Daban C, Sánchez-Moreno J, Comes M, Goikolea JM et al. Cognitive impairment in bipolar II disorder. Br J Psychiatry. 2006;189:254-259.
59. Knorr U, Miskowiak K, Akhøj M, Vinberg M, Forman J, Kessing LV. The impact of the trajectory of bipolar disorder on global cognitive function: A one-year clinical prospective case-control study. J Affect Disord. 2021;278:189-198.
60. Nishimura Y, Takahashi K, Ohtani T, Ikeda-Sugita R, Kasai K, Okazaki Y. Dorsolateral prefrontal hemodynamic responses during a verbal fluency task in hypomanic bipolar disorder. Bipolar Disord. 2015;17(2):172-183.
61. Fuentes I, Rizo-Méndez A, Jarne-Esparcia A. Low compliance to pharmacological treatment is linked to cognitive impairment in euthymic phase of bipolar disorder. J Affect Disord. 2016;195:21520.
62. Torrent C, Bonnin C del M, Martínez-Arán A, Valle J, Amann BL, González-Pinto A et al. Efficacy of functional remediation in bipolar disorder: a multicenter randomized controlled study. Am J Psychiatry. 2013;170(8):852-859.
63. Young AH, Gallagher P, Watson S, Del-Estal D, Owen BM, Ferrier IN. Improvements in neurocognitive function and mood following adjunctive treatment with mifepristone (RU-486) in bipolar disorder. Neuropsychopharmacology. 2004;29(8):1538-1545.
64. Watson S, Gallagher P, Porter RJ, Smith MS, Herron LJ, Bulmer S et al. A randomized trial to examine the effect of mifepristone on neuropsychological performance and mood in patients with bipolar depression. Biol Psychiatry. 2012;72(11):943-949.
65. Gottesman II, Gould TD. The endophenotype concept in psychiatry: etymology and strategic intentions. Am J Psychiatry. 2003;160(4):636-645.
66. Hasler G, Drevets WC, Gould TD, Gottesman II, Manji HK. Toward constructing an endophenotype strategy for bipolar disorders. Biol Psychiatry. 2006;60(2):93-105.
67. Miskowiak KW, Kjærstad HL, Meluken I, Petersen JZ, Maciel BR, Köhler CA et al. The search for neuroimaging and cognitive endophenotypes: A critical systematic review of studies involving unaffected first-degree relatives of individuals with bipolar disorder. NeurosciBiobehav Rev. 2017;73:1-22.

68. Yu H, Li M-L, Meng Y, Li X-J, Wei W, Li Y-F et al. Inferior frontal gyrus seed-based resting--state functional connectivity and sustained attention across manic/hypomanic, euthymic and depressive phases of bipolar disorder. J Affect Disord. 2021;282:930-938.
69. Liu SK, Chiu C-H, Chang C-J, Hwang T-J, Hwu H-G, Chen WJ. Deficits in sustained attention in schizophrenia and affective disorders: stable versus state-dependent markers. Am J Psychiatry. 2002;159(6):975-982.
70. Bora E, Yucel M, Pantelis C. Cognitive endophenotypes of bipolar disorder: a meta-analysis of neuropsychological deficits in euthymic patients and their first-degree relatives. J Affect Disord. 2009;113(1-2):1-20.
71. Cognitive research [Internet]. (Acessed Jun 1, 2021). Available from: https://www.cambridge-cognition.com/products/cognitive-research/
72. Hatton SN, Lagopoulos J, Hermens DF, Scott E, Hickie IB, Bennett MR. Cortical thinning in young psychosis and bipolar patients correlate with common neurocognitive deficits. Int J Bipolar Disord. 2013;1:3.
73. Mackala SA, Torres IJ, Kozicky J, Michalak EE, Yatham LN. Cognitive performance and quality of life early in the course of bipolar disorder. J Affect Disord. 2014;168:119-124.
74. Yatham LN, Torres IJ, Malhi GS, Frangou S, Glahn DC, Bearden CE et al. The International Society for Bipolar Disorders-battery for assessment of neurocognition (ISBD-BANC). Bipolar Disord. 2010;12(4):351-363.
75. Woods SP, Delis DC, Scott JC, Kramer JH, Holdnack JA. The California Verbal Learning Test--second edition: test-retest reliability, practice effects, and reliable change indices for the standard and alternate forms. Arch Clin Neuropsychol. 2006;21(5):413-420.
76. Shapiro AM, Benedict RH, Schretlen D, Brandt J. Construct and concurrent validity of the Hopkins Verbal Learning Test-revised. Clin Neuropsychol. 1999;13(3):348-358.
77. van Gorp WG, Altshuler L, Theberge DC, Wilkins J, Dixon W. Cognitive impairment in euthymic bipolar patients with and without prior alcohol dependence. A preliminary study. Arch Gen Psychiatry. 1998;55(1):41-46.
78. Clark L, Iversen SD, Goodwin GM. Sustained attention deficit in bipolar disorder. Br J Psychiatry. 2002;180:313-319.
79. Cavanagh JTO, Van Beck M, Muir W, Blackwood DHR. Case-control study of neurocognitive function in euthymic patients with bipolar disorder: An association with mania. Br J Psychiatry. 2002;180(4):320-326.
80. Fleck DE, Shear PK, Zimmerman ME, Getz GE, Corey KB, Jak A et al. Verbal memory in mania: effects of clinical state and task requirements. Bipolar Disord. 2003;5(5):375-380.
81. Altshuler LL, Ventura J, van Gorp WG, Green MF, Theberge DC, Mintz J. Neurocognitive function in clinically stable men with bipolar I disorder or schizophrenia and normal control subjects. Biol Psychiatry. 2004;56(8):560-569.

82. Deckersbach T, Savage CR, Reilly-Harrington N, Clark L, Sachs G, Rauch SL. Episodic memory impairment in bipolar disorder and obsessive-compulsive disorder: the role of memory strategies. Bipolar Disord. 2004;6(3):233-244.
83. Lacritz LH, Cullum CM. The Hopkins Verbal Learning Test and CVLT: a preliminary comparison. Arch Clin Neuropsychol. 1998;13(7):623-628.
84. Delis DC, Freeland J, Kramer JH, Kaplan E. Integrating clinical assessment with cognitive neuroscience: construct validation of the California Verbal Learning Test. J Consult Clin Psychol. 1988;56(1):123-130.
85. Benedict RHB, Schretlen D, Groninger L, Brandt J. Hopkins verbal learning test – revised: Normative data and analysis of inter-form and test-retest reliability. Clin Neuropsychol. 1998;12(1):43-55.
86. Snodgrass JG, Corwin J. Pragmatics of measuring recognition memory: applications to dementia and amnesia. J Exp Psychol Gen. 1988;117(1):34-50.
87. Rosa AR, Mercadé C, Sánchez-Moreno J, Solé B, Mar Bonnin CD, Torrent C et al. Validity and reliability of a rating scale on subjective cognitive deficits in bipolar disorder (COBRA). J Affect Disord. 2013;150(1):29-36.
88. Lima FM, Cardoso TA, Serafim SD, Martins DS, Solé B, Martínez-Arán A et al. Validity and reliability of the Cognitive Complaints in Bipolar Disorder Rating Assessment (COBRA) in Brazilian bipolar patients. Trends Psychiatry Psychother. 2018;40(2):170-178.
89. Miskowiak KW, Burdick KE, Martinez-Aran A, Bonnin CM, Bowie CR, Carvalho AF et al. Assessing and addressing cognitive impairment in bipolar disorder: the International Society for Bipolar Disorders Targeting Cognition Task Force recommendations for clinicians. Bipolar Disord. 2018;20(3):184-194.
90. Yen C-F, Cheng C-P, Ko C-H, Yen J-Y, Huang C-F, Chen C-S. Relationship between insight and neurocognition in patients with bipolar I disorder in remission. Compr Psychiatry. 2008;49(4):335-339.
91. Bowie CR, Grossman M, Gupta M, Holshausen K, Best MW. Action-based cognitive remediation for individuals with serious mental illnesses: Effects of real-world simulations and goal setting on functional and vocational outcomes. Psychiatr Rehabil J. 2017;40(1):53-60.
92. Bonnin CM, Torrent C, Arango C, Amann BL, Solé B, González-Pinto A et al. Functional remediation in bipolar disorder: 1-year follow-up of neurocognitive and functional outcome. Br J Psychiatry. 2016;208(1):87-93.
93. Breitborde NJ, Dawson SC, Woolverton C, Dawley D, Bell EK, Norman K et al. A randomized controlled trial of cognitive remediation and d-cycloserine for individuals with bipolar disorder. BMC Psychol. 2014;2(1):41.

Farmacoterapia e Outros Tratamentos das Fases Agudas de Mania e Depressão | 13

Juliana Socorro Casqueiro
Gabriela Léda Rêgo de Amorim
Rodrigo da Silva Dias

◊ Introdução

De modo geral, o tratamento do transtorno bipolar (TB) tem como principal objetivo não só a remissão dos sintomas, mas a restauração da qualidade de vida (QV) e funcionalidade do indivíduo.[1,2] Para isso, inicialmente deve-se investir no tratamento das fases agudas para, posteriormente, focar o tratamento de manutenção e prevenção de recaídas.

A idade média do primeiro episódio normalmente é no final da adolescência/início da idade adulta, porém a idade média para o diagnóstico, habitualmente, é depois dos 20 anos,[1,2] o que demonstra um dos grandes problemas relacionados a essa patologia: o tempo decorrido entre o primeiro episódio e o correto diagnóstico de TB e, consequentemente, do tratamento adequado. Alguns estudos demonstram que muitos pacientes só recebem diagnóstico de TB após cerca de 10 anos do início dos sintomas,[3] o que caracteriza não só a ausência da terapêutica específica, mas um pior prognóstico, especialmente no que diz respeito à recorrência de episódios de humor e ao impacto negativo na funcionalidade.[4,5]

◊ Tratamento personalizado

O TB é classificado em TB tipo 1 ou tipo 2.[6] Apesar de fazerem parte de um mesmo espectro de doença, muitos autores questionam a base fisiopatológica — e até mesmo genética — desses subtipos. O estudo publicado por Stahl *et al.* (2019),[7] p. ex., relatou que o TB tipo 1 está altamente correlacionado geneticamente com a esquizofrenia, enquanto o TB tipo 2 tem maior correlação com o transtorno depressivo recorrente. Além do exposto, na prática clínica, podemos observar perfis de pacientes muito distintos, como é descrito por Karanti *et al.* (2019).[8]

Essa informação é importante para o cuidado geral do TB, porém também deve-se considerar as especificidades de cada paciente, como: idade, presença de comorbidades psiquiátricas e não psiquiátricas, adesão ao tratamento, episódios prévios, polaridade, comportamento suicida, psicose, entre outras.[2]

O tratamento torna-se, então, personalizado, tendo em vista que os pacientes têm características próprias que devem ser consideradas. No entanto, para o tratamento das fases agudas do TB, devemos sempre acessar algumas questões relativas ao transtorno.[1,2,9] Entre as situações que auxiliam nas decisões terapêuticas, podemos citar a necessidade de avaliar a exposição do paciente a riscos — sejam eles associados a comportamentos suicidas, p. ex., ou relacionados a exposição social, comportamentos disruptivos/agressivos, apragmatismo.[1,2]

Sabemos que algumas classes de medicações são mais utilizadas no tratamento do TB, como os estabilizadores de humor e os antipsicóticos (AP), p. ex., em detrimento de outras classes, como os antidepressivos (AD).[1,2,9] A escolha dessas medicações, no entanto, depende primariamente da fase da doença na qual o paciente se encontra, as quais serão detalhadas adiante.

◊ Tratamento do episódio de mania

O episódio de mania é caracterizado, em linhas gerais, como a presença de humor elevado/eufórico, irritabilidade, diminuição da necessidade do sono, aumento da atividade psicomotora, taquipsiquismo, alteração de conteúdo do pensamento — podendo, inclusive, ter sintomas psicóticos, em cerca de 60% —, o que pode acarretar diversos riscos ao paciente. Diante do exposto, nota-se que é uma condição que deve ser corretamente identificada e tratada com brevidade.[1,2,9,10]

Atenção especial deve ser dada ao paciente que nunca tenha apresentado um episódio de humor anteriormente. Diante dessa situação, é importante avaliar a possibilidade de quadros orgânicos associados à sintomatologia psiquiátrica, como ocorre nas encefalites, no acidente vascular cerebral (AVC), nas alterações de tireoide, no quadro confusional agudo etc. Essa suspeita é importante, especialmente, quando os sintomas se iniciam de forma abrupta, quando o paciente se encontra fora da faixa etária esperada para o início de um transtorno de humor, ou quando ele apresenta sintomas neurológicos ou histórico de traumatismo cranioencefálico (TCE), por exemplo.[11,12] Para uma adequada avaliação, muitas vezes é necessário que exames complementares sejam realizados, tais como perfis tireoidiano, renal e hepático, eletrólitos, além de imageamento cerebral e, em alguns casos, estudo de liquor.[11,13] Caso seja afastada a possibilidade de organicidade atrelada ao quadro maniatiforme, presume-se que o paciente seja portador de TB e, então, o manejo terapêutico seguirá os preceitos descritos a seguir.

Para a condução adequada do episódio de mania, deve-se ir além da prescrição de medicações. É necessário investigar presença de psicose, episódios de agitação psicomotora ou agressividade, comportamentos de risco para o próprio paciente e/ou para terceiros — desinibição sexual, exposição social, desorganização do comportamento

— alteração no padrão de sono, presença de *insight* acerca dos sintomas e se há rede de suporte social para conduzir o tratamento ambulatorial (Quadro 13.1).[1,2,9]

Além disso, devemos questionar sobre o uso excessivo de cafeína e remédios que possam influenciar no quadro (antidepressivos,[14] corticosteroides[15] etc.) e sobre o uso de substâncias psicoativas (SPAs), incluindo álcool, tendo em vista que cerca de 50% dos pacientes com TB têm, em algum momento da vida, comorbidade com uso de SPAs.[16]

É sabido que substâncias estimulantes podem mimetizar sintomas de mania.[14,15] Portanto, para que tenhamos segurança em diagnosticar um episódio de mania nos pacientes que estão em uso de medicações/SPAs estimulantes e que não têm diagnóstico prévio de TB, é fundamental que o quadro seja avaliado após o efeito fisiológico dessas substâncias cessar.[8,9] Alguns autores sugerem que o tempo de 5 meias-vidas sem o uso da substância constitui um intervalo adequado para avaliar se a apresentação do quadro é primariamente associada ao TB ou não.[9]

Em casos de pacientes já diagnosticados com TB, é importante saber sobre os episódios, a polaridade (se positiva ou negativa), as medicações (e suas respectivas dosagens) utilizadas, a eficácia dessas medicações, se houve necessidade de internação e/ou eletroconvulsoterapia (ECT), as medicações em uso atual, entre outros fatores clínicos que podem direcionar a escolha terapêutica.[1,9] Se o episódio de mania ocorre durante o tratamento de manutenção, a adesão terapêutica deve ser investigada, bem como a possibilidade de ajuste de dose das medicações já em uso ou, até mesmo, a associação com outra classe de psicotrópico.

Quadro 13.1

Fatores clínicos que influenciam no tratamento do episódio de mania.

- Agitação psicomotora/agressividade
- Comportamento desorganizado/de risco
- Sintomas psicóticos
- Padrão de sono
- Uso de substâncias psicoativas
- *Insight* acerca dos sintomas
- Suporte social
- Episódios e polaridade
- Tratamentos prévios

Fonte: Desenvolvido pela autoria.

O acesso às informações descritas no Quadro 13.1 constrói a base do tratamento, de modo que se pode avaliar, p. ex., a necessidade de internação psiquiátrica nos casos de exposição a riscos, episódios de agressividade, pouco suporte social e ausência de *insight*.[2,9] Orientações quanto à necessidade de suspender o uso de AD e SPAs, e ajustar a rotina de sono também podem ser fornecidas.[1,2,9] Além disso, a investigação dos sintomas direciona a escolha de medicações — sejam mais sedativas, com maior eficácia antipsicótica, e que tenham um melhor perfil de efeitos colaterais a cada paciente.[2]

◊ Manejo da agitação psicomotora – princípios básicos

Um dos sintomas de difícil manejo na fase de mania é a agitação psicomotora (APM). Essa situação, definida como um aumento da atividade motora associada a uma hiperexcitabilidade psíquica do paciente, é uma emergência psiquiátrica comum nos hospitais gerais e especializados e habitualmente está relacionada com a agudização de transtornos psiquiátricos ou, até mesmo, com quadros secundários a alterações orgânicas (Quadro 13.2).[17]

Nos pacientes com APM, especialmente no contexto de emergência, é necessário buscar uma breve história que esteja associada ao episódio de agitação, possíveis fatores desencadeantes, se há passado de episódios de APM, se ela está relacionada com intoxicação ou abstinência de substâncias, se existe algum diagnóstico de transtorno mental ou algum sinal/sintoma de causa orgânica (convulsão, paresia, disartria, hipoglicemia etc.), além disso, concomitantemente à investigação, deve-se avaliar os riscos para o paciente e para a equipe.[18,19]

Quadro 13.2

Sinais e sintomas associados a causas orgânicas na agitação psicomotora.

Mudanças comportamentais súbitas	Alteração de memória
Déficits neurológicos focais, histórico de convulsões	Evidência de traumatismo cranioencefálico (TCE)
Sinais de intoxicação/abstinência	Perda ponderal recente
Sinais vitais anormais	Alucinações visuais, táteis e olfativas
Sudorese, tremor, palidez, rigidez muscular	Cefaleia intensa
Idade avançada	Dispneia

Fonte: Adaptado de Baldaçara *et al.*, 2019.[19]

Durante a abordagem ao paciente, devemos sempre utilizar técnicas não farmacológicas que auxiliam no manejo da agitação, como: se comunicar de forma clara, não ser provocativo e nem responder às provocações, conduzir o paciente para um local calmo e com poucos estímulos, identificar sentimentos, oferecer alternativas para melhora dos sintomas — sentar, falar com algum familiar, fazer uso de alguma medicação etc. — e avaliar a necessidade de abordagem farmacológica e/ou de contenção mecânica.[19-21]

A contenção mecânica muitas vezes é necessária em pacientes que apresentam comportamento de risco e que não aceitam abordagem verbal ou medicações. Habitualmente, é feita com a finalidade de possibilitar a administração de medicação no paciente e diminuir o risco/a exposição a lesões por causa do comportamento agitado. Essa é uma medida de exceção e deve ser realizada por uma equipe treinada. Importante ressaltar que a contenção não deve ser mantida por períodos prolongados e que o paciente deve ser continuamente monitorado — sinais vitais, ausculta, perfusão de membros.[19] Deve-se atentar também para que seja feita com material adequado e que garanta conforto ao paciente, certificando-se de que não haja riscos de lesar sua pele.

O manejo farmacológico da APM depende não só de sua causa, mas também de outros fatores. Podemos oferecer medicações por via oral, caso o paciente esteja abordável, ou então usar medicações por via parenteral (intramuscular ou intravenosa). O uso de medicações por via intramuscular (IM) é comum em pacientes agitados, porém o uso de medicações por via intravenosa (IV) costuma ser evitado, devido a maior risco de efeitos colaterais graves, como hipotensão, arritmia e depressão respiratória. As principais classes de medicações utilizadas para manejo da APM são os AP e os benzodiazepínicos (BZD), devido ao potencial ansiolítico e sedativo desses fármacos.[21,22]

Para os pacientes com TB que aceitam medicações por via oral, podemos utilizar um AP isoladamente, sejam típicos, como o haloperidol, p. ex., ou atípicos, como a olanzapina e a risperidona, que têm maior eficácia para tranquilização rápida dos pacientes.[22] Além disso, podemos utilizar uma associação de AP com BZD, como risperidona com lorazepam ou clonazepam, que também têm evidência para episódios de APM. Caso o paciente não aceite medicação por via oral, podemos usar medicações por via intramuscular. A mais utilizada, tanto sozinha quanto em conjunto, é o haloperidol. Outra opção que comumente é usada isoladamente é o midazolam. No entanto, também pode-se administrar haloperidol + prometazina ou até mesmo haloperidol + midazolam.[21,22]

◊ Tratamento farmacológico do episódio de mania

De modo geral, o tratamento farmacológico da fase de mania habitualmente é feito com estabilizadores de humor e/ou AP e pode ser em monoterapia ou com combinação de psicotrópicos, havendo, atualmente, diversas opções terapêuticas com essa finalidade.[1,2,9,10]

É sabido que cerca de 50% dos pacientes têm melhora dos sintomas de mania com o uso de uma única medicação.[23] Contudo, muitas vezes, há necessidade de combinação de medicações, já que há uma maior tendência de os pacientes responderem mais rapidamente às terapias combinadas.[23,24] Além disso, os AP podem ser usados para manejo de sono, psicose e agitação, p. ex., o que não é alcançado com os estabilizadores de humor em monoterapia.[1] No entanto, também devemos levar em conta que a combinação de psicotrópicos comumente é associada à presença de mais efeitos colaterais e menor tolerabilidade.[23] Portanto, se possível, a decisão terapêutica deve ser discutida com o paciente e seus cuidadores, que podem dar informações sobre tratamentos prévios.[2]

As medicações que têm aprovação para uso em monoterapia incluem tanto os estabilizadores de humor (lítio e valproato), quanto os AP, especialmente os atípicos: quetiapina, asenapina (não disponível no Brasil), aripiprazol, paliperidona, risperidona e cariprazina (não disponível no Brasil).[2,10] Dentre os AP típicos, apenas o haloperidol tem alguma evidência para ser utilizado em monoterapia no tratamento da mania aguda.[2]

A terapia combinada de quetiapina, aripiprazol, risperidona ou asenapina com lítio ou valproato também é recomendada como opção de tratamento de primeira linha (Quadro 13.3).[2] Geralmente, a combinação de psicotrópicos é indicada em pacientes considerados de risco, àqueles que têm histórico de resposta parcial à monoterapia e, especialmente, os que apresentam episódios maníacos mais graves.[1,2,9]

Quadro 13.3

Principais terapias medicamentosas para o episódio de mania – terapias de primeira linha.

Monoterapia	Terapia combinada
Estabilizadores de humor	
Lítio ou Valproato	Lítio ou Valproato
OU	E
Antipsicóticos	
▪ Quetiapina ▪ Aripiprazol ▪ Paliperidona ▪ Risperidona ▪ Cariprazina* ▪ Asenapina*	▪ Quetiapina ▪ Aripiprazol ▪ Risperidona ▪ Asenapina*

*Não disponível no Brasil.

Fonte: Adaptado de Yatham *et al.*, 2018.[2]

A escolha das medicações depende do perfil do paciente e dos sintomas apresentados, como citado anteriormente. Além disso, também é avaliada a tolerabilidade às medicações, a eficácia delas em prevenir novos episódios de humor e a necessidade de mantê-las a médio-longo prazo.[2,9] Diante do exposto, p. ex., a olanzapina, um AP atípico, atualmente não é tida como primeira escolha para tratamento de um episódio agudo de mania,[2] pois está associada a alterações importantes do perfil metabólico e aumento do risco cardiovascular.[25]

A escolha de um AP atípico para iniciar o tratamento, muitas vezes, não deve ser embasada somente pela eficácia antimaníaca, pois é necessário observar também a presença de agitação, insônia e psicose — este último presente em cerca de 60% dos episódios de mania.[26] Ademais, muitas vezes o efeito dos estabilizadores de humor demora para se estabelecer e existe alguma evidência de que o uso de AP pode ser superior ao do lítio ou valproato na mania, o que também contribui para o uso desde o início do tratamento.[27] Com relação aos estabilizadores de humor, o lítio é mais indicado naqueles pacientes que classicamente têm sintomas de humor elado, eufórico, grandioso, com poucos episódios prévios de humor e naqueles nos quais há histórico familiar de boa resposta ao uso dessa medicação.[28,29] Já o uso de valproato, p. ex., é mais aconselhável nos pacientes que têm histórico de múltiplos episódios prévios, uso de SPAs, passado de TCE ou que apresentam episódio de mania com características mistas.[30]

Caso o paciente não apresente alguma melhora após 2 semanas em uso da terapêutica instituída, deve-se avaliar a adesão medicamentosa, a presença de outros fatores que possam interferir no quadro — como uso de SPAs — e, caso necessário, ajustar o esquema de psicotrópicos.[2,9] Se o paciente estiver em uso apenas de lítio ou valproato, é aconselhável acrescentar um AP ao esquema terapêutico, além de dosar o nível sérico do lítio/valproato, visando a possível adequação de dose dessas medicações.[1,2] No caso oposto, ou seja, se o paciente estiver em uso de AP e sem resposta, a adição de lítio ou valproato é bem-vinda, podendo-se considerar, também, o ajuste de dose do AP em uso.[1,2,9]

Nos casos em que o paciente já está com terapêutica combinada, devemos avaliar a possibilidade de aumentar as medicações já em uso ou trocar por uma terapêutica de segunda linha — monoterapia com olanzapina, carbamazepina, ziprasidona ou haloperidol; terapia combinada de olanzapina com lítio ou valproato, ou a combinação de lítio e valproato.[2]

Além dessas opções medicamentosas, a ECT também se constitui em uma das terapêuticas de escolha em casos de falha com as medicações de primeira linha. Apesar de poucos estudos consistentes, há evidências que sugerem que cerca 80% dos pacientes apresentarão melhora com essa terapia.[2,9] Essa abordagem pode ser considerada para pacientes cuja mania é particularmente grave ou resistente ao tratamento, naqueles que expressam preferência por ECT e nas pacientes gestantes, já que há grande limitação das medicações que podem ser usadas durante esse período (Quadro 13.4).[2,9,31]

Caso o paciente mantenha-se sem resposta às terapêuticas de primeira e segunda linha, podemos dar início às medicações aprovadas como terceira linha, que incluem monoterapia com clorpromazina, clonazepam, tamoxifeno ou clozapina, esta pode ser usada em monoterapia ou como adjuvante. Essas opções têm pouca evidência e, por isso só devem ser prescritas caso as opções de primeira e segunda linhas em monoterapia e combinadas não forem efetivas.[2]

Quadro 13.4

Terapias de segunda linha para o episódio de mania.

Monoterapia	Terapia combinada	Outras terapias
Estabilizadores de humor: ▪ Carbamazepina **Antipsicóticos:** ▪ Olanzapina ▪ Ziprasidona ▪ Haloperidol	Lítio ou valproato + olanzapina Lítio + valproato	Eletroconvulsoterapia

Fonte: Adaptado de Yatham *et al.*, 2018.[2]

Contudo, entre as terapias que podem ser utilizadas como terceira linha, é importante destacar que a clozapina, um AP atípico usado primariamente para esquizofrenia refratária,[32] tem demonstrado efeitos mais consistentes nos pacientes com quadro de mania resistente ao tratamento. O estudo de Suppes *et al.* (1999), conduzido com pacientes esquizoafetivos do tipo bipolar e pacientes com TB tipo 1 resistente ao tratamento, demonstrou superioridade da clozapina (usada como adjuvante) em relação a outras terapêuticas.[33] Esse achado é condizente com a revisão sistemática recente de Li *et al.* (2014), que explicitou a eficácia da clozapina — em monoterapia ou combinada — para pacientes com TB resistente.[34] Ademais, uma recente metanalise publicada por Delgado *et al.* (2020) trouxe o resultado de que, para pacientes com TB resistente, a clozapina demonstra superioridade quando comparada a outros AP.[35]

Após melhora do paciente, a terapia de manutenção deve ser planejada. Muitas medicações aprovadas para tratamento do episódio de mania também têm eficácia na manutenção e na prevenção de recorrências.[1,2,9,10] No entanto, quando alguma medicação for utilizada apenas no episódio agudo, ela deve ser mantida até a completa remissão dos sintomas. Após a remissão, deve avaliar se a medicação deverá ser retirada, reduzida ou mantida, de acordo com o histórico de cada paciente.[2,9] A remissão dos sintomas geralmente ocorre em 3 meses, porém a estabilização completa do humor costuma demorar até 6 meses para ser alcançada.[9]

◊ Tratamento da hipomania

O episódio de hipomania do TB é caracterizado como alteração do humor — elevado, irritado, expansivo — associado a aumento da loquacidade, das atividades psíquica e física, diminuição da necessidade de sono, e envolvimento em atividades de risco, sintomas que duram no mínimo 4 dias.[2] Geralmente, os pacientes em hipomania não têm grandes prejuízos identificáveis em suas relações sociais ou laborativas, porém a alteração de humor é perceptível para terceiros, quando comparada ao basal do paciente.[2,10] Apesar de não ser necessário para o diagnóstico de TB tipo 1, o episódio de hipomania tem alta frequência nos pacientes e deve ser identificado e tratado.

Existem poucas sugestões específicas para o tratamento de hipomania e isso se deve aos poucos estudos realizados para essa finalidade e também ao fato de existir a premissa de que os tratamentos aprovados para mania aguda se aplicam à fase de hipomania.[2] Primeiramente, devemos checar o uso de medicações ou SPAs que possam interferir no quadro. Assim como na mania, deve-se descontinuar o uso de estimulantes e antidepressivos e avaliar a adesão ao tratamento de manutenção, além disso medidas para ajuste do ciclo sono-vigília devem ser empregadas, a fim de se realizar possível ajuste das medicações em uso ou acréscimo de alguma outra medicação, conforme o racional utilizado para o tratamento da mania aguda.[2,9,10]

◊ Tratamento da fase aguda de depressão bipolar

O episódio depressivo no TB tem os mesmos critérios diagnósticos do episódio depressivo unipolar. O paciente apresenta, por no mínimo 2 semanas, humor deprimido, anedonia, alteração de sono e de apetite, volição, pensamentos de menos valia, culpa, inutilidade, e pode ter pensamentos de morte e comportamento suicida.[8] Muitos pacientes com TB são tratados erroneamente como se tivessem transtorno depressivo recorrente (TDR), devido a uma investigação parca da ocorrência de sintomas de hipomania/mania ao longo da vida do indivíduo.[1,2,10] Além disso, muitos pacientes podem não relatar crítica acerca dos sintomas de elevação de humor, o que também dificulta o diagnóstico de TB e o tratamento correto.[2]

Os pacientes que apresentarem sintomas depressivos devem sempre ser questionados sobre sintomas de mania/hipomania concomitantes ou prévios.[2,9] Algumas características do episódio depressivo podem indicar maior probabilidade de diagnóstico de TB, como: idade precoce de início da doença (antes dos 25 anos), episódios depressivos breves e altamente recorrentes, depressão com características psicóticas ou com características atípicas (hipersonia, hiperfagia, paralisia de chumbo), agitação psicomotora, histórico de depressão pós-parto, psicose puerperal e história familiar de TB.[36,37] Esses pacientes devem ser acompanhados regularmente e o médico deve estar atento para a possibilidade de episódios de mania/hipomania, assim como para a ocorrência de características mistas.[2,9]

A dificuldade do diagnóstico é apenas um dos desafios do tratamento da depressão bipolar. Essa fase do TB é a que mais está relacionada com o comportamento suicida; nessa fase, estima-se que ocorrem cerca de 80% das tentativas de suicídio (TS) e mortes por suicídio.[38] Essa é uma informação de grande relevância para o manejo da depressão bipolar, pois é sabido que, dentre os pacientes com TB, aproximadamente 30% a 50% têm histórico de TS ao longo da vida e 15% a 20% morrem por esta causa.[8] Ademais, esses pacientes têm cerca de 20 a 30 vezes mais chances de morrer por suicídio do que a população em geral.[10,38]

Pelo exposto, é necessário que o risco de suicídio e de autolesão seja sempre acessado nos pacientes deprimidos e o tratamento adequado — inclusive com a possibilidade de internação integral para aqueles com alto risco — seja instituído.[2,9,10] De fato, a suicidalidade é um dos muitos fatores que faz com que o tratamento da depressão bipolar seja um desafio para os especialistas. Além disso, a presença de sintomas depressivos residuais está associada a pior funcionalidade.[2,10,38]

Do ponto de vista farmacológico, existem medicações aprovadas para o tratamento da depressão bipolar. Como primeira linha, são aprovadas em monoterapia: quetiapina, lítio, lamotrigina e lurasidona.[2] Ainda como tratamento de primeira linha, mas como terapias adjuvantes, a lamotrigina e lurasidona são aprovadas.[2]

Caso o paciente já esteja em uso de dose adequada de lítio e apresente um episódio depressivo, pode-se tentar combinação dele com lurasidona, lamotrigina ou quetiapina, ou então trocar o lítio por monoterapia com quetiapina ou lurasidona.[2,9] A escolha de manter o lítio no esquema terapêutico pode auxiliar na terapia a curto prazo, devido ao seu efeito benéfico no comportamento suicida de pacientes com TB,[39] e também a longo prazo, já que é uma medicação que tem eficácia para outras fases do TB e é conhecido por suas propriedades antissuicídio.[2,9,10]

É muito importante que as medicações estejam em doses adequadas e sejam utilizadas pelo período de tempo indicado, para que seja possível avaliar sua eficácia.[1,2,9,10] A quetiapina deve ser utilizada na dose de 300 mg/dia, enquanto a lamotrigina deve ser usada, no mínimo, na dose de 200 mg/dia, respeitando-se o escalonamento lento da dose.[2,9] O lítio, na fase aguda, é adequado mantendo-se a litemia entre 0,8 e 1,2 mEq/L.[2,9] O tempo de no mínimo 2 semanas deve ser levado em consideração para avaliarmos as medicações[2] — à exceção da lamotrigina, que, por ser titulada lentamente (devido ao risco de *rash* cutâneo, síndrome de Stevens-Johnson e necrólise epidérmica tóxica), necessita de mais tempo para que seus efeitos terapêuticos iniciais sejam avaliados.[2]

Caso o paciente não tenha uma resposta adequada aos tratamentos de primeira linha, podemos pensar nas terapêuticas de segunda linha. As medicações que podem ser utilizadas em monoterapia são: valproato, cariprazina ou olanzapina. Essa última medicação, inclusive, também é aprovada em conjunto com a fluoxetina como opção de segunda linha.[2,38] Além desses medicamentos, também pode ser utilizado, como terapia adjuvante, um inibidor seletivo da recaptação de serotonina (ISRS) ou a bupropiona. Ademais, a realização de ECT também é uma alternativa.[2]

Apesar das diferenças entre o TB tipo 1 e tipo 2, existe pouca evidência de medicações para tratamento da depressão em pacientes com TB tipo 2.[2,9,10] A maioria das diretrizes sugere a mesma terapêutica medicamentosa independentemente do subtipo do TB, porém, de acordo com o CANMAT (do inglês *Canadian Network for Mood and Anxiety Treatments)*, apenas a quetiapina é recomendada como primeira linha para os pacientes com TB tipo 2.[2]

É importante frisar que, em alguns casos, a ECT pode se tornar o tratamento de escolha, especialmente nos pacientes com catatonia, risco iminente de suicídio ou depressão psicótica.[2,9,38] Existem estudos recentes que demonstram a eficácia desse procedimento na depressão bipolar, como é o caso da recente metanalise publicada por Bahji (2018), em que aproximadamente 77% dos pacientes com depressão bipolar responderam ao tratamento com ECT e cerca de 52% alcançaram a remissão do quadro.[40] Essas evidências corroboram o uso da ECT em pacientes com depressão bipolar resistente.

Outra terapêutica que tem surgido como opção para a depressão bipolar é a estimulação magnética transcraniana (EMT), que já é utilizada para o tratamento da depressão unipolar.[38] Os poucos estudos acerca dessa terapêutica sugerem que pode ser efetiva para depressão bipolar, como foi demonstrado na metanálise publicada por Nguyen (2021).[41] A EMT é citada em algumas diretrizes como possibilidade de terapia adjuvante, mas sem evidências robustas e com relato de menor eficácia do que a ECT.[9]

O uso de AD (ISRS ou bupropiona) deve ser sempre cauteloso devido ao risco de virada maníaca e de ciclagem rápida.[2,9,10] O paciente e seus familiares devem estar cientes dessa possibilidade e manter atenção para os sintomas emergentes de mania, o que indicaria a suspensão do uso do medicamento.[2,9]

A monoterapia com AD não é recomendada em pacientes com TB e, de modo geral, essa classe medicamentosa deve ser evitada nesses pacientes.[2,9,10,38] No entanto, em algumas situações, como na comorbidade com transtorno obsessivo-compulsivo refratário, o uso de AD pode ser necessário. Diante dessa necessidade, o manejo torna-se um desafio, tendo em vista o risco de virada maníaca e de ativação com o uso de AD.[42] Outros psicofármacos foram testados como opções de terceira linha, porém com pouca eficácia. Portanto, é importante que as opções de primeira e de segunda linha sejam sempre testadas adequadamente antes de se avaliar a necessidade de troca de medicações.[2,10]

Conforme descrito anteriormente, as opções terapêuticas para o tratamento da fase depressiva do TB ainda se mostram insuficientes em muitos casos. Mais recentemente, algumas novas estratégias estão sendo estudadas e, dentre elas, destaca-se o uso de cetamina como adjuvante ao tratamento.[2,9] As vantagens da cetamina incluem rápida atenuação dos sintomas, eficácia na depressão resistente ao tratamento e possíveis efeitos antissuicidas.[43] No estudo recente de Wilkowska (2021), foi demonstrada eficácia da cetamina por via intravenosa, como adjuvante, nos pacientes com depressão bipolar resistente ao tratamento, com uma taxa de resposta e de remissão de 61,5% e 46,2%, respectivamente.[44] Além do exposto, a cetamina também tem sido estudada para manejo agudo da ideação suicida, como descrito no estudo de Xiong (2021), que evidenciou o benefício do uso desse medicamento na melhora da ideação suicida em pacientes com depressão unipolar e bipolar.[45]

◊ Abordagens psicoterápicas nas fases agudas

Há um progressivo reconhecimento da perspectiva multidimensional que perpassa os transtornos psiquiátricos e expressões psicopatológicas. Assim, observa-se o crescente uso de intervenções psicossociais como estratégias complementares à farmacoterapia, uma vez que diversos estudos vêm apontando para o aumento da eficácia no tratamento combinado quando comparado às monoterapias medicamentosas.

A psicoterapia é a aplicação de métodos para abordagem psíquica, nos quais um profissional treinado estabelece vinculação terapêutica com a pessoa que busca ajuda. Ela visa a promoção de cuidado e alívio do sofrimento emocional, tornando-se propulsora de crescimento pessoal, ancorada em arcabouço teórico e técnico.

As psicoterapias para o TB buscarão, em amplo espectro, implicar o paciente no conhecimento sobre sua doença, estimulando a adesão ao tratamento, aplicando técnicas para redução da frequência/intensidade dos episódios, identificando os pródromos subsindrômicos para, posteriormente, prolongar a fase de manutenção e prevenir recaídas/recorrências, com foco na melhoria da QV e funcionalidade dos pacientes. Durante o processo psicoterapêutico, pacientes e seus familiares estarão estimulados às construções de sentido frente a experiência do adoecer, fortalecendo estratégias de enfrentamento e propiciando ressignificações que promovam a manutenção do bem-estar a despeito dos diversos fatores estressores.

A compreensão do sujeito como biopsicossocial e multifacetado, se avigora no acompanhamento psicológico, uma vez que ressalta a importância da individualização das intervenções e do cuidado centrado nas especificidades apresentadas pelo paciente em questão. Recomenda-se que a psicoterapia seja introduzida de maneira precoce no tratamento do TB, acompanhando o paciente ao longo das diversas fases da doença, desde o diagnóstico até as etapas de manutenção. A identificação e a reestruturação de padrões disfuncionais de pensamento e comportamento são componentes nucleares da psicoterapia, que proporcionam relações mais saudáveis com a doença, com sua rede interpessoal e com o mundo a sua volta.

Observa-se um desenvolvimento ascendente de psicoterapias específicas para o TB nas últimas décadas. Em parte, esse investimento reflete as limitações de algumas conduções medicamentosas, quando, ainda que seguindo as diretrizes de melhores práticas e níveis de evidência, são por vezes ineficazes na recuperação sintomatológica e prevenção de recaídas.[46] De fato, uma abordagem de tratamento mais abrangente, que preserve os efeitos essenciais da farmacoterapia, mas agregue a psicoterapia baseada em evidências, pode fornecer a base mais sólida para aumentar a autoeficácia, reduzir os sintomas e recorrências, bem como restaurar gradualmente o funcionamento e a qualidade de vida desses pacientes.[47]

Ainda sobre o efeito positivo da psicoterapia como tratamento adjuvante, um recente ensaio clínico randomizado comparou a eficácia de dois tipos de psicoterapias de 18 meses (mantendo tratamento farmacológico padrão) em pacientes jovens (entre 15 e 36 anos) com TB. Embora não tenha havido diferença entre as terapias, a psicoterapia foi associada à melhoria nos escores clínicos (*baseline vs.* 18 meses), particularmente nos pacientes com pior função cognitiva no início do estudo.[48]

Uma revisão sistemática com metanálise de rede,[49] incluindo 3.863 participantes provenientes de 39 ensaios clínicos randomizados, também constatou o benefício da psicoterapia como intervenção adjuvante à farmacoterapia. Segundo os autores, a combinação dessas abordagens esteve associada a uma redução mais eficaz nas recorrências quando comparada ao tratamento usual (farmacoterapia + visitas de monitoramento psiquiátrico). Ademais, em metanálise direcionada à eficácia dos componentes psicoterapêuticos, a reestruturação cognitiva, a regulação dos ritmos diários e o treinamento de comunicação foram os mais potentes para redução da gravidade dos episódios depressivos. A combinação desses três componentes foi estimada como mais eficaz do que o tratamento usual.

Embora evidências cumulativas ressaltem os efeitos benéficos do acompanhamento psicológico, ainda se observa baixa a moderada adesão dos pacientes a essa modalidade. Sylvia[50] aponta que uma minoria de indivíduos com TB frequenta serviços de psicoterapia e que esse subgrupo apresentaria maior carga associada à doença e prejuízos funcionais quando comparado ao grupo frequentador. Quando colocamos em pauta as variáveis sociais da população brasileira, diversas hipóteses podem ser elencadas, como a indisponibilidade de acompanhamento regular na rede pública, o relativo alto custo dessa modalidade na rede privada para os pacientes de baixa renda, bem como os diversos entraves do sistema de saúde brasileiro.

No que tange aos diversos tipos de psicoterapia disponíveis, ressalta-se que ainda não existe validação de um protocolo psicoterapêutico de maior eficácia, especialmente no que diz respeito ao manejo dos episódios hipomaníacos/maníacos. Dos estudos em andamento, resultados preliminares já apontam resultados favoráveis da psicoterapia, e as principais evidências positivas encontradas foram condensadas nos tópicos a seguir.

Psicoeducação

Constitui-se prática bem consolidada nas esferas clínica e científica, recebendo recomendação como primeira linha para tratamento e manutenção do TB pelo CANMAT em parceria com a Sociedade Internacional de Transtornos Bipolares (ISBD, do inglês International Society for Bipolar Disorders).[2] Em geral, a psicoeducação está recomendada para todos os pacientes e familiares, em adição a quaisquer terapias psicossociais paralelas que reassegurem a individualização do cuidado conforme apresentação clínica singular de cada paciente. Ademais, estudos apontam melhores desfechos quando o diagnóstico e a inclusão da psicoeducação são precoces, corroborado pelo estudo longitudinal de Reinares,[51] que encontrou a idade do diagnóstico como principal fator de risco modificável de resposta ao grupo psicoeducativo.

Amplamente, essa abordagem psicossocial inclui o fornecimento de informações sobre a natureza da doença, seus tratamentos e as principais estratégias de enfrentamento para o paciente e sua família. Atuais modelos psicoeducacionais para o TB visam ensinar ao paciente o desenvolvimento de habilidades para detecção e prevenção de pródromos sintomatológicos, e o gerenciamento de estresse, assim como fornecer orientações para aumentar a adesão medicamentosa e sobre estilos de vida saudáveis que colaborem com a convivência com a doença (tais como minimizar o uso de álcool, tabaco, drogas e estimulantes como a cafeína; praticar exercícios físicos regularmente; regular os horários de sono e vigília etc.).

Pode ser ministrada individualmente ou em grupos, e aposta-se na aprendizagem ativa, quando o conhecimento recebido é aprimorado ao ser aplicado paralelamente na vida diária entre as sessões. As sessões envolvem habitualmente interação face a face com um terapeuta, mas novas ferramentas *online* vêm sendo testadas por meio de plataformas virtuais e aplicativos de *smartphone*. Quando realizadas em grupo, observa-se efeito catalisador do apoio dos pares, no qual a identificação e troca de experiências potencializam a aprendizagem e podem adicionar eficácia à psicoeducação.[2]

A literatura vigente vem apontando alguns formatos possíveis, com variabilidade de quantidade e tempo de cada sessão. Dois modelos grupais alcançaram relevância científica e publicaram manuais para replicação em outras populações: Programa de Barcelona[52] com 21 sessões em 6 meses, e o The Life Goals Program[53] com seis sessões semanais, ambos de primeira linha baseados em evidências de nível 2 para a prevenção de recaídas. Independentemente do modelo psicoeducativo, ressalta-se a importância da maximização da aliança terapêutica, fator preponderante para adesão e resultado das intervenções a serem realizadas.

Terapia cognitivo-comportamental

A terapia cognitivo-comportamental (TCC) consiste em uma abordagem diretiva, estruturada e focal, desenvolvida por Aaron T. Beck, no início da década de 60. É baseada no modelo cognitivo, que propõe que as emoções, comportamentos e resposta fisiológica são influenciados pelas interpretações dos eventos mais do que por eles em si. Nessa abordagem, o terapeuta busca atuar ativamente na reestruturação do processamento cognitivo do paciente, conforme suas metas e dificuldades, gerando, consequentemente, uma mudança emocional e comportamental mais duradoura. À medida em que consolidou seus fundamentos teóricos, a TCC expandiu sua prática e abrangência, se destacando como tratamento psicoterápico baseado em evidências.[54]

Visto que o TB se trata de um transtorno crônico e recorrente, a TCC mantém o elemento psicoeducacional como fator preponderante. Constitui-se, portanto, um dos princípios dessa terapia, e acompanha o paciente desde as etapas iniciais de compreensão da doença, se tornando alicerce para construção da vinculação e adesão às intervenções, além de contribuir para automonitoração durante o processo terapêutico e prevenção de recaídas após alta (Quadro 13.5). O modelo cognitivo ensina a identificar e analisar as mudanças cognitivas que ocorrem na depressão e na mania, seus pensamentos automáticos e distorções cognitivas, bem como fundamenta a construção/fortalecimento de habilidades para o manejo dos diversos problemas psicossociais.

Em revisão sistemática com metanálise composta por 19 ensaios clínicos randomizados (ECR), observou-se impacto positivo do uso da TCC como terapia adjuvante à farmacoterapia, auxiliando na redução da intensidade dos sintomas depressivos, das taxas de recaída e no aumento do funcionamento psicossocial. Por outro lado, algumas evidências de eficácia ainda são mistas, tendo alguns ECR apoiando seu uso para prevenção de recaídas, enquanto outros sinalizam a necessidade de confirmação de eficácia, pelo menos quando avaliado em pacientes com histórico de múltiplos episódios de humor.[55]

Quadro 13.5

Objetivos terapêuticos e principais técnicas da terapia cognitivo-comportamental no transtorno bipolar.

- Educar pacientes e sua rede de suporte sobre o transtorno bipolar, seu tratamento e dificuldades associadas à doença
- Ajudar o paciente a ter um papel mais ativo no seu tratamento, facilitando a cooperação durante o processo terapêutico
- Descontruir possíveis fantasias e distorções associadas aos fármacos, fortalecendo o uso adequado e a adesão medicamentosa
- Ensinar métodos de monitoração de ocorrência, gravidade e curso dos sintomas maníaco-depressivos
- Oferecer técnicas não farmacológicas para lidar com pensamentos, emoções e comportamentos disfuncionais
- Ajudar a controlar sintomas leves sem necessariamente demandar ajuste farmacológico
- Auxiliar no enfrentamento dos fatores de estresse que podem interferir no tratamento e/ou precipitar novos episódios
- Estimular a aceitação da doença
- Reduzir traumas e estigmas frequentemente associados
- Aumentar o efeito protetor da família/rede de suporte social
- Ensinar habilidades para lidar com problemas, sintomas e dificuldades

Continua

Quadro 13.5

Objetivos terapêuticos e principais técnicas da terapia cognitivo-comportamental no transtorno bipolar. (*Continuação*)

Principais técnicas	
Mapeamento de vida	Traçado da linha de vida, identificando altos e baixos por meio de cores, duração, intensidade e eventos. Promove ampla visão do curso da doença, fatores estressores, fatores de proteção e efeito do tratamento.
Gráfico de humor e sintomas	Acompanhar mudanças diárias de humor, pensamento e comportamentos, identificar gatilhos e sintomas subsindrômicos. Esses fornecem elementos para a monitoração e intervenção precoce, com alvo na minimização dos prejuízos.
Higiene do sono	O prejuízo do sono contribui significativamente para labilidade emocional e impacto na qualidade de vida, podendo precipitar novos episódios. As estratégias incluem criar programas com hábitos mais saudáveis, reduzir os estímulos excessivos, ensinar técnicas de relaxamento e de administração de preocupações.
Resolução de problemas	Ensinar ao paciente a manejar melhor os eventos estressores nos domínios de sua vida diária.
Treino de habilidades sociais	Identificar irritabilidade como sintoma e desenvolver respostas alternativas em vez de reagir. Trabalhar a hipersensibilidade à rejeição e à crítica, ajustando possíveis reações desproporcionais.
Técnicas básicas	Análise das vantagens e desvantagens; análise das antecipações catastróficas das escolhas; ativação comportamental; reestruturação de crenças disfuncionais.

Fonte: Adaptado de Rangé *et al.*[56]

No manejo específico do episódio depressivo no TB, torna-se importante também psicoeducar o paciente quanto ao círculo vicioso da letargia/inércia: depressão à baixa volição/fadiga à diminuição das atividades à abandono das responsabilidades à sobrecarga emocional à culpa/desesperança à piora dos sintomas, e assim por diante. A baixa volição e fadiga, nesse caso, devem ser consideradas como sintomas e não traços de personalidade/falha de caráter. Algumas técnicas podem auxiliar, a saber: diário de atividades, foco nas tarefas essenciais, dividir tarefas em pequenos passos e iniciar com aquelas de menor dificuldade, estabelecer metas razoáveis/realistas, incluir/manter atividades prazerosas. Para a última estratégia, muitas vezes a anedonia, que perpassa o humor rebaixado, torna-se um grande desafio. Para isso, orienta-se uma "prescrição de divertimento": inserir gradualmente atividades que favoreçam pequenos momentos agradáveis, os quais proporcionarão reforço positivo, não só pelo benefício psíquico da atividade em si, mas também pela recompensa da meta alcançada.[56]

No tocante aos episódios hipomaníacos/maníacos, menos conteúdo científico tem sido publicado. Em geral, ao considerar que as mudanças cognitivas associadas à hipomania/mania são frequentemente sutis no início do curso do episódio, o propósito é iniciar o treinamento dos pacientes para monitorar esses pensamentos distorcidos e/

ou mudanças comportamentais desde o início da elevação de humor, para contenção e intervenção precoces. Assim sendo, a TCC nesse polo visaria:

- Revisar os tipos de pensamentos que podem servir como indicadores do começo da hipomania/mania;
- Treinar pacientes a identificar indícios da elevação de humor e pensamentos frequentemente associados à hipomania/mania;
- Praticar a aplicação de métodos de reestruturação cognitiva para cognição distorcida pela hipomania/mania;
- Ensinar métodos de autoavaliação dos planejamentos anteriores à ação bem como recursos para controle de impulsividade.

Terapia interpessoal e de ritmo social

A terapia interpessoal e de ritmo social (TIP/RS) engloba técnicas clássicas da terapia interpessoal, agregando a psicoeducação sobre o TB e uma abordagem estruturada com alvo na adequação dos ritmos sociais (padrões pessoais esperados de atividades e estimulação social). Essa terapia postula que a estabilidade de humor estaria positivamente associada à estabilidade de ritmo social e aos efeitos benéficos desses nos ritmos circadianos. Poucos ECR foram realizados para avaliação de eficácia da TIP/RS em episódios agudos. No geral, a TIP/RS está recomendada como um adjuvante de terceira linha para o tratamento de depressão aguda e manutenção, baseado em evidências de nível 2 limitadas em cada fase (tamanhos pequenos de efeito e de amostra). Não existe evidência de TIP/RS para mania e, portanto, nenhuma recomendação até o momento.[2]

◊ Perspectivas futuras e tratamentos não convencionais

Tendo em vista as limitações concernentes ao tratamento do TB, sobretudo da depressão bipolar, estudos estão sendo realizados visando buscar novas intervenções eficazes. Nesse sentido, a farmacologia clássica para o TB muitas vezes serve como base para novas perspectivas, como demonstrado por Haggarty,[57] Em seu artigo, o autor apresenta modelos que estão em investigação tendo como base o suposto mecanismo de ação do lítio, a nível molecular, por exemplo. De maneira semelhante, os anticonvulsivantes — que também não têm um mecanismo de ação claro no TB — também estão sendo estudados e há alguma perspectiva de uso da lacosamida.[57]

Outros métodos também estão sob investigação, visto a necessidade de novas intervenções — não só farmacológicas. Partindo desse pressuposto, a privação de sono tem sido entendida como uma possibilidade para tratamento da depressão bipolar, juntamente com a abordagem medicamentosa, como demonstrou a recente metanálise de Gottlieb *et al.*[58] Outra intervenção em estudo — e com resultados preliminares promissores — é o uso da tecnologia como forma de suporte remoto, fonte de informação, psicoeducação e, portanto, possibilidade de manejo e prevenção de crises.[59]

REFERÊNCIAS BIBLIOGRÁFICAS

1. Malhi G, Bell E, Bassett D, Boyce P, Bryant R, Hazell P et al. The 2020 Royal Australian and New Zealand College of Psychiatrists clinical practice guidelines for mood disorders. Aust N Z J Psychiatry. 2020;55(1):7-117.
2. Yatham L, Kennedy S, Parikh S, Schaffer A, Bond D, Frey B et al. Canadian Network for Mood and Anxiety Treatments (CANMAT) and International Society for Bipolar Disorders (ISBD) 2018 guidelines for the management of patients with bipolar disorder. Bipolar Disord. 2018;20(2):97-170.
3. Scott J, Leboyer M. Consequences of delayed diagnosis of bipolar disorders. Encephale. 2011;37(suppl 3):S173-S175.
4. Knežević V, Nedić A. Influence of misdiagnosis on the course of bipolar disorder. Eur Rev Med Pharmacol Sci. 2013;17(11):1542-1545.
5. Altamura A, Buoli M, Caldiroli A, Caron L, Cumerlato Melter C, Dobrea C et al. Misdiagnosis, duration of untreated illness (DUI) and outcome in bipolar patients with psychotic symptoms: A naturalistic study. J Affec Disord. 2015;182:70-75.
6. American Psychiatric Association (APA). Manual diagnóstico e estatístico de transtornos mentais: DSM-5. 5a ed. Porto Alegre: Artmed; 2014.
7. Stahl E, Breen G, Forstner A, McQuillin A, Ripke S, Trubetskoy V et al. Genome-wide association study identifies 30 loci associated with bipolar disorder. Nat Genet. 2019;51(5):793-803.
8. Karanti A, Kardell M, Joas E, Runeson B, Pålsson E, Landén M. Characteristics of bipolar I and II disorder: A study of 8766 individuals. Bipolar Disord. 2019;22(4):392-400.
9. Goodwin G, Haddad P, Ferrier I, Aronson J, Barnes T, Cipriani A et al. Evidence-based guidelines for treating bipolar disorder: Revised third edition recommendations from the British Association for Psychopharmacology. J Psychopharmacol. 2016;30(6):495-553.
10. McIntyre R, Berk M, Brietzke E, Goldstein B, López-Jaramillo C, Kessing L et al. Bipolar disorders. Lancet. 2020;396(10265):1841-1856.
11. Botega NJ. Prática Ppsiquiátrica no Hospital Geral: interconsulta e emergência. 4a ed. Porto Alegre: Artmed; 2017.
12. Dols A, Kupka R, van Lammeren A, Beekman A, Sajatovic M, Stek M. The prevalence of late-life mania: a review. Bipolar Disord. 2013;16(2):113-118.
13. Carota A, Bogousslavsky J. Neurology versus Psychiatry? Hallucinations, Delusions, and Confabulations. Fronti Neurol Neurosci. 2019;44:127-140.
14. Barbuti M, Pacchiarotti I, Vieta E, Azorin J, Angst J, Bowden C et al. Antidepressant-induced hypomania/mania in patients with major depression: Evidence from the BRIDGE-II-MIX study. J Affect Disord. 2017;219:187-192.
15. Bhangle S, Kramer N, Rosenstein E. Corticosteroid-induced neuropsychiatric disorders: review and contrast with neuropsychiatric lupus. Rheumatol Int. 2013;33(8):1923-1932.

16. Hunt G, Malhi G, Cleary M, Lai H, Sitharthan T. Prevalence of comorbid bipolar and substance use disorders in clinical settings, 1990-2015: Systematic review and meta-analysis. J Affect Disord. 2016;206:331-349.
17. Holloman GH Jr and Zeller SL. Overview of project BETA: Best practices in Evaluation and Treatment of Agitation. West J Emerg Med. 2012;13(1):1-2.
18. Stowell KR, Florence P, Harman HJ, Glick RL. Psychiatric evaluation of the agitated patient: consensus statement of the American Association for Emergency Psychiatry Project BETA Psychiatric Evaluation Workgroup. West J Emerg Med. 2012;13(1):11-16.
19. Baldaçara L, Ismael F, Leite V, Pereira L, dos Santos R, Gomes Júnior V et al. Brazilian guidelines for the management of psychomotor agitation. Part 1. Non-pharmacological approach. Braz J Psychiatry. 2019;41(2):153-167.
20. Knox D, Holloman G. Use and avoidance of seclusion and restraint: consensus statement of the american association for emergency psychiatry project Beta seclusion and restraint workgroup. West J Emerg Med.. 2012;13(1):35-40.
21. Zeller S, Citrome L. Managing Agitation Associated with Schizophrenia and Bipolar Disorder in the Emergency Setting. West J Emerg Med. 2016;17(2):165-172.
22. Baldaçara L, Diaz A, Leite V, Pereira L, dos Santos R, Gomes Júnior V et al. Brazilian guidelines for the management of psychomotor agitation. Part 2. Pharmacological approach. Braz J Psychiatry. 2019;41(4):324-335.
23. Ketter T. Monotherapy versus combined treatment with second-generation antipsychotics in bipolar disorder. J Clin Psychiatry. 2008;69(Suppl 5):9-15.
24. Ogawa Y, Tajika A, Takeshima N, Hayasaka Y, Furukawa T. Mood stabilizers and antipsychotics for acute mania: a systematic review and meta-analysis of combination/augmentation therapy versus monotherapy. CNS Drugs. 2014;28(11):989-1003.
25. Hirsch L, Yang J, Bresee L, Jette N, Patten S, Pringsheim T. Second-Generation Antipsychotics and Metabolic Side Effects: A Systematic Review of Population-Based Studies. Drug Saf. 2017;40(9):771-781.
26. Coryell W, Leon A, Turvey C, Akiskal H, Mueller T, Endicott J. The significance of psychotic features in manic episodes: a report from the NIMH collaborative study. J Affect Disord. 2001;67(1-3):79-88.
27. Cipriani A, Barbui C, Salanti G, Rendell J, Brown R, Stockton S et al. Comparative efficacy and acceptability of antimanic drugs in acute mania: a multiple-treatments meta-analysis. Lancet. 2011;378(9799):1306-1315.
28. Bowden C. Clinical correlates of therapeutic response in bipolar disorder. J Affect Disord. 2001;67(1-3):257-265.
29. Hui T, Kandola A, Shen L, Lewis G, Osborn D, Geddes J et al. A systematic review and meta-analysis of clinical predictors of lithium response in bipolar disorder. Acta Psychiatr Scand. 2019;140(2):94-115.

30. Fountoulakis K, Kontis D, Gonda X, Siamouli M, Yatham L. Treatment of mixed bipolar states. Int J Neuropsychopharmacol. 2012;15(07):1015-1026.
31. Khan S, Fersh M, Ernst C, Klipstein K, Albertini E, Lusskin S. Bipolar disorder in pregnancy and postpartum: principles of management. Curr Psychiatry Rep. 2016;18(2):13.
32. Siskind D, McCartney L, Goldschlager R, Kisely S. Clozapine v. first- and second-generation antipsychotics in treatment-refractory schizophrenia: systematic review and meta-analysis. B J Psychiatry. 2016;209(5):385-392.
33. Suppes T, Webb A, Paul B, Carmody T, Kraemer H, Rush AJ. Clinical outcome in a randomized 1-year trial of clozapine versus treatment as usual for patients with treatment-resistant illness and a history of mania. Am J Psychiatry. 1999;156(8):1164-1169.
34. Li XB, Tang YL, Wang CY, de Leon J. Clozapine for treatment-resistant bipolar disorder: a systematic review. Bipolar Disord. 2014;17(3):235-247.
35. Delgado A, Velosa J, Zhang J, Dursun SM, Kapczinski F, de Azevedo Cardoso T. Clozapine in bipolar disorder: A systematic review and meta-analysis. J Psychiatr Res. 2020;125:21-27.
36. Mitchell PB, Goodwin GM, Johnson GF, Hirschfeld RM. Diagnostic guidelines for bipolar depression: a probabilistic approach. Bipolar Disord. 2008;10(1 Pt 2):144-152.
37. Schaffer A, Cairney J, Veldhuizen S, Kurdyak P, Cheung A, Levitt A. A population-based analysis of distinguishers of bipolar disorder from major depressive disorder. J Affect Disord. 2010;125(1-3):103-110.
38. Miller JN, Black DW. Bipolar disorder and suicide: a review. Curr Psychiatry Rep. 2020;22(2):6.
39. Cipriani A, Hawton K, Stockton S, Geddes JR. Lithium in the prevention of suicide in mood disorders: updated systematic review and meta-analysis. BMJ. 2013;346:f3646.
40. Bahji A, Hawken E, Sepehry A, Cabrera C, Vazquez G. ECT beyond unipolar major depression: systematic review and meta-analysis of electroconvulsive therapy in bipolar depression. Acta Psychiatr Scand. 2018;139(3):214-226.
41. Nguyen T, Hieronymus F, Lorentzen R, McGirr A, Østergaard S. The efficacy of repetitive transcranial magnetic stimulation (rTMS) for bipolar depression: A systematic review and meta-analysis. J Affect Disord. 2021;279:250-255.
42. Fava GA. May antidepressant drugs worsen the conditions they are supposed to treat? The clinical foundations of the oppositional model of tolerance. Ther Adv Psychopharmacol. 2020;10:2045125320970325.
43. Rybakowski JK, Permoda-Osip A, Bartkowska-Sniatkowska A. ketamine augmentation rapidly improves depression scores in inpatients with treatment-resistant bipolar depression. Int J Psychiatry Clin Pract. 2017;21(2):99-103.
44. Wilkowska A, Włodarczyk A, Gałuszko-Węgielnik M, Wiglusz M, Cubała W. Intravenous Ketamine Infusions in Treatment-Resistant Bipolar Depression: An Open-Label Naturalistic Observational Study. Neuropsychiatr Dis Treat. 2021;17:2637-2646.
45. Xiong J, Lipsitz O, Chen-Li D, Rosenblat JD, Rodrigues NB, Carvalho I et al. The acute antisuicidal effects of single-dose intravenous ketamine and intranasal esketamine in individuals

with major depression and bipolar disorders: A systematic review and meta-analysis. J Psychiatr Res. 2021;134:57-68.

46. Yee CS, Hawken ER, Baldessarini RJ, Vásquez GH. Maintenance pharmacological treatment of juvenile bipolar disorder: review and meta-analyses. Int J Neuropsychopharmacol. 2019;22: 531-540.
47. Chen Q, Zhou Y, Lv H, Ma C. Adjuvant psychotherapy in early-stage bipolar disorder: a protocol for systematic review and meta-analysis. Medicine (Baltimore). 2021;100:14:e25443.
48. Porter RJ, Inder M, Douglas KM, Moor S, Carter JD, Frampton CM et al. Improvement in cognitive function in young people with bipolar disorder: Results from participants in an 18-month randomised controlled trial of adjunctive psychotherapy. Aust N Z J Psychiatry. 2020;54(3):272-281.
49. Miklowitz DJ, Efthimiou O, Furukawa TA et al. Adjunctive Psychotherapy for Bipolar Disorder: A Systematic Review and Component Network Meta-analysis. JAMA Psychiatry. 2021;78(2):141-150.
50. Sylvia LG, Thase ME, Reilly-Harrington NA, Salcedo S, Brody B, Kinrys G et al. Psychotherapy use in bipolar disorder: Association with functioning and illness severity. Aust N Z J Psychiatry. 2015;49(5):453-461.
51. Reinares M, Pacchiarotti P, Solé B, García-Estela A, Rosa AR, Bonnín CM et al. A prospective longitudinal study searching for predictors of response to group psychoeducation in bipolar disorder. J Affect Disord. 2020; 274:1113-1121.
52. Colom F, Vieta E. Psychoeducation manual for bipolar disorders. Cambridge, UK: Cambridge University Press; 2006.
53. Bauer M, McBride L. Structured Group Psychotherapy for Bipolar Disorder. The Life Goals Program. 2nd ed. Berlin, Germany: Springer; 2003.
54. Beck JS. Terapia cognitivo-comportamental: teoria e prática. 2a ed. Porto Alegre: Artmed; 2013.
55. Chiang KJ, Tsai JC, Liu D, Lin CH, Chiu HL, Chou KR. Efficacy of cognitive-behavioral therapy in patients with bipolar disorder: a meta-analysis of randomized controlled trials. PLoS One. 2017;12(5):e0176849.
56. Rangé B et al. Psicoterapias cognitivo-comportamentais: um diálogo com a psiquiatria. 2a ed. Porto Alegre: Artmed; 2011.
57. Haggarty S, Karmacharya R, Perlis R. Advances toward precision medicine for bipolar disorder: mechanisms & molecules. Mol Psychiatry. 2021;26(1):168-185.
58. Gottlieb J, Goel N, Chen S, Young M. Meta-analysis of sleep deprivation in the acute treatment of bipolar depression. Acta Psychiatr Scand. 2020;143(4):319-327.
59. Torous J, Bucci S, Bell I, Kessing L, Faurholt-Jepsen M, Whelan P et al. The growing field of digital psychiatry: current evidence and the future of apps, social media, chatbots, and virtual reality. World Psychiatry. 2021;20(3):318-335.

Transtorno Bipolar na Gravidez e no Puerpério | 14

Amaury Cantilino

◊ Introdução

A fase em que muitas mulheres vivenciam a gravidez, o parto e o pós-parto se sobrepõe ao período entre os 18 e 30 anos, quando a maioria daquelas com Transtorno Bipolar (TB) será diagnosticada. Estar grávida e dar à luz uma criança é um evento-chave de transição de vida que envolve engajamento, crescimento e transformação. Rusner *et al.* referem que mulheres com doenças mentais, no entanto, muitas vezes experimentam problemas e aumento do risco de complicações relacionadas com a gestação. O quadro complexo de problemas ainda inclui: comportamentos sexuais de risco durante episódios de mania, riscos relacionados com a saúde da mãe e/ou do bebê, decisões sobre medicamentos durante a gestação, maior chance de gravidez não planejada/indesejada e infecções sexualmente transmissíveis.[1]

Apesar do interesse na farmacoterapia do TB ter aumentado durante o período perinatal, o manejo do transtorno durante esse momento crítico na vida de uma mulher permanece um desafio. Em uma revisão de Sharma *et al.*, os autores lembram que, ao tratar mulheres com TB em idade reprodutiva, os médicos devem considerar a possibilidade de gravidez. O aconselhamento pré-concepção deve ser parte integrante do plano geral terapêutico. O manejo requer um equilíbrio entre os riscos associados ao uso de medicações e os efeitos potencialmente deletérios do próprio transtorno não tratado no feto/criança. Eles complementam, referindo que a formulação terapêutica personalizada requer conhecimento dos fatores atuais (tipo de episódio, gravidade dos sintomas, comorbidade psiquiátrica e segurança) e históricos (frequência do episódio, resposta a medicamentos e à psicoterapia, e o efeito de eventos reprodutivos, incluindo gravidez e período pós-parto). O monitoramento cuidadoso é essencial para a detecção precoce e o gerenciamento de episódios de humor. Além disso, avaliações de segurança de rotina são necessárias para identificar mulheres em risco de ferirem a si mesmas e/ou ao recém-nascido.[2]

Uma análise científica dos potenciais riscos e benefícios dos tratamentos é necessária e deve ser a base para o desenvolvimento de cuidados de saúde de alta qualidade, a fim de possibilitarem melhores resultados para a mulher grávida com TB e a criança. O objetivo deste capítulo é resumir os resultados de estudos que abordam essas questões. Assim, ao longo do texto estão sumarizadas as recomendações de tratamento, incluindo o monitoramento dos sintomas e da terapêutica, bem como os ajustes de dose para medicamentos comumente prescritos durante a gravidez. Porém, inicialmente, serão apresentados alguns apontamentos relevantes.

◊ Apontamentos preliminares

Riscos associados ao transtorno bipolar na perinatalidade

O TB exerce um significativo impacto negativo na saúde das mães e de seus bebês. O Quadro 14.1 cita os resultados adversos descritos em uma revisão de Rusner *et al.*[1]

Quadro 14.1

Resultados perinatais adversos mais frequentes e em mulheres com transtorno bipolar do que em controles.

- Hipertensão gestacional
- Hemorragia antes do parto
- Aumento das taxas de indução do parto e cesariana
- Alterações patológicas do humor no período pós-natal
- Fetos com grave retardo de crescimento
- Aumento da morbidade neonatal
- Ocorrência de internações do recém-nascido
- Prolongamento da internação na maternidade

Fonte: Adaptado de Rusner *et al.*[1]

Risco de recaída e psicose puerperal

Uma metanálise, que incluiu 37 artigos, descrevendo 5.700 partos em 4.023 pacientes, mostrou que o risco geral de recaída, em mulheres com TB, no pós-parto foi de 35% (IC95% = 29, 41). Vale observar que nessas mulheres as taxas de recaída no pós-parto foram significativamente maiores entre aquelas que não tomaram medicamentos durante a gravidez (66%, IC95% = 57, 75) do que aquelas que usaram medicação profilática (23%, IC95% = 14, 37).[3]

A incidência de primeiro episódio de psicose/mania após o parto, em estudos de registro populacional de internações psiquiátricas, varia de 0,25 a 0,6 por 1.000 nascimentos. Após um episódio incipiente, 20% a 50% das mulheres apresentam psicose pós-parto isolada. As demais mulheres apresentam episódios fora do período perinatal, geralmente dentro do espectro bipolar. Presumivelmente, o mecanismo de início está relacionado com mudanças fisiológicas após o nascimento (p. ex., hormonais, imunológicas, circadianas), que precipitam a doença em mulheres geneticamente vulneráveis.

É importante atentar ao fato de que algumas mulheres têm quadros secundários às doenças médicas gerais tratáveis e comorbidades, como tireoidite autoimune e infecções. Encefalite antirreceptor N-metil-D-aspartato (NMDA) ou erros inatos do metabolismo também podem se manifestar após o nascimento como psicose afetiva. Em uma revisão realizada por Bergink *et al.*, foi apontado que menos de 30 publicações enfocaram o tratamento da psicose pós-parto. O maior estudo (n = 64) forneceu evidências de que o lítio é altamente eficaz para o tratamento da fase aguda e de manutenção. Outro relatório (n = 34) descreveu o tratamento com eletroconvulsoterapia (ECT) como bem-sucedido. A internação, muitas vezes, é necessária para garantir a segurança, concluir a avaliação diagnóstica e iniciar o tratamento. O risco de recaída após uma gravidez subsequente para mulheres com psicoses pós-parto isoladas é de 31% (IC95% = 22-42). As estratégias para prevenção da psicose pós-parto incluem profilaxia medicamentosa imediatamente após o parto e monitoramento de segurança proativo.[4]

Apesar dos aparentes benefícios, a decisão de continuar ou suspender os medicamentos durante a gravidez e o pós-parto em lactantes é difícil, uma vez que é preciso considerar também os riscos da exposição perinatal aos medicamentos e o fato de que seu uso não garante estabilidade psíquica. Portanto, os médicos que avaliam os riscos e os benefícios individuais devem observar os fatores que podem prever a recaída, bem como o efeito do TB nos resultados perinatais. Os fatores de risco que predizem a recaída de episódios do TB podem incluir história de psicose afetiva perinatal ou depressão, gravidade da doença, recaída em gravidez anterior, primiparidade, história familiar de episódios pós-parto e complicações obstétricas. Resultados adversos da gravidez e comportamentos de alto risco durante a gestação associados ao TB incluem parto prematuro, tabagismo e uso de álcool e drogas ilícitas.[5]

Uma situação que exige cautela é a interrupção abrupta de psicotrópicos, pois ela está associada a um risco aumentado de recorrência da doença. As mulheres com TB que descontinuam seus medicamentos antes ou durante a gravidez têm um risco de 71% de recorrência com novos episódios que aparecem, com mais frequência, no primeiro trimestre. Além disso, ter desenvolvido um episódio durante a gravidez é um fato que aumenta em 66% o risco de episódios após o parto.[6]

Não confundir com o *blues* nem com o *high* puerperal

Cerca de 50% das mulheres vivenciam o chamado *blues* puerperal, uma espécie de hiperestesia emocional acompanhada de muita ansiedade, angústia, irritabilidade e, eventualmente, sintomas dissociativos breves e leves, como despersonalização e desrealização. A maioria dessas mulheres não evoluirá para depressão. Ao contrário disso, esses sintomas, geralmente, cedem espontaneamente e não impactam na funcionalidade. No entanto, o *blues* é um fator de risco para depressão pós-parto.

Mais recentemente, estudos de vários países relataram a ocorrência de elevações, ou seja, sintomas hipomaníacos, imediatamente após o parto. No entanto, permanecem dúvidas sobre a relação entre esses altos e os transtornos do humor. Uma revisão sistemática, com o intuito de esclarecer essa relação, reavaliou criticamente aspectos importantes desses *highs*.[7] Vários bancos de dados importantes foram utilizados para pesquisa de palavras-chave e suas combinações: pós-parto, euforia, hipomania e *baby pinks*. Usando a *Highs Scale*, estudos mostraram que 10% a 49% das puérperas apresentam sintomas hipomaníacos. Alguns deles encontraram uma associação dos *highs* com posterior depressão ou TB. Os sintomas de hipomania ou mania também são comuns entre as mulheres encaminhadas para clínicas perinatais especializadas em transtornos de humor. No entanto, há uma discrepância entre a prevalência de *highs* nas populações não clínicas que, como citado anteriormente, pode chegar a 49%, e as taxas de prevalência de TB na população em geral. Isso quer dizer que essas elevações podem ser o análogo inverso do *blues* puerperal em algumas mulheres.[7]

◊ Riscos na gravidez e na lactação relacionados com as medicações prescritas para o transtorno bipolar

Lítio

Desfechos relacionados com o uso na gravidez

Poels *et al.* realizaram um estudo para investigar a associação do uso de lítio durante a gravidez e o aborto espontâneo. As participantes eram mulheres com TB tipo 1 com uma ou mais gestações, das quais solicitava-se informações sobre o uso de medicamentos e o desfecho da gravidez (n = 443). Abortos espontâneos ocorreram em 20,8% das gestações expostas ao lítio (16/77), em comparação com 10,9% das gestações não expostas (40/366) (*odds ratio* [OR] = 2,14; IC95%: 1,13-4,06). A razão de chances ajustada de aborto espontâneo após o uso de lítio durante a gravidez foi de 2,94 (IC95%: 1,39-6,22).[8]

Em várias investigações, o tratamento com lítio durante a gravidez foi associado a malformações cardiovasculares congênitas, incluindo, p. ex., a anomalia de Ebstein, caracterizada por um desenvolvimento anormal da válvula tricúspide e do ventrículo direito, com prognóstico muito variável. A prevalência na população geral é estimada em cerca de 1 por 20.000 nascidos vivos. A associação de malformações com o uso de lítio durante a gravidez foi relatada pela primeira vez na investigação dos anos 1970 no *Register of Lithium Babies*. Com base nos dados desse registro, à época, foi estimado um aumento de cinco vezes no risco de doença cardíaca congênita e de cerca de 400 vezes no risco dessa anomalia. Em contraste, estudos de caso-controle em crianças nascidas com anomalia de Ebstein ou outras malformações cardiovasculares não encontraram associação com a exposição ao lítio.[9]

Em uma metanálise de seis coortes, 22.124 gestações elegíveis foram identificadas, das quais 727 delas foram selecionadas para inclusão no grupo exposto ao lítio (557

[77%] de coortes baseadas em registro e 170 [23%] de coortes clínicas). A exposição ao lítio durante o primeiro trimestre foi associada a um risco aumentado de malformações maiores (prevalência combinada 7,4% [IC95%: 4,0-10,7] *vs.* 4,3% [IC95%: 3,7-4,8]; a OR combinada [1,71, IC95%: 1,07-2,72]), mas para malformações cardíacas maiores, a diferença não foi significativa (2,1% [0,5-3,7] *vs.* 1,6% [1,0- 2,1]; a OR agrupado 1,54, IC95% 0,64-3,70).[10]

Desfechos adversos da exposição *in utero* ao lítio estão associados a maior risco de diabetes insípido, problemas respiratórios, taquicardia, hipotireoidismo neonatal transitório, tremor e complicações neuromusculares. As incidências desses desfechos não foram definidas e são baseadas em alguns relatos de casos. As concentrações elevadas de plasma materno e de lítio do cordão umbilical no parto aumentam o risco de resultados neonatais adversos, incluindo complicações neuromusculares, neurológicas e respiratórias.[6] Um risco aumentado de readmissão neonatal dentro de 28 dias após o nascimento foi observado no grupo exposto ao lítio em comparação com o grupo de referência (prevalência combinada 27,5% [IC95%: 15,8-39,1] *vs.* 14,3% [10,4-18,2]; a OR agrupado 1,62, IC95%: 1,12-2,33).[10]

Em um estudo de coorte retrospectivo observacional, 15 crianças expostas ao lítio *in utero* foram investigadas dos 3 aos 15 anos de idade. O desenvolvimento neurológico foi testado usando-se o exame de Hempel ou Touwen. O desenvolvimento cognitivo foi avaliado com as escalas Bayley de desenvolvimento infantil III, escala Wechsler de inteligência pré-escolar e primária ou escala de inteligência Wechsler para crianças. Os pais preencheram a Lista de Verificação do Comportamento da Criança, para avaliar o desenvolvimento comportamental, e um questionário padrão sobre o desenvolvimento geral da criança desde o nascimento. Observou-se que uma das crianças apresentou sinais de disfunção neurológica leve, mas sem maiores implicações clínicas. Os resultados dos testes cognitivos estavam dentro dos limites da normalidade, embora a maioria das crianças tivesse pontuações mais baixas no subteste de QI de desempenho. O crescimento, o comportamento e o desenvolvimento geral estavam dentro da normalidade.[11]

Manejo durante a gravidez e no pós-parto

Molenaar *et al.* afirmam que o manejo da dose de lítio pode ser desafiador devido a adaptações fisiológicas normais da função renal ao longo da gravidez. Os níveis sanguíneos de lítio diminuem gradualmente no primeiro e no segundo trimestre, retornando ao nível pré-concepcional no terceiro trimestre. Como consequência, há risco de níveis subterapêuticos de lítio no primeiro e no segundo trimestre, o que pode conduzir os médicos a um aumento da dose. Essa conduta, no entanto, pode levar a um risco aumentado de intoxicação por lítio no terceiro trimestre e no período pós-parto. Portanto, recomenda-se o monitoramento frequente dos níveis sanguíneos de lítio durante a gravidez e o ajuste da dosagem para que os níveis permaneçam dentro da janela terapêutica (0,6 a 1,2 mmol/L).[12]

Recomenda-se que mulheres grávidas em tratamento com lítio não devem receber doses acima de 1.200 mg ao dia. Minimamente, o nível de lítio deve ser verificado a cada trimestre (para pacientes em doses estáveis) ou mensalmente (para mulheres que reiniciam o medicamento, ou para aquelas que sofrem de hiperêmese gravídica ou desidratação, comorbidades que afetam a absorção ou a depuração do medicamento). Para mulheres expostas já no primeiro trimestre, ecocardiografia fetal e ultrassonografia de nível 2 são recomendadas entre as 16ª a 18ª semanas de gestação para investigar a possibilidade de anomalias.[6,13]

Alguns pesquisadores sugerem a suspensão do lítio ou a diminuição da dose em 50% no início do trabalho de parto ou 24 a 48 horas antes da indução planejada do parto ou cesariana.[6,13] A justificativa subjacente é que os níveis de lítio podem aumentar devido a uma diminuição na sua depuração e no volume vascular após o parto. Além disso, o estudo de Newport *et al.*, tantas vezes citado, encontrou uma associação entre os níveis sanguíneos de lítio no parto e complicações neonatais, sugerindo que uma dosagem mais baixa poderia reduzir a taxa dessas complicações.[14] No entanto, Molenaar *et al.* avaliaram 29 neonatos para os quais uma medição de lítio foi realizada nas 24 horas após o parto e atestaram que os níveis sanguíneos de lítio materno e neonatal estavam fortemente correlacionados. Porém, não houve associações entre os níveis sanguíneos de lítio neonatal no parto e os resultados neonatais.[12] De qualquer modo, 24 horas após o parto, os níveis terapêuticos de lítio devem ser verificados na mãe, visto que nesse período a concentração sérica do fármaco aumenta devido à rápida diminuição do volume vascular.[6,13]

Manejo durante a lactação

Há evidências substanciais de que a profilaxia pós-parto com lítio reduz a taxa de recidiva no TB. No entanto, alguns argumentam que o fármaco deveria ser contraindicado durante a amamentação devido à grande variabilidade da passagem para o leite materno. Imaz *et al.* realizaram uma revisão sistemática das evidências, até 2018, de estudos que avaliaram a transferência de lítio para lactentes e os resultados de bebês em curto prazo. De 344 estudos iniciais, 13 relatos/séries de casos com 39 díades mãe-filho foram incluídos. Os bebês foram amamentados em uma média (DP) de 58,9 (83,3) dias. A dose materna média de lítio foi 904 (293) mg/dia, a concentração plasmática/sérica de lítio correspondente foi 0,73 (0,26) mEq/L e a concentração no leite materno foi 0,84 (0,14) mEq/L. A concentração plasmática/sérica média de lítio no lactente foi de 0,23

(0,26) mEq/L. Vinte e seis (80%) bebês tiveram concentrações ≤ 0,30 mEq/L sem efeitos adversos. Oito (20%) mostraram algum evento adverso transitório (toxicidade aguda ou alterações da tireoide). Todos eles também haviam sido expostos à monoterapia ou politerapia com o lítio no período pré-natal. Os autores recomendaram que, em mulheres tratadas com lítio durante o final da gravidez, sejam realizados monitoramento e análise dos níveis de lítio no par mãe-bebê durante o parto, às 48 horas do pós-parto e no 10º dia de pós-parto. Sugeriram também que, em mulheres que iniciaram o tratamento com lítio no pós-parto, deve haver monitoramento e análise dos níveis de lítio no par mãe-bebê 10 dias após o início do tratamento. A litemia do bebê deve se manter < 0,30 mEq/L. A análise do bebê também deve incluir parâmetros da tireoide e renais.[15]

Esse acompanhamento na lactação, no entanto, não é consensual. Um grupo recomenda monitorar o lítio no soro materno e infantil em 2, 10, 30 e 60 dias após o parto. No entanto, outros recomendam acompanhamento pediátrico rigoroso do recém-nascido e apenas monitoramento laboratorial seletivo (ou seja, lítio sérico, hormônio tireoestimulante [TSH], ureia) se for clinicamente indicado por comportamento incomum, inquietação, dificuldades de alimentação, sedação ou crescimento e desenvolvimento anormais. Recém-nascidos prematuros, desidratados ou com infecção devem receber hidratação e serem avaliados quanto à toxicidade do lítio.[16]

Lamotrigina

Desfechos relacionados com o uso na gravidez

A exposição à lamotrigina (LTG) não foi associada a um risco aumentado de malformações congênitas. Registros de quatro pacientes com epilepsia relataram que a taxa de malformação congênita maior (MCM) fica entre 2,0% e 2,9% para um total combinado de 6.498 mulheres grávidas expostas ao medicamento no primeiro trimestre, que é semelhante à taxa de 3% a 5% de MCM na população geral. O Registro Europeu de Drogas Antiepilépticas e Gravidez e o Registro de Epilepsia e Gravidez do Reino Unido haviam anteriormente relatado um aumento de MCMs relacionado com doses de LTG maiores que 200 mg/dia e maiores que 300 mg/dia, respectivamente.[6] No entanto, Clark e Wisner também relataram em sua revisão que a análise de uma amostra maior não replicou uma diferença significativa entre doses baixas (menores de 200 mg) *vs.* doses altas (maiores de 400 mg). Complicações da gravidez, como parto prematuro, abortos espontâneos e natimortos não foram associadas à exposição *in utero*. Dado o perfil reprodutivo favorável nesses aspectos, a LTG tem sido uma opção de primeira linha entre pacientes e médicos.[6]

Knight *et al.* avaliaram 14 estudos, nos quais investigaram inúmeros resultados de neurodesenvolvimento em crianças expostas à LTG de até 12 anos de idade. Eles apresentaram um grande estudo de conjunto de dados populacionais que não identificou diferenças no risco de dificuldades de aprendizagem para crianças expostas esse fármaco (n = 90). Também mostraram resultados do *Liverpool and Manchester Neurodevelopmental Group* que avaliou o Quociente de Desenvolvimento (QD) entre 4 e 24 meses (n = 34) e o Quociente de Inteligência (QI) aos 6 anos (n = 30), usando um desenho prospectivo com avaliação neuropsicológica direta e cega. Após o ajuste para covariáveis, não foram encontradas diferenças significativas nas estimativas de capacidade global para crianças expostas à LTG *vs.* crianças não expostas. Os achados foram replicados aos 7 meses e até os 8 anos.[17]

Manejo durante a gravidez e no pós-parto

Clark e Wisner apontam que a depuração da LTG aumenta em até 330% durante a gravidez. Nesse período, o metabolismo acelerado é atribuído ao aumento das concentrações de estradiol e à regulação positiva associada à enzima metabólica primária para esse fármaco, a uridina difosfato-glucuronil transferase (UGT1A4). A diminuição das concentrações de LTG durante a gravidez devido ao aumento da depuração requer ajustes de dose para manutenção das concentrações terapêuticas. Em pacientes não grávidas, a dose de manutenção recomendada para TB é de cerca de 200 mg, mas as doses efetivas variam de 100 a 500 mg. Durante a gravidez, as pacientes podem precisar do dobro ou triplo da dose pré-gestacional. Visto que o intervalo terapêutico para a LTG não foi determinado para o tratamento de TB e é variável entre as pacientes, a concentração efetiva de uma mulher é determinada verificando-se, antes da gravidez, sua concentração sérica mínima (ou seja, a menor concentração sérica de um medicamento, que está logo antes da próxima dose programada).[6] Se a concentração plasmática de referência não foi averiguada antes da gestação, esta deve ser determinada o mais cedo possível.[18]

Observa-se, então, que as concentrações de LTG começam a diminuir em 10 semanas de gestação e estabilizam no terceiro trimestre. Assim, a concentração plasmática dela deve ser medida uma vez por mês durante a gestação. Quando a concentração plasmática cair abaixo da concentração plasmática de referência, a dose deve ser aumentada em 20% a 25%.[18] Se for mais conveniente para a paciente, as coletas de sangue podem ser obtidas em um horário consistente do dia, em vez de no vale, para comparação entre os pontos temporais. As pacientes também são aconselhadas a tomar a LTG duas vezes ao dia e no mesmo horário todos os dias para manter as concentrações estáveis.

Se a dose de LTG tiver sido aumentada durante a gravidez, recomenda-se uma diminuição para a dose pré-gravídica ao longo das 2 semanas após o parto, uma vez que há um rápido declínio na depuração dessa substância nesse período. Recomenda-se uma redução imediata da dose no pós-parto imediato em 25% para evitar sintomas de toxicidade como ataxia, tontura e visão dupla ou turva, bem como prevenir a transferência de altas concentrações por meio da amamentação. A dose deve ser reduzida ainda mais a cada 3 a 4 dias até que a dose pré-gestacional seja atingida.[6] Recomenda-se que o nível plasmático seja medido na primeira ou segunda semana de pós-parto, e, se ele estiver superior à concentração plasmática de referência, a dose de LTG deve ser reduzida em 20% a 25%, procedimento que deve ser repetido até que a concentração plasmática de referência seja novamente estabelecida.[18]

Na lactação

A transferência materno-infantil de LTG no leite humano foi relatada em 40 casos e as concentrações plasmáticas em recém-nascidos são de 6% a 50% da concentração plasmática materna. Embora os recém-nascidos não tenham capacidade total para metabolizar a LTG por glucuronidação até 6 meses, não há contraindicações conhecidas para a amamentação em neonatos saudáveis a termo. Não houve relatos de erupções cutâneas associadas à exposição ao leite materno a LTG. Clark e Wisner relatam que apenas um caso de um efeito adverso associado à exposição ao leite materno a LTG foi publicado. Esse relato descreveu a mãe com níveis tóxicos do medicamento e a exposição de seu filho através do leite materno. O relato ressalta a importância dos ajustes de dose de volta à dose inicial da pré-gravidez no período do pós-parto. Se uma mulher em uso de LTG estiver amamentando e seu bebê tiver dificuldade para se alimentar ou estiver letárgico, recomenda-se a avaliação do bebê por um pediatra e a investigação da concentração sérica de LTG materno-infantil para descartar a possibilidade de toxicidade. O neurodesenvolvimento aos 6 anos para crianças expostas à LTG através do leite materno após exposição *in utero* não é significativamente diferente de crianças sem exposição ao leite materno à LTG após exposição *in utero*.[6]

Yashima *et al.* compararam retrospectivamente a segurança da LTG durante o período de lactação em 20 pares de mães e bebês com 20 pares de grupo-controle. A dose média foi de 161,1 mg/dia com variação entre 50 e 400 mg/dia. Nenhum dos bebês apresentou uma pontuação de síndrome de abstinência neonatal significativa até 1 mês após o parto. Embora sonolência (n = 3), erupção cutânea (n = 11), icterícia (n = 8), sopro cardíaco (n = 1), sucção deficiente (n = 1) e respiração retraída (n = 1) tenham sido observados, nenhum desses eventos adversos foi grave e os bebês se recuperaram. Dezenove de 20 pares puderam continuar a lactação até 1 mês após o parto. Um par interrompeu a amamentação por causa de dores nos mamilos da mãe. Todos os pares poderiam continuar com a medicação materna. Na comparação com o grupo controle, não houve diferenças significativas na presença de eventos adversos. Esses dados sugerem que doses baixas a moderadas de LTG durante o período de lactação pode ser relativamente seguro.[19]

Valproato/ácido valproico

Desfechos relacionados com o uso na gravidez

A exposição ao valproato (VPA) durante o primeiro trimestre da gravidez foi associada a um risco aumentado de defeitos do tubo neural, especialmente espinha bífida, e uma taxa aumentada de malformações congênitas totais, incluindo anormalidades craniofaciais, cardíacas, genitais, esqueléticas e de membros. Em alguns estudos, as taxas totais de malformação chegaram a 15% ou, no caso da espinha bífida, 12 a 16 vezes mais do que o relatado na população geral. Além disso, pode haver um dismorfismo facial caracterizado por ponte nasal larga, nariz curto com narinas voltadas para a frente (antevertidas), boca pequena com lábio superior fino, filtro plano do lábio inferior evertido, sulco da sutura metópica e sobrancelhas bem arqueadas. Alguma literatura indica um risco relativo relacionado com a dose na exposição ao VPA, com o risco começando com doses tão baixas quanto 400 mg/dia. A administração concomitante de folato foi recomendada em algumas revisões, mas não está claro se afeta a taxa geral de malformação no feto.[5,20]

Na análise multivariada de uma coorte francesa publicada em 2021, as crianças expostas ao VPA, em comparação com as não expostas, estavam em maior risco de distúrbios do neurodesenvolvimento (aHR, 3,7; IC95%: 2,8-4,9) — especialmente distúrbios invasivos do desenvolvimento (aHR, 4,6; IC95%: 2,9-7,5), distúrbios do desenvolvimento psicológico (aHR, 4,7; IC95%: 3,5-6,4), retardo mental (aHR, 5,1; IC95%: 3,1-8,5) — e utilização de serviços de fonoaudiologia (aHR, 1,7; IC95%: 1,4-2,1). Em uma comparação com crianças expostas à LTG, o VPA mostrou riscos três a quatro vezes maiores de distúrbios invasivos do desenvolvimento, retardo mental e transtornos do desenvolvimento psicológico.[21]

Cento e sessenta e uma crianças (um conjunto de gêmeos e 21 pares de irmãos) de 6 ou 7 anos de idade de 139 mães expostas a antiepilépticos na gravidez foram incluídas em uma pesquisa. Crianças expostas ao VPA (n = 22) tiveram desempenho inferior em todos os seis domínios neurocognitivos avaliados pela escala de inteligência Wechsler para crianças e por uma avaliação neuropsicológica do desenvolvimento, especialmente linguagem, do que aquelas expostas à carbamazepina (CBZ) (n = 32), LTG (n = 82) ou levetiracetam (n = 25). Após o controle do QI materno e da dose do medicamento, o QI verbal das crianças expostas ao VPA foi em média 9,1 pontos menor do que aquelas expostas à CBZ (IC95%: 1,3-17,0; p = 0,023), 10,3 menor do que as expostas à LTG

(IC95%: 3,4-17,3; p = 0,004) e 13,4 menor do que crianças expostas ao levetiracetam (IC95%: 5,2-21,6; p = 0,002).[22]

Manejo durante a gravidez e no pós-parto

Por causa de achados como os citados anteriormente, com base nas medidas para evitar a exposição ao VPA na gravidez, da Agência Europeia de Medicamentos em 2018, uma declaração de consenso da Rede Europeia de Referência para Malformações Congênitas e Deficiência Intelectual foi publicada em 2019 com as seguintes recomendações:[20]

- O VPA não deve ser usado para o tratamento da enxaqueca ou TB durante a gravidez.
- O VPA não deve ser usado para tratar a epilepsia durante a gravidez, a menos que não haja outro tratamento eficaz disponível. Mulheres que precisam de tratamento com esse fármaco devem ser esclarecidas sobre o risco.
- O VPA não deve ser prescrito a nenhuma mulher que possa ter filhos, a menos que ela esteja em um programa de prevenção de gravidez. Isso incluirá uma avaliação do potencial para engravidar, testes de gravidez antes do início e durante o tratamento, esclarecimento sobre os riscos do tratamento e a necessidade de uma contracepção eficaz durante o tratamento, revisão do tratamento por um especialista pelo menos uma vez por ano e assinatura de um formulário de consentimento esclarecido.

Antes disso, a Food and Drug Administration (FDA), dos Estados Unidos da América, já havia contraindicado o uso do VPA para profilaxia de migrânea na gravidez com base em estudo prospectivo, observacional e multicêntrico que incluiu mulheres grávidas com epilepsia em monoterapia com antiepilépticos (CBZ, LTG, fenitoína ou VPA), entre outubro de 1999 e fevereiro de 2004, em 25 centros de epilepsia do Reino Unido e dos Estados Unidos. O desfecho primário foi o QI, aos 6 anos, avaliado com regressão linear ajustada para QI materno, tipo de medicamento antiepiléptico, dose padronizada, idade gestacional de nascimento e uso de folato periconcepcional. Foram incluídas 305 mães e 311 crianças (seis pares de gêmeos) na análise primária; 224 crianças completaram 6 anos de acompanhamento. A análise multivariada mostrou que o QI foi menor após a exposição ao VPA (média de 97, IC95%: 94-101) do que à CBZ (105, 102-108; p = 0,015), à LTG (108, 105-110; p = 0,0003), ou à fenitoína (108, 104-112; p = 0,0006). As crianças expostas ao VPA tiveram um desempenho ruim nas medidas de habilidades verbais e de memória em comparação com aquelas expostas a outros antiepilépticos e nas funções não verbais e executivas em comparação com as expostas à LTG (mas não com CBZ ou fenitoína).

Doses altas de VPA foram negativamente associadas ao QI ($r = -0{,}56$, $p < 0{,}0001$), a habilidade verbal ($r = -0{,}40$, $p = 0{,}045$), a habilidade não verbal ($r = -0{,}42$, $p = 0{,}028$), a memória ($r = -0{,}30$, $p = 0{,}0434$) e a função executiva ($r = -0{,}42$, $p = 0{,}0004$), mas outras medicações antiepilépticas não foram. Os QIs médios foram maiores em crianças expostas ao folato periconcepcional (108, IC95%: 106-111) do que em crianças não expostas (101, 98-104; $p = 0{,}0009$).[23]

Na lactação

O LactMed aponta que os níveis de VPA no leite materno são baixos e os níveis séricos infantis variam de indetectável a baixo. A amamentação durante a monoterapia com esse anticonvulsivante não parece afetar negativamente o crescimento ou o desenvolvimento infantil. Um sistema de pontuação de segurança indica que o fármaco pode ser usado durante a amamentação. Assim, se ele for necessário para a mãe, a amamentação pode ser mantida.[24]

Ainda no LactMed, a revisão não encontrou relatos de reações adversas claramente associadas ao VPA em bebês amamentados. Teoricamente, os bebês apresentam risco de hepatotoxicidade induzida por ele, portanto, devem ser monitorados quanto a icterícia e outros sinais de lesão hepática durante a terapia materna. Um caso questionável de trombocitopenia foi relatado, portanto, deve-se monitorar o bebê quanto a hematomas ou sangramentos incomuns. Um caso raro de calvície infantil também foi relatado e pode ter sido causado por VPA no leite.[24]

Carbamazepina e demais anticonvulsivantes

Desfechos e manejo relacionados com o uso na gravidez

A CBZ é metabolizada hepaticamente, principalmente por meio da conversão em um metabólito ativo denominado 10,11-epóxido. O 10,11-epóxido é então metabolizado em compostos inativos por meio de glucuronidação, conjugação e hidroxilação. A CBZ induz o sistema P450, que pode aumentar o metabolismo de medicamentos administrados concomitantemente. A depuração dela parece aumentar na gravidez, com alguns estudos relatando diminuição das concentrações totais durante o segundo e terceiro trimestres, enquanto outros não encontraram uma mudança significativa em sua depuração plasmática. Um estudo de 22 gestações relatou um declínio de 42% no nível plasmático total e um declínio de 22% na concentração livre. A medição das concentrações plasmáticas totais pode ser enganosa, visto que os estudos sugerem que, embora a concentração total de CBZ diminua significativamente na gravidez, os níveis de CBZ livre podem não mudar quando comparados com a linha de base até o parto. A diminuição na ligação às proteínas é provavelmente a causa da diminuição na concentração total de CBZ porque a concentração livre é menos afetada.[25]

Embora vários estudos observacionais tenham confirmado taxas mais baixas de MCM com o uso de CBZ durante a gravidez em comparação com o VPA, é importante ressaltar que ambos foram associados especificamente ao desenvolvimento de defeitos do tubo neural, especialmente espinha bífida. Mesmo com a suplementação de folato, as mulheres que tomam CBZ ou VPA durante a gravidez devem se valer da ultrassonografia diagnóstica pré-natal. Com base no registro de gravidez e epilepsia do Reino Unido/Irlanda, as taxas gerais de malformações congênitas maiores observadas com a exposição à CBZ e LTG não são diferentes das não expostas, particularmente quando tomadas em doses inferiores a 400 mg/dia e 1.000 mg/dia, respectivamente. No entanto, parece haver um efeito relacionado com a dose, que é mais acentuado com a CBZ do que com a LTG. A CBZ foi associada a um risco de 2% quando administrada em doses inferiores a 500 mg/dia, 3% em 500 a 1.000 mg/dia e 5% em doses superiores a 1.000 mg/dia.[26]

Em uma revisão da Cochrane, crianças expostas à CBZ estavam em maior risco de malformação do que crianças nascidas de mulheres sem epilepsia (n = 1.367 *vs.* 2.146, razão de risco (RR) 2,01, IC95%: 1,20-3,36) e mulheres epilépticas sem tratamento (n = 3.058 *vs.* 1.287, RR 1,50, IC95%: 1,03-2,19). Nessa mesma revisão, crianças expostas ao topiramato estavam em um risco aumentado de malformação em comparação com crianças nascidas de mulheres sem epilepsia (n = 359 *vs.* 442, RR 3,69, IC95%: 1,36-10,07). As crianças expostas ao VPA estavam em maior risco de malformação em comparação com crianças nascidas de mulheres sem epilepsia (n = 467 *vs.* 1.936, RR 5,69, IC95%: 3,33-9,73) e mulheres com epilepsia não tratadas (n = 1.923 *vs.* 1.259, RR 3,13, IC95%: 2,16-4,54). Não houve aumento do risco de malformação grave para a LTG. Gabapentina e oxcarbazepina não foram associadas a um risco aumentado, no entanto, havia substancialmente menos dados para esses medicamentos.[27]

Os dados de um estudo de coorte prospectivo do *International Registry of Antiepileptic Drugs and Pregnancy* (EURAP) mostraram que os riscos de malformações congênitas importantes associadas com LTG, levetiracetam e oxcarbazepina estavam dentro da faixa relatada na literatura para crianças não expostas a medicações antiepilépticas na gravidez. A prevalência de MCM foi de 142 (10,3%) de 1.381 gravidezes para VPA, 19 (6,5%) de 294 para fenobarbital, 8 (6,4%) de 125 para fenitoína, 107 (5,5%) de 1.957 para a CBZ, 6 (3,9%) de 152 para o topiramato, 10 (3,0%) de 333 para a oxcarbazepina, 74 (2,9%) de 2.514 para a LTG e 17 (2,8%) de 599 para o levetiracetam. A prevalência foi maior ainda com a elevação da dose no momento da concepção para a CBZ ($p = 0,0140$), a LTG ($p = 0,0145$), o fenobarbital ($p = 0,0390$) e o VPA ($p < 0,0001$).[28]

Na lactação

De modo geral, as concentrações de medicamentos antiepilépticos em amostras de sangue de bebês amamentados são substancialmente mais baixas do que as encontradas nas amostras de sangue materno. Dados os benefícios bem conhecidos da amamentação e os estudos que não demonstraram efeitos nocivos significativos, a amamentação de bebês por mães que estejam em uso de terapia com medicamentos antiepilépticos, *a priori*, não deve ser interrompida.[29]

A CBZ e seu metabólito ativo têm níveis relativamente altos no leite materno, e bebês amamentados têm níveis séricos que às vezes são mensuráveis, mas geralmente estão bem abaixo da faixa terapêutica anticonvulsivante. No entanto, se esse fármaco for importante para a mãe, não há necessidade de suspender a amamentação. A maioria dos lactentes não apresentou reações adversas, mas sedação, sucção deficiente, reações de abstinência e três casos de disfunção hepática foram relatados.[30]

Doses de topiramato de até 200 mg/dia nas mães produzem níveis relativamente baixos no soro de bebês, mas o número de bebês estudados é pequeno. Os níveis de oxcarbazepina no leite materno são baixos e não se espera que cause efeitos adversos em bebês amamentados, especialmente se o bebê tiver mais de 2 meses. De qualquer modo, o LactMed sugere que a oxcarbazepina deve ser usada com cautela durante a amamentação, monitorando-se o bebê quanto a sonolência, ganho de peso e marcos de desenvolvimento, sobretudo em bebês mais jovens, amamentados exclusivamente e quando houver combinações de anticonvulsivantes.[31]

Antipsicóticos

Desfechos e manejo relacionados com o uso na gravidez

Em uma coorte americana que usou o banco de dados do *Medicaid Analytic Extract*, 1.341.715 gestações atenderam aos critérios de inclusão. Dentre elas, 9.258 (0,69%) tiveram pelo menos uma prescrição para um antipsicótico atípico e 733 (0,05%) possuíam pelo menos uma prescrição de um antipsicótico típico durante o primeiro trimestre. No geral, 32,7 (IC95%: 32,4-33,0) por 1.000 nascimentos não expostos a antipsicóticos foram diagnosticados com malformações congênitas em comparação com 44,5 (IC 95%: 40,5-48,9) por 1.000 nascimentos expostos a atípicos e 38,2 (IC95%: 26,6-54,7) por 1.000 nascimentos expostos a antipsicóticos típicos. Análises não ajustadas sugeriram um risco aumentado de malformações gerais para antipsicóticos atípicos (RR, 1,36; IC95%: 1,24-1,50), mas não para os típicos (RR, 1,17; IC95%: 0,81-1,68). Após o ajuste de confusão, o RR foi reduzido para 1,05 (IC95%: 0,96-1,16) para os atípicos e 0,90 (IC95%: 0,62-1,31) para os típicos. Os achados para malformações cardíacas foram semelhantes. Para os agentes individuais examinados, um pequeno aumento do risco de malformações gerais (RR, 1,26; IC95%: 1,02-1,56) e malformações cardíacas (RR, 1,26; IC95%: 0,88-1,81) foram observados com a risperidona.[32]

Uma metanálise, que incluiu 13 estudos, observou que, no geral, não houve associação estatisticamente significativa entre o risco de malformações congênitas e a exposição pré-natal aos antipsicóticos como um grupo (RR ajustado [aRR]: 1,23, IC95%: 0,96-1,58, p = 0,173), bem como para o subgrupo dos atípicos (aRR: 1,35, IC95%: 0,73-2,47, p = 0,056).[33] Nessa revisão, os autores referem que seis estudos relataram a dose diária de antipsicóticos ou o efeito da dose, mas apenas um avaliou o efeito, usando análise de dose-resposta, e não foi observada nenhuma evidência de associação para qualquer um dos antipsicóticos individuais, exceto para a risperidona, na qual a dose de pelo menos 2 mg/dia foi associada a um risco aumentado de malformação cardíaca (RR: 2,08, IC95%: 1,32-3,28).[33]

Maiores incidências de baixo peso ao nascer, parto prematuro e complicações neonatais foram relatadas em alguns estudos, embora fatores de confusão como exposição a outros medicamentos, uso de substâncias (p. ex., álcool e nicotina), diabetes pré-gestacional e hipertensão possam limitar quaisquer conclusões definitivas sobre uma relação causal específica. Em 2011, a FDA acrescentou um risco de complicações neonatais após a exposição no terceiro trimestre aos rótulos de antipsicóticos. As possíveis complicações neonatais incluem movimentos anormais, agitação, aumento ou diminuição do tônus muscular, tremor, sonolência e dificuldades respiratórias e de alimentação.[5]

A preocupação quanto aos efeitos metabólicos relacionados com os antipsicóticos atípicos se estende para a gravidez. Um artigo com 10 estudos incluídos em uma metanálise avaliou 6.213 mulheres de um grupo exposto ao antipsicótico, 6.836 para um grupo-controle que suspendeu o antipsicótico na gestação, e 1.677.087 no grupo-controle saudável. Em comparação com controles saudáveis, o RR cumulativo não ajustado para diabetes gestacional associado ao uso de antipsicóticos foi de 1,63 (IC95%: 1,20-2,22). O risco ajustado foi significativamente maior no grupo de exposição a antipsicóticos do que em controles saudáveis (RR = 1,30, IC95% = 1,023-1,660). O aRR foi semelhante entre o grupo exposto ao antipsicótico e o grupo que interrompeu o antipsicótico (RR = 0,78, IC95% = 0,281-2,164).[34] Em outra metanálise publicada em 2021, seis estudos de coorte foram incluídos, mostrando um aRR agrupado de 1,24 (IC95%: 1,09-1,42).[35] É importante ressaltar que esse risco é especialmente aumentado naquelas pacientes em uso de olanzapina e quetiapina.

Na lactação

Na lactação, segundo o sistema de classificação de risco de Faruk Uguz, os antipsicóticos mais seguros são a olanzapina, a quetiapina e a clorpromazina. Por limitação no número de estudos ou por já terem demonstrado problemas de efeitos adversos para o bebê ou para o aleitamento, não estariam recomendados os seguintes medicamentos:

trifluoperazina, aripiprazol, amissulprida e clozapina. Podem ser usados com cautela o haloperidol, o zuclopentixol, a risperidona/paliperidona e a ziprasidona.[36]

◊ Eletroconvulsoterapia na gravidez

A ECT tende a ser subutilizada devido ao estigma atribuído a ela e à falta de acesso. As taxas de uso desse procedimento na gravidez são difíceis de determinar. Existem diferenças fisiológicas na gravidez que merecem atenção adicional durante a ECT, incluindo aumento do risco de aspiração, preocupação com compressão aortocaval e possibilidade de alterações da frequência cardíaca fetal associadas à atividade convulsiva prolongada, porém os eventos adversos graves associados ao seu uso na gravidez são raros.[37]

Em uma metarrevisão conduzida por Coshal *et al.*, que incluiu 5 revisões, os autores observaram que os problemas mais comuns que ocorreram em associação com a ECT foram arritmia fetal, bradicardia fetal, parto prematuro, dor abdominal, contração uterina, sangramento vaginal, descolamento prematuro da placenta e ameaça de aborto. O número de mortes fetais em cada uma das revisões variou de 2 a 12. Os autores de 1 das 5 revisões recomendaram que a ECT fosse usada apenas como último recurso, enquanto os autores das outras revisões consideraram que a realização do procedimento durante a gravidez era relativamente segura. As diferenças nas recomendações entre as revisões foram em parte devido aos critérios de inclusão e, como os eventos adversos, foram atribuídas à ECT. Nesse estudo, os autores concluíram que a ECT durante a gravidez parece segura, endossando as percepções do Colégio Americano de Obstetras e Ginecologistas e da Associação Psiquiátrica Americana.[38]

Com base nas mudanças fisiológicas que ocorrem durante a gravidez, Ward *et al.* sugerem modificações no tratamento da ECT na gestação e consolidam-nas em um protocolo para melhorar o acesso e a segurança que pode ser implementado por médicos (Quadro 14.2).[39]

◊ Terapias psicossociais

Além do gerenciamento de medicamentos, os médicos devem incorporar outros métodos de intervenção terapêutica e comportamental para as pacientes. A maior parte da literatura sobre psicoterapia no período perinatal enfoca o tratamento da depressão e dos transtornos de ansiedade. No entanto, muitas mulheres com TB apresentam sintomas de humor deprimido e podem se beneficiar dessas estratégias. As terapias mais comumente estudadas — terapia cognitivo-comportamental e psicoterapia interpessoal — mostraram benefícios significativos para mulheres com depressão pós-parto. Além disso, as terapias não diretivas e de apoio, bem como a terapia de intervenção familiar e da díade mãe-bebê, mostraram ter um impacto positivo na saúde mental

Quadro 14.2

Algumas recomendações especiais para a eletroconvulsoterapia (ECT) em mulheres grávidas.

Etapas iniciais ▪ Fornecer psicoeducação à equipe antes de realizar a ECT na gravidez para reforçar a segurança e a eficácia do procedimento ▪ Certificar-se de que a instalação na qual a ECT é realizada tem capacidade para tratar uma complicação obstétrica ou neonatal ou emergência
Avaliação para ECT ▪ Se a paciente estiver em alto risco de parto prematuro ou outras complicações, realizar a ECT em uma sala de cirurgia de parto ou sala de parto com uma bandeja de cesariana disponível ▪ Informar o obstetra do momento do procedimento
Pré-procedimento ▪ Descontinuar medicamentos anticolinérgicos não essenciais ▪ Evitar antiinflamatórios não esteroidais ▪ Gravidez de mais de 20 semanas: elevar o quadril direito com cunha de espuma ▪ Monitorar batimento cardíaco fetal por ultrassom com Doppler
▪ **Periprocedimento** ▪ Se houver preocupação com contrações, usar tocodinamometria uterina ▪ Se no final do período ou se for gravidez de alto risco, usar monitoramento fetal contínuo
Pós-procedimento ▪ Examinar a paciente quanto a contrações uterinas e sangramento vaginal ▪ Se houver contrações ou sangramento vaginal, adiar a ECT até que a etiologia seja revelada ▪ Repetir o monitoramento cardíaco fetal por ultrassom com Doppler

Observação: diversas outras recomendações são encontradas no artigo original.

Fonte: Adaptado de Ward *et al.*, 2018.[19]

materna, bem como melhorar o apego materno e as interações mãe-bebê. A terapia para a paciente com TB deve ser considerada sempre em conjunto com o manejo farmacológico apropriado.[5]

De acordo com Albertini *et al.*, a higiene do sono é considerada um componente importante na prevenção e no tratamento da mania pós-parto, bem como da depressão. Estudos iniciais mostraram uma correlação entre a insônia e o início da psicose pós-parto. Estudos mais recentes promoveram o sono materno encorajando quartos privados enquanto a paciente está no hospital, alimentação noturna do bebê conduzida por enfermagem e medicação para dormir para pacientes durante a primeira semana após o parto.[5]

◊ Conclusão

No momento da avaliação inicial, os médicos devem questionar as mulheres sobre suas preferências de tratamento e encaminhá-las para psicoterapia, quando apropriado. Para a maioria das mulheres com TB, haverá necessidade de manutenção de medicamentos ao longo da gravidez e do pós-parto. O uso de fármacos durante a gravidez requer discussão e documentação cuidadosas, para que tanto o prescritor quanto a paciente tenham uma compreensão clara dos fatores que levaram à decisão e seus resultados prováveis. O registro de exposições perinatais (ou seja, condições médicas, uso de substâncias, outros medicamentos, suplementos, contaminantes ambientais), os riscos de doença psiquiátrica não tratada, bem como os riscos de exposição ao fármaco na avaliação inicial e nas subsequentes enfatizam a importância da discussão médico-paciente sobre as opções de tratamento e fornecem documentação médico-legal.[40]

O *Mood Disorders Questionnaire* é uma ferramenta útil para ajudar na triagem de TB e alertar os médicos para evitar o uso de um medicamento antidepressivo que poderia desestabilizar ainda mais a paciente nesse período. As mulheres podem se engajar no rastreamento do humor para automonitorar as alterações dos sintomas. O objetivo da psiquiatria perinatal é tratar as grávidas e puérperas de maneira otimizada a fim de diminuir o impacto dos transtornos mentais sobre a própria mãe, o feto, o bebê e a família.[40]

REFERÊNCIAS BIBLIOGRÁFICAS

1. Rusner M, Berg M, Begley C. Bipolar disorder in pregnancy and childbirth: a systematic review of outcomes. BMC Pregnancy Childbirth. 2016;16(1):331.
2. Sharma V, Sharma P, Sharma S. Managing bipolar disorder during pregnancy and the postpartum period: a critical review of current practice. Expert Rev Neurother. 2020;20(4):373-383.
3. Wesseloo R, Kamperman AM, Munk-Olsen T, Pop VJ, Kushner SA, Bergink V. Risk of postpartum relapse in bipolar disorder and postpartum psychosis: a systematic review and meta-analysis. Am J Psychiatry. 2016;173(2):117-127.
4. Bergink V, Rasgon N, Wisner KL. Postpartum psychosis: madness, mania, and melancholia in motherhood. Am J Psychiatry. 2016;173(12):1179-1188.
5. Albertini E, Ernst CL, Tamaroff RS. Psychopharmacological decision making in bipolar disorder during pregnancy and lactation: a case-by-case approach to using current evidence. Focus (Am Psychiatr Publ). 2019;17(3):249-258.
6. Clark CT, Wisner KL. Treatment of peripartum bipolar disorder. Obstet Gynecol Clin North Am. 2018;45(3):403-417.
7. Sharma V, Singh P, Baczynski C, Khan M. A closer look at the nosological status of the highs (hypomanic symptoms) in the postpartum period. Arch Womens Ment Health. 2021;24(1):55-62.
8. Poels EMP, Kamperman AM, Vreeker A, Gilden J, Boks MP, Kahn RS et al. Lithium use during pregnancy and the risk of miscarriage. J Clin Med. 2020;9(6):1819.
9. Poels EMP, Bijma HH, Galbally M, Bergink V. Lithium during pregnancy and after delivery: a review. Int J Bipolar Disord. 2018;6(1):26.
10. Munk-Olsen T, Liu X, Viktorin A, Brown HK, Di Florio A, D'Onofrio BM et al. Maternal and infant outcomes associated with lithium use in pregnancy: an international collaborative meta-analysis of six cohort studies. Lancet Psychiatry. 2018;5(8):644-652.

11. van der Lugt NM, van de Maat JS, van Kamp IL, Knoppert-van der Klein EA, Hovens JG, Walther FJ. Fetal, neonatal and developmental outcomes of lithium-exposed pregnancies. Early Hum Dev. 2012;88(6):375-378.
12. Molenaar NM, Poels EMP, Robakis T, Wesseloo R, Bergink V. Management of lithium dosing around delivery: an observational study. Bipolar Disord. 2021;23(1):49-54.
13. Trifu SC, Popescu A, Marian MA. Affective disorders: a question of continuing treatment during pregnancy (Review). Exp Ther Med. 2020;20(4):3474-3482.
14. Newport DJ, Viguera AC, Beach AJ, Ritchie JC, Cohen LS, Stowe ZN. Lithium placental passage and obstetrical outcome: implications for clinical management during late pregnancy. Am J Psychiatry. 2005;162(11):2162-2170.
15. Imaz ML, Torra M, Soy D, García-Esteve L, Martin-Santos R. Clinical lactation studies of lithium: a systematic review. Front Pharmacol. 2019;10:1005.
16. Drugs and Lactation Database (LactMed) [Internet]. Bethesda (MD): National Library of Medicine (US); 2006-. Lithium. Disponível na internet: https://www.ncbi.nlm.nih.gov/books/NBK501153/. [2021 Feb 15].
17. Knight R, Wittkowski A, Bromley RL. Neurodevelopmental outcomes in children exposed to newer antiseizure medications: A systematic review. Epilepsia. 2021;62(8):1765-1779.
18. Sabers A. Algorithm for lamotrigine dose adjustment before, during, and after pregnancy. Acta Neurol Scand. 2012;126(1):e1-4.
19. Yashima K, Obara T, Matsuzaki F, Suzuki C, Saeki M, Koyama M et al. Evaluation of the safety of taking lamotrigine during lactation period. Breastfeed Med. 2021;16(5):432-438.
20. Clayton-Smith J, Bromley R, Dean J, Journel H, Odent S, Wood A et al. Diagnosis and management of individuals with fetal valproate spectrum disorder; a consensus statement from the European Reference Network for Congenital Malformations and Intellectual Disability. Orphanet J Rare Dis. 2019;14(1):180.
21. Coste J, Blotiere PO, Miranda S, Mikaeloff Y, Peyre H, Ramus F et al Risk of early neurodevelopmental disorders associated with in utero exposure to valproate and other antiepileptic drugs: a nationwide cohort study in France. Sci Rep. 2020;10(1):17362.
22. Huber-Mollema Y, van Iterson L, Oort FJ, Lindhout D, Rodenburg R. Neurocognition after prenatal levetiracetam, lamotrigine, carbamazepine or valproate exposure. J Neurol. 2020;267(6):1724-1736.
23. Meador KJ, Baker GA, Browning N, Cohen MJ, Bromley RL, Clayton-Smith J et al. Fetal antiepileptic drug exposure and cognitive outcomes at age 6 years (NEAD study): a prospective observational study. Lancet Neurol. 2013;12(3):244-252.
24. Drugs and Lactation Database (LactMed) [Internet]. Bethesda (MD): National Library of Medicine (US); 2006-. Valproic Acid. Disponível na internet: https://www.ncbi.nlm.nih.gov/books/NBK501274/ [2021 Jun 21].
25. Deligiannidis KM, Byatt N, Freeman MP. Pharmacotherapy for mood disorders in pregnancy: a review of pharmacokinetic changes and clinical recommendations for therapeutic drug monitoring. J Clin Psychopharmacol. 2014;34(2):244-255.
26. Beydoun A, DuPont S, Zhou D, Matta M, Nagire V, Lagae L. Current role of carbamazepine and oxcarbazepine in the management of epilepsy. Seizure. 2020;83:251-263.

27. Weston J, Bromley R, Jackson CF, Adab N, Clayton-Smith J, Greenhalgh J et al. Monotherapy treatment of epilepsy in pregnancy: congenital malformation outcomes in the child. Cochrane Database Syst Rev. 2016;11(11):CD010224.
28. Vossler DG. Comparative risk of major congenital malformations with 8 different antiepileptic drugs: a prospective cohort study of the EURAP registry. Epilepsy Curr. 2019;19(2):83-85.
29. Birnbaum AK, Meador KJ, Karanam A, Brown C, May RC, Gerard EE et al. Antiepileptic drug exposure in infants of breastfeeding mothers with epilepsy. JAMA Neurol. 2020;77(4):441-450.
30. Drugs and Lactation Database (LactMed) [Internet]. Bethesda (MD): National Library of Medicine (US); 2006-. Carbamazepine. Disponível na internet: https://www.ncbi.nlm.nih.gov/books/NBK501271/ [2021 Mar 17].
31. Drugs and Lactation Database (LactMed) [Internet]. Bethesda (MD): National Library of Medicine (US); 2006. Oxcarbazepine. Disponível na internet: https://www.ncbi.nlm.nih.gov/books/NBK501243/ [2021 Feb 15].
32. Huybrechts KF, Hernández-Díaz S, Patorno E, Desai RJ, Mogun H, Dejene SZ et al. Antipsychotic use in pregnancy and the risk for congenital malformations. JAMA Psychiatry. 2016;73(9):938-946.
33. Wang Z, Brauer R, Man KKC, Alfageh B, Mongkhon P, Wong ICK. Prenatal exposure to antipsychotic agents and the risk of congenital malformations in children: a systematic review and meta-analysis. Br J Clin Pharmacol. 2021;87(11):4101-4123.
34. Kucukgoncu S, Guloksuz S, Celik K, Bahtiyar MO, Luykx JJ, Rutten BPF, Tek C. Antipsychotic exposure in pregnancy and the risk of gestational diabetes: a systematic review and meta-analysis. Schizophr Bull. 2020;46(2):311-318.
35. Wang Z, Wong ICK, Man KKC, Alfageh BH, Mongkhon P, Brauer R. The use of antipsychotic agents during pregnancy and the risk of gestational diabetes mellitus: a systematic review and meta-analysis. Psychol Med. 2021;51(6):1028-1037.
36. Uguz F. A new safety scoring system for the use of psychotropic drugs during lactation. Am J Ther. 2021;28(1):e118-126.
37. Rose S, Dotters-Katz SK, Kuller JA. Electroconvulsive therapy in pregnancy: safety, best practices, and barriers to care. Obstet Gynecol Surv. 2020;75(3):199-203.
38. Coshal S, Jones K, Coverdale J, Livingston R. An overview of reviews on the safety of electroconvulsive therapy administered during pregnancy. J Psychiatr Pract. 2019;25(1):2-6.
39. Ward HB, Fromson JA, Cooper JJ, De Oliveira G, Almeida M. Recommendations for the use of ECT in pregnancy: literature review and proposed clinical protocol. Arch Womens Ment Health. 2018;21(6):715-772.
40. Betcher HK, Wisner KL. Psychotropic treatment during pregnancy: research synthesis and clinical care principles. J Womens Health (Larchmt). 2020;29(3):310-318.

Transtorno Bipolar na Infância e na Adolescência | 15

Claudio Gaspar
Sheila Cavalcante Caetano

◊ Introdução

Emil Kraepelin propôs, no final do século XIX, a nomenclatura "psicose maníaco-depressiva" (PMD) para classificar um grupo de pacientes asilados que sofriam polarizações cíclicas de humor e se recuperavam entre as crises, contrapondo com a piora crônica e progressiva dos que sofriam de "demência precoce". Kraepelin já descrevia entre seus pacientes com PMD, jovens com menos de 18 anos.

As classificações nosológicas em psiquiatria foram impactadas pela corrente psicanalítica no século XX, e, nesse período, existia o questionamento se o diagnóstico de transtorno bipolar (TB) e transtorno depressivo era possível na infância. As crianças poderiam sofrer de sintomas equivalentes a depressão, mas não de transtorno depressivo como os adultos. Há poucos relatos de caso descritos sobre TB na infância e adolescência no século XX. Com a descoberta de tricíclicos, fármacos que tratavam a depressão unipolar do adulto, mas não funcionavam na depressão unipolar da infância, o diagnóstico de transtornos de humor em menores de 18 anos seguia sendo contestado.

Entretanto, de 1960 em diante, com o avanço da psiquiatria neurobiológica e classificações fenomenológicas, as publicações em transtorno bipolar na infância e adolescência (TBIA) aumentaram significativamente.[1]

Atualmente, o DSM-5 (2013) mantém o conceito de polarização de humor — em mania, hipomania e depressão — de forma cíclica, para descrever o TB. Entretanto, superando o conceito krapeliniano, sabe-se que, mesmo na eutimia, a recuperação funcional de pacientes bipolares não é completa como se imaginava, pois são mantidas diversas alterações neurobiológicas, resultando em prejuízos cognitivos, de desempenho acadêmico, de desempenho social, e pior qualidade de vida.

Comparado com o do adulto, o TBIA tem pior prognóstico, é mais grave, mais refratário, com maior taxa de comorbidades, ciclagem rápida (mais do que 4 episódios de humor por ano) e suicidalidade.

◊ Epidemiologia

O transtorno bipolar tipo 1 na população pediátrica apresenta uma prevalência global de 0,5%.[2]

Entretanto, a presença de sintomas subsindrômicos em menores de 18 anos chega a ser 12 vezes mais alta, girando em torno de 6%. Apesar de não preencherem os critérios diagnósticos para TBIA, esses indivíduos podem apresentar prejuízo funcional, em desempenho acadêmico e interpessoal, sofrimento clinicamente significativo, ideação suicida e necessidade de intervenção clínica.[3]

Vale destacar que, em estudos retroativos, 75% dos adultos com TB já apresentavam sintomas antes dos 18 anos, ainda que não em quantidade ou tempo suficientes para preencher a classificação diagnóstica proposta pelo DSM-5.[4]

◊ Comorbidades

As comorbidades no TBIA são regra e não exceção. Quanto mais precoce o início, maior a chance de ocorrer transtorno de déficit de atenção/hiperatividade (TDAH) comórbido, com taxas de quase 90% em crianças até 10 anos.[5]

Somando-se ao TBIA, há uma comorbidade de aproximadamente 50% de transtornos ansiosos, 50% de TDAH, 30% de transtorno por uso de substâncias psicoativas e 30% de transtornos disruptivos (como transtorno de oposição desafiante e transtorno de conduta). É possível o paciente ter duas, três ou mais comorbidades associadas ao TB. Os transtornos ansiosos, disruptivos e o TDAH frequentemente precedem o TB.[6]

◊ Fatores de risco

O principal fator de risco encontrado na literatura é a história familiar de TB. Quanto mais precoce o início do transtorno nos pais, maior a carga genética transmitida. Em estudos transversais, é encontrado um risco 13,4 vezes maior de apresentarem TB se pai ou mãe portadores de transtorno bipolar e um risco ainda maior se pai e mãe forem portadores de transtorno bipolar.[7]

Em seguimento de 20 anos de filhos de pais bipolares, a incidência cumulativa de TB foi de 24,5%, com média de idade de primeiro episódio de humor de 20,7 anos, e predomínio de episódios depressivos no início. Gêmeos monozigóticos têm um risco maior (43% a 67%) em relação a dizigóticos (7% a 20%).[6]

Entre os fatores de risco dimensionais, vale destacar os sintomas hipomaníacos subsindrômicos como segundo principal fator de risco para evolução de um TB. Os sintomas subsindrômicos hipomaníacos são aqueles que não preenchem os critérios de classificação em número ou tempo suficientes para se enquadrar em uma síndrome hipomaníaca. Por exemplo, um paciente que apresente elação de humor, e redução de necessidade de sono por semanas, mas que não apresente nenhum outro sintoma que possa ser considerado hipomaníaco ou apresente, recorrentemente, todos os sintomas de hipomania, mas com duração de 1 ou 2 dias apenas, o quadro não preenche os 4 dias mínimos necessários para a classificação.[8]

Outros fatores dimensionais relevantes para aumento de risco são transtornos ou sintomas ansiosos prévios, transtornos ou sintomas depressivos prévios, temperamento hipertímico, alterações de sono, labilidade emocional e psicose.[8]

Dentre os fatores de risco ambientais, destacam-se eventos estressores traumáticos e não traumáticos, como abuso físico, sexual, emocional e negligência. O uso de substâncias psicoativas ou antidepressivos também pode deflagrar um primeiro episódio maníaco.[8,9]

◊ Pródromo e sinais de risco

Em revisão de 11 estudos, 60% dos pacientes apresentavam três ou mais sintomas hipomaníacos sustentados por 10 a 14 meses antes do primeiro episódio maníaco. Apenas 10% apresentaram uma evolução rápida, com três ou mais sintomas hipomaníacos surgindo apenas 1 mês antes da mania.[10]

Esses dados sugerem que episódios de humor evoluem progressivamente, até chegarem a preencher critérios suficientes pelo Manual Diagnóstico e Estatístico de Transtornos Mentais (DSM-5) para satisfazer um diagnóstico. Os principais sintomas antes do primeiro episódio e antes do próximo episódio de humor são os sintomas do episódio porvir atenuados. Antes do primeiro episódio maníaco, o principal marcador é o aumento de energia, presente em 90% dos casos. Outros sintomas muito comuns são elação de humor e redução de necessidade de sono.[11]

Os sintomas prodrômicos aos episódios depressivos costumam ser alterações de sono, alterações cognitivas, redução de energia, indecisão e dificuldade acadêmica. Outros possíveis quadros de risco aumentado para evolução em TB são TDAH e/ou transtorno depressivo maior com história familiar de transtorno bipolar e desregulação emocional grave. Pacientes pediátricos que preenchem critérios diagnósticos para TB sem outra especificação (SOE) tem um risco de evolução para TB tipo 1 ou tipo 2 de 50% a 60%, em 5 anos.[11]

◊ Diagnóstico

O diagnóstico do TBIA é clínico, por meio da anamnese psiquiátrica. Sendo frequentes as comorbidades, é fundamental que o psiquiatra consiga diferenciar sintomas perenes ao longo dos anos, e pervasivos em distintos ambientes, de sintomas cíclicos ou restritos a um ambiente. Avaliação de frequência, intensidade e duração de cada um dos sintomas, com a informação obtida de diferentes fontes, é fundamental para se compreender cada fenômeno de forma isolada e em conjunto. Distraibilidade, p. ex., se o paciente também for portador de TDAH, só deve ser pontuada como sintoma maníaco se ela estiver piorada em relação ao seu basal, e junto a outros sintomas maníacos. Da mesma forma, sensação de vazio, abandono, reatividade de humor e automutilação devem ser considerados como secundários a uma síndrome depressiva, se presentes apenas em um episódio de humor e não durante a eutimia.

A exclusão de que os episódios de humor sejam secundários a *delirium*, condições clínicas ou induzidos por substâncias, pode-se diagnosticar os transtornos bipolares da seguinte maneira:

- **Transtorno bipolar tipo 1:** é preciso um episódio maníaco.
- **Transtorno bipolar tipo 2:** é preciso pelo menos um episódio hipomaníaco, um episódio depressivo e prejuízo funcional devido ao episódio depressivo ou a alternância de episódios.
- **Transtorno bipolar sem outra especificação (TB-SOE):** o paciente deve ter manifestado sintomas maníacos/hipomaníacos com prejuízo funcional e/ou sofrimento clinicamente significativo ou sintomas depressivos com histórico de sintomas maníacos/hipomaníacos, mas sem preencher nenhum do demais diagnósticos dentro do capítulo de transtornos bipolares.

A ciclotimia é um diagnóstico difícil na prática clínica, pois exige que o indivíduo se recorde dos seus sintomas no último ano, o que geralmente é feito com dificuldade pelo fato de ele ter de identificar, retrospectivamente, dias pontuais de sintomas hipomaníacos e depressivos, distinguindo-os de oscilações de humor próprias da idade, desenvolvimento e reatividade ambiental. Em reanálise do estudo COBY (Course and Outcome of Bipolar Youth), de crianças e adolescentes com TB-SOE, foram identificados 18% de pacientes com diagnóstico comprovado de ciclotimia.[12] Não foi encontrado marcador clínico específico para distingui-los significativamente dos pacientes com TB-SOE.[13]

◊ Avaliação clínica

É importante levar em consideração que alguns sintomas serão melhor detectados por informantes diferentes. Sintomas internalizantes são melhor identificados pela própria criança: tristeza, tédio, pensamentos de culpa, inutilidade, menos-valia, desesperança, pensamentos de morte, desejo de automutilação, ansiedade, preocupações, medos, euforia, autoestima elevada, planos grandiosos. Sintomas externalizantes são melhor identificados pelos cuidadores: inquietação, agitação, rompantes de agressividade, fala acelerada. Desempenho escolar pode ser melhor identificado pelos professores, os quais também notam também se o aluno está mais falante, inconveniente, distraído, quieto, sonolento ou desinteressado. O diagnóstico na infância depende da seleção cautelosa de uma série de informações, cabendo ao psiquiatra e a equipe multidisciplinar organizá-las a fim de levantar a hipótese diagnóstica. A entrevista com apenas uma fonte de informação costuma ser insuficiente para a compreensão ampla do caso.

A avaliação psicométrica pode ser útil para rastrear, auxiliar o diagnóstico e avaliar a resposta ao tratamento da psicopatologia na infância e adolescência. A *Child Behaviour Checklist* (CBCL) é uma escala de avaliação de distintos comportamentos da criança ou do adolescente, podendo ser dividida em subescalas que apontam um risco maior ou menor para transtornos mentais específicos. A *Kiddie Schedule for Affective Disorders and Schizophrenia* (K-SADS) é uma entrevista semiestruturada, para diagnóstico de transtornos depressivo, bipolar, ansioso, obsessivo-compulsivo, alimentar, e esquizofrenia na infância e adolescência. Ela tem versões para o paciente e seus pais e pode ser aplicada em pesquisas e ambientes clínicos.[14]

A *Children's Depression Rating Scale* (CDRS) é uma escala amplamente replicada em estudos para quantificar sintomas depressivos na infância, além de testar resposta a intervenções farmacológicas e psicossociais. A *Young Mania Rating Scale* (YMRS), também aplicada para adultos, é utilizada em estudos para quantificar sintomas maníacos na população pediátrica, também avaliando a resposta ao tratamento.[1]

◊ Características clínicas

O TBIA pode apresentar marcadas diferenças em relação ao adulto em suas apresentações psicopatológicas nas distintas fases do transtorno (Figura 15.1).

Figura 15.1

Porcentagem de sintomas de mania e hipomania encontrados em crianças e adolescentes descrita nas metanálises realizadas em 2005 e 2016 com 7 e 20 estudos, respectivamente.

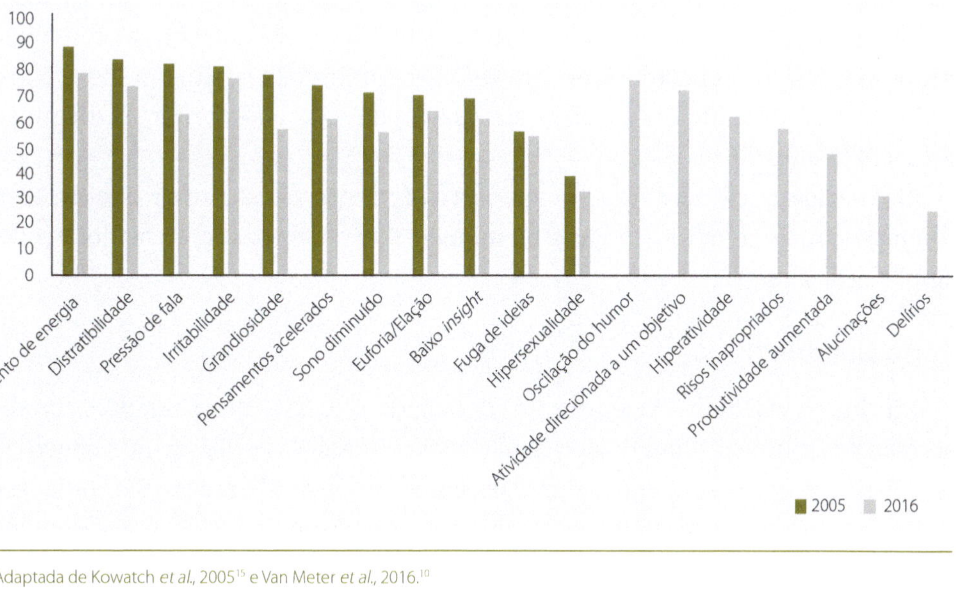

Fonte: Adaptada de Kowatch *et al.*, 2005[15] e Van Meter *et al.*, 2016.[10]

Sintomas depressivos

A irritabilidade é um critério nuclear, junto à tristeza e anedonia. É possível um quadro depressivo sem tristeza, o que costuma confundir os pacientes e cuidadores. Irritabilidade é o sintoma depressivo mais frequente no transtorno depressivo maior em toda população pediátrica, seguido de sintomas somáticos como dores de cabeça e dores de estômago em crianças de 4 a 7 anos. O sistema hedônico da criança e do adolescente costuma estar mais preservado que o do adulto, com uma frequência menor de anedonia consumatória.[16]

Hiperreatividade afetiva costuma estar frequente, com maior sensibilidade a críticas e rejeições e rompantes de agressividade. Outra diferença é que a perda de peso ou apetite não é necessária. A criança pode não relatar alterações de apetite, mas sofrer uma queda na curva de peso e índice de massa corporal (IMC) para a idade de acordo com a Organização Mundial da Saúde (OMS). Do mesmo modo, é preciso diferenciar a insônia depressiva do atraso de fase fisiológico da adolescência. No primeiro caso, há dificuldade de iniciar ou manter o sono durante o episódio de humor. No segundo, existe uma incongruência entre o ciclo circadiano e o horário das exigências sociais, com tendência a adormecer e acordar em horários mais tardes que a média.

Sintomas hipomaníacos/maníacos

O fato de a irritabilidade ser um sintoma comum a diversos transtornos mentais na infância — depressão, ansiedade, transtornos disruptivos, transtorno bipolar etc. —, ela se torna um marcador pouco específico para determinar um episódio hipomaníaco ou maníaco. Embora o DSM-5 não faça distinção, para Barbara Geller, o humor elado ou o humor expansivo deveriam ser critérios diagnósticos obrigatórios no TBIA.[17]

Hipersexualização, embora possa ocorrer, é menos frequente do que em adultos. O sintoma mais comum na mania na infância é a irritabilidade, e na adolescência, o aumento de energia.[18]

Episódios mistos

Em uma revisão de 90 estudos, foi detectado que 55% dos pacientes com TBIA apresentaram um episódio misto (características maníacas e depressivas concomitantes). Esse grupo apresentou um risco aumentado de comorbidades, sobretudo TDAH. As definições de episódio misto ainda não são unânimes, distinguindo-se em alguns estudos da classificação do DSM-5.[19]

Sintomas psicóticos

A presença de sintomas psicóticos no transtorno bipolar na infância e adolescência é mais comum do que no adulto, tanto em episódios maníacos quanto depressivos. Os sintomas psicóticos são marcadores de pior prognóstico e pior recuperação na eutimia.[9]

Suicidalidade

O termo suicidalidade envolve diversos conceitos: intenção suicida (desejo de estar morto, mas não de tirar a própria vida); comportamentos parassuicidas (comportamentos de risco como pular em prédios, um diabético parar de tomar insulina); impulsividade autodestrutiva com desejo de morrer; pensamentos de morte ocasionais sem um método específico de tirar a própria vida; planejamentos suicidas estruturados, com acesso a um método letal; suicídio consumado (morte por suicídio) e suicídio inevitável (morte por suicídio mesmo adotando-se todas as intervenções indicadas em diretrizes).

Entre os pacientes com TBIA, a suicidalidade é comum: 81% relataram pensamentos de morte em algum momento da doença; 63% apresentaram ideação suicida; 35%, planejamento suicida; e 4,7% tentaram suicídio.[20] De 10% a 15% dos pacientes com TBIA sem tratamento cometem suicídio.[1]

Curso

Em revisão do estudo COBY, os pacientes com pior recuperação funcional na eutimia foram aqueles que apresentavam início precoce, maior gravidade no episódio de humor, sintomas subsindrômicos residuais, e pior supervisão parental.[1]

Mesmo em eutimia, um estudo conduzido por Elias *et al.*, em 2017, detectou que, ainda que o quociente de inteligência (QI) estivesse igual ao dos pacientes-controle, houve pior desempenho em testes atencionais e controle de impulsos.[21]

O prejuízo funcional do TB é impactado pelo número de episódios de humor. A recorrência de episódios do TBIA em 2 anos pode chegar a 80%, e a recuperação funcional, em 40%. Quanto mais episódios, maior a chance de novos episódios e maior o prejuízo funcional. Sintomas subsindrômicos são fatores de risco para novos episódios e devem ser foco de atenção clínica.[22]

◊ Diagnósticos diferenciais

Esquizofrenia

Frequentemente os pacientes podem buscar ajuda médica em um episódio psicótico por mania com sintomas psicóticos, sendo necessário avaliação retrospectiva e acompanhamento longitudinal para definir a evolução para TB ou esquizofrenia.[23]

O pródromo do TB tem marcadas diferenças com relação ao da esquizofrenia. Nesse caso, o histórico familiar é de transtornos psicóticos ou transtorno de personalidade esquizotípica, presença de sintomas depressivos e/ou ansiosos, déficits cognitivos nos domínios de atenção, memória verbal e velocidade de processamento, sintomas positivos subsindrômicos ou atenuados, além de sintomas negativos como avolição, apatia, anedonia e isolamento social.[8]

Transtornos depressivos unipolares

O primeiro episódio do TB costuma ser depressivo. Não há marcadores biológicos utilizados na prática clínica para determinar se o tratamento deve seguir diretrizes de transtorno unipolar ou bipolar. Fatores de risco para conversão são: história familiar de TB, início precoce, hiperreatividade de humor, lentificação psicomotora, hipersonia, aumento de apetite, sintomas psicóticos, gravidade, prejuízo funcional acentuado, características mistas, e sintomas hipomaníacos subsindrômicos prévios.[8] Entre 10% e 30% dos episódios depressivos na infância serão bipolares.[9]

Transtorno disruptivo da desregulação do humor

De 1993 a 2003, houve um aumento do diagnóstico de TB. Crianças irritadas cronicamente e explosivas (fora de proporção ao gatilho desencadeador) recebiam o diagnóstico, sem elação de humor, euforia, ou demais sintomas maníacos. Elas pouco responderam ao lítio ou divalproato. Elas apresentaram aspectos neurobiológicos distintos, e não apresentaram risco aumentado para conversão em transtorno bipolar acima de 18 anos. O DSM-5 introduziu o diagnóstico de transtorno disruptivo da desregulação do humor (TDDH) para distinguir essa população e buscar diferentes formas de tratamento. Esse transtorno é marcado por uma irritabilidade contínua, sem demais sintomas de mania e episódios frequentes de explosões, com dificuldade para tolerar frustração. Destaca-se que psicoterapia é a primeira linha de tratamento e ainda não há medicação específica para o TDDH, mas estudos iniciais com estimulantes, antidepressivos e antipsicóticos atípicos.[24]

Transtorno relacionado induzido por substância/medicamento

O DSM-5 determina esse diagnóstico quando sintomas maníacos ou hipomaníacos são explicados pelo uso de uma substância psicoativa com plausibilidade biológica para gerar esses sintomas, e que o surgimento deles apresente correlação temporal com o uso. Entretanto, não é claro quais sintomas poderiam ou não ser esperados dependendo de cada substância. Cocaína, fenciclidina e imunossupressores podem gerar sintomas maníacos graves. Antidepressivos e psicoestimulantes também podem induzir quadros hipomaníacos/maníacos. Corticoides também são prescritos e deve-se ter cautela com a prescrição à noite; alguns pacientes podem ter insônia ou outras alterações de sono, com o surgimento de sintomas maniformes. Vale lembrar que privação de sono é um modelo animal para induzir episódios maníacos.

É necessário, portanto, avaliar se ocorrem sintomas emergentes perenes ou graves. Dessa forma, é possível diferenciar de uma polarização de humor secundária ao uso de uma substância ou que o uso da substância foi o fator precipitante para deflagrar um episódio maníaco. Outro quadro diferencial é a síndrome de ativação comportamental pós-introdução de antidepressivos, com irritabilidade e aumento de energia, mas sem as características de grandiosidade ou euforia.[25]

Transtorno de déficit de atenção e hiperatividade

Existe uma sobreposição de sintomas do TDAH e do TBIA. Desatenção, hiperatividade, irritabilidade, intolerância a frustrações e falar em excesso são alguns exemplos. A ciclicidade do TBIA é ponto-chave para determinar o diagnóstico diferencial. Quando comórbidos, é necessário avaliar se houve uma piora dos sintomas crônicos do TDAH durante o episódio de humor. Essa distinção é importante, para compreender, posteriormente, na fase de manutenção, se um sintoma como distraibilidade aumentada ainda é secundário ao episódio maníaco ou se ela retornou ao seu basal disfuncional, sendo então um sintoma do TDAH.[25]

Transtorno de personalidade *borderline*

Assim como o TDAH, a avaliação longitudinal é fundamental para compreender se os sintomas de sensação de vazio, abandono, automutilação, impulsividade autodestrutiva, hiper-reatividade de humor são secundários a um transtorno de personalidade ou a um episódio de humor. Um transtorno é fator de risco para o outro e podem ser comórbidos. É necessário individualizar cada sintoma e procurar quando houve uma quebra e quando retornou ao basal.[25]

◊ Tratamento

O tratamento do TBIA deve ser realizado com fármacos. Para crianças e adolescentes, é fundamental uma avaliação biopsicossocial completa, a fim de descartar diagnósticos diferenciais clínicos e psiquiátricos e encontra fatores precipitantes, agravantes e perpetuadores para o quadro. A psicoterapia é frequentemente indicada e a psicoeducação é sempre recomendada.[2,9]

Tratamento farmacológico

O tratamento farmacológico do TBIA é obrigatório por evidências de sua eficácia. Deve ser dividido em fase aguda, cujo objetivo é a remissão sustentada do episódio de humor; e fase de manutenção, cuja prioridade é prevenir a recorrência de episódios e retomar a funcionalidade. A escolha de um fármaco depende de fatores como história prévia individual e familiar de resposta a psicofármacos, efeitos colaterais e opinião do paciente e familiares, ponderando riscos e benefícios. A escolha também depende se o paciente está em fase aguda, manutenção, o polo do humor, comorbidades, sintomas psicóticos, risco de suicídio ou de auto e heteroagressividade. As doses devem ser ajustadas visando a melhor resposta e, frequentemente, precisam ser maiores ou iguais às do adulto, já que a metabolização hepática e o *clearance* renal da criança e do adolescente reduzem a biodisponibilidade dos psicofármacos. Entretanto, eles também são mais susceptíveis a efeitos colaterais como os metabólicos (como ganho de peso) e extrapiramidais.[1,2,9]

Fase aguda: mania/episódios mistos

A Food and Drug Administration (FDA), agência regulatória norte-americana, aprova, para o tratamento de episódios maníacos de TBIA em adolescentes (a partir de 10 anos), os seguintes medicamentos: risperidona, aripiprazol, quetiapina, olanzapina e asenapina; e, a partir dos 12 anos, também o lítio.[26]

No estudo *Treatment of Early Age Mania* de 8 semanas, que incluiu 290 jovens com idade entre 6 e 15 anos, com episódios maníacos ou mistos de TB tipo 1, as taxas de resposta foram de 68% para risperidona, 35% para o lítio, e 24% para o divalproato de sódio. O divalproato não apresentou diferença estatisticamente significativa do placebo. A risperidona foi mais vantajosa do que o lítio para os jovens com TDAH (em comparação aos que não apresentam TDAH) e jovens não obesos (em relação aos obesos).

Para o Canadian Network for Mood and Anxiety Treatments (CANMAT), lítio e risperidona são tratamentos de primeira linha com nível 1 de evidência. Aripiprazol, quetiapina, asenapina e olanzapina têm nível 2 de evidência (metanálise com intervalos de confiança não estreitos e/ou 1 ou mais ensaios clínicos randomizados com amostras de tamanho adequado). Se o paciente apresentar sintomas psicóticos, é recomendado o uso combinado de estabilizadores de humor e antipsicóticos.

Há relatos de divalproato de sódio sendo superior a placebo, assim como relatos em que não houve diferença com placebo em jovens com TBIA em mania aguda.[4]

Fase aguda: depressão

A FDA indica associação de olanzapina e fluoxetina (nível 1 de evidência no CANMAT), e a lurasidona (nível 2 de evidência no CANMAT) para depressão em TBIA para jovens acima de 10 anos. Embora a combinação olanzapina e fluoxetina tenha maior nível de evidência, é uma recomendação de terceira linha, devido aos importantes efeitos metabólicos e, principalmente, ganho de peso.[9]

Ensaios clínicos não demonstraram diferenças estatisticamente significativas nas taxas de resposta entre o placebo e a quetiapina para a depressão bipolar. Ensaios preliminares abertos mostraram resultados positivos para lítio e lamotrigina, ambos recebendo recomendação no CANMAT com nível 4 de evidência (recomendação de especialista). Embora a frequência exata da mania induzida por antidepressivos seja incerta, é aconselhado evitar a monoterapia com antidepressivos.[9]

Os episódios depressivos costumam ser mais breves do que nos adultos, aumentando a taxa de resposta a placebo, o que dificulta ensaios clínicos.[2]

Fase de manutenção

Não há dados suficientes de seguimento, mas sugere-se que, após a remissão completa, seja feita a manutenção da medicação por pelo menos 24 meses.[9]

Em uma revisão sistemática dos ensaios clínicos, risperidona, olanzapina, quetiapina e aripiprazol apresentaram os melhores resultados. Carbamazepina, divalproato de sódio e lítio tiveram efeitos modestos em monoterapia. Topiramato e oxcarbazepina apresentaram resultados negativos. O uso da lamotrigina como adjuvante em ensaio aberto mostrou efeitos robustos e pode ser considerado em pacientes que predominam em polaridade depressiva ou apresentam sintomas depressivos residuais.[9]

A continuação do tratamento de episódios maníacos/mistos com aripiprazol por 26 semanas apresentou maiores taxas de resposta, e melhora no funcionamento global, quando comparado a placebo. Um estudo observacional após alta hospitalar por mania mostrou que a continuação com lítio diminuiu o risco de recidiva entre adolescentes. Porém, a combinação de lítio com divalproato de sódio não foi superior a monoterapia com lítio ou divalproato de sódio. Estudo de 36 semanas com lamotrigina como adjuvante a combinação com até dois estabilizadores de humor ou antipsicóticos mostrou superioridade em relação ao placebo na faixa etária de 13 a 17 anos.[4]

Quanto a comorbidades, o lítio mostrou boa evidência de melhora do TBIA associado ao transtorno de uso de substâncias. O uso de metilfenidato para comorbidade com TDAH é controverso por precipitar episódios maníacos, mas há estudo que mostra boa resposta se esse medicamento for adicionado depois de 2 meses de estabilização do TBIA, o que leva à redução dos impactos funcionais dos pacientes. Para transtornos ansiosos comórbidos, a recomendação de primeira linha é o tratamento com terapia cognitivo-comportamental.

Na fase de manutenção, é importante avaliar efeitos colaterais das medicações, os quais podem ser confundidos com sintomas residuais e repercutirem na funcionalidade do paciente. Podem ocorrer queixas cognitivas e sonolência secundárias aos antipsicóticos provocando prejuízos escolares, por exemplo. O uso de antidepressivos nessa fase pode aumentar a ciclicidade de episódios, não sendo recomendado.[9]

Tratamentos psicossociais

Os primeiros tipos de psicoterapia para adolescentes com TBIA com evidência científica de eficácia por ensaios clínicos foram: psicoeducação para pais e filhos; terapia centrada na família; e terapia cognitivo-comportamental. Mais recente, a terapia comportamental dialética e a terapia interpessoal e de ritmo social apresentam resultados iniciais positivos para o tratamento do TBIA.[25]

A psicoeducação familiar é uma estratégia importante, sobretudo para a comorbidade com transtornos por uso de substâncias. Nessa modalidade, é realizado o envolvimento familiar, a psicoeducação sobre a etiologia, sintomas, curso, medicações, fatores de risco e de proteção e tratamento efetivo do TB, desenvolvimento de habilidades de comunicação, resolução de problemas e regulação emocional. Ensaios de efetividade sugerem que a psicoeducação familiar associada a abordagens de desenvolvimento de habilidades tem uma excelente aceitabilidade e estabilidade em cenários comunitários. A terapia focada na família mostrou recuperação mais rápida de sintomas de humor, maior tempo de remissão e menores escores de mania ao longo de 1 ano. Psicoterapia psicoeducacional multifamiliar associada ao tratamento usual em indivíduos com depressão e sintomas maníacos transitórios diminuiu em quatro vezes a chance de conversão para TB em 12 meses de seguimento comparado ao grupo apenas com o tratamento usual.[26]

Os fatores ambientais têm impactos maiores como fatores precipitantes, agravantes e perpetuadores nos primeiros episódios de humor no TB e devem ser avaliados em toda consulta. Sono e alimentação adequados aliados a atividades físicas são orientações importantes para prevenir recorrências. O tratamento de depressão materna também é associado a melhor recuperação da criança.[27]

◊ Conclusão

Há manifestações clínicas, psicopatológicas, de comorbidades, curso e prognóstico que diferem o TB do adulto do TBIA. O Quadro 15.1 destaca as principais diferenças. O desafio do clínico é tratar os episódios na fase aguda e de manutenção, tratar as comorbidades, abordar os fatores biopsicossociais que possam perpetuar sintomas e focar medidas psicossociais, manejo de efeitos colaterais, remissão de sintomas residuais e, sobretudo, recuperação da funcionalidade do paciente.

Quadro 15.1

Diferenças do transtorno bipolar na infância e na adolescência em relação ao transtorno bipolar do adulto.

Epidemiologia	Mais raro. Mais de 75% dos adultos bipolares já apresentavam sintomas na infância e adolescência.
Comorbidades	Mais frequentes. Maior frequência de TDAH, transtornos de ansiedade e disruptivos.
Sintomas depressivos	Irritabilidade é mais frequente. Maior predomínio de sintomas somáticos em crianças. Deve-se avaliar a curva de ganho ponderal da OMS.
Sintomas maníacos	Hipersexualização menos frequente, sintomas psicóticos mais frequentes.
Suicidalidade	Mais frequente ideação suicida e tentativas de suicídio.
Curso e prognóstico	Maior ciclagem rápida, maior prejuízo funcional, pior prognóstico.
Tratamento	*Mania*: efetividade de antipsicóticos atípicos maior que do lítio. Resultados controversos de divalproato. Maior sensibilidade a efeitos colaterais. Frequente necessidade de doses iguais ou maiores do que em adultos. *Depressão*: lurasidona primeira linha. Lítio e lamotrigina recomendados por alguns estudos e opinião de especialista. Olanzapina com fluoxetina tem maior nível de evidência, mas mais efeitos metabólicos.
Intervenções psicossociais	Psicoeducação e abordagem centrada na família são fundamentais.

Fonte: Desenvolvido pela autoria.

◊ Exercícios

Caso clínico 1: Menino, 13 anos, previamente tímido e isolado, há 1 mês trocou de escola e começou a ficar "muito feliz", como nunca antes. Acordava antes do despertador e dormia tarde. Chegou muito confiante, "dando em cima" de todas as meninas e meninos da escola. Falava bastante, sem parar, atrapalhando as aulas. Melhorou rendimento nas notas em relação à escola anterior. Sentia-se muito produtivo, aprendendo rapidamente os conteúdos. Começou a bolar planos de ser jogador de futebol, procurando o nome dos clubes em que iria jogar para se tornar o "melhor jogador do mundo de todos os tempos". Falava muito sobre esse assunto, e já imaginava como faria para resolver a fome da África. Quando questionado, desconversava, compreendia que seus desejos eram demasiadamente grandiosos, mas logo começava a bolar outros planos em seu caderno. É levado pelos pais ao seu consultório por estar "a mil por hora". Paciente diz que finalmente descobriu a felicidade e não tem motivo para tomar remédios.

1. Supondo que se tenha excluído causas orgânicas e uso de substâncias, qual o diagnóstico segundo o DSM-5?
   A) Transtorno bipolar tipo 1, episódio misto atual.
   B) Transtorno bipolar tipo 2, episódio hipomaníaco atual.
   C) Transtorno bipolar tipo 1, episódio maníaco atual sem sintomas psicóticos.
   D) Transtorno bipolar tipo 1, episódio maníaco atual com sintomas psicóticos.

2. Quais comorbidades devem ser investigadas no caso descrito na questão anterior?
   A) TDAH.
   B) Transtornos de ansiedade.
   C) Transtornos disruptivos.
   D) Todas as alternativas anteriores.

3. Quais marcadores psicopatológicos auxiliam na diferenciação de transtorno bipolar e TDAH?
   A) Irritabilidade.
   B) Hiperatividade.
   C) Distraibilidade.
   D) Nenhuma das alternativas anteriores.

4. Um paciente com primeiro episódio psicótico, apresentando sintomas maníacos e psicóticos deve receber o diagnóstico de:
   A) Esquizofrenia.
   B) Transtorno bipolar.
   C) Transtorno esquizoafetivo.
   D) Não há informações suficientes para o diagnóstico.

5. Sobre a terapia farmacológica do TBIA, assinale a alternativa **incorreta**:
   A) Risperidona e antipsicóticos apresentam maior tamanho de efeito que estabilizadores de humor.
   B) Lítio tem desempenho superior ao divalproato nos estudos.
   C) Psicoestimulantes têm contraindicação absoluta na fase de manutenção.
   D) Lurasidona tem aprovação para tratamento da depressão bipolar.

◊ Gabarito

1. B) Transtorno bipolar tipo 2, episódio hipomaníaco atual.
   Paciente logo desconversa e compreende o exagero de seus pensamentos fantasiosos, sem uma convicção extraordinária ou quebra com a realidade. Redirecionamento das vivências em torno de planos condizentes com a elação de humor, gastando

muitas horas e energia é um sintoma chamado de "aumento de atividade dirigida", que pode ser confundido com um sintoma psicótico ou hiperfoco no TDAH.

2. D) Todas as alternativas anteriores.
   Todas as respostas somadas a transtorno por uso de substância são as principais comorbidades do TBIA. Elas devem ser investigadas ativamente e ser foco de atenção clínica.

3. D) Nenhuma das alternativas anteriores.
   Os sintomas listados são característicos dos dois transtornos. A chave para diferenciar os diagnósticos está na avaliação longitudinal. O TB apresenta episódios de humor cíclicos, nos quais irá ocorrer a piora dos sintomas listados. Já o TDAH é um transtorno perene, com manifestação relativamente estável dos sintomas ao longo do tempo.

4. D) Não há informações suficientes para o diagnóstico.
   Para diferenciar um transtorno psicótico (esquizofrenia e esquizoafetivo) de um TB, é necessária a presença de outros critérios diagnósticos além de sintomas maníacos e sintomas psicóticos. Na esquizofrenia e no transtorno esquizoafetivo, podem ocorrer sintomas negativos, desorganização do comportamento, com uma quebra cognitiva e de funcionamento após o primeiro episódio psicótico.

5. C) Psicoestimulantes têm contraindicação absoluta na fase de manutenção.
   Os pacientes com TBIA frequentemente são portadores de TDAH. Embora exista controvérsia, não tratar o TDAH pode significar prejuízos funcionais para os pacientes, piora de autoestima e diversos desfechos negativos associados ao TDAH. Há estudos seguros de tratamento com metilfenidato durante a fase de manutenção (2 meses após estabilização de humor), se administrado junto a estabilizadores de humor.

REFERÊNCIAS BIBLIOGRÁFICAS

1. Goldstein BI, Birmaher B, Carlson GA, DelBello MP, Findling RL, Fristad M et al. The International Society for Bipolar Disorders Task Force report on pediatric bipolar disorder: knowledge to date and directions for future research. Bipolar Disord. 2017;19(7):524-543.
2. Kessler RC, Avenevoli S, Green J, Gruber MJ, Guyer M, He Y et al. National comorbidity survey replication adolescent supplement (NCS-A): III. Concordance of DSM-IV/CIDI diagnoses with clinical reassessments. J Am Acad Child Adolesc Psychiatry. 2009;48(4):386-399.
3. Vaudreuil CAH, Faraone SV, Di Salvo M, Wozniak JR, Wolenski RA, Carrellas NW et al. The morbidity of subthreshold pediatric bipolar disorder: A systematic literature review and meta-analysis. Bipolar Disord. 2019;21(1):16-27.

4. Findling RL, Chang KD. Improving the diagnosis and treatment of pediatric bipolar disorder. J Clin Psychiatry. 2018;79(2):su17023ah3c.
5. Geller B, Craney JL, Bolhofner K, Nickelsburg MJ, Williams M, Zimerman B. Two-Year prospective follow-up of children with a prepubertal and early adolescent bipolar disorder phenotype. Am J Psychiatry. 2002;159(6);927-933.
6. Frías Á, Palma C, Farriols N. Comorbidity in pediatric bipolar disorder: prevalence, clinical impact, etiology and treatment. J Affect Disord. 2015;174:378-389.
7. Lau P, Hawes DJ, Hunt C, Frankland A, Roberts G, Mitchell PB. Prevalence of psychopathology in bipolar high-risk offspring and siblings: a meta-analysis. Eur Child Adolesc Psychiatry. 2018;27(7):823-837.
8. Vieta E, Salagre E, Grande I, Carvalho AF, Fernandes BS, Berk M et al. Early intervention in bipolar disorder. Am J Psychiatry. 2018;175(5):411-426.
9. Yatham LN, Kennedy SH, Parikh SV, Schaffer A, Bond DJ, Frey BN et al. Canadian Network for Mood and Anxiety Treatments (CANMAT) and International Society for Bipolar Disorders (ISBD) 2018 guidelines for the management of patients with bipolar disorder. Bipolar Disord. 2018;20(2):97-170.
10. Van Meter AR, Burke C, Youngstrom EA, Faedda GL, Correll CU. The bipolar prodrome: meta-analysis of symptom prevalence prior to initial or recurrent mood episodes. J Am Acad Child Adolesc Psychiatry. 2016;55(7):543-555.
11. Birmaher B, Gill MK, Axelson DA, Goldstein BI, Goldstein TR, Yu H et al. Longitudinal trajectories and associated baseline predictors in youths with bipolar spectrum disorders. Am J Psychiatry. 2014;171(9):990-999.
12. Van Meter AR, Youngstrom EA, Birmaher B, Fristad MA, Horwitz SM, Frazier TW et al. Longitudinal course and characteristics of cyclothymic disorder in youth. J Affect Disord. 2017;215:314-322.
13. Van Meter A, Goldstein BI, Goldstein TR, Yen S, Hower H, Strober M et al. Parsing cyclothymic disorder and other specified bipolar spectrum disorders in youth. J Affect Disord. 2018;238:375-382.
14. Geller B, Zimerman B, Williams M, Bolhofner K, Craney JL, DelBello MP et al. Reliability of the Washington University in St. Louis Kiddie Schedule for Affective Disorders and Schizophrenia (WASH-U-KSADS) mania and rapid cycling sections. *J* Am Acad Child Adolesc Psychiatry. 2001;40(4):450-455.
15. Kowatch RA, Youngstrom EA, Danielyan A, Findling RL. Review and meta-analysis of the phenomenology and clinical characteristics of mania in children and adolescents. Bipolar Disord, 2005;7(6):483-496.
16. Rice F, Riglin L, Lomax T, Souter E, Potter R, Smith DJ et al. Adolescent and adult differences in major depression symptom profiles. J Affect Disord. 2019;243:175-181.
17. Geller B, Tillman R. Prepubertal and early adolescent bipolar I disorder: review of diagnostic validation by Robins and Guze criteria. J Clin Psychiatry. 2005;66(Suppl 7):21-28.
18. Chang KD. Diagnosing bipolar disorder in pediatric patients. J Clin Psychiatry. 2018;79(2):SU17023TX1C.

19. Janiri D, Conte E, De Luca I, Simone MV, Moccia L, Simonetti A et al. Not only mania or depression: mixed states/mixed features in paediatric bipolar disorders. Brain Sci. 202129;11(4):434.
20. Caetano SC, Olvera RL, Hunter K, Hatch JP, Najt P, Bowden C et al. Association of psychosis with suicidality in pediatric bipolar I, II and bipolar NOS patients. J Affect Disord. 2006;91(1):33-37.
21. Elias LR, Miskowiak KW, Vale AM, Köhler CA, Kjærstad HL, Stubbs B et al. Cognitive Iipairment in euthymic pediatric bipolar disorder: a systematic review and meta-analysis. J Am Acad Child Adolesc Psychiatry. 2017;56(4):286-296.
22. Martínez-Arán A, Torrent C, Solé B, Bonnín CM, Rosa AR et al. Functional remediation for bipolar disorder. Clin Pract Epidemiol Ment Health. 2011;7:112-116.
23. Shalev A, Merranko J, Gill MK, Goldstein T, Liao F, Goldstein BI et al. Longitudinal course and risk factors associated with psychosis in bipolar youths. Bipolar Disord. 2020;22(2):139-154.
24. Sparks GM, Axelson DA, Yu H, Ha W, Ballester J, Diler RS et al. Disruptive mood dysregulation disorder and chronic irritability in youth at familial risk for bipolar disorder. J Am Acad Child Adolesc Psychiatry. 2014;53(4):408-416.
25. American Psychiatric Association (APA). Manual diagnóstico e estatístico de transtornos mentais: DSM-5. 5a ed. Porto Alegre: Artmed; 2014.
26. Fristad MA. Evidence-Based Psychotherapies and Nutritional Interventions for Children With Bipolar Spectrum Disorders and Their Families. J Clin Psychiatry. 2016;77(Suppl E1):e4.
27. Roselle A. Pediatric Bipolar Disorder: Onset, Risk Factors, and Protective Factors. J Psychosoc Nurs Ment Health Serv. 2019;57(9):32-37.

Tratamento do Transtorno Bipolar em Idosos | 16

Luiz Fernando de Almeida Lima e Silva
Rodolfo Braga Ladeira
Orestes Vicente Forlenza

◊ Introdução

O transtorno bipolar (TB) é um transtorno mental crônico, caracterizado por períodos de elevação do humor (episódios maníacos, hipomaníacos ou mistos) que se repetem ou se alternam com períodos de depressão (episódios depressivos).[1] Em idosos, os sintomas maníacos e hipomaníacos costumam ser menos exuberantes, enquanto os depressivos e cognitivos são frequentes. Somado às comorbidades clínicas, idosos com TB apresentam maior risco de demência, suicídio e aumento da morbimortalidade geral.[2] Sintomas como hiperatividade, agressividade, insônia, impulsividade e autonegligência são frequentes, e tornam o manejo desses pacientes um desafio.[3]

A fisiopatologia, o quadro clínico e o tratamento do TB em idosos possuem particularidades relevantes que interferem tanto no diagnóstico correto, como no sucesso no manejo terapêutico. Embora os primeiros sintomas do TB usualmente se manifestem entre a segunda e a terceira décadas de vida, eles podem surgir em qualquer faixa etária. Para a força tarefa em TB do idoso, da International Society for Bipolar Disorders (ISBD), idoso com TB é todo indivíduo com idade superior a 60 anos portador desse transtorno; o que representa cerca de 25% do total de diagnósticos.[4] A taxa de prevalência do TB tipo 1 em indivíduos com mais de 65 anos é de 0,4% a 0,8%,[5] mas a prevalência aumenta consideravelmente quando avaliamos o subgrupo de indivíduos acompanhados em ambulatórios de psiquiatria geriátrica (6%) ou submetidos à internação psiquiátrica (8% a 10%).[6]

É relevante distinguir, portanto, se o indivíduo é portador de TB desde a juventude ou se desenvolveu o transtorno em idade mais avançada, já que o TB de início tardio, isto é, o TB que teve início somente após os 50 anos de idade, parece apresentar aspectos fisiopatológicos e relativos a resposta terapêutica distintos, sugerindo que possa ser uma entidade diferente do TB clássico.[7] Por exemplo, tanto alterações cerebrovasculares como transtornos cognitivos já foram associados ao surgimento do TB de início tardio.[8]

Com relação a abordagem farmacológica habitualmente instituída nos pacientes idosos com TB, estudos populacionais mostram que estabilizadores de humor (68%), antipsicóticos (54%) e antidepressivos (34%) foram as medicações mais prescritas para esses indivíduos. A associação de fármacos (57%) é mais comum que a monoterapia (38%), e a remissão do quadro ocorre em apenas 35% dos casos, com 32% de refratariedade.[9] Apesar de o tempo necessário para remissão sintomática ser semelhante ao de pacientes mais jovens, os idosos apresentam maiores taxas de recorrência e intervalos mais curtos de tempo entre os episódios.[10]

◊ Tratamentos farmacológicos

As alterações fisiológicas relacionadas com o envelhecimento, como metabolismo mais lento, menor volume de água corporal, menor ritmo de filtração glomerular renal e maior vulnerabilidade do sistema nervoso central (SNC), acarretam diferenças na frequência e no perfil de efeitos adversos para essa população. Idosos com TB apresentam taxas de prevalência de prejuízo cognitivo superiores a 30%,[11] de modo que o uso de medicações com ação anticolinérgica deve ser evitado. De forma geral, o fato de esses indivíduos apresentarem alta prevalência de comorbidades, e utilizarem inúmeros fármacos, tendo como consequência maior risco de interações medicamentosas, novas substâncias devem ser introduzidas de maneira criteriosa. Para isso, deve-se garantir doses iniciais consideravelmente menores do que as usuais, escalonamento gradual, monitoramento mais frequente do que o realizado em pacientes jovens[12] e individualização da dose alvo dos medicamentos, conforme a resposta e os efeitos colaterais observados. Em muitos casos, as doses necessárias podem ser semelhantes àquelas preconizadas para indivíduos mais jovens.

Os princípios que fundamentam o tratamento do TB no idoso são os mesmos de outras faixas etárias, já que são raros os estudos que avaliaram essa população de forma particular. Assim, o grande corpo de evidências deriva de ensaios abertos, não controlados, naturalísticos, relatos de caso e experiência clínica, além de extrapolação do que se mostrou efetivo em idosos mais jovens.[13] A maioria das diretrizes não destaca as particularidades dessa população, o que é problemático, uma vez que as abordagens eficazes em pacientes mais jovens nem sempre são adequadas à população geriátrica, tanto em termos de eficácia na estabilização do quadro como dos riscos relacionados com o tratamento.[14]

◊ Tratamento da depressão bipolar

As evidências no tratamento de episódios depressivos em idosos com TB apontam para a mesma direção que o tratamento realizado em adultos mais jovens, embora com algumas particularidades. O algoritmo da Figura 16.1 foi elaborado com base nas recomendações para o tratamento da depressão no idoso do *Canadian Network for Mood and Anxiety Treatments* (CANMAT).[12] A quetiapina e a lurasidona são alguns dos poucos fármacos estudados especificamente na população geriátrica, e são alternativas de primeira linha, com destaque para quando for necessária uma resposta mais rápida. Contudo, considerados os riscos do uso de antipsicóticos na população geriátrica, tanto o lítio como a lamotrigina são boas opções iniciais de tratamento.[12] Uma potencial vantagem do lítio é sua relação com a diminuição do risco de suicídio,[12,15] ainda assim é fundamental atentar para particularidades do seu uso na população geriátrica. Algumas delas serão discutidas adiante.

Com relação à lamotrigina, existem evidências de sua efetividade e tolerabilidade no tratamento da depressão em pacientes com TB com mais de 55 anos,[16] mas, à semelhança do que ocorre com adultos jovens, o fármaco exige um escalonamento lento, em especial no uso concomitante com divalproato, devido ao risco de farmacodermia. Por esse motivo, a lamotrigina não costuma ser a melhor opção quando se busca uma resposta rápida.[17]

Figura 16.1

Algoritmo para o tratamento do episódio depressivo bipolar no idoso. ARI: aripiprazol; ASE: asenapina; BUP: bupropiona; CBZ: carbamazepina; DVP: divalproato; ECT: eletroconvulsoterapia; ISRS: inibidor seletivo da recaptação de serotonina; OLZ: olanzapina; PLP: paliperidona; QUE: quetiapina; RIS: risperidona; ZIP: ziprasidona; Li: lítio; LMT: lamotrigina; LUR: lurasidona.

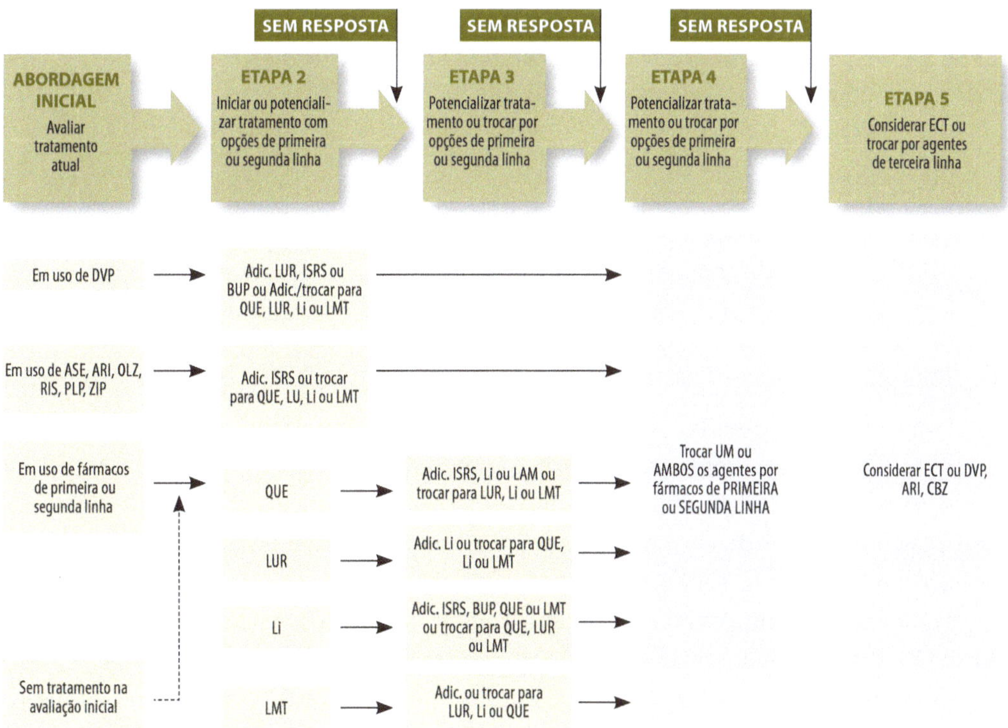

Fonte: Desenvolvida pela autoria.

O uso de antidepressivos com menor potencial de virada maníaca (p. ex., inibidor seletivo de receptação de serotonina ou bupropiona) é uma alternativa válida de tratamento, em especial quando há antecedente de resposta prévia sem indução de mania.[12] Contudo, levantamentos epidemiológicos relacionados com o tratamento do TB no idoso apontam que a prescrição de antidepressivos nessa população é mais frequente do que em adultos jovens, sendo esta uma das explicações sugeridas para a estabilização mais frágil evidenciada nesses pacientes, com maior recorrência de sintomas de humor.[18] Assim, os antidepressivos devem sempre ser prescritos em conjunto com outros estabilizadores de humor, que possam protegê-los de uma eventual virada maníaca, e nunca em monoterapia, bem como devem ser evitados em estados mistos. A associação de fluoxetina e olanzapina — opção de segunda linha no tratamento da fase depressiva em adultos com TB — deve ser vista com cautela no tratamento em idosos, em virtude dos efeitos adversos decorrentes da ação anticolinérgica, perfil de efeitos metabólicos, e interação medicamentosa secundária a ação no citocromo P450.[12]

À semelhança do que ocorre em jovens portadores de TB, a comorbidade com sintomas de ansiedade é comum em idosos, dificultando a estabilização do quadro de humor. A quetiapina, a lurasidona e a associação de olanzapina com fluoxetina são especialmente úteis nos casos em que os sintomas ansiosos são exuberantes.[12] Por fim, pacientes idosos com TB que apresentam sintomas psicóticos se beneficiam do uso de antipsicóticos com propriedades estabilizadoras de humor, em monoterapia ou associação, além da eletroconvulsoterapia (ECT).[12,19]

Tratamento da mania

Dentre os fármacos usados para tratar estados maníacos no TB do idoso, o divalproato e o lítio são considerados opções de primeira linha, em monoterapia. A quetiapina é uma boa segunda opção, com a possibilidade de escalonamento rápido de dose nos casos de agitação psicomotora grave. Risperidona, aripiprazol, carbamazepina e asenapina (descontinuada no Brasil) são medicamentos de terceira linha no tratamento. Por fim, a ECT deve ser considerada, especialmente em casos refratários.[12] Contudo, uma vez que os efeitos adversos dos psicofármacos são mais proeminentes na população geriátrica, a opção pela ECT pode ser desejável e instituída precocemente. O algoritmo da Figura 16.2 foi elaborado com base nas recomendações para o tratamento do episódio maníaco no idoso do CANMAT.[12]

Apesar de ensaios clínicos especificamente com pacientes idosos serem raros, a diferença entre o lítio e o divalproato no manejo de episódios maníacos no idoso com TB foi avaliada em um estudo duplo-cedo, controlado e randomizado, realizado pelo grupo GERI-BD (*Geriatric Bipolar Disorder study group*).[20] Os resultados apontaram que o lítio parece ter um impacto superior ao divalproato na gravidade dos sintomas maníacos nas primeiras

Figura 16.2

Algoritmo para o tratamento do episódio maníaco no idoso. ARI: aripiprazol; ASE: asenapina; CBZ: carbamazepina; DVP: divalproato; ECT: eletroconvulsoterapia; Li: lítio; QUE: quetiapina; RIS: risperidona.

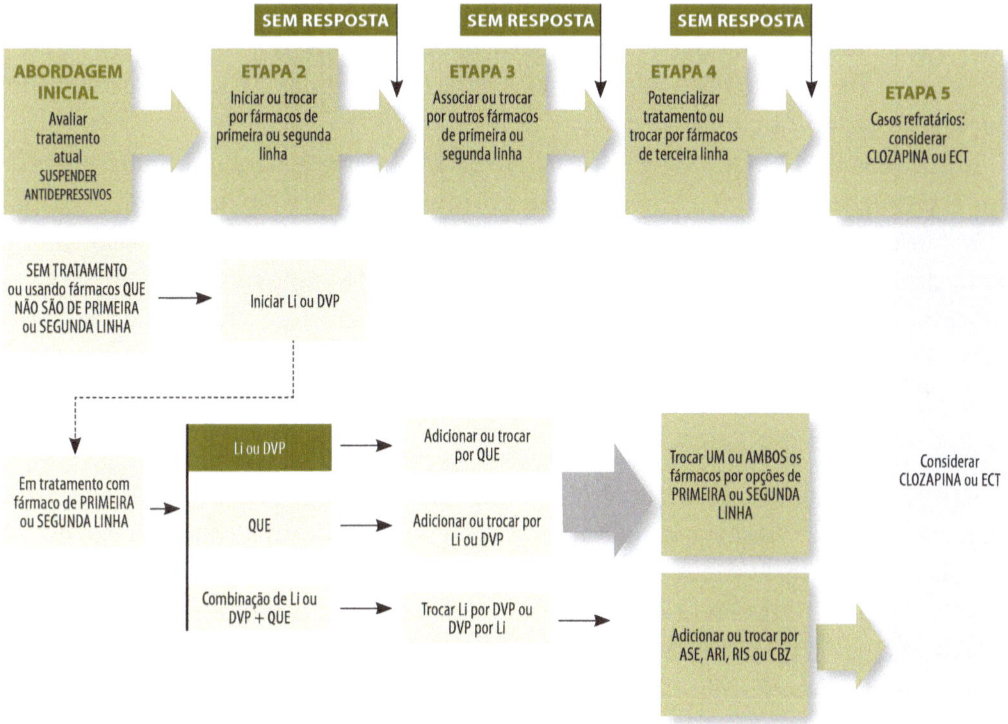

Fonte: Desenvolvida pela autoria.

semanas de tratamento, mas as taxas de tolerabilidade, resposta terapêutica e remissão dos dois fármacos foi semelhante. A monoterapia com esses fármacos frequentemente resultou em remissão do quadro, e menos que 20% dos participantes necessitaram do uso adjuvante de antipsicóticos, mesmo considerado que 34% tenha manisfestado sintomas psicóticos no contexto da mania. Finalmente, o tratamento com lítio ou divalproato não se relacionou ao desenvolvimento de sintomas depressivos.

A maioria dos agentes antimaníacos costuma promover algum grau de melhora sintomática durante a primeira semana da instituição do tratamento, de modo que novas estratégias terapêuticas devem ser elaboradas caso não seja constatado nenhum benefício após um período de 2 semanas. Contudo, antes da troca do fármaco, deve-se garantir que as doses e adesão ao tratamento foram adequadas, além de se levar em consideração outros fatores que possam ter contribuído para um desfecho negativo, como uso de substâncias psicoativas e a presença de comorbidades clínicas e psiquiátricas.[12]

Apesar de aproximadamente metade dos pacientes apresentar melhora dos sintomas maníacos após cerca de 3 a 4 semanas da instituição do tratamento monoterápico, esta nem sempre é a melhor opção terapêutica, mesmo que seja desejável evitar polifarmácia em idosos.[21] De fato, nos casos mais graves, a combinação de diferentes agentes se mostrou superior a monoterapia com lítio ou valproato.[22] Por exemplo, a associação de lítio com quetiapina foi mais eficaz no manejo da mania aguda do que a monoterapia com quetiapina.[23] Risperidona, aripiprazol e quetiapina são os fármacos mais estudados nesses casos, sendo que as duas últimas apresentam evidências especificamente na população de idosos com TB.[24,25]

Indivíduos com TB que fogem do *core phenotype* — apresentando sintomas psicóticos não congruentes com o humor, estados mistos, cicladores rápidos e comorbidades psiquiátricas — também tendem a responder melhor a estabilizadores antipsicóticos do que à monoterapia com lítio.[26] Portanto, a elaboração do plano terapêutico deve levar em conta o quadro clínico, a velocidade necessária de resposta, a história de falha em tratamentos prévios com monoterapia, e os potenciais efeitos adversos e contraindicações.

Tratamento de manutenção

Apesar das muitas opções atualmente disponíveis, o lítio continua sendo um dos primeiros fármacos usados como primeira linha no tratamento de manutenção do TB nos pacientes idosos.[12,27] Outros fármacos com evidência na fase de manutenção do TB no idoso são o divalproato e a lamotrigina.[4] Ao elaborar o plano de tratamento, uma boa estratégia é a de se considerar qual o esquema farmacológico se mostrou efetivo no tratamento dos episódios agudos.

São poucos os estudos que avaliaram o uso do lítio e do divalproato especificamente em idosos com TB. Na prática clínica, atenção especial deve ser dada a monitorização tanto dos níveis séricos de valproato como da litemia nesse público.

◊ Considerações especiais do tratamento farmacológico do transtorno bipolar em idosos

Algumas medicações comumente usadas para tratar o TB no idoso inspiram cuidados especiais. São mais comuns os tremores, a bradicinesia e a rigidez (parkinsonismo) causados pelo uso de antagonistas de dopamina (antipsicóticos), que acarretam limitações no desempenho das atividades básicas e instrumentais de vida diária,[28] mas também exacerbam o risco de quedas (Tabela 16.1).[29] Além disso, um estudo emblemático conduzido por Maust *et al.* associou o uso de antipsicóticos a um considerável aumento na mortalidade da população geriátrica.[30] Os médicos devem conhecer e antecipar os riscos já que, na prática clínica, quadros de difícil estabilização frequentemente exigem o uso dessas medicações. Assim, caso seja necessário, deve-se optar pelos antipsicóticos “atípicos”, pois minimizam o risco de sintomas motores, e sempre nas menores doses possíveis para se evitar sedação excessiva e outros eventos adversos frequentes, como síndrome metabólica e piora cognitiva.[31]

Tabela 16.1

Risco de queda associado ao uso de medicações psiquiátricas frequentemente utilizadas no tratamento do transtorno bipolar no idoso.

Medicação	*Odds ratio* (IC95%)
Qualquer psicotrópico	1,73 (1,52-1,97)
Antipsicóticos	1,50 (1,25-1,79)
Sedativos e hipnóticos	1,54 (1,40-1,70)
Benzodiazepínicos (qualquer) De meia-vida curta De meia-vida longa	1,48 (1,23-1,77) 1,44 (1,09-1,90) 1,32 (1,09-1,90)
Antidepressivos (qualquer) Tricíclicos	1,66 (1,41-1,95) 1,51 (1,14-2,00)

Fonte: Traduzida e adaptada de Huang *et al.*, 2012.[32]

O uso de divalproato também está relacionado com o desenvolvimento de efeitos colaterais motores, como tremores e parkinsonismo, além de alterações metabólicas que resultam em ganho de peso e diabetes.[33] Outra particularidade é sua interação com medicações corriqueiramente usadas no tratamento de comorbidades clínicas na população geriátrica, como ácido acetilsalicílico, anticoagulantes (warfarina), digitoxina e fenitoína.[4] A carbamazepina, por sua vez, é um agente com grande poder de indução do citocromo P450 hepático. Seu uso costuma causar flutuações do nível sérico de outras medicações e dela mesma, com potencial comprometimento no controle de enfermidades clínicas e psiquiátricas.[34]

Com relação ao lítio, os idosos apresentam risco proporcionalmente elevado de intoxicação decorrente de condições que aumentam sua concentração plasmática, como a diminuição do *clearance* renal ou o uso de outras medicações que interferem na filtração glomerular. Outro aspecto que requer atenção na clínica é a maior suscetibilidade desses indivíduos ao desenvolvimento de efeitos adversos da terapia com lítio, como tremores, ataxia, aumento da frequência urinária, sede, náusea, diarreia, hipotireoidismo e exacerbação de lesões cutâneas como psoríase.[35] Dessa forma, além de um escalonamento lento de dose (início com 150 mg/dia) e periodicidade na monitorização da função renal e níveis séricos de lítio (a cada 3 a 6 meses), as faixas terapêuticas recomendadas são 25% a 50% mais baixas do que as recomendadas para pacientes jovens. Valores entre 0,4 e 0,8 mmol/L são sugeridos para indivíduos entre 60 e 79 anos, e entre 0,4 e 0,7 mmol/L em indivíduos acima de 80 anos.[36]

A Tabela 16.2 descreve as medicações comumente utilizadas por idosos que interferem na concentração plasmática do lítio, como diuréticos tiazídicos e de alça, anti-inflamatórios não esteroidais (AINEs) e inibidores da enzima de conversão da angiotensina (ECA).[37] A antecipação e monitorização de possíveis mudanças dos níveis séricos de lítio a cada associação ou retirada de um desses fármacos é fundamental, com vigilância ao surgimento de efeitos adversos ou à eventual perda de eficácia. Sugere-se considerar uma redução de 25% a 50% na dose diária do lítio durante o uso concomitante de AINEs (exceto ácido acetilsalicílico em baixa dose) para evitar aumento indesejado de sua concentração e, consequente, intoxicação.[38] Cautela ainda maior é necessária em pacientes com doença renal crônica, já que o *clearance* renal de lítio se encontra diminuído.[39]

Tabela 16.2

Medicações comumente utilizadas por idosos que interferem na concentração plasmática de lítio. Efeito na concentração sérica de lítio: 0 (sem efeito); ↑ (aumento de até 20%); ↑↑ (aumento de 20 a 40%); ↑↑↑ (aumento de 40 a 60%); ↑↑↑↑ (aumento superior a 60%); ↓↓↓ (redução de 40 a 60%). Avaliação de risco: A = sem interação; B = não é necessário modificar; C = monitorar; D = modificar o tratamento; X = evitar combinação. IECA: inibidores da enzima de conversão da angiotensina; ARA-II: antagonistas do receptor da angiotensina II; AINEs: anti-inflamatórios não esteroidais.

Efeitos na concentração plasmática de lítio	Fármacos	Magnitude do efeito	Avaliação do risco
Aumento	Diuréticos tiazídicos	↑↑	D
	Diuréticos de alça	↑–↑↑	C
	IECA	↑↑	D
	ARA-II	↑	C
	AINEs	↑–↑↑	C
Diminuição	Diuréticos osmóticos	↓↓↓	C
	Metilxantina	↓↓↓	C
Neutro	Diuréticos poupadores de potássio	0	A
	Antidepressivos	0	B
	Antipsicóticos	0	B
	Antiepilépticos	0	B
	Bloqueadores do canal de cálcio	0	C
	Bloqueadores neuromusculares	0	C

Fonte: Traduzida e adaptada de Finley, 2016.[40]

Os antidepressivos são frequentemente prescritos para o manejo de episódios depressivos em idosos. No entanto, além de também estarem relacionados a desfechos adversos, como maior risco de quedas e sedação,[32] podem cursar com interações medicamentosas,[41,42] aumento do risco de sangramentos,[43] distúrbios da condução cardíaca (alargamento do QTc)[44] e resultar em distúrbios hidreletrolíticos, como hiponatremia por síndrome de secreção inapropriada do hormônio antidiurético (SIADH).[45] Com relação aos tricíclicos especificamente, a ação anticolinérgica desses fármacos não raramente resulta em piora cognitiva, além de acentuarem problemas comuns nessa faixa etária como constipação, retenção urinária e boca seca.[46]

◊ Neuroprogressão e resposta terapêutica

O curso do TB é heterogêneo, com alguns pacientes apresentando maior estabilização sintomática e outros, piora progressiva da gravidade dos sintomas. Quando o tratamento é instituído de forma adequada na ocasião do surgimento dos primeiros sintomas, a resposta terapêutica é usualmente mais favorável, mas, em especial, quando o tratamento é inadequado ou irregular, o TB pode assumir um curso deteriorante.[47] A maioria dos pacientes idosos com TB manifestaram os primeiros sintomas quando adultos jovens, não sendo raro se encontrarem em estágios avançados de neuroprogressão, refratários ao tratamento, sem apresentarem remissão completa dos sintomas. Nesses casos, a clozapina pode ser uma opção válida quando as outras alternativas falharam.[48]

◊ Tratamentos não farmacológicos

Eletroconvulsoterapia

O tratamento com ECT é efetivo e seguro em idosos tanto nos casos de depressão (unipolar ou bipolar) como naqueles que desenvolvem mania refratária, psicose, catatonia ou, até mesmo, agitação psicomotora grave relacionada com doenças neurológicas como encefalites ou demência.[49] Apesar das indicações da ECT serem semelhantes as de outras faixas etárias, o contexto que mais frequentemente resulta no encaminhamento para o procedimento é o de episódios depressivos que não responderam ao tratamento farmacológico.[19] Infelizmente, informações específicas oriundas de publicações com idosos portadores de TB são escassas na literatura.

A ECT se mostra como a melhor alternativa inicial no tratamento, em diversas situações, sobretudo quando se deseja um controle sintomático rápido, o que é relevante quando sintomas graves de estupor, agitação, psicose ou autonegligência (incluindo diminuição da ingesta de líquido e alimentos) colocam o paciente em risco. Outro cenário em que se recorre a ECT é o de intolerância aos efeitos adversos da farmacoterapia ou de comorbidades que contraindiquem o tratamento medicamentoso.[19] Concluí-se que a ECT pode ser a primeira opção quando este é o tratamento de preferência pessoal do paciente.

Os idosos submetidos à ECT exigem cuidados especiais já que costumam ser portadores de morbidades clínicas, como doenças cardiovasculares, pulmonares, cerebrovasculares e musculoesqueléticas. Durante a convulsão, ocorre aumento transitório da pressão arterial e frequência cardíaca, necessidade de ventilação transitória e contraturas musculares.

Somado à menor velocidade de metabolização, o risco anestésico também é maior na população geriátrica.[50] Imediatamente após o procedimento, o aumento de creatinofosfoquinase (CPK) pela atividade motora na convulsão requer monitoramento, uma vez que diminuição da função renal não é rara em idosos. Finalmente, esses indivíduos são especialmente sujeitos ao desenvolvimento de sintomas cognitivos após o procedimento, particularmente quando já apresentavam algum grau de prejuízo cognitivo anteriormente.[51]

Estimulação magnética transcraniana

A estimulação magnética transcraniana (EMT) é um tipo de neuromodulação não invasiva que pode ser uma ótima opção não medicamentosa para idosos com quadros depressivos, já que não apresenta risco de interação e exibe baixo potencial de efeitos adversos.[52] No contexto do TB, ainda não está totalmente claro se a EMT pode ser considerada um tratamento efetivo e seguro, apesar de alguns resultados sugerirem benefício na abordagem terapêutica da depressão bipolar e mania,[53] incluindo pequenos ensaios com TB em idosos.[54] Existem relatos de indução de virada maníaca ou hipomaníaca com sessões repetidas de EMT, seja em monoterapia ou em combinação com antidepressivos, mas esses eventos parecem ser muito raros. Nesses casos, o procedimento deve ser descontinuado e o uso de estabilizadores de humor mantido.[55]

◊ Conclusão

A fisiopatologia, o quadro clínico e o perfil de comorbidades do TB em indivíduos idosos possuem particularidades relevantes tanto para o diagnóstico correto como para o tratamento adequado. Entretanto, estudos envolvendo essa população ainda são escassos e com casuísticas pequenas. Existem perguntas que ainda não têm respostas definitivas em relação ao TB nessa faixa etária. Até o momento (2023), muito do que se preconiza em relação ao tratamento do TB em idosos se faz por meio de extrapolação de dados de estudos realizados com adultos jovens ou de subanálises por faixa etária de estudos que avaliam o TB em geral.

Uma estratégia potencial para superar o desafio de interpretar os achados de estudos limitados de pesquisa sobre TB em idosos seria reunir ou integrar bases de dados multi-institucionais e de larga escala, aproveitando a potencial sobreposição ou semelhanças nos métodos de avaliação, ou harmonização de medidas, utilização de *crosswalking* ou tabelas de conversão. Nesse sentido, o projeto Global Aging & Geriatric Experiments in Bipolar Disorder Database (GAGE-BD) é uma iniciativa inédita para criar um banco de dados integrado com foco no TB do idoso. Os esforços iniciais, conduzidos por membros da força-tarefa em TB do idoso da ISBD, no GAGE-BD, reuniram 14 investigadores internacionais, que representam uma ampla distribuição geográfica, e dados sobre mais de 1.000 idosos com TB. Esse consórcio tem como objetivo ampliar a compreensão da associação entre idade, sintomas do TB, comorbidades clínicas, cognição e funcionalidade ao longo da vida, bem como preparar o terreno para futuras pesquisas prospectivas que possam promover uma melhor compreensão do TB em idosos.[56] O GAGE-BD se prepara para publicar, em breve, seu segundo trabalho, sobre os sintomas, alterações clínicas e funcionais do TB em idosos.

REFERÊNCIAS BIBLIOGRÁFICAS

1. American Psychiatric Association (APA). Diagnostic and Statistical Manual of Mental Disorder DSM-5. American Psychiatric Association; 2013.
2. Valiengo L, Stella F, Forlenza OV. Mood disorders in the elderly: prevalence, functional impact, and management challenges. Neuropsychiatr Dis Treat. 2016;12:2105-2114.
3. Oostervink F, Boomsma MM, Nolen WA; EMBLEM Advisory Board. Bipolar disorder in the elderly; different effects of age and of age of onset. J Affect Disord. 2009;116(3):176-183.
4. Sajatovic M, Strejilevich SA, Gildengers AG, Dols A, Al Jurdi RK, Forester BP et al. A report on older-age bipolar disorder from the International Society for Bipolar Disorders Task Force. Bipolar Disord. 2015;17(7):689-704.
5. Blanco C, Compton WM, Saha TD, Goldstein BI, Ruan WJ, Huang B et al. Epidemiology of DSM-5 bipolar I disorder: results from the National Epidemiologic Survey on Alcohol and Related Conditions – III. J Psychiatr Res. 2017;84:310-317.
6. Depp CA, Jeste DV. Bipolar disorder in older adults: a critical review. Bipolar Disord. 2004;6(5):343-367.
7. Nivoli AMA, Murru A, Pacchiarotti I, Valenti M, Rosa AR, Hidalgo D et al. Bipolar disorder in the elderly: a cohort study comparing older and younger patients. Acta Psychiatr Scand. 2014;130(5):364-373.
8. Vasudev A, Thomas A. "Bipolar disorder" in the elderly: what's in a name? Maturitas. 2010;66(3):231-235.
9. Beyer JL, Burchitt B, Gersing K, Krishnan KR. Patterns of pharmacotherapy and treatment response in elderly adults with bipolar disorder. Psychopharmacol Bull. 2008;41(1):102-114.
10. Oostervink F, Nolen WA, Kok RM; EMBLEM Advisory Board. Two years' outcome of acute mania in bipolar disorder: different effects of age and age of onset. Int J Geriatr Psychiatry. 2015;30(2):201-209.
11. Tsai S-Y, Lee HC, Chen CC, Huang YL. Cognitive impairment in later life in patients with early-onset bipolar disorder. Bipolar Disord. 2007;9(8):868-875.
12. Yatham LN, Kennedy SH, Parikh S-V:, Schaffer A, Bond DJ, Frey BN et al. Canadian Network for Mood and Anxiety Treatments (CANMAT) and International Society for Bipolar Disorders (ISBD) 2018 guidelines for the management of patients with bipolar disorder. Bipolar Disord. 2018;20(2):97-170.

13. Dols A, Kessing LV, Strejilevich SA, Rej S, Tsai SY, Gildengers AG et al. Do current national and international guidelines have specific recommendations for older adults with bipolar disorder? A brief report. Int J Geriatr Psychiatry. 2016;31(12):1295-1300.
14. Goodwin GM, Haddad PM, Ferrier IN, Aronson JK, Barnes T, Cipriani A et al. Evidence-based guidelines for treating bipolar disorder: Revised third edition recommendations from the British Association for Psychopharmacology. J Psychopharmacol. 2016;30(6):495-553.
15. Schaffer A, Isometsä ET, Tondo L, Moreno DH, Sinyor M, Kessing LV et al. Epidemiology, neurobiology and pharmacological interventions related to suicide deaths and suicide attempts in bipolar disorder: Part I of a report of the International Society for Bipolar Disorders Task Force on Suicide in Bipolar Disorder. Aust New Zeal J Psychiatry. 2015;49(9):785-802.
16. Sajatovic M, Gildengers A, Al Jurdi RK, Gyulai L, Cassidy KA, Greenberg RL et al. Multisite, open-label, prospective trial of lamotrigine for geriatric bipolar depression: a preliminary report. Bipolar Disord. 2011;13(3):294-302.
17. Bowden CL. Lamotrigine in the treatment of bipolar disorder. Expert Opin Pharmacother. 2002;3(10):1513-1519.
18. Pacchiarotti I, Bond DJ, Baldessarini RJ, Nolen WA, Grunze H, Licht RW et al. The International Society for Bipolar Disorders (ISBD) task force report on antidepressant use in bipolar disorders. Am J Psychiatry. 2013;170(11):1249-1262.
19. Olfson M, Marcus S, Sackeim HA, Thompson J, Pincus HA. Use of ECT for the Inpatient Treatment of Recurrent Major Depression. Am J Psychiatry. 1998;155(1):22-29.
20. Young RC, Mulsant BH, Sajatovic M, Gildengers AG, Gyulai L, Al Jurdi RK et al. GERI-BD: A Randomized Double-Blind Controlled Trial of Lithium and Divalproex in the Treatment of Mania in Older Patients With Bipolar Disorder. Am J Psychiatry. 2017;174(11):1086-1093.
21. Ketter TA. Monotherapy versus combined treatment with second-generation antipsychotics in bipolar disorder. J Clin Psychiatry. 2008;69(Suppl 5):9-15.
22. Ogawa Y, Tajika A, Takeshima N, Hayasaka Y, Furukawa TA. Mood stabilizers and antipsychotics for acute mania: a systematic review and meta-analysis of combination/augmentation therapy versus monotherapy. CNS Drugs. 2014;28(11):989-1003.
23. Bourin MS, Severus E, Schronen JP, Gass P, Szamosi J, Eriksson H et al. Lithium as add-on to quetiapine XR in adult patients with acute mania: A 6-week, multicenter, double-blind, randomized, placebo-controlled study. Int J Bipolar Disord. 2014;2:14.
24. Sajatovic M, Coconcea N, Ignacio RV, Blow FC, Hays RW, Cassidy KA et al. Aripiprazole therapy in 20 older adults with bipolar disorder. J Clin Psychiatry. 2008;69(1):41-46.
25. Sajatovic M, Calabrese JR, Mullen J. Quetiapine for the treatment of bipolar mania in older adults. Bipolar Disord. 2008;10(6):662-671.
26. Berghöfer A, Alda M, Adli M, Baethge C, Bauer M, Bschor T et al. Long-term effectiveness of lithium in bipolar disorder: a multicenter investigation of patients with typical and atypical features. J Clin Psychiatry. 2008;69(12):1860-1868.
27. Malhi GS, Gessler D, Outhred T. The use of lithium for the treatment of bipolar disorder: Recommendations from clinical practice guidelines. J Affect Disord. 2017;217:266-280.

28. Factor SA, Burkhard PR, Caroff S, Friedman JH, Marras C, Tinazzi M et al. Recent developments in drug-induced movement disorders: a mixed picture. Lancet Neurol. 2019;18(9):880-890.
29. Laberge S, Crizzle AM. A literature review of psychotropic medications and alcohol as risk factors for falls in community dwelling older adults. Clin Drug Investig. 2019;39(2):117-139.
30. Maust DT, Kim HM, Seyfried LS, Chiang C, Kavanagh J, Schneider LS et al. Antipsychotics, other psychotropics, and the risk of death in patients with dementia. JAMA Psychiatry. 2015;72(5):438.
31. Graff-Guerrero A, Rajji TK, Mulsant BH, Nakajima S, Caravaggio F, Suzuki T et al. Evaluation of antipsychotic dose reduction in late-life schizophrenia: A prospective dopamine D2/3 receptor occupancy study. JAMA Psychiatry. 2015;72(9):927-934.
32. Huang AR, Mallet L, Rochefort CM, Eguale T, Buckeridge DL, Tamblyn R. Medication-related falls in the elderly. Drugs Aging. 2012;29(5):359-376.
33. Zeng K, Wang X, Xi Z, Yan Y. Adverse effects of carbamazepine, phenytoin, valproate and lamotrigine monotherapy in epileptic adult Chinese patients. Clin Neurol Neurosurg. 2010;112(4):291-295.
34. Zaccara G, Perucca E. Interactions between antiepileptic drugs, and between antiepileptic drugs and other drugs. Epileptic Disord. 2014;16(4):409-431.
35. Grandjean EM, Aubry J-M. Lithium: updated human knowledge using an evidence-based approach. CNS Drugs. 2009;23(5):397-418.
36. Shulman KI, Sajatovic M, Dols A. Laboratories should provide a separate therapeutic range for serum lithium levels in maintenance treatment of older adults with bipolar disorder (OABD). Bipolar Disord. 2019;21(3):190-191.
37. Eastham JH, Jeste DV, Young RC. Assessment and treatment of bipolar disorder in the elderly. Drugs Aging. 1998;12(3):205-224.
38. Brouwers JRBJ, de Smet PAGM. Pharmacokinetic-Pharmacodynamic Drug Interactions with Nonsteroidal Anti-Inflammatory Drugs. Clin Pharmacokinet. 1994;27(6):462-485.
39. Thomsen K, Schou M. Avoidance of Lithium Intoxication: Advice Based on Knowledge about the Renal Lithium Clearance under Various Circumstances. Pharmacopsychiatry. 1999;32(03):83-86.
40. Finley PR. Drug Interactions with Lithium: An Update. Clin Pharmacokinet. 2016;55(8):925-941.
41. Forgerini M, Schiavo G, Lucchetta RC, Mastroianni PC. Drug interactions for elderly people with mental and behavioral disorders: a systematic scoping review. Arch Gerontol Geriatr. 2021;93:104283.
42. Cabrera MAS, Dip RM, Furlan MO, Rodrigues SL. Use of drugs that act on the cytochrome p450 system in the elderly. Clinics. 2009;64(4):273-278.
43. Gahr M, Zeiss R, Lang D, Connemann BJ, Hiemke C, Muche R et al. Association between haemorrhages and treatment with selective and non-selective serotonergic antidepressants: Possible implications of quantitative signal detection. Psychiatry Res. 2015;229(1-2):257-263.
44. Rochester MP, Kane AM, Linnebur SA, Fixen DR. Evaluating the risk of QTc prolongation associated with antidepressant use in older adults: a review of the evidence. Ther Adv Drug Saf. 2018;9(6):297-308.
45. Viramontes TS, Truong H, Linnebur SA. Antidepressant Induced Hyponatremia in Older Adults. Consult Pharm. 2016;31(3):139-150.

46. Pruckner N, Holthoff-Detto V. Antidepressant pharmacotherapy in old-age depression-a review and clinical approach. Eur J Clin Pharmacol. 2017;73(6):661-667.
47. Kapczinski F, Dias VV, Kauer-Sant'Anna M et al. Clinical implications of a staging model for bipolar disorders. Expert Rev Neurother. 2009;9(7):957-966.
48. Nielsen J, Kane JM, Correll CU. Real-world effectiveness of clozapine in patients with bipolar disorder: results from a 2-year mirror-image study. Bipolar Disord. 2012;14(8):863-869.
49. Wilkins KM, Ostroff R, Tampi RR. Efficacy of Electroconvulsive Therapy in the Treatment of Nondepressed Psychiatric Illness in Elderly Patients: A Review of the Literature. J Geriatr Psychiatry Neurol. 2008;21(1):3-11.
50. Barnett SR. Preoperative Assessment of Older Adults. Anesthesiol Clin. 2019;37(3):423-436.
51. American Psychiatric Association. Task Force on Electroconvulsive Therapy. The Practice of ECT: Recommendations for Treatment, Training and Privileging. Convuls Ther. 1990;6(2):85-120.
52. Sabesan P, Lankappa S, Khalifa N, Krishnan V, Gandhi R, Palaniyappan L. Transcranial magnetic stimulation for geriatric depression: Promises and pitfalls. World J Psychiatry. 2015;5(2):170.
53. Hett D, Marwaha S. Repetitive transcranial magnetic stimulation in the treatment of bipolar disorder. Ther Adv Psychopharmacol. 2020;10(6):204512532097379.
54. Desbeaumes Jodoin V, Miron JP, Lespérance P. Safety and Efficacy of Accelerated Repetitive Transcranial Magnetic Stimulation Protocol in Elderly Depressed Unipolar and Bipolar Patients. Am J Geriatr Psychiatry. 2019;27(5):548-558.
55. Rachid F. Repetitive Transcranial Magnetic Stimulation and Treatment-emergent Mania and Hypomania: A Review of the Literature. J Psychiatr Pract. 2017;23(2):150-159.
56. Sajatovic M, Eyler LT, Rej S et al. The Global Aging & Geriatric Experiments in Bipolar Disorder Database (GAGE-BD) project: Understanding older-age bipolar disorder by combining multiple datasets. Bipolar Disord. 2019;21(7):642-649.

Abordagens Psicossociais: O Papel do Apoio Social e da Religiosidade no Transtorno Bipolar

17

Paula Mendonça Studart Bottó
André Carvalho Caribé de Araújo Pinho
Ângela Marisa de Aquino Miranda Scippa

◊ Introdução

O transtorno bipolar (TB) é uma doença mental grave, crônica e recorrente, que provoca prejuízos significativos na qualidade de vida (QV) e no funcionamento social e cognitivo dos seus portadores. A principal abordagem do tratamento dessa patologia é o foco na farmacoterapia que, embora eficaz, nem sempre é suficiente para restaurar a funcionalidade dos pacientes. No entanto, observa-se que o tratamento desses pacientes não se restringe apenas ao controle dos sintomas, mas envolve estratégias não farmacológicas, além de buscar mensurar os aspectos psicossociais presentes em suas vidas. Nesse sentido, é válido compreender quais fatores psicossociais, tais como os níveis e dimensões do apoio social (AS) e da religiosidade, podem ser auxiliares na resposta satisfatória ao tratamento.

◊ Apoio social

Conceito

As relações interpessoais são significantes para o desenvolvimento do indivíduo, para a definição da sua personalidade, e podem afetar sua saúde mental de maneira positiva ou negativa. Desse modo, compreendê-las e melhorar sua qualidade têm sido objetos de estudo em todo o mundo. Dentre os constructos que a literatura científica elenca como um recurso positivo, ou seja, como fator protetor para doenças, encontra-se o AS. Na década de 70, fatores psicossociais, tais como o AS e a religiosidade, foram introduzidos nos estudos epidemiológicos, despertando a ideia de que eles podiam impedir o adoecimento ou propiciar melhora da saúde. De outro modo, o rompimento dos laços sociais poderia comprometer o sistema de defesa do organismo e assim acarretar, em indivíduos mais suscetíveis, doenças ou suas pioras.[1,2]

No que tange à influência do AS sobre a saúde, pesquisas sugerem dois modelos. O primeiro consiste no efeito indireto, no qual o AS teria uma ação tamponadora (*buffer*) em situações de estresse, isto é, o indivíduo beneficiado com AS satisfatório, quando se depara com um evento estressor, tem efeitos negativos atenuados na saúde e no bem-estar em comparação com aqueles que não têm ou que sentem pouco apoio.[3] O segundo é o efeito direto, que defende que o AS, independentemente do nível de estresse, influencia positivamente na saúde e no bem-estar, participando não apenas das situações de tensão, mas de todos os processos da vida do indivíduo.[4]

Embora a literatura científica, cada vez mais, aponte significativo interesse nos estudos sobre AS, ela ainda se debruça sobre o uso desse conceito de maneira equivocada, referindo-se a ele como uma variedade de fenômenos sociais ou pessoas que cercam indivíduos em sua rede. Uma definição mais concisa considera que o AS envolve troca de recursos entre pelo menos dois indivíduos, em que o emissor tem a intenção de trazer benefícios e melhorar o bem-estar do receptor. Nessa ideia, o componente de reciprocidade é incluído, pois tanto quem recebe apoio quanto quem oferece pode se beneficiar.[5] Segundo Kahn e Antonucci (1980), três fatores são preponderantes no que se refere ao AS: o afeto (de uma pessoa em relação a outra); a afirmação (percepções sobre as atitudes de outros indivíduos) e a ajuda (simbólica ou material para o outro), fatores que sabidamente interferem na saúde mental.[6]

Desse modo, o AS se configura como um termo amplo, complexo e multifacetado, que implica diferentes vias de auxílio às pessoas no ambiente social. Contudo, as diferentes medidas, técnicas de avaliação e dimensões desse constructo levam à heterogeneidade dos resultados dos trabalhos cientifícos. Barrera (1986) considerou que o AS pode ser avaliado por perspectivas distintas: apoio recebido (em que o indivíduo reporta o AS que está atualmente recebendo ou já recebeu), apoio percebido (aquele que a pessoa considera estar disponível se precisar), e rede social (a integração da pessoa a um grupo e as inter-relações entre eles).[7]

Uma das vertentes avalia prioritariamente as fontes de AS, como p. ex. família, amigos e outras pessoas significativas. Um exemplo de escala que segue essa linha é a *Muldimensional Scale of Perceived Social Support* (MSPSS),[8] uma das mais usadas, porém ainda não validada para a população brasileira. Outra vertente em destaque considera a perspectiva funcional do AS. Esta inclui a escala *Medical Outcomes Study Social Support Scale* (MOS-SSS) desenvolvida por Sherbourne e Steward (1991) e validada para a população brasileira por Griep *et al.*,[9] em 2005, assim como a *Interpersonal Support Evaluation List* (ISEL),[10] utilizada em alguns estudos, porém sem validação para a população brasileira.

A MOS-SSS abarca dois conceitos de AS, o estrutural e o funcional. O primeiro refere-se à estrutura social, por meio da qual o apoio é fornecido. Envolve a rede social, ou seja, o número de pessoas com o qual o indivíduo mantém contato, que pode ou não oferecer ajuda (aspecto quantitativo dos contatos sociais). Ademais, inclui a interconectividade dos relacionamentos de uma pessoa e descreve a existência e a frequência de relações entre os membros da rede. O funcional corresponde a dimensão qualitativa da rede social. Refere-se à percepção do indivíduo de ser valorizado nos grupos, aos quais faz parte. Consiste nos recursos que o indivíduo possui em um momento de necessidade.[9]

A MOS-SSS inclui quatro dimensões funcionais do AS: material (provisão de recursos práticos e ajuda material), afetiva (demonstrações físicas de carinho e amor), emocional/informação (habilidades da rede social em satisfazer as necessidades individuais e contar com pessoas que aconselhem, informem e orientem) e interação social positiva (possibilidade de contar com pessoas com quem se pode relaxar e se divertir).[9]

A escala ISEL também envolve a dimensão material, além de estima/apreciação (a disponibilidade de alguém para contar seus problemas), autoestima (a disponibilidade de pessoas para realizar comparações positivas) e pertença (a disponibilidade de pessoas para realizar atividades, sair ou fazer coisas).[10]

Apoio social e transtorno bipolar

No que concerne à doenças crônicas, estudos mostram que o AS tem papel protetor, promovendo redução de estresse e alívio de sintomas dos portadores de várias delas. Nesse contexto, por ser uma doença crônica e incapacitante, o TB necessita de especial atenção. Sabe-se que o curso do TB tem uma enorme variedade entre os indivíduos, contudo, é frequente a dificuldade de readaptação ao meio social. Muitas vezes, mesmo que estejam em remissão sintomatológica, os portadores dessa patologia apresentam uma série de prejuízos psicossociais, tais como estigma da doença, absenteísmo e presenteísmo, principalmente nas situações em que a doença não é bem controlada.[11]

Cabe notar que, na literatura científica, na maioria das pesquisas sobre AS e TB, os pacientes foram avaliados em fase aguda de depressão ou de mania, o que pode acarretar percepção distorcida acerca da realidade e, consequentemente, limitações na interpretação desses resultados.[12] De fato, que seja do nosso conhecimento, nove estudos ponderaram esses vieses e avaliaram os pacientes em eutimia, além de utilizarem instrumento estruturado para a avaliação do diagnóstico de TB e escala própria para medir AS. Destes, dois foram realizados pelo grupo de Kizilkurt *et al.* (2018; 2019)[13,14] e outros dois foram conduzidos por Studart *et al.* (2016)[15] e Studart-Bottó *et al.* (2021),[16] envolvendo pacientes da mesma amostra, respectivamente.

Contudo, apesar do número de estudos que avaliam pacientes em estado de eutimia serem escassos, os resultados apontam que os portadores de TB relatam prejuízos no seu AS. Dois estudos que utilizaram escalas que medem o AS funcional (a ISEL e a MOS-SSS) identificaram que esses pacientes relatam menor AS que controles saudáveis.[17-18] Outro estudo também indicou que os pacientes com TB que trabalhavam (n = 123) relatavam pior AS do que os controles saudáveis que trabalhavam (n = 125), indicando danos do transtorno mesmo em indivíduos ativos.[19] Ademais, estudos sugerem que o AS da família foi relacionado com melhor funcionalidade ocupacional e de lazer, enquanto o AS de amigos foi relacionado com aumento da funcionalidade de lazer, como descrito em uma amostra de 150 pacientes avaliada pela MSPSS.[20]

Nesse mesmo contexto, um estudo longitudinal que avaliou 88 pacientes com TB eutímicos, com uso da MSPSS, mostrou que o AS percebido é um fator preditor de funcionalidade nesses pacientes.[21] Uma coorte, em que os pacientes foram acompanhados por 6 meses, mostrou correlação negativa entre a sensibilidade à rejeição com o AS dos tipos estima/apreciação e material (escala ISEL).[22] Mais recentemente, um estudo desenvolvido pelo nosso grupo de pesquisa avaliou 180 portadores de TB tipo 1 com uso da MOS-SSS e mostrou que o AS funcional do tipo material foi menor em pacientes com TB com idade de início precoce (≤ 18 anos), comparado àqueles com idade de início tardia (≥ 40 anos).[16]

Vale considerar também que dois trabalhos, apesar de usarem escalas de medidas de AS diferentes, atestaram que baixo AS não se constituiu em fator de risco para recaídas. Um deles é um estudo retrospectivo, com 100 pacientes, no qual o AS foi medido por meio da MSPSS.[14] O outro foi uma coorte prospectiva que acompanhou, durante 1 ano, 27 portadores de TB eutímicos, 24 portadores de depressão unipolar e 26 controles saudáveis, e mediu o AS por meio do *Social Support Network Inventory* (SSNI).[23] Contudo, por ter amostras reduzidas, é possível questionar sua representatividade e o poder dessas análises.

Em outra linha de investigação, alguns estudos tinham a intensão de avaliar se o AS ajudava na redução dos episódios de mania e de depressão e, por conta disso, avaliaram pacientes não eutímicos. Um deles, uma coorte de 1 ano com 60 pacientes com TB tipo 1 mostrou que o AS contribuía para o bom prognóstico dos usuários de lítio ao passo que o baixo AS aumentava a recorrência dos episódios de mania e de depressão. Posteriormente, outras pesquisas também demonstraram que o AS é importante para alcançar a remissão dos sintomas de depressão e de mania, e que a redução da capacidade de um indivíduo de se socializar e procurar ajuda pode contribuir para um curso mais severo da doença.[12]

Dificuldades nas relações interpessoais em portadores de transtorno bipolar

Embora a maioria das pesquisas apresente limitações metodológicas, o AS parece influenciar o curso do TB e ser um relevante fator protetor para o prognóstico, considerando-se que eles demonstram efeitos positivos na prevenção de recaída, melhor adesão ao tratamento e melhora da funcionalidade.[12] É possível considerar também que o baixo nível de AS contribui para o pior prognóstico. Por outro lado, os sintomas inerentes ao TB, tais como irritabilidade, agressividade e impulsividade, parecem comprometer as relações sociais desses indivíduos e assim reduzir o nível de AS.[24,25] Essa relação bidirecional merece uma compreensão aprofundada para que o clínico possa ter uma abordagem mais adequada na condução terapêutica dessa população.

Diversos fatores podem alavancar repercussões negativas no AS de indivíduos com TB. Estudos mostram que esses pacientes recebem menos manifestações de compaixão, amor, diversão e contentamento do que indivíduos saudáveis, visto que os comportamentos impulsivos e agressivos podem afastar familiares e amigos.[26] Além disso, muitas vezes, o estigma, a própria dinâmica familiar disfuncional e as emoções expressas (EE) fazem parte do contexto social dessa população.[27]

Conviver em uma família disfuncional, que não tolera problemas, que recusa chamados de ajuda e que não tem flexibilidade pode ser mais estressante para o paciente com transtorno mental.[28] Ademais, as EE (criticismo, hostilidade e emoções desagradáveis envolvidas nos relacionamentos familiares) prejudicam a comunicação e a resolução de problemas, além de provocar distanciamento entre os familiares.[27] Outro agravante é que parceiros de pacientes com TB podem receber menos AS de terceiros também, o que se torna um risco ainda maior para a relação paciente/família.[29]

Por conta desse difícil contexto, pacientes com TB podem experimentar elevada sensibilidade à rejeição e então demonstrar menor assistência material de outras pessoas, além de menor possibilidade de conversar com pessoas sobre seus problemas. Consequentemente, eles parecem sentir-se mais desapontados consigo mesmo e mais incapazes de melhorar ou mudar dificuldades em sua volta.[22] Além disso, mesmo em estado de remissão sintomatológica, os portadores de TB podem exibir maior nível de autocrítica, tendência a reduzir emoções agradáveis e estratégias de enfrentamento mal-adaptativas.[28] Compreender as dificuldades nas relações sociais desses indivíduos torna-se importante para garantir o resultado satisfatório do tratamento do TB.

◊ Religiosidade

Religiosidade e doença mental

A relação entre religiosidade/espiritualidade (R/E) e doença mental faz parte da história da humanidade. Religiosos vêm se ocupando dos cuidados a pessoas enfermas da Idade Média até os dias atuais.[30] Contudo, no final do século XIX, a ciência se distanciou da religião, diante da necessidade de se firmar como conhecimento autônomo. Naquele período, construiu-se a ideia de que as relações entre a religião, a saúde mental e a psiquiatria seriam conflitantes, mito que ainda persiste na atualidade.[31]

O suposto conflito entre R/E e saúde mental se consolidou de diversas formas, principalmente nos países ocidentais, devido à postura de alguns intelectuais influentes dos séculos XIX e XX, tais como Charcot, Freud e Maudsley que acreditavam que as experiências religiosas estavam associadas a menor desenvolvimento social e intelectual. Segundo eles, essas experiências seriam a manifestação de quadros psicopatológicos.[32]

Apenas nas últimas décadas, trabalhos científicos demostraram que o envolvimento religioso, além de não ser necessariamente patológico tem em sua maioria uma associação positiva com saúde mental e bem-estar.[33] De fato, maiores níveis de envolvimento religioso se associam a melhor saúde física, mais QV e menores taxas de depressão, suicídio, impulsividade e uso/abuso de drogas ilícitas.[34,35] Além disso, estudos indicam que a religiosidade está associada a maior satisfação com a vida, resolução de problemas, apoio de amigos, estratégias de enfrentamento e relacionamentos familiares mais saudáveis.[31]

Contudo, nem sempre a vivência religiosa se traduz em desfechos positivos. Uma relação negativa pode acontecer principalmente com grupos religiosos mais rígidos e autoritários em seus dogmas e doutrinas. Nesses casos, culpa, medo, vergonha, isolamento social, baixa autoestima podem surgir. Essas características podem levar a uma pior saúde mental, aumentando sintomas ansiosos ou depressivos, e dificultando o acesso ao tratamento médico adequado.[31]

Considerando essas observações contraditórias, o interesse científico surgiu a partir da necessidade de definições mais sistematizadas dos termos religião, religiosidade e espiritualidade. Porém, ainda não há um consenso sobre eles, e, muitas vezes, ocorre sobreposição dos significados. Nesse contexto, a religião pode ser entendida como um sistema organizado de crenças, práticas, rituais e símbolos que são utilizados para facilitar a aproximação com o sagrado, o transcendente ou Deus. A religiosidade abrange as crenças pessoais, mescladas com crenças e práticas institucionais. A espiritualidade, por sua vez, é uma busca pessoal para o entendimento de questões existenciais e suas relações com o sagrado e o transcendente, a qual pode ser vivenciada por meio de rituais religiosos ou não.[36]

A religiosidade pode ser dividida em: religiosidade organizacional (RO), religiosidade não organizacional (RNO) e religiosidade intrínseca (RI). A RO envolve atividades religiosas formais, realizadas no contexto de uma instituição, em grupo ou pública. A RNO consiste nos comportamentos religiosos privados, em que a pessoa realiza sozinha, sem local fixo, de maneira informal e inclui atividades como ler textos religiosos, rezar/orar e/ou meditar. A RI refere-se ao significado subjetivo da religiosidade, ou seja, como as crenças religiosas interferem no dia a dia do indivíduo. Uma das principais escalas para mensurar essas três dimensões da religiosidade é a *Duke Religious Index* (DUREL).[37]

Religiosidade e transtorno bipolar

Devido a evidências crescentes de uma relação positiva entre maior R/E e melhores desfechos em doenças mentais, estudos têm sido realizados em patologias que impactam profundamente a vida dos seus portadores, como o TB, no sentido de se identificar de que forma a vivência da R/E pode ou não interferir no curso, no prognóstico e nos desfechos do TB. Estudos demostram que a religiosidade pode atuar como ferramenta de enfrentamento e de resiliência, principalmente no que diz respeito a depressão unipolar, ao comportamento suicida (CS), a dependência química e mais recentemente, ao TB.[33]

Contudo, vale relembrar que os primeiros trabalhos sobre R/E e TB, nas décadas de 70 e 80, em sua maioria, enxergavam na espiritualidade uma evidência de adoecimento mental. Naquele período, predominavam os relatos de casos voltados para delírios de conteúdo místico, crenças, conversões religiosas e suas possíveis relações com o TB.[30] Pesquisadores relatam que os pacientes com TB, em fases maníacas, podem manifestar mais sintomas místicos e religiosos do que os que apresentam outras patologias psiquiátricas, porém não se sabe ao certo o quanto essa manifestação psicopatológica pode influenciar ou ser influenciada de forma positiva ou negativa pelas vivências espirituais dos pacientes. As questões culturais também podem atrasar o contato do paciente com o médico e, assim, retardar o início do tratamento farmacológico, o que pode ser entendido como um aspecto negativo da R/E.[38]

Em um estudo de corte transversal realizado na Nova Zelândia que avaliou 81 indivíduos com TB, 78% deles tinha crenças religiosas; 81% relataram envolvimento em atividades religiosas; e 40% descreveram uma diminuição em sua fé após o diagnóstico da doença. Aqueles que não se sentiram bem nos cinco anos anteriores, mencionavam ter níveis mais altos de religiosidade privada e religiosidade organizacional. No entanto, a prática da religiosidade privada os ajudou a lidar com sua doença, resultado que sugere que práticas religiosas possam servir como ferramenta de enfrentamento da doença. Entretanto, nessa pesquisa, houve uma relação inversa entre maior envolvimento religioso e adesão ao tratamento. Fato que, de modo geral, não é corroborado por outras pesquisas, a não ser que se incluam grupos religiosos mais conservadores, como os que participaram desse trabalho.[39]

Em 2010, Cruz *et al.* estudaram, pela primeira vez, a associação entre as diversas fases do TB com as três principais dimensões da religiosidade (RO, RNO e RI) mensuradas pela escala DUREL. Nesse estudo, com 334 pacientes ambulatoriais, verificou-se que as taxas de oração e meditação foram maiores entre aqueles que estavam em estado misto e menor entre aqueles que estavam em eutimia. Pacientes em fase depressiva ou maníaca não apresentaram associação significativa com nenhuma das dimensões da religiosidade. Esses autores sugeriram que a maior gravidade e o pior prognóstico dos estados mistos podem ser razões para um aumento na frequência do comportamento de religiosidade privada como uma estratégia de enfrentamento.[40] No entanto, a maneira como as dimensões da R/E podem mudar de acordo com as alterações do humor ainda não são bem compreendidas e carecem de mais estudos prospectivos.[33]

Evidências mais consistentes são encontradas nos estudos que tentam entender a relação entre CS e TB. Um deles, que avaliou pacientes com TB em fase depressiva, encontrou menos CS naqueles com filiação religiosa, comparado àqueles sem filiação. Nesse estudo, um provável mediador entre menor CS e filiação religiosa pode ter sido a objeção moral ao suicídio promovida pela religião.[41]

Em um trabalho realizado por nosso grupo de pesquisa, foram avaliados 164 pacientes com TB tipo 1, sob rígidos critérios de eutimia, na tentativa de se eliminar as possíveis distorções na vivência religiosa, frequentes nas fases agudas da doença. Os resultados mostraram uma relação inversa entre os maiores níveis de RI e RNO, com história de CS, mesmo após controle de importantes variáveis clínicas e sociodemográficas que poderiam interferir no desfecho em questão, tais como ciclagem rápida, presença de comorbidades psiquiátricas e impulsividade. Nesse trabalho, uma maior RO não apresentou uma relação inversa com CS, talvez porque indivíduos com TB grave tenham alguma limitação em relação ao convívio social e, consequentemente, a possibilidade de manter frequência regular a encontros e cerimônias religiosas fique comprometida. Outro ponto seria o fato de que cada vez mais, a vivência religiosa está menos formal e menos atrelada a instituições tradicionais, aumentando a importância da RNO e da RI.[42] Nessa pesquisa, portadores de TB tipo 1 com maiores níveis de RNO e RI foram associados a menor CS, o que foi corroborado por estudos prévios que mostraram essa relação inversa entre RNO e CS em outras populações clínicas.[42-44]

Um estudo recente também mostrou que uma maior RI foi associada a menos depressão e melhor QV em pacientes com TB,[45] o que pode se traduzir em menor risco de CS. Entretanto, em contraste com os resultados de que a religiosidade protege o paciente com TB em relação ao CS, um estudo que comparou pacientes deprimidos com baixo envolvimento religioso (BER) com aqueles com alto envolvimento religioso (AER) concluiu que AER associado a características mistas pode aumentar o risco de CS, apesar da existência de filiação religiosa.[46] Os autores sugerem que, nesses casos, é provável que o envolvimento religioso possa agravar sentimentos de culpa ou o caráter pecaminoso de suas experiências hipomaníacas, reforçando assim as tendências suicidas. No entanto, é importante salientar que os autores incluíram uma amostra heterogênea, com pacientes com depressão unipolar e com depressões pertencentes ao espectro bipolar que tiveram hipomania espontânea ou associada ao uso de antidepressivos. Além disso, a medida de religiosidade pode ter gerado viés no ponto de corte para BER e AER, pois a escala DUREL foi avaliada na sua pontuação total, sem levar em consideração as suas três dimensões separadamente, o que não é recomendado pelos autores da própria escala.[37]

Recentemente, um estudo prospectivo examinou o efeito de diversas dimensões da religiosidade (afiliação, RO, RNO, RI e enfrentamento religioso) nos sintomas de depressão, mania e QV de pacientes com TB ao longo de 2 anos. Primeiramente, as dimensões da religiosidade dos 168 pacientes foram avaliadas por meio das escalas DUREL, *Religious Coping Scale* (RCOPE), e QV por meio da WHOQOL-bref (T1). Dois anos depois (T2), 158 foram reentrevistados com as mesmas escalas. O resultado principal encontrado nesse trabalho foi que o enfrentamento religioso positivo tem um efeito significativo nas quatro dimensões da QV (social, ambiental, mental e física), enquanto RI em T1 prevê melhor QV ambiental no T2, mesmo em pacientes eutímicos. Nesse sentido, é válido considerar que esse é mais um estudo que indica que o enfrentamento religioso (uso de recursos religiosos para se adaptar a situações desafiadoras) pode ajudar os portadores de TB a se manterem estáveis.[47]

◊ Conclusão

Apesar de os estudos acerca do AS ainda apresentarem metodologias diversas e de não existir uma escala padrão-ouro para a avaliação, existem fortes evidências de que ter AS pode proteger ou acarretar benefícios para o portador de TB. Futuros estudos com metodologias mais adequadas são necessários para entender as melhores formas de acessar o AS e quais dimensões dele precisam ser mais exploradas na prática clínica.

Existem também evidências de que a R/E nos pacientes com TB seja um recurso importante no enfrentamento da doença e pode atuar diminuindo a chance de desfechos trágicos, como o suicídio, condição muito frequente nessa população. Em razão disso, o número de estudos sobre práticas religiosas e espirituais e seus desfechos nessa população, bem como sua relação com a adesão ao tratamento e as recorrências do transtorno, merece ser ampliado. Dois pontos principais precisam de maior esclarecimento. O primeiro é a identificação dos fatores de mediação entre uma maior religiosidade e os desfechos no TB; e o segundo é o estudo de uma possível aplicabilidade clínica. Nesse sentido, deve-se ter um cuidado extra a fim de não se confundir possíveis intervenções espirituais com proselitismo.

REFERÊNCIAS BIBLIOGRÁFICAS

1. Cassel J. The contribution of social environment to host resistance: the Fourth Wade Hampton Frost Lecture. Am J Epidemiol. 1976;104(2):107-123.
2. Cobb S. Presidential Address-1976. Social support as a moderator of life stress. Psychosom Med. 1976;38(5):300-314.

3. Cohen S, Wills TA. Stress, social support, and the buffering hypothesis. Psychol Bull. 1985;98(2):310-357.
4. Thoits PA. Stress, Coping, and Social Support Processes: Where Are We? What Next? J Health Soc Behav. 1995;35:53.
5. Tengku Mohd TAM, Yunus RM, Hairi F, Hairi NN, Choo WY. Social support and depression among community dwelling older adults in Asia: a systematic review. BMJ Open. 2019;9(7):e026667.
6. Kahn RL, Antonucci TC. Convoys over the life course: attachment, roles, and Social Support. In: Baltes PB Grim OG, editor. Life Span Development and Behavior. New York: Academic Press; 1980. p. 253-286.
7. Barrera M. Distinctions between social support concepts, measures, and models. Am J Community Psychol. 1986;14(4):413-445.
8. Zimet GD, Dahlem NW, Zimet SG, Farley GK. The Multidimensional Scale of Perceived Social Support. J Pers Assess. 1988;52(1):30-41.
9. Griep RH, Chor D, Faerstein E, Werneck GL, Lopes CS. Validade de constructo de escala de apoio social do Medical Outcomes Study adaptada para o português no Estudo Pró-Saúde. Cad Saude Publica. 2005 21(3):703-714.
10. Cohen S, Hoberman H. Positive events and social supports as buffers of life change stress. J Appl Soc Psychol. 1983;13:99-125.
11. Greenberg S, Rosenblum KL, McInnis MG, Muzik M. The role of social relationships in bipolar disorder: A review. Psychiatry Res. 2014;219(2):248-254.
12. Studart PM, Filho SB, Studart ABD, Galvão-De Almeida A, Miranda-Scippa Â. Social support and bipolar disorder. Arch Clin Psychiatry. 2015;42(4):95-99.
13. Kizilkurt OK, Gulec MY, Giynas FE, Gulec H. Effects of personality functioning on the global functioning of patients with bipolar disorder I. Psychiatry Res. 2018;266:309-316.
14. Kizilkurt OK, Giynas FE, Yazici Gulec M, Gulec H. Bipolar disorder and perceived social support: relation with clinical course, and the role of suicidal behaviour. Psychiatry Clin Psychopharmacol. 2019;29(4):787-793.
15. Studart P, Galvão-de-Almeida A, Bezerra-Filho S, Caribe A, Afonso NR, Daltro C, Miranda-Scippa A. Is history of sucidal behavior related to social support and quality of life in outpacients with bipolar I disorder. Psychiatry Res. 2016;246:706-802.
16. Studart-Bottó P, Bezerra-Filho S, Sarmento S, Miranda-Scippa Â. Social support in patients with bipolar disorder and differing ages at onset. Clin Psychol Psychother. 2021; cpp.2617.
17. Eidelman P, Gershon A, Kaplan K, McGlinchey E, Harvey AG. Social support and social strain in inter-episode bipolar disorder. Bipolar Disord. 2012; 14(6):628-640.
18. Studart P, Galvão-de Almeida A, Bezerra-Filho S, Caribé A, Reis Afonso N, Daltro C et al. Is history of suicidal behavior related to social support and quality of life in outpatients with bipolar I disorder? Psychiatry Res. 2016; 246:796-802.
19. Ryan KA, Vederman AC, Kamali M, Marshall D, Weldon AL, McInnis MG et al. Emotion perception and executive functioning predict work status in euthymic bipolar disorder. Psychiatry Res. 2013;210(2):472-478.

20. Wesley MS, Manjula M, Thirthalli J. Interepisodic Functioning in Patients with Bipolar Disorder in Remission. Indian J Psychol Med. 2018;40(1):52-60.
21. Sanchez-Moreno J, Martinez-Aran A, Gadelrab HF, Cabello M, Torrent C, Bonnin C del M et al. The role and impact of contextual factors on functioning in patients with bipolar disorder. Disabil Rehabil. 2010;32(sup1):S94-104.
22. Ng TH, Johnson SL. Rejection Sensitivity is Associated with Quality of Life, Psychosocial Outcome, and the Course of Depression in Euthymic Patients with Bipolar I Disorder. Cognit Ther Res. 2013;37(6):1169-1178.
23. Staner L, Tracy A, Dramaix M, Genevrois C, Vanderelst M, Vilane A et al. Clinical and psychosocial predictors of recurrence in recovered bipolar and unipolar depressives: a one-year controlled prospective study. Psychiatry Res. 1997;69(1):39-51.
24. Koenders MA, Giltay EJ, Hoencamp E, Elzinga BM, Spinhoven P, Spijker AT. The bidirectional impact of perceived and enacted support on mood in bipolar outpatients: a two-year prospective study. Compr Psychiatry. 2015;60:59-67.
25. Newman AL, Meyer TD. Impulsivity: Present during euthymia in bipolar disorder? a systematic review. Int J Bipolar Disord. 2014;2:2.
26. Gruber J, Culver JL, Johnson SL, Nam JY, Keller KL, Ketter TA. Do positive emotions predict symptomatic change in bipolar disorder? Bipolar Disord. 2009;11(3):330-336.
27. Reinares M, Bonnín CM, Hidalgo-Mazzei D, Sánchez-Moreno J, Colom F, Vieta E. The role of family interventions in bipolar disorder: A systematic review. Clin Psychol Rev. 2016;43:47-57.
28. Çuhadar D, Savaş HA, Ünal A, Gökpınar F. Family Functionality and Coping Attitudes of Patients with Bipolar Disorder. J Relig Health. 2015;54(5):1731-1746.
29. Granek L, Danan D, Bersudsky Y, Osher Y. Living with bipolar disorder: the impact on patients, spouses, and their marital relationship. Bipolar Disord. 2016; 18(2):192-199.
30. Stroppa A, Moreira-Almeida A. Religiosity and spirituality in bipolar disorder. Rev Psiquiatr Clínica. 2009;36(5):190-196.
31. Papaleontiou Louca E. Effects of Religion and Faith on Mental Health. New Ideas Psychol. 2021;60:100833.
32. Moreira Almeida A, de Almeida AAS, Neto FL. History of 'Spiritist madness' in Brazil. Hist Psychiatry. 2005, 25;16(1):5-25.
33. Koenig HG, Al Zaben F, Vander Weele TJ. Religion and psychiatry: recent developments in research. BJPsych Adv. 2020;26(5):262-272.
34. Panzini RG, Mosqueiro BP, Zimpel RR, Bandeira DR, Rocha NS, Fleck MP. Quality of life and spirituality. Int Rev Psychiatry. 2017;29(3):263-282.
35. Caribé AC, Rocha MF, Junior DF, Studart P, Quarantini LC, Guerreiro N et al. Religiosity and Impulsivity in Mental Health: Is There a Relationship? J Nerv Ment Dis. 2015; 203(7):551-554.
36. Koenig HG, King DE, Carson VB. Handbook of religion and health. 2nd ed. New York: Oxford University Press; 2012.

37. Lucchetti G, Lucchetti ALG, Peres MF, Leão FC, Moreira-Almeida A, Koenig HG. Validation of the Duke Religion Index: DUREL (Portuguese Version). J Relig Health. 2012;51(2):579-586.
38. Grover S, Hazari N, Aneja J, Chakrabarti S, Avasthi A. Influence of religion and supernatural beliefs on clinical manifestation and treatment practices in patients with bipolar disorder. Nord J Psychiatry. 2016;70(6):442-449.
39. Mitchell L, Romans S. Spiritual beliefs in bipolar affective disorder: their relevance for illness management. J Affect Disord. 2003;75(3):247-257.
40. Cruz M, Pincus HA, Welsh DE, Greenwald D, Lasky E, Kilbourne AM. The relationship between religious involvement and clinical status of patients with bipolar disorder. Bipolar Disord. 2010;12(1):68-76.
41. Dervic K, Carballo JJ, Baca-Garcia E, Galfalvy HC, Mann JJ, Brent DA et al. Moral or Religious Objections to Suicide May Protect Against Suicidal Behavior in Bipolar Disorder. J Clin Psychiatry. 2011, 15;72(10):1390-1396.
42. Caribé AC, Studart P, Bezerra-Filho S, Brietzke E, Nunes Noto M, Vianna-Sulzbach M et al. Is religiosity a protective factor against suicidal behavior in bipolar I outpatients? J Affect Disord. 2015;186:156-161.
43. Caribé AC, Nunez R, Montal D, Ribeiro L, Sarmento S, Quarantini LC et al. Religiosity as a Protective Factor in Suicidal Behavior. J Nerv Ment Dis. 2012 [cited 2019,18];200(10):863-867.
44. Anderson JW, Nunnelley PA. Private prayer associations with depression, anxiety and other health conditions: an analytical review of clinical studies. Postgrad Med. 2016;128(7):635-641.
45. Stroppa A, Moreira-Almeida A. Religiosity, mood symptoms, and quality of life in bipolar disorder. Bipolar Disord. 2013;15(4):385-393.
46. Azorin J-M, Kaladjian A, Fakra E, Adida M, Belzeaux R, Hantouche E et al. Religious involvement in major depression: Protective or risky behavior? The relevance of bipolar spectrum. J Affect Disord. 2013;150(3):753-759.
47. Stroppa A, Colugnati FA, Koenig HG, Moreira-Almeida A. Religiosity, depression, and quality of life in bipolar disorder: a two-year prospective study. Rev Bras Psiquiatr. 2018;40(3):238-243.

Funcionamento: Para Além da Recuperação Sintomatológica | 18

Adriane Ribeiro Rosa

◊ Introdução

O transtorno bipolar (TB) é uma doença psiquiátrica crônica e recorrente, associada a um significativo impacto no funcionamento psicossocial que atinge várias áreas da vida dos pacientes, além de ter um alto grau de morbimortalidade. De acordo com a Organização Mundial da Saúde (OMS), o TB ocupa o quinto lugar no *ranking* entre as patologias mais incapacitantes em adultos jovens. Indivíduos com TB, além de despesas médicas, apresentam altas taxas de absenteísmo no trabalho, baixo rendimento laboral e maiores taxas de aposentadoria por invalidez. Na verdade, estima-se que os custos indiretos devido à incapacidade laboral prevaleça sobre os gastos diretos envolvidos no tratamento da doença.[1] A doença impacta a vida do paciente não só no âmbito profissional, mas a convivência familiar e as relações sociais também ficam prejudicadas, com menor engajamento social e uma maior probabilidade de divórcios.[2,3]

Além de causar sofrimento pessoal e afetar a qualidade de vida dos pacientes, os efeitos negativos do TB se estendem aos cuidadores, que ao ficarem sobrecarregados, reduzem o desempenho em atividades diárias e as interações sociais.[4] Assim, para muitos pacientes com TB e suas famílias, não somente a remissão clínica, mas a retomada do funcionamento psicossocial é o parâmetro mais desejado como resposta adequada ao tratamento.

Adicionalmente, inúmeras evidências têm mostrado que a recuperação sindrômica ou sintomática não retrata necessariamente a recuperação funcional. Por exemplo, Tohen *et al.* conduziram um dos estudos pioneiros sobre o tema, mostrando que 98% dos pacientes tratados para um episódio de mania alcançavam a recuperação sindrômica, enquanto apenas 38% deles retomavam o seu nível de funcionamento pré-mórbido ao longo de 2 anos de seguimento.[5] Em um centro especializado para TB, aproximadamente 80% dos pacientes alcançaram remissão clínica após 6 meses de tratamento para um episódio agudo, enquanto apenas 26% deles estavam funcionalmente recuperados.[6] A progressão do TB é um dos fatores limitantes do funcionamento, uma vez que o declínio funcional costuma acompanhar o avanço da doença.[7] Nesse sentido, a prevenção de recaídas e a remissão completa dos sintomas contribui para um melhor prognóstico.

Considerando que recuperação funcional e sintomática não são sinônimos, estudos que avaliam resposta ao tratamento, usando apenas medidas de avaliação da psicopatologia, podem levar a uma 'falsa' estimativa do sucesso terapêutico. Portanto, as novas abordagens de tratamento deveriam focar não somente a recuperação sintomática, mas a melhora do nível de funcionamento.[2] Portanto, instrumentos capazes de avaliar o funcionamento, incluindo diferentes aspectos da vida do indivíduo, são extremamente necessários e surgem como uma medida contemporânea no estudo de novas estratégias farmacológicas e não farmacológicas.[3,7,8]

◊ Funcionamento e variáveis que comprometem o resultado funcional

A Classificação Internacional de Funcionamento, Incapacidade e Saúde (CIF) da Organização Mundial da Saúde (OMS) descreve o funcionamento e a incapacidade como conceitos multidimensionais, que envolvem a capacidade de uma pessoa de realizar tarefas da vida diária e se envolver em relacionamentos com outras pessoas de formas que sejam gratificantes para o indivíduo e para os outros; e que atendam às necessidades da comunidade em que a pessoa vive. O conceito de funcionamento é amplo e complexo, pois abrange vários aspectos da vida de um indivíduo (<https:\\ www.who.int>).

O impacto do TB no funcionamento psicossocial tem sido demonstrado e replicado por múltiplos estudos em várias culturas, por meio de diferentes metodologias.[3,5,6,8] Por exemplo, resultados de uma recente metanálise que incluiu 11 estudos que avaliaram o funcionamento psicossocial, utilizando o mesmo instrumento de medida, demonstraram um pior desempenho no grupo de pacientes com TB comparado a controles saudáveis. Apesar de eutímicos, mais da metade dos pacientes (58,6%) enfrentava dificuldades em manter um nível adequado de funcionamento. Os problemas mais relatados foram dificuldades em manter o trabalho ou manter o rendimento profissional esperado, a frequente ruptura nos relacionamentos familiares e sociais, além de queixas cognitivas.[3] Somado a isto, outros autores mostraram que o funcionamento psicossocial no TB não segue um padrão homogêneo, um grupo de indivíduos é capaz de manter um padrão adequado de funcionamento, enquanto outros apresentam prejuízo global na maioria das funções ou ainda um nível intermediário com disfunção em domínios específicos.[9] Assim, podemos concluir que o padrão de funcionamento psicossocial de indivíduos com TB segue um *continuum* que varia desde um bom funcionamento até um grau de marcada disfunção, muito semelhante aos resultados observados em relação ao rendimento cognitivo.[7,10]

Sem dúvida, o comprometimento funcional está diretamente relacionado com a sintomatologia de humor e a gravidade da doença. Assim, indivíduos mais sintomáticos, com mais episódios prévios, mais hospitalizações e história de tentativa de suicídio apresentam um pior prognóstico comparado aos que apresentam um curso mais benigno.[11,12] Adicionalmente, a relação entre sintomas de humor e funcionamento pode ser considerada bidirecional, ou seja, indivíduos com um pior funcionamento tendem a apresentar mais recaídas.[2,8]

Além dos efeitos deletérios dos episódios agudos, o impacto dos sintomas depressivos subsindrômicos no funcionamento cognitivo e psicossocial tem sido destaque na literatura científica. Resultados de um estudo multicêntrico conduzido pela *Stanley Foundation Bipolar Network* mostraram que o grau de comprometimento em áreas como profissional, social e atividades cotidianas em pacientes com sintomatologia subsindrômica é equivalente ao comprometimento daqueles que estão em depressão sindrômica e substancialmente maior que o apresentado pelo grupo de eutímicos.[13] Mesmo quando os sintomas depressivos são mínimos, com pontuações na escala de depressão de Hamilton entre 4 e 7, eles são suficientes para afetar o desempenho funcional.[14] A importância de tratar os sintomas depressivos residuais foi também confirmada pelo estudo de Simon *et al.*,[15] ao mostrar que a melhoria de um nível na gravidade da depressão representa uma substancial melhora na escala de satisfação com a saúde, além de aumentar em 4 dias a participação em atividades cotidianas conforme demonstrado em um seguimento de três meses de duração. Essas evidências reforçam a necessidade de estratégias terapêuticas capazes de erradicar os sintomas depressivos subsindrômicos como uma forma de melhorar o funcionamento cognitivo-psicossocial e a qualidade de vida dos pacientes.

Apesar da consolidada relação da neurocognição e o resultado funcional, ainda não há consistência entre os estudos sobre quais déficits neurocognitivos prejudicam mais o funcionamento. Os déficits cognitivos, no entanto, não acontecem apenas durante os episódios agudos de humor como inicialmente pensado, podendo permanecer, em menor grau, após a resolução dos sintomas.[16] As áreas neurocognitivas mais afetadas parecem ser a memória verbal e aprendizagem, a velocidade de processamento, a memória de trabalho e a fluência verbal.[8] A integridade da função executiva e da memória verbal foram fatores indispensáveis para a retomada do funcionamento, em especial, entre indivíduos que participaram de sessões de remediação funcional.[17]

Embora não exista um consenso sobre se os déficits cognitivos pioram com a gravidade da doença ou estão presentes desde a fase latente, estudos recentes coincidem em mostrar uma grande variabilidade da função cognitiva no TB. De acordo com esses estudos, uma parte dos indivíduos deve apresentar um funcionamento cognitivo adequado (31% a 46%), enquanto os demais podem variar entre déficits cognitivos seletivos (em torno de 28% a 32%) ou apresentar uma acentuada disfunção em todas as funções (21% a 39%), assim como observa-se em grande parte dos pacientes com esquizofrenia.[10]

Nesse sentido, estratégias capazes de diminuir ou postergar o declínio cognitivo no TB são extremamente válidas. Entre elas, a potencialização da reserva cognitiva parece ser uma estratégia promissora, conforme estudos realizados com jovens com um primeiro episódio psicótico, que mostraram um melhor prognóstico entre aqueles que possuíam uma maior reserva cognitiva.[18]

Além dos déficits cognitivos e da sintomatologia depressiva residual, outras variáveis clínicas, tais como densidade de episódios (número de episódios/anos de doença), história de psicose, número de hospitalizações, comorbidades psiquiátricas e variáveis demográficas (sexo masculino, idade jovem de início), dificuldades de convivência, acontecimentos vitais e falta de suporte social também contribuem para o comprometimento do funcionamento psicossocial no TB (Quadro 18.1). Por fim, a identificação das variáveis influenciadoras do funcionamento, em especial das variáveis modificáveis, pode ser crucial para prevenir o declínio tipicamente visto em boa parte dos pacientes com TB.[8]

Quadro 18.1

Fatores associados com o comprometimento funcional.

- Mais episódios de humor
- Sintomas depressivos subsindrômicos
- Déficits cognitivos
- Reserva cognitiva pobre
- Comorbidades não tratadas
- História de psicose
- Maior número de hospitalizações
- Polifarmacoterapia
- Hábitos de vida prejudiciais
- Variáveis demográficas (sexo, idade)
- Acontecimentos vitais
- Pobre suporte social

Fonte: Desenvolvido pela autoria.

◊ A importância da avaliação do funcionamento

Apesar da CIF recomendar uma avaliação multidimensional, vários estudos ainda avaliam apenas um ou dois elementos do funcionamento. Na psiquiatria, especificamente para o TB, poucos instrumentos estão disponíveis para avaliar o funcionamento, o que dificulta ainda mais o entendimento das principais dificuldades vivenciadas pelos pacientes, bem com o delineamento de estratégias terapêuticas específicas. Nesse sentido, é crucial incentivar clínicos e pesquisadores a se apropriarem dos poucos instrumentos multidimensionais disponíveis, a fim de incluírem em suas rotinas aqueles capazes de oferecer uma avaliação mais completa do funcionamento psicossocial.[19]

Uma recente revisão sistemática examinou os diferentes tipos de instrumentos usados para avaliação do funcionamento psicossocial no TB.[20] Foram identificadas 24 escalas, sendo 13 de administração pelo clínico, 7 de autorrelato e 4 índices baseados em dados residenciais e vocacionais. Três dessas 24 escalas oferecem apenas uma avaliação global do funcionamento, enquanto as demais avaliam domínios específicos, como, p. ex., nível de educação, trabalho, desempenho, convivência, relações familiares, relações sociais, lazer, saúde mental e autonomia. Mais da metade das 24 escalas avaliam o domínio laboral, enquanto a maioria contempla a avaliação do domínio social. Em particular, a escala breve de avaliação do funcionamento (FAST, do inglês *Functional Assessment Short Test*) e a entrevista clínica estruturada para avaliação do espectro do humor, (SCI-MOODS, do inglês *Structured Clinical Interview for Mood Spectrum*) são as únicas que permitem a avaliação da função cognitiva.

Entre as 24 escalas descritas, as mais utilizadas foram a avaliação global do funcionamento (GAF, do inglês *Global Assessment of Functioning*) e a FAST, citadas em 17 e 15 estudos, respetivamente.[20] A GAF era a escala recomendada para avaliação funcional pelo DSM até sua quarta edição. Uma das desvantagens dela é que avalia conjuntamente a gravidade dos sintomas e o prejuízo funcional.

A FAST possui algumas vantagens em relação a outras escalas. Primeiro, por ter sido desenvolvida especificamente levando em conta as principais dificuldades apresentadas por pacientes com transtorno bipolar. Segundo, é uma escala multidimensional que permite a avaliação de 6 áreas cruciais do funcionamento: autonomia, trabalho, funcionamento cognitivo, finanças, relações interpessoais e lazer. Por fim, sua alta aceitabilidade pela comunidade científica, uma vez que o número de estudos que citam a FAST é quase o mesmo número de citações da escala GAF que foi desenvolvida em 1976 enquanto a FAST foi validada em 2017.[19-21]

A escala de avaliação de incapacidade da Organização Mundial da Saúde (*World Health Organization Disability Assessment Schedule*, versão 2.0; WHODAS 2.0) consiste em 36 itens que permitem avaliar a saúde física e mental, além de aspectos sociais, emocionais e profissionais. A maior limitação desse instrumento é o tempo longo para sua aplicação. Adicionalmente, alguns autores consideram a avaliação da saúde física menos relevante para pacientes acometidos por transtornos mentais. Aparentemente, existe uma forte tendência em usar instrumentos que permitam a avaliação de múltiplos domínios do funcionamento, uma vez que o DSM-5, endossou o uso da WHODAS.

Sobre a forma de administração dos instrumentos, algumas considerações deveriam ser conhecidas em relação às escalas de autorrelato. Considerando que a característica central do TB é a constante oscilação de humor, alguns autores sugerem que os resultados relatados pelo paciente podem variar em função dele estar em episódio de hipo/

mania ou depressão. Assim, é esperado que uma avaliação tenderia a ser mais positiva quando o paciente está em episódio de hipo/mania e negativa quando, deprimido.[22] Apesar de essas escalas oferecerem uma avaliação mais subjetiva, elas podem ser úteis especialmente quando aplicadas no período de estabilidade, pois refletem a percepção do paciente em relação à sua saúde.

Em suma, a avaliação do funcionamento psicossocial deveria ser incluída como um dos parâmetros de resposta ao tratamento, uma vez que existe uma lacuna entre as taxas de remissão clínica e as de recuperação funcional. Nesse sentido, diferentes instrumentos estão disponíveis, sendo a maioria deles de fácil e rápida aplicação, o que facilita seu uso tanto na prática clínica, quanto nos ensaios clínicos que avaliam novas terapias.

◊ Tratamentos para além da recuperação sintomatológica

Estratégias terapêuticas que visem a recuperação funcional consistem em uma ampla gama de ações voltadas para o tratamento de fatores que comprometem o desempenho funcional (Figura 18.1). Entre esses fatores, a prevenção de recaídas e o prolongamento do tempo de eutimia são centrais no tratamento do TB.[12]

Figura 18.1

Estratégias úteis para a recuperação funcional no transtorno bipolar. TCC: terapia cognitivo-comportamental; IPSRT: terapia interpessoal e de ritmos circadianos.

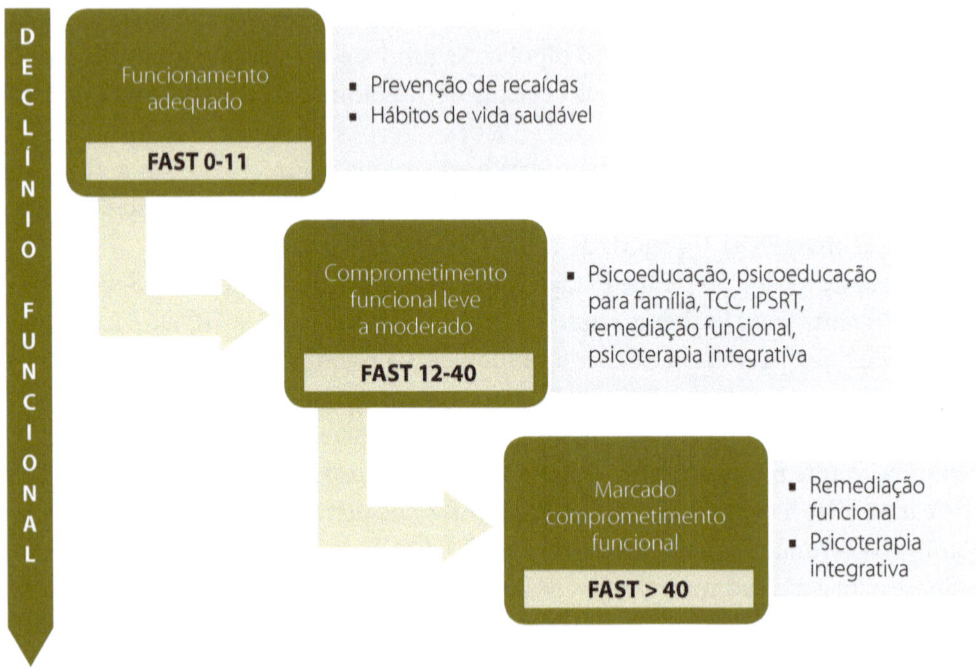

Fonte: Desenvolvida pela autoria.

A psicoeducação, programa estruturado de 21 sessões desenvolvido por Colom *et al.*,[23] é um exemplo de intervenção eficaz no controle de novos episódios. De acordo com uma pesquisa conduzida pelo grupo, pacientes com TB que foram treinados pelo programa de psicoeducação se mantiveram mais tempo estáveis (586 dias), comparado com o grupo controle (154 dias), com menos recaídas ao longo de 5 anos (3,86 *vs.* 8,37) e com menor tempo de hospitalização (45 *vs.* 30 dias).

A psicoeducação para familiares de pacientes com TB também mostrou resultados semelhantes em relação à prevenção de novos episódios, em especial na prevenção dos episódios de mania.[4] Além da psicoeducação, outros tipos de psicoterapia, como a terapia interpessoal e de ritmos circadianos e a terapia cognitivo-comportamental, quando associadas a farmacoterapia, são mais eficazes em prevenir recaídas do que apenas farmacoterapia. Essas mesmas estratégias também são válidas para o tratamento de comorbidades psiquiátricas, em especial os transtornos de personalidade e o transtorno por abuso de substâncias, ambos altamente prevalentes em indivíduos com TB. Outros desfechos, tais como maior nível de satisfação com a vida e funcionamento social, também resultam da implementação dessas psicoterapias.[2]

Intervenções voltadas para o manejo dos déficits cognitivos são válidas tanto para reabilitar cognitivamente, como para alcançar um nível adequado de funcionamento. Pensando nisso, o grupo de pesquisa liderado pelo Dr. Vieta (Barcelona) desenhou um programa psicoterapêutico voltado exclusivamente para a recuperação funcional. O programa chamado de Remediação Funcional consiste em 21 sessões semanais, realizadas em grupo, que contemplam sessões de psicoeducação, de treinamento de habilidades cognitivas (em especial, atenção, memória e funções executivas), e sessões que visam o aprimoramento das relações interpessoais.[24]

De fato, um ensaio clínico randomizado multicêntrico, incluindo pacientes crônicos com TB (tipos 1 e 2), que apresentavam algum grau de comprometimento funcional, mostrou que a remediação funcional auxilia na recuperação do funcionamento, em especial, nos domínios relativos as relações interpessoais e no âmbito profissional (trabalho). Além disso, no subgrupo de indivíduos que apresentava uma acentuada disfunção cognitiva, a remediação funcional foi eficaz para recuperar os déficits de memória e aprendizado que são um dos domínios cognitivos que mais influenciam o funcionamento.[24] Adicionalmente, pacientes com TB tipo 2 que receberam essa estratégia psicoterapêutica apresentaram uma melhora significativa dos sintomas depressivos subsindrômicos, que é outro fator limitante da recuperação funcional.[25]

Mais recentemente, o mesmo grupo de pesquisadores desenhou uma nova intervenção que combina componentes terapêuticos de diferentes intervenções em um mesmo programa, incluindo aspectos da psicoeducação, treinamento de *mindfulness*, promoção de estilo de vida saudável e aprimoramentos cognitivo e funcional. Essa abordagem mais abrangente, conhecida como psicoterapia integrativa, foi desenvolvida com o objetivo de cobrir aspectos que não haviam sido contemplados anteriormente, tais como: manejo dos sintomas depressivos residuais, bem-estar e qualidade de vida. De forma semelhante às demais, essa intervenção é realizada em grupo, com sessões que duram 90 minutos cada, porém com o diferencial de ser mais breve, pois consiste em um total de 12 sessões.

Em um ensaio clínico randomizado que incluiu pacientes eutímicos ou subsindrômicos e com comorbidades (exceto aqueles com abuso ou dependência de substâncias), a psicoterapia integrativa mostrou claro benefício no funcionamento global e em domínios específicos como o cognitivo e lazer/ócio. Além disso, aqueles que receberam essa intervenção também tiveram redução significativa dos sintomas depressivos comparado ao grupo que recebeu apenas farmacoterapia.[26-28] Esses resultados são especialmente importantes, uma vez que a persistência dos sintomas depressivos está associada a mais recaídas e pior funcionamento cognitivo e psicossocial.

Adicionalmente, devido à dificuldade de manejo dos sintomas depressivos subsindrômicos, a falta de concordância sobre o uso de antidepressivos e a pouca disponibilidade de opções farmacológicas (com exceção da quetiapina e da lurasidona, que se mostraram eficazes no tratamento da depressão bipolar e configuram nas principais diretrizes de tratamento), a busca por estratégias capazes de erradicar esses sintomas é crucial para o bom prognóstico, bem-estar e qualidade de vida desses pacientes.[12]

◊ Conclusão

As diferentes estratégias eficazes para o manejo do TB e melhora do funcionamento devem ser implementadas de acordo com o estágio da doença os adequados níveis de atenção à saúde. Assim, a prevenção de recaídas e da cronificação do curso do TB deveria ser o objetivo dos centros de atenção primária, enquanto o tratamento dos sintomas subsindrômicos e dos déficits cognitivos deveriam ser o alvo dos centros de atenção secundária, deixando para a atenção terciária o manejo das comorbidades e estressores psicossociais.[2]

REFERÊNCIAS BIBLIOGRÁFICAS

1. Ferrari AJ, Stockings E, Khoo J-P, Erskine HE, Degenhardt L, Vos T et al. The prevalence and burden of bipolar disorder: findings from the Global Burden of Disease Study 2013. Bipolar Disord. 2016 ;18(5):440-450.
2. Gitlin MJ, Miklowitz DJ. The difficult lives of individuals with bipolar disorder: a review of functional outcomes and their implications for treatment. J Affect Disord. 2017;209:147-154.

3. Léda-Rêgo G, Bezerra-Filho S, Miranda-Scippa Â. Functioning in euthymic patients with bipolar disorder: a systematic review and meta-analysis using the Functioning Assessment Short Test. Bipolar Disord. 2020;22(6):569-581.
4. Reinares M, Colom F, Sánchez-Moreno J, Torrent C, Martínez-Arán A, Comes M et al. Impact of caregiver group psychoeducation on the course and outcome of bipolar patients in remission: a randomized controlled trial. Bipolar Disord. 2008;10(4):511-519.
5. Tohen M, Hennen J, Zarate Jr, Carlos, Baldessarini RJ, Strakowski SM, Stoll AL et al. Two-year syndromal and functional recovery in 219 cases of first-episode major affective disorder with psychotic features. Am J Psychiatry. 2000;157(2):220-228.
6. Rosa AR, Reinares M, Amann B, Popovic D, Franco C, Comes M et al. Six-month functional outcome of a bipolar disorder cohort in the context of a specialized-care program. Bipolar Disord. 2011;13(7-8):679-686.
7. Rosa AR, Magalhães PVS, Czepielewski L, Sulzbach MV, Goi PD, Vieta E et al. Clinical staging in bipolar disorder: focus on cognition anda functioning. J Clin Psychiatry. 2014;75(05):e450-456.
8. Sanchez-Moreno J, Bonnin CM, González-Pinto A, Amann BL, Solé B, Balanzá-Martinez V et al. Factors associated with poor functional outcome in bipolar disorder: sociodemographic, clinical, and neurocognitive variables. Acta Psychiatr Scand. 2018;138(2):145-154.
9. Solé B, Bonnin CM, Jiménez E, Torrent C, Torres I, Varo C et al. Heterogeneity of functional outcomes in patients with bipolar disorder: a cluster-analytic approach. Acta Psychiatr Scand. 2018;137(6):516-527.
10. Lima F, Rabelo-da-Ponte FD, Bücker J, Czepielewski L, Hasse-Sousa M, Telesca R et al. Identifying cognitive subgroups in bipolar disorder: A cluster analysis. J Affect Disord. 2019;246:252-261.
11. Rosa AR, Franco C, Martínez-Aran A, Sánchez-Moreno J, Salamero M, Valenti M et al. Functional impairment and previous suicide attempts in bipolar disorder. Acta Neuropsychiatr. 2008;20(6):300-306.
12. Sanchez-Moreno J, Martinez-Aran A, Vieta E. Treatment of functional impairment in patients with bipolar disorder. Curr Psychiatry Rep. 2017;19(1):3.
13. Altshuler LL, Post RM, Black DO, Keck PE, Nolen WA, Frye MA et al. Subsyndromal depressive symptoms are associated with functional impairment in patients with bipolar disorder. J Clin Psychiatry. 2006;67(10):1551-1560.
14. Bonnín CM, Sánchez-Moreno J, Martínez-Arán A, Solé B, Reinares M, Rosa AR et al. Subthreshold symptoms in bipolar disorder: impact on neurocognition, quality of life and disability. J Affect Disord. 2012;136(3):650-659.
15. Simon NM, Zalta AK, Otto MW, Ostacher MJ, Fischmann D, Chow CW et al. The association of comorbid anxiety disorders with suicide attempts and suicidal ideation in outpatients with bipolar disorder. J Psychiatr Res. 2007;41(3-4):255-264.

16. Bonnín CM, Martínez-Arán A, Torrent C, Pacchiarotti I, Rosa AR, Franco C et al. Clinical and neurocognitive predictors of functional outcome in bipolar euthymic patients: A long-term, follow-up study. J Affect Disord. 2010;121(1-2):156-160.
17. Solé B, Bonnín CM, Radua J, Montejo L, Hogg B, Jimenez E et al. Long-term outcome predictors after functional remediation in patients with bipolar disorder. Psychol Med. 2020;1-9.
18. Amoretti S, Rosa AR, Mezquida G, Cabrera B, Ribeiro M, Molina M et al. The impact of cognitive reserve, cognition and clinical symptoms on psychosocial functioning in first-episode psychoses. Psychol Med. 2020;1-12.
19. Rosa AR, Sánchez-Moreno J, Martínez-Aran A, Salamero M, Torrent C, Reinares M et al. Validity and reliability of the Functioning Assessment Short Test (FAST) in bipolar disorder. Clin Pract Epidemiol Ment Heal. 2007;3(1):5.
20. Chen M, Fitzgerald HM, Madera JJ, Tohen M. Functional outcome assessment in bipolar disorder: A systematic literature review. Bipolar Disord. 2019;21(3):194-214.
21. Cacilhas AA, da Silva Magalhães PV, Ceresér KM, Walz JC, Weyne F, Rosa AR et al. Validity of a Short Functioning Test (FAST) in Brazilian Outpatients with Bipolar Disorder. Value Heal. 2009;12(4):624-627.
22. Reid LM, MacLullich AMJ. Subjective memory complaints and cognitive impairment in older people. Dement Geriatr Cogn Disord. 2006;22(5-6):471-485.
23. Colom F, Vieta E, Sánchez-Moreno J, Palomino-Otiniano R, Reinares M, Goikolea JM et al. Group psychoeducation for stabilised bipolar disorders: 5-year outcome of a randomised clinical trial. Br J Psychiatry. 2009;194(3):260-265.
24. Torrent C, Bonnin C del M, Martínez-Arán A, Valle J, Amann BL, González-Pinto A et al. Efficacy of functional remediation in bipolar disorder: a multicenter randomized controlled study. Am J Psychiatry. 2013;170(8):852-859.
25. Solé B, Bonnin CM, Mayoral M, Amann BL, Torres I, González-Pinto A et al. Functional remediation for patients with bipolar II disorder: Improvement of functioning and subsyndromal symptoms. Eur Neuropsychopharmacol. 2015;25(2):257-264.
26. Valls È, Bonnín CM, Torres I, Brat M, Prime-Tous M, Morilla I et al. Efficacy of an integrative approach for bipolar disorder: preliminary results from a randomized controlled trial. Psychol Med. 2021;1-12.
27. Valls È, Sánchez-Moreno J, Bonnín CM, Solé B, Prime-Tous M, Torres I et al. Effects of an integrative approach to bipolar disorders combining psychoeducation, mindfulness-based cognitive therapy and functional remediation: Study protocol for a randomized controlled trial. Rev Psiquiatr Salud Ment. 2020;13(3):165-173.
28. Reinares M, Martínez-Arán A, Vieta E. Psychotherapy for bipolar disorders: an integrative approach. Cambridge University Press; 2020.

ÍNDICE REMISSIVO

Obs.: números em *itálico* indicam figuras; números em **negrito** indicam tabelas e quadros.

N

O

P

Q

R

V